Reinhard Kühnl

Der deutsche Faschismus in Quellen und Dokumenten

W0055013

Pahl-Rugenstein

© 1975 by Pahl-Rugenstein Verlag, Köln.
Alle Rechte vorbehalten.
Umschlag: Wolfgang Freytag, Düsseldorf.
Umschlagzeichnung: The Daily Express, London, 26. Juni 1933.
Gesamtherstellung: Plambeck & Co Neuss.
ISBN 3–7609–0173–5.

Inhalt

Einleitung

Der Faschismus hat die neueste Geschichte Europas und der Welt wesentlich beeinflußt, viele Millionen von Toten und Verstümmelten zur Folge gehabt und große Teile Europas in Trümmer gelegt. Aber er gehört keineswegs nur der Vergangenheit an. Die Errichtung der Diktaturen in Griechenland 1967 und in Chile 1973 und mannigfache politische und ideologische Erscheinungen in Italien, den USA, der Bundesrepublik und anderen Ländern zeigen, daß er als Tendenz und Drohung nach wie vor existent ist. Die Gründe für seinen Aufstieg, seine Vorformen und Bundesgenossen, seine Ideologie und die Wirklichkeit seines Herrschaftssystems zu kennen, ist also nicht nur von historischem Interesse, sondern stellt eine Lebensfrage auch der gegenwärtigen Gesellschaft dar. Deutschland hat – keineswegs zufällig – die bisher extremste und brutalste Form des Faschismus hervorgebracht. Die folgenden Quellen und Dokumente werden sich mit dieser deutschen Form des Faschismus befassen – auch deshalb, weil er unsere Vergangenheit und unsere Gegenwart am stärksten betrifft.

Über den deutschen Faschismus liegt eine Fülle von Literatur vor. Zunächst – nach 1945 – hatte sie größtenteils Rechtfertigungscharakter. Alle diejenigen, die das faschistische System unterstützt und mitgetragen hatten – als Militärs und Wirtschaftsführer, Professoren und hohe Beamte – waren nun bemüht, in Memoiren und Darstellungen zu beweisen, daß sie allesamt gänzlich unschuldig, bloße Opfer und Verführte waren; verantwortlich seien allein Adolf Hitler

9

und einige andere NS-Führer gewesen, verantwortlich sei ferner das deutsche Volk, das die NSDAP gewählt und unterstützt habe. Diese Ansicht, daß der deutsche Faschismus, sein Aufstieg und seine Politik, hauptsächlich aus der Persönlichkeit Hitlers erklärt werden müsse, wobei allenfalls noch die zur Selbstbestimmung eben unfähigen Massen zu berücksichtigen seien, ist lange Zeit die herrschende gewesen und dominiert noch heute in vielen Hitler-Darstellungen.

In der nächsten Entwicklungsphase, besonders in den Jahren des Kalten Krieges, gewann die Totalitarismustheorie großen Einfluß, die behauptete, daß Nationalsozialismus und Kommunismus im wesentlichen gleich seien. Diese Darstellung, die sich auf bestimmte Formen der Massenmobilisierung und der Herrschaftsmethodik konzentrierte und den sozialen Inhalt verschwieg, leistete gute Dienste im Kampf gegen den Sozialismus: Sie stellte die sozialistischen Länder und die sozialistischen Kräfte im eigenen Land als dem Faschismus wesensverwandt dar und die parlamentarische Demokratie und die „freie Marktwirtschaft" als die wirkliche Alternative zum Faschismus. Mit dem Ende des Kalten Krieges verlor sie freilich ihren starken Einfluß und hält sich heute nur noch bei einigen Wissenschaftlern, die sehr weit rechts stehen und die Atmosphäre des Kalten Krieges gerne wiedererwecken möchten. In der politischen Auseinandersetzung des Alltags ist diese Denkform allerdings noch sehr verbreitet. In der Formel vom rechten und linken Extremismus, die beide die Demokratie bedrohen, welche als Mitte vorgestellt wird, ist sie nach wie vor lebendig.

Seither haben sich in der wissenschaftlichen Diskussion über den Faschismus wesentliche Veränderungen vollzogen, die einerseits aus den veränderten politischen Rahmenbedingungen zu erklären sind, andererseits aber auch daraus, daß sich unser Kenntnisstand über dieses Problem bedeutend erweitert hat. Es ist heute möglich, die Vorbedingungen und Gründe für den Erfolg des Faschismus, die Struktur seines Herrschaftssystems, die Ursachen des Krieges und die für all das verantwortlichen Kräfte und Strukturen genau anzugeben (wenn auch eine größere Zahl von Einzelproblemen noch weiter erforscht werden muß). Dies zu leisten ist das Ziel des vorliegenden Buches. Es will keine neuen Forschungsergebnisse vorlegen, sondern das der Öffentlichkeit zugänglich und bewußt machen, was die Forschung über den deutschen Faschismus schon erarbeitet hat. Dabei beschränkt es sich nicht auf Einzelfragen, sondern will ein Gesamtbild über den deutschen Faschismus, seine Voraussetzungen, Grundlagen und Folgen, sein Wesen und seine Erscheinungsformen vermitteln.

Dieses Ziel soll erreicht werden durch authentisches Material, also durch Quellen und Dokumente. Damit soll dem Leser zugleich die Möglichkeit gegeben werden, die in der Öffentlichkeit verbreiteten Ansichten kritisch zu überprüfen. Eine solche Quellen- und Dokumentensammlung über den deutschen Faschismus als Ganzes gibt es bisher nicht. (Die einzige Sammlung dieser Art, von Walther Hofer herausgegeben, ist 1957 erschienen, repräsentiert sowohl inhaltlich wie methodisch die damals vorherrschende Position und ist seither überhaupt nicht verändert worden – obgleich die Wissenschaft mittlerweile enorme Fortschritte gemacht hat.)

Das I. Kapitel stellt die allgemeinen politischen und gesellschaftlichen Grundlagen dar, die die Entstehung und Entwicklung faschistischer Tendenzen erst verständlich machen. Im II. Kapitel wird die Entwicklung der faschistischen Bewegung dokumentiert: die politische und soziale Herkunft der Anhänger der NSDAP, ihre Programmatik und Ideologie, ihr Aufstieg bis zur Übernahme der politischen Macht, das Verhalten ihrer Bundesgenossen und ihrer Gegner. Kapitel III befaßt sich mit der Errichtung der Diktatur, also der Entwicklung von der Berufung Hitlers zum Reichskanzler bis zur Verkündung des Einparteienstaates im Juli 1933. Vor allem soll gezeigt werden, welche politischen und gesellschaftlichen Kräfte daran interessiert waren und diesen Prozeß unterstützt haben. Das Kapitel IV dokumentiert, wie das faschistische System wirklich beschaffen war, was es für die Bevölkerung, für die verschiedenen Klassen und Schichten konkret bedeutete und welche Interessen sich in der Herrschaftsstruktur und der Politik dieses Systems ausdrückten. In Kapitel V folgt die Darstellung des faschistischen Krieges – seine ökonomische, politische, militärische und ideologische Vorbereitung und Rechtfertigung der Ziele, um die es der politischen Führung und der Wirtschaft dabei ging, der Methoden faschistischer Kriegführung, der Ausbeutung der unterworfenen Völker und Länder, der Initiatoren und der Nutznießer dieser Ausplünderungspolitik, der Konzentrationslager als Unterdrückungsinstrument und als Verwertungsmöglichkeit billiger Arbeitskräfte für die Industrie. Die ,,Vernichtung durch Arbeit'', die in diesem Zusammenhang schon praktiziert wurde, steigerte sich schließlich zum systematischen Massenmord an Millionen von Menschen, der im letzten Teil dieses Kapitels dokumentiert wird. In Kapitel VI schließlich werden die verschiedenen Kräfte des antifaschistischen Widerstands dargestellt. Dabei geht es vor allem darum, ihren wirklichen Anteil am antifaschistischen Kampf zu bestimmen, Zeitpunkt und Gründe ihres Widerstands und die Ziele, die sie damit verfolgt haben. Dabei wird sich manche weitverbreitete Ansicht als unhaltbar erweisen.

Den sechs Kapiteln sind jeweils kurze Einleitungen vorangestellt, die die Quellen und Dokumente in den historischen Zusammenhang einordnen und so ein besseres Verständnis gewährleisten sollen. Das Inhaltsverzeichnis ermöglicht bereits einen raschen Überblick, wo welche Probleme in welchen Dokumentennummern behandelt werden. Das Dokumentenverzeichnis zeigt die Reihenfolge der Dokumente. Die Quellen- und Dokumentensammlungen und die übrigen Schriften, aus denen Materialien entnommen wurden, sind im Literaturverzeichnis aufgeführt. Sie werden deshalb im Text nur beim ersten Mal voll zitiert, im folgenden dann in Kurzform. Der zweite Teil des Literaturverzeichnisses nennt die weiteren für das Thema wesentlichen Schriften.

Nicht immer gelingt es einem Autor, die Probleme und Bedürfnisse der Leser in jeder Hinsicht richtig einzuschätzen. Für Hinweise durch Lehrer, Schüler und Studenten, die mit diesem Buch arbeiten und Verbesserungsvorschläge bzw. Kritik haben, wäre ich deshalb sehr dankbar.

Marburg, im Oktober 1974   *Reinhard Kühnl*

Kapitel I

Sozialökonomische und politische Voraussetzungen für Entstehung und Aufstieg des Faschismus

Einleitung

Der Aufstieg des Faschismus vollzog sich nicht zufällig. In den Jahrzehnten, die seinem Erfolg vorausgingen, waren soziale, politische und ideologische Vorbedingungen geschaffen worden, die den Boden bereitet hatten. Die wichtigsten sollen in diesem Kapitel dokumentiert werden.

Hinzuweisen ist zunächst auf die Struktur und die Politik des kaiserlichen Deutschland, das nach innen demokratische und sozialistische Tendenzen zu unterdrücken und nach außen eine imperialistische Expansionspolitik zu betreiben versuchte. Die Ideologie von Vaterland und nationaler Größe, Autorität und Gehorsam, Wehrkraft und Opfermut, mit deren Hilfe diese Politik gerechtfertigt wurde, erreichte im Ersten Weltkrieg einen vorläufigen Höhepunkt. Die strukturellen Ursachen dieser imperialistischen Politik, ihre Ziele und die dahinter stehenden Interessen sollen in Nr. 1–8a

13

sichtbar gemacht werden. Das Deutsche Reich war – infolge der Verlagerung der Handelswege aus Mitteleuropa an den Atlantik nach der Entdeckung Amerikas und des Seeweges nach Indien, infolge der enormen Verwüstungen des Dreißigjährigen Krieges und der starken politischen Zersplitterung seit dem Westfälischen Frieden 1648 – verspätet in das Stadium des Industriekapitalismus eingetreten. Als der deutsche Kapitalismus nach der Herstellung der Reichseinheit 1871 sein Potential rasch entwickelte und diesen Rückstand aufholte, stieß er sehr bald an die Grenzen seiner Expansionsmöglichkeiten: Die übrigen entwickelten kapitalistischen Staaten, die das Stadium des Imperialismus früher erreicht hatten, hatten die Welt bereits unter sich aufgeteilt. Aus dieser seit dem Ende des 19. Jahrhunderts wachsenden Diskrepanz zwischen dem rapide steigenden Expansionsbedürfnis des deutschen Kapitalismus und seinen beschränkten realen Expansionsmöglichkeiten (Nr. 1–5) ergaben sich der Drang und die Forderung nach Neuaufteilung der Welt, ergab sich also die besondere Aggressivität des deutschen Imperialismus gegenüber dem saturierten und deshalb eher defensiv gerichteten Imperialismus der Westmächte. Dieser Interessengegensatz war der strukturelle Grund für den Ersten Weltkrieg. Worum es dem deutschen Imperialismus in diesem Krieg ging, wird in Nr. 6–8a erkennbar.

Die Niederlage dieser Politik im Herbst 1918 ermöglichte erstens dem Klassengegner im Innern, der sozialistischen Arbeiterbewegung, bedeutend zu erstarken und um die politische Macht zu kämpfen; und zweitens den imperialistischen Konkurrenzmächten, insbesondere Frankreich, das Deutsche Reich durch den Versailler Vertrag (vgl. Nr. 8b) wesentlich zu schwächen. Die Novemberrevolution blieb allerdings auf halbem Wege stecken: Zwar wurde die halbabsolutistische Militärmonarchie in eine parlamentarische Republik überführt, doch die sozialökonomischen Grundlagen und die Machtpositionen der alten Führungsschichten in Militär, Verwaltung, Justiz, Erziehungswesen, Presse und vor allem in der Wirtschaft blieben erhalten. Die für eine sozialistische Gesellschaftsordnung kämpfenden Teile der Arbeiterbewegung wurden niedergeworfen, wobei die von der SPD geführte Reichsregierung und die ehemals kaiserlichen Offiziere ein Bündnis eingingen.

So ist es begreiflich, daß auch die politischen und ideologischen Traditionen aus dem Kaiserreich alsbald wieder auflebten. Die herrschende Klasse – also die großen Banken und Industriekonzerne und der Großgrundbesitz sowie die Führungsgruppen im politischen und militärischen Machtapparat, der dieses soziale System garantiert – konzentrierten sich zunächst darauf, die verbliebenen Machtpositionen zu konsolidieren. Dies bedeutete nach innen – nach der Niederwerfung der revolutionären Erhebungen – die Zurückdrängung der Arbeiterbewegung im politischen und betrieblichen Bereich und die teilweise Aufhebung der sozialen Konzessionen, die man 1918/19 hatte machen müssen (8-Stunden-Tag, Bezahlung von Überstundenarbeit, Unfallschutzmaßnahmen, Höhe der Reallöhne usw.). Nach außen mußte der Versailler Vertrag zunächst akzeptiert werden, da an militärische Gewaltmaßnahmen nicht zu denken war.

Dies ist die Politik der Hinnahme der parlamentarischen Republik und der Vertragserfüllung, die sich 1924 mit dem Beginn einer relativ guten Konjunktur durchsetzte. Versuche einer abenteuerlichen Politik, die innenpolitisch auf vollständige Liquidation des demokratischen Verfassungssystems und außenpolitisch auf militärische Gewaltanwendung zielte (Kapp-Putsch, Vaterländische Verbände), fanden nicht die Unterstützung der maßgeblichen Teile der herrschenden Klasse, wenn sie auch ideologisch einflußreich blieben. Aufgegeben waren solche Ziele wie die Herstellung eines starken, autoritär geführten Staates und die Wiederaufrichtung der deutschen Großmachtstellung jedoch keineswegs. Nach dem Beginn der Weltwirtschaftskrise 1929 wurden sie erneut aktuell. Vorläufig aber beschränkten sich die herrschenden Machtgruppen darauf, ihre politische und militärische Position nach innen hin zu festigen und die wirtschaftlichen und machtpolitischen Voraussetzungen zu schaffen, die eine spätere Wendung zur Großmachtpolitik erst ermöglichten.

So waren diese Jahre der relativen Stabilität 1924–1928 dadurch gekennzeichnet, daß die Sozialdemokraten aus der Regierung hinausgedrängt wurden und Bürgerblockkabinette, die mit dem großen Kapital eng verbunden waren, die politischen Geschäfte führten. Ökonomisch vollzog sich eine – durch US-amerikanische Investitionen beschleunigte – enorme Modernisierung und Rationalisierung des Produktionsapparats und eine rasche Konzentration des Kapitals, die zur Bildung mächtiger Konzerne in Größenordnungen führte, wie man sie bis dahin nicht gekannt hatte: In der Eisen- und Stahlindustrie wurden 1926 die Vereinigten Stahlwerke gebildet, die 50 % der deutschen Steinkohlen- und Roheisenproduktion und 40 % der Stahlproduktion auf sich konzentrierten. Sie beherrschten bald über 400 Gesellschaften mit einem Kapital von über 3 Mrd. Mark – die über 2 Mrd. Einlagekapital der diesem Trust nahestehenden Banken nicht mitgerechnet.[1] In der Elektroindustrie bauten die Konzerne AEG und Siemens ihre Monopolstellung weiter aus, und in der chemischen Industrie wurde ein großer Teil dieses Zweiges zum Riesenkonzern der IG Farben zusammengefaßt. Daß mit diesem ökonomischen Konzentrationsprozeß auch die Möglichkeit der Koordinierung und Durchsetzung der Kapitalinteressen im politischen Bereich gestiegen war, versteht sich von selbst.

Von den Kleineigentümern in Handel, Handwerk und Landwirtschaft waren durch die Konzentration des Kapitals seit dem 19. Jahrhundert ohnehin schon beträchtliche Teile proletarisiert worden. Für diese Schichten, die zudem ihre Ersparnisse durch verlorene Kriegsanleihen und die Inflation 1922/23 schon weithin eingebüßt hatten, bedeutete der beschleunigte Konzentrationsprozeß in den zwanziger Jahren eine verstärkte Gefährdung, die sich in der Weltwirtschaftskrise zu einer massenhaften Proletarisierung steigerte. Noch 1882 lebten im Deutschen Reich etwa 43 % als Selbständige oder deren mithelfende Familienangehörige; 1933 waren sie auf weniger als 30 % zurückgegangen. Für die Lohnabhängigen bedeutete diese Konzentrationswelle eine beträchtliche Arbeitslosenrate, deren Auswirkungen in den Jahren der relativen Stabilität allerdings durch die von der Arbeiterbewegung erkämpften sozialpolitischen Verbesserungen (1926 Gesetz über einheitliche Arbeitsgerichtsbarkeit, 1927 Gesetz über Arbeitslosenversicherung) gemildert werden konnte. Die Weltwirtschaftskrise erzeugte dann nach 1929 jedoch eine ungeheure Massenarbeitslosigkeit und ermöglichte den Kapitalbesitzern einen starken Abbau der Löhne und der Sozialleistun-

---

1 J. Kuczynski, Die Geschichte der Lage der Arbeiter unter dem Kapitalismus, Bd. 16, Berlin 1965, S. 57 f.

gen, so daß erhebliche Teile der Arbeiter und Angestellten der Verelendung preisgegeben wurden. Die Präsidialregierungen, die praktisch schon seit März 1930 das parlamentarische System abgelöst hatten, zielten darauf ab, die Lasten der Krise der arbeitenden Bevölkerung aufzuerlegen und ihre seit 1918 erkämpften sozialen Rechte abzubauen. Die schrittweise Aufhebung der Tariffreiheit, die Anfänge staatlicher Lohnregulierung, starke Lohnsenkungen und die Kürzung der Unterstützungsfristen für Arbeitslose (bei gleichzeitiger Erhöhung der Arbeitslosenbeiträge) waren deutliche Anzeichen dieses Kurses.

Das waren die Rahmenbedingungen, unter denen sich die Formierung der reaktionären Kräfte, die Aushöhlung des demokratischen Verfassungssystems, die Verschärfung der Klassenkämpfe und der Aufstieg des Faschismus vollzogen.

Nr. 9–12 geben einige Daten über die allgemeine wirtschaftliche Entwicklung Deutschlands in der Weimarer Zeit und besonders in der Krise. Nr. 13 bis 14a zeigen, daß nach 1929 zwar auch in den übrigen kapitalistischen Ländern Produktionsrückgang und Arbeitslosigkeit in einem enormen Ausmaß herrschten, daß aber Deutschland von der Krise besonders schwer getroffen wurde. Das Deutsche Reich war eben durch die Niederlage im Weltkrieg und die Folgen des Versailler Vertrages besonders geschwächt und hatte auch nicht die Möglichkeit, auf die Krise mit einer verstärkten Ausbeutung von Kolonien zu antworten.

Nr. 15–20 sollen aufzeigen, wie sich die Krise auf die verschiedenen sozialen Klassen und Schichten auswirkte, denn selbstverständlich waren die verschiedenen Bevölkerungsteile sehr unterschiedlich betroffen. Es wird deutlich, daß zwar auch die Profite der Kapitalbesitzer beträchtlich zurückgingen, daß es diesen jedoch gelang, mit der Hilfe staatlicher Steuer-, Einkommens- und Subventionspolitik, also der Umverteilung des Volksvermögens durch den Staatshaushalt, die Hauptlast auf die Lohnabhängigen und die Kleineigentümer abzuwälzen. Die Verelendung der arbeitenden Massen, die drohende und teilweise real vollzogene Proletarisierung der selbständigen Mittelschichten und der Drang der Kapitalbesitzer nach Stabilisierung der wankenden kapitalistischen Gesellschaftsordnung und nach Errichtung einer „starken" Regierung bilden jene Faktoren, die die politischen Kämpfe dieser Jahre entscheidend bestimmt haben.

Nr. 21–53 sollen verdeutlichen, wie die politisch-ideologischen Fronten in der Weimarer Republik verliefen. Nr. 21 und 22 zeigen, daß die SPD programmatisch an der Überwindung des Kapitalismus und der Errichtung einer sozialistischen Gesellschaftsordnung festhielt, wobei allerdings zu bedenken ist, daß ihre Führung in ihrer praktischen Politik in der gesamten Periode zur Stützung des Kapitalismus wesentlich beitrug. Unter den Bedingungen der Krise und der stark eingeschränkten Konzessionsmöglichkeiten des Kapitals nach 1929 mußte auch die reformistische Arbeiterbewegung, sofern sie überhaupt noch für die elementarsten Tagesinteressen der Lohnabhängigen eintreten wollte, zur Verschärfung der sozialen Kämpfe beitragen und also zu einer Gefahr für den Kapitalismus werden. Nr. 23 und 24 zeigen die Position der Kommunistischen Partei, die sich nach den Niederlagen der Jahre 1919 bis 1923 wieder stabilisierte, zu einer wirklichen Massenpartei wurde und 1932 fast die Wählerzahl der SPD erreichte. Die Programme beider Parteien formulierten grundsätzliche Alternativen gegenüber dem Kapitalismus und den politischen Programmen der bürgerlichen Parteien, die allesamt für dessen Bewahrung eintraten. Die gemeinsame Grundlage dieser Parteien in Hinsicht auf die Verteidigung des Privateigentums an Produktionsmitteln, auf die damit verbundenen Ideologeme von Volksgemeinschaft und Pflichtgefühl, Vaterland und Familie, und die daraus resultierende scharfe Frontstellung gegen Sozialismus und Marxismus wird in Nr. 25 bis 30a deutlich. In diesen Grundfragen gab es keine Differenz zur NSDAP, wie die Dokumente des nächsten Kapitels zeigen werden. Die Unterschiede zwischen den verschiedenen bürgerlichen Parteien und der NSDAP bezogen sich auf die politisch-institutionelle Struktur. Diese Zusammenhänge sind deshalb so wichtig, weil es ja einer Erklärung bedarf, weshalb es die Wähler dieser bürgerlichen Parteien waren, die nach 1929 zur NSDAP strömten, und weshalb es die Führungsgruppen dieser Parteien waren, die sich um Kontakte und Koalitionsgespräche mit der NSDAP bemühten und im März 1933 dem Ermächtigungsgesetz der Hitlerregierung zustimmten. Besonders deutlich wird diese politische Verwandtschaft bei der DNVP (Nr. 29) und bei dem Wehrverband „Stahlhelm" (Nr. 30), die dann im Januar 1933 auch die Koalitionsregierung mit der NSDAP gebildet haben. Aber auch in den übrigen bürgerlichen Parteien, insbesondere den katholischen Parteien Zentrum und Bayerische Volkspartei und der Deutschen Volkspartei, gewannen die auf ein autoritäres System gerichteten Tendenzen nach 1929 immer stärker an Boden. Nr. 30a zeigt ein schon beinahe komplettes Programm faschistischer Diktatur, das aus der DVP hervorging. Diese Programme machen deutlich, wie gut der Boden für die NSDAP bereitet worden ist und wer ihn bereitet hat.

In Nr. 31–53 geht es darum, die Kräfte und Interessen, die vor 1918 den politischen Kurs des Deutschen Reiches bestimmt hatten und infolge des partiellen Scheiterns der Revolution ihre Machtpositionen weitgehend verteidigen konnten, genauer darzustellen. Eine nähere Betrachtung zeigt nämlich, daß eine erstaunliche Kontinuität der Führungsschichten zwischen dem Kaiserreich und der Weimarer Republik besteht und daß diese Machtgruppen natürlich auch ihre früheren Ziele und Interessen weiter verfolgten. Ihre Durchsetzungschancen und Kampfbedingungen waren allerdings durch die erstarkte Arbeiterbewegung, das demokratische Verfassungssystem und den Versailler Vertrag bedeutend verschlechtert worden. Die Abschwächung oder Beseitigung dieser drei Hindernisse bildete denn auch den Hauptinhalt der kurz- und mittelfristigen Zielsetzung. Erst dem Faschismus allerdings gelang ihre vollständige Beseitigung, und erst dann konnten auch die alten längerfristigen Ziele wieder in Angriff genommen werden.

Nr. 31–41a zeigen Haltung und Ziele der Wirtschaft. Nach der Novemberrevolution ging es zunächst darum, die akute Gefahr einer sozialistischen Umwälzung zu bannen (Nr. 31). 1922/23 gab es bereits starke Kräfte, die eine Disziplinierung der Arbeiterschaft und eine ökonomische Expansion nach außen ins Auge faßten (Nr. 32 und 33). Von Anfang an gab es natürlich auch enge Kontakte zwischen Industrie- und Bankkapital einerseits und den bürgerlichen Parteien andererseits. Mit der Stabilisierung 1924 setzte sich jener Kurs durch, der auf die Verfolgung der Interessen innerhalb des Rahmens des parlamentarischen Verfassungsstaates mit Hilfe der bürgerlichen Parteien und Regierungen baute und dabei zunächst auch erfolgreich war. Diese Zusammenhänge werden hier dokumentiert am Beispiel der Beziehungen zwischen der Wirtschaft und der DVP, also jener Partei, der in dieser Periode auch außenpolitisch eine zentrale Rolle zukam (Nr. 34–37). Großindustrielle wie Stinnes, Vögler und Röchling hatten führende Positionen in der DVP. Sie werden zweitens dokumentiert am Beispiel der illegalen Aufrüstungsmaßnahmen schon in den 20er Jahren (Nr. 37 a). Welche Ziele die vielgerühmte Friedenspolitik Stresemanns, der eben jener Partei angehörte, wirklich verfolgte, läßt sich aus Nr. 38 erkennen. Und daß in der Kolonialbewegung der Staatsapparat mit der privaten Wirtschaft wie vor 1918 eng kooperierte, zeigt Nr. 39. 1929 verstärkte sich die Tendenz in der Wirtschaft, das parlamentarische System, das den eigenen Interessen nicht mehr recht dienlich war, durch einen autoritär geführten Staat zu ersetzen (Nr. 40 und 41). Daß diese Tendenz später zum Bündnis mit dem Faschismus führte, ist von den hier gezeigten Voraussetzungen her verständlich und wird im nächsten Kapitel belegt werden. Zugleich wurden ökonomische Expansionspläne Richtung Südosteuropa wieder aufgenommen (Nr. 41 a).

Daß die angeblich unabhängige und neutrale dritte Gewalt, die Justiz, eine wesentliche Rolle bei der terroristischen Niederwerfung der sozialistischen Linken und der Begünstigung der antidemokratischen Rechten gespielt hat, wird aus Nr. 42–44 erkennbar. Als Machtfaktor noch wichtiger aber war in der Weimarer Republik (und ist in jeder Gesellschaft) das Militär. Seine Ziele und Aktivitäten werden im Anschluß daran dokumentiert.

Am Beginn steht der Beleg, daß die kaiserliche Militärführung im November 1918 ihre einzige Chance, den Sieg des Sozialismus zu verhindern und also die gesellschaftlichen Grundlagen ihrer Machtposition zu retten, in einem Bündnis mit der Führung der SPD erblickte (Nr. 45). Die Nahziele werden in Nr. 46 näher definiert. Daß in der Vorstellungswelt dieser Offiziere Ruhe und Ordnung im Innern und militärische Expansion nach außen zusammengehörten und daß die – notfalls auch blutige – Disziplinierung der Arbeiterschaft dafür eine erste Voraussetzung war, zeigen Nr. 47 und 48. Die enge Zusammenarbeit zwischen Militär und Wirtschaft bis hin zur Organisierung und Finanzierung illegaler Kampfverbände, zugleich aber die Furcht der Reichswehrführung vor zu großer Verstärkung der Klassenkonflikte werden in Nr. 49–51 sichtbar. Nr. 52 und 53 schließlich zeigen, wie maßgebliche Reichswehrführer ihre Stellung gegenüber dem parlamentarischen Parteienstaat definierten und ihre Position im politischen Spektrum zwischen Rechts und Links einordneten.

So waren wesentliche Voraussetzungen für die Zerstörung des parlamentarischen Verfassungsstaates schon geschaffen, als die NSDAP 1930 ihren Aufstieg begann und Wirtschaft, Staatsapparat und Militär ebenso wie die bürgerlichen Politiker vor die Frage gestellt wurden, wie sie sich gegenüber dieser Partei verhalten sollten.

1. Allgemeine Grundlagen

Nr. 1

Bevölkerung (in Millionen)

	Deutschland	England	Frankreich
1870	41	31	37
1910	65	45	40

Aus: Sachwörterbuch der Geschichte Deutschlands und der deutschen Arbeiterbewegung, Berlin 1969, Bd. 1, S. 807

Nr. 2

Anteil an der Weltindustrieproduktion in Prozent

	Deutschland	England	Frankreich
1870	13	32	10
1913	16	14	6

Aus: Sachwörterbuch, Bd. 1, S. 811

Nr. 3

Der Kolonialbesitz verteilte sich 1914 wie folgt:

	Fläche (Mill. km²)	Einwohner (Mill.)
Deutschland	2,9	12,3
Frankreich	10,6	55,5
England	33,5	393,5

Aus: Sachwörterbuch, Bd. 1, S. 947

Nr. 4

Da dem deutschen Kapital die Investitionsmöglichkeiten in den Kolonien Afrikas, Asiens und Australiens versperrt waren, mußte es den wesentlich schwierigeren Weg gehen und in formal selbständigen Ländern in Amerika und Europa Positionen erobern:

Kapitalanlagen in Mrd. Mark vor 1914

investiert in	England	Frankreich	Deutschland
Amerika	37	4	10
Asien	11	1	4
Afrika	10	7	2
Australien	8	0	1
Europa	4	23	18

Aus: Sachwörterbuch, Bd. 1, S. 806

Nr. 5   Regionale Verteilung des Außenhandels der Großmächte 1913 (Prozent).

	Export nach			Import aus		
	Europa	Nord-amerika	anderen Kontinenten	Europa	Nord-amerika	anderen Kontinenten
Groß-Britannien	35	10	55	44	24	32
USA	60	17	23	48	8	44
Deutsch-land	75	8	17	54	17	29
Frankreich	70	7	23	53	11	36

Aus: League of Nations (Hrsg.), Memorandum on Balances of Payments and Foreign Trade Balances, 1910–1924. 2 Bde. Genf 1925, Bd. 1, S. 112 f; abgedruckt in: G. Hardach, Der Erste Weltkrieg. Geschichte der Weltwirtschaft im 20. Jahrhundert Bd. 2, dtv. München 1973, S. 13

Nr. 6 Kriegszieldenkschrift des Reichskanzlers Theobald von Bethmann Hollweg vom 9. September 1914 (Auszüge)

Sicherung des Deutschen Reiches nach West und Ost auf erdenkliche Zeit. Zu diesem Zweck muß Frankreich so geschwächt werden, daß es als Großmacht nicht neu erstehen kann, Rußland von der deutschen Grenze nach Möglichkeit abgedrängt und seine Herrschaft über die nichtrussischen Vasallenvölker gebrochen werden . . .

1. Frankreich. Von den militärischen Stellen zu beurteilen, ob die Abtretung von Belfort, des Westabhangs der Vogesen, die Schleifung der Festungen und die Abtretung des Küstenstrichs von Dünkirchen bis Boulogne zu fordern ist.

In jedem Falle abzutreten, weil für die Erzgewinnung unserer Industrie nötig, das Erzbecken von Briey.

Ferner eine in Raten zahlbare Kriegsentschädigung; sie muß so hoch sein, daß Frankreich nicht imstande ist, in den nächsten achtzehn bis zwanzig Jahren erhebliche Mittel für Rüstung anzuwenden.

Des weiteren: ein Handelsvertrag, der Frankreich in wirtschaftliche Abhängigkeit von Deutschland bringt, es zu unserem Exportland macht und es ermöglicht, den englischen Handel in Frankreich auszuschalten. Dieser Handelsvertrag muß uns finanzielle und industrielle Bewegungsfreiheit in Frankreich schaffen – so, daß deutsche Unternehmungen nicht mehr anders als französische behandelt werden können.

2. Belgien. Angliederung von Lüttich und Verviers an Preußen, eines Grenzstriches der Provinz Luxemburg an Luxemburg.

Zweifelhaft bleibt, ob Antwerpen mit einer Verbindung nach Lüttich gleichfalls zu annektieren ist.

Gleichviel, jedenfalls muß Belgien, wenn es auch als Staat äußerlich bestehen bleibt, zu einem Vasallenstaat herabsinken, in etwa militärisch wichtigen Hafenplätzen ein Besatzungsrecht zugestehen, seine Küste militärisch zur Verfügung stellen, wirtschaftlich zu einer deutschen Provinz werden. Bei einer solchen Lösung, die die Vorteile der Annexion, nicht aber ihre innerpolitisch nicht zu beseitigenden Nachteile hat, kann franz. Flandern mit Dünkirchen, Calais

24

und Boulogne, mit großenteils flämischer Bevölkerung diesem unveränderten Belgien ohne Gefahr angegliedert werden . . .

3. Luxemburg. Wird deutscher Bundesstaat und erhält einen Streifen aus der jetzt belgischen Provinz Luxemburg und eventuell die Ecke von Longwy.

4. Es ist zu erreichen die Gründung eines mitteleuropäischen Wirtschaftsverbandes durch gemeinsame Zollabmachungen, unter Einschluß von Frankreich, Belgien, Holland, Dänemark, Österreich-Ungarn, Polen und eventuell Italien, Schweden und Norwegen. Dieser Verband, wohl ohne gemeinsame konstitutionelle Spitze, unter äußerlicher Gleichberechtigung seiner Mitglieder, aber tatsächlich unter deutscher Führung, muß die wirtschaftliche Vorherrschaft Deutschlands über Mitteleuropa stabilisieren.

5. Die Frage der kolonialen Erwerbungen, unter denen in erster Linie die Schaffung eines zusammenhängenden mittelafrikanischen Kolonialreichs anzustreben ist, desgleichen die Rußland gegenüber zu erreichenden Ziele werden später geprüft . . .

6. Holland. Es wird zu erwägen sein, durch welche Mittel und Maßnahmen Holland in ein engeres Verhältnis zu dem Deutschen Reich gebracht werden kann.

Dies engere Verhältnis müßte . . . Holland . . . äußerlich unabhängig belassen, innerlich aber in Abhängigkeit von uns bringen. Vielleicht ein die Kolonien einschließendes Schutz- und Trutzbündnis, jedenfalls enger Zollanschluß, eventuell die Abtretung von Antwerpen an Holland gegen das Zugeständnis eines deutschen Besatzungsrechts für die Befestigung Antwerpens wie für die Scheldemündung wäre zu erwägen . . .

Aus: Geschichte der deutschen Arbeiterbewegung, Bd. 2, Berlin 1966, S. 435 f

Nr. 7   Schreiben Bethmann Hollwegs vom 19. November 1914 an den Unterstaatssekretär im Auswärtigen Amt Zimmermann (Auszug)

. . . Übrigens habe ich mir von Herrn Stinnes eine von Professor Schumacher in Bonn auf Grund eingehender Beratungen mit Kirdorff, August Thyssen, Hugenberg und Stinnes selbst verfaßte

Denkschrift geben lassen, die über die Friedensbedingungen dieser Herren Aufschluß gibt. Stinnes behauptete, daß diese Bedingungen die übereinstimmende Forderung der gesamten Industrie und Landwirtschaft, der Konservativen und Liberalen seien. Die Annexionswünsche erstrecken sich für Frankreich auf:

Belfort, Epinal, Toul, Verdun, Briey und das gesamte nördliche Küstengebiet bis zur Somme einschließlich aller Kohlenlager Frankreichs um Lille, Lens, Arras usw., den Congo, Dahomey, Obok usw.

Für Rußland auf das Land westlich der Linie Narwa, Wilna, Grodno, Petrikow, endlich ganz Belgien.

Die wirtschaftlichen Forderungen übergehe ich heute . . .

Der Brief ist vollständig abgedruckt in: G. Förster u. a., Der Preußisch-deutsche Generalstab 1640–1965, Berlin 1966, S. 497 ff.

Nr. 8   Kriegszieldenkschrift der sechs größten Interessenverbände der Industrie und des Großgrundbesitzes an den Reichskanzler Theobald von Bethmann Hollweg vom 20. Mai 1915 (Auszüge)

Die unterzeichneten Körperschaften haben sich mit der Frage beschäftigt, wie die in den letzten Monaten so oft gehörte Formel zu verwirklichen ist, daß diesem Kriege ein ehrenvoller Frieden folgen müsse, der den gebrachten Opfern entspricht und die Gewähr seiner Dauer in sich trägt . . .

Neben der Forderung eines Kolonialreiches, das den vielseitigen wirtschaftlichen Interessen Deutschlands voll genügt, neben der Sicherung unserer zoll- und handelspolitischen Zukunft und der Erlangung einer ausreichenden, in zweckmäßiger Form gewährten Kriegsentschädigung, sehen sie das Hauptziel des uns aufgedrängten Kampfes in einer Sicherung und Verbesserung der europäischen Daseinsgrundlage des Deutschen Reiches nach folgenden Richtungen:

Belgien muß, wegen der notwendigen Sicherung unserer Seegeltung, wegen unserer militärischen und wirtschaftlichen Zukunftsstellung gegenüber England und wegen des engen Zusammenhanges des wirtschaftlich so bedeutenden belgischen Gebietes mit unserem Hauptindustriegebiet, militär- und zollpolitisch sowie hinsichtlich des Münz-, Bank- und Postwesens, der deutschen Reichsgesetzgebung unterstellt werden. Eisenbahnen und Wasserstraßen sind unserem Verkehrswesen einzugliedern. Im übrigen müssen Regierung und Verwaltung des Landes, unter Scheidung eines wallonischen und eines überwiegend flämischen Gebietes und unter Überführung der für die Beherrschung des Landes wichtigen wirtschaftlichen Unternehmungen und Besitzungen in deutsche Hand, so geführt werden, daß die Bewohner keinen Einfluß auf die politischen Geschicke des Deutschen Reiches erlangen.

Was Frankreich betrifft, so muß, aus dem gleichen Gesichtspunkte unserer Stellung zu England, der Besitz des an Belgien grenzenden Küstengebietes bis etwa zur Somme und damit der Ausweg zum Atlantischen Ozean als eine Lebensfrage für unsere künftige Seegeltung betrachtet werden. Das hierbei mit zu erwerbende Hinterland muß so bemessen werden, daß wirtschaftlich und strategisch die volle Ausnutzung der gewonnenen Kanalhäfen gesichert ist. Jeder weitere französische Landerwerb hat, abgesehen von der notwendigen Angliederung der Erzgebiete von Briey, ausschließlich nach militärstrategischen Erwägungen zu geschehen . . . Mit dem Erwerb der Maaslinie und der französischen Kanalküste wäre . . . auch der Besitz der Kohlengebiete des Departements du Nord und des Pas-de-Calais gegeben. Auch diese Erwerbungen setzen . . . voraus, daß die Bevölkerung der angegliederten Gebiete nicht in die Lage gebracht wird, politischen Einfluß auf die Geschicke des Deutschen Reiches zu erlangen, und daß die in diesem Gebiete vorhandenen wirtschaftlichen Machtmittel, einschließlich des mittleren und größeren Besitzes, derart in deutsche Hand überführt werden, daß Frankreich deren Eigentümer entschädigt und übernimmt.

Für den Osten muß zunächst die eine Erwägung maßgebend sein, daß der im Westen zu erwartende große industrielle Machtzuwachs ein Gegengewicht durch ein gleichwertiges im Osten zu erwerbendes Landwirtschaftsgebiet finden muß . . .

Die Notwendigkeit, auch die gesunde landwirtschaftliche Grundlage unserer Volkswirtschaft zu stärken, eine großangelegte deutsche ländliche Besiedelung . . . zu ermöglichen und unsere wehrkräftige Volkszahl stark zu erhöhen, fordert eine erhebliche Erweiterung der Reichs- und preußischen Grenzen gegen Osten durch Angliederung mindestens von Teilen der Ostseeprovinzen und der südlich davon liegenden Gebiete unter Berücksichtigung des Zieles, unsere östliche deutsche Grenze militärisch verteidigungsfähig zu gestalten . . .

Hinsichtlich der Verleihung politischer Rechte an die Bewohner der neuen Gebiete und der Sicherung des deutschen wirtschaftlichen Einflusses in ihnen gilt das hinsichtlich Frankreich Gesagte. Die Kriegsentschädigung von seiten Rußlands wird in großem Umfange in der Übereignung von Land bestehen müssen.

Aus: Geschichte der deutschen Arbeiterbewegung Bd. 2, S. 448 ff.

Nr. 8 a Die Kriegsziele des Deutschen Reiches im Osten fanden ihren Ausdruck im *Friedensvertrag von Brest-Litowsk,* der Anfang 1918 Rußland aufgezwungen wurde. Danach hatte Rußland abzutreten: ein Territorium von etwa 1 Mill. km² mit einer Bevölkerung von etwa 46 Mill. Menschen. Rußland verlor damit 26 % seines Territoriums, darunter seine wertvollsten Getreidegebiete, fast alle Ölquellen, 90 % der Kohlengruben, 54 % der Industrie.

(Vgl. Sachwörterbuch Bd. 1, S. 290 u. F. A. Krummacher u. H. Lange, Krieg und Frieden. Geschichte der deutsch-sowjetischen Beziehungen. Von Brest-Litowsk zum Unternehmen Barbarossa, München–Esslingen 1970, S. 43

Nr. 8 b Der *Versailler Vertrag,* den die Westmächte dem besiegten Deutschen Reich 1919 aufzwangen und der zeigt, daß der Krieg auch auf der Seite dieser Mächte durchaus imperialistischen Charakter hatte, bedeutete eine wesentliche ökonomische und politische Schwächung Deutschlands. Das Deutsche Reich hatte abzutreten: 13 % des Territoriums, 10 % der Bevölkerung, 75 % der Eisenerz- und 20 % der Steinkohlenförderung. Die linksrheinischen Gebiete wurden von alliierten Truppen besetzt, das Saargebiet wurde für 15 Jahre an Frankreich angegliedert, die deutschen Kolonien wurden faktisch unter die Siegermächte aufgeteilt. Eine Blankoverpflichtung zur Zahlung von später festzulegenden Reparationen wurde verlangt (1921 auf 132 Mrd. Goldmark festgelegt). Das deutsche Heer wurde auf 100 000, die Marine auf 15 000 Mann begrenzt. Schwere Waffen waren verboten, so daß die deutsche „Reichswehr" nur noch zur Bekämpfung des inneren Feindes, nicht aber zu einem Krieg in der Lage war.

Vgl. Sachwörterbuch, Bd. 2, S. 723

Nr. 9   Volkseinkommen je Kopf der Bevölkerung
(umgerechnet in Preise von 1928)

1913	1505 Mark = 100 % von 1913
1925	1285 RM = 84 % von 1913
1926	1318 RM = 86 % von 1913
1927	1413 RM = 92 % von 1913
1928	1453 RM = 94 % von 1913
1929	1436 RM = 92 % von 1913
1930	1372 RM = 89 % von 1913
1931	1201 RM = 78 % von 1913
1932	1094 RM = 72 % von 1913

Aus: Zeitgeschichte in Text und Quellen. Die Weimarer Republik, hg. v. W. Tormin, Hannover 1962, S. 278

Nr. 10   Aktienkapital der Konzerne[1] in Prozent des Gesamtaktienkapitals jedes Industriezweiges, 1926

Bergbau	93 Prozent
Eisen- und Metallgewinnung	80 Prozent
Eisen-, Stahl- und Metallwarenproduktion	26 Prozent
Elektroindustrie	87 Prozent
Chemische Industrie	83 Prozent
Textilindustrie	37 Prozent
Holzindustrie	6 Prozent
Nahrungs- und Genußmittelindustrie	41 Prozent
Bekleidungsgewerbe	11 Prozent
Banken	74 Prozent
Insgesamt	65 Prozent
Davon Industrie der Grundstoffe	89 Prozent
Verarbeitende Industrie	57 Prozent
Handel und Verkehr	58 Prozent

1 Hier wird amtlicherseits unter Konzernen jede durch Kapitalverflechtung eng verbundene Gruppe von Betrieben verstanden, ganz gleich, ob sie monopolistischen Einfluß hat oder nicht.

Aus: J. Kuczynski, Die Geschichte der Lage der Arbeiter unter dem Kapitalismus, Bd. 16, Berlin 1963, S. 9

Nr. 11	Bruttosozialprodukt 1928 RM (in Milliarden)	Index der industriellen Produktion (1928 = 100)
1928	91	100
1929	89	101
1932	72	59

Aus: D. Landes, Der entfesselte Prometheus. Technologischer Wandel und industrielle Entwicklung in Westeuropa von 1750 bis zur Gegenwart, Köln 1973, S. 381

Nr. 12 Das Ansteigen der Erwerbslosigkeit und Kurzarbeit 1928–1932 (Angaben in Prozent):

	Arbeitslose	Kurzarbeiter	Vollbeschäftigte
1928	9,7	5,7	84,6
1929	14,6	7,5	77,9
1930	22,7	13,8	63,5
1931	34,7	19,7	45,6
1932	44,4	22,6	33,0

Aus: Sachwörterbuch, Bd. 2, S. 821

Nr. 13 Die Entwicklung der wichtigsten kapitalistischen Länder nach dem Umfang ihrer Industrieproduktion (1929 = 100)

Jahr	Deutschland	USA	Großbritannien	Frankreich
1924	68	80	89	78
1929	100	100	100	100
1932	53	54	83	72

Aus: Förster, S. 466

Nr. 14 Zahl der Vollarbeitslosen im Verhältnis zur Gesamtzahl der Arbeiter 1932

USA	32 %	(= 13,2 Mill.)
Großbritannien	22 %	(= 2,8 Mill.)
Deutschland	43,8 %	(= 5,5 Mill.)

Aus: Weltgeschichte, hg. v. d. Akademie der Wissenschaften der UdSSR, Bd. 9, Berlin 1967, S. 192a

Nr. 14 a   Durchschnittliche Reallöhne einschließlich der Konjunkturperiode (1900 = 100)

USA	(1922–1933):	117
Frankreich	(1924–1934):	99
England	(1924–1932):	91
Deutschland	(1924–1932):	86

Aus: Kuczynski, Die Geschichte der Lage . . ., Bd. 37, S. 111

Nr. 15   Die Lebensbedingungen während der Krise

Die Unterstützungen und Sozialleistungen wurden ständig abgebaut. Die Papen-Regierung verkürzte im Juni 1932 die Dauer der bereits herabgesetzten Arbeitslosenunterstützung auf 6 Wochen (ursprünglich 26 Wochen). Die Zahl derjenigen, die keine Arbeitslosen- oder Krisenunterstützung mehr erhielten, sondern auf die Pfennige der Wohlfahrt angewiesen waren, betrug im Frühj. 1930 bereits 680 000 und stieg bis 1932 auf 2 Mill. Der Nettowochenlohn der Industriearbeiter fiel von rd. 42 RM 1929 auf rd. 22 RM 1932. Das Existenzminimum in diesen Jahren betrug rd. 50 RM bzw. rd. 39 RM pro Woche. Ab Juli 1930 wurde Krankengeld erst vom vierten Tage der Arbeitsunfähigkeit an gezahlt. Es betrug für Versicherte ohne Angehörige 50 Prozent des Grundlohnes während der ersten 6 Wochen, danach war eine Erhöhung auf 60 Prozent möglich. Für Krankenscheine und Rezepte war eine Gebühr von 50 Pf zu zahlen. Die Bauern verschuldeten in zunehmendem Maße. Den 3173 landwirtschaftlichen Betrieben mit insgesamt 91 200 Hektar, die 1929 in Dtschl. zwangsversteigert wurden, standen 1932 7060 mit einer Fläche von 153 800 Hektar gegenüber. Die Gehälter und Renten der Angestellten, Beamten und der Intelligenz fielen z. T. beträchtlich. 1932 verdienten 70 Prozent der dt. Ärzte weniger als 170 RM im Monat. Von 22 000 Lehrern, die in diesem Jahr die Ausbildung in Preußen abschlossen, konnten nur 990 eine Beschäftigung finden. Der Umsatz des Handwerks in Dtschl. ging in der Weltwirtschaftskrise um rd. die Hälfte zurück. Allein 1930 verloren etwa 30 000 bis 40 000 Einzelhändler und Handwerker ihre Existenzgrundlage. Die Zahl der Konkurse, selbst mittlerer Unternehmer, stieg von 840 im Okt. 1928 auf 1142 im März 1930 und wuchs in den folgenden Jahren noch weiter an.

Aus: Sachwörterbuch, Bd. 2, S. 821 f.

Nr. 16   Der Nettolohn und das Existenzminimum der deutschen Arbeiter 1929–1932 (Angaben in RM)

	Nettowochenlohn	Existenzminimum je Woche
1929	42,20	49,65
1930	36,95	47,55
1931	30,10	43,85
1932	21,75	39,05

Aus: Sachwörterbuch, Bd. 2, S. 821

Nr. 17   Die durchschnittlichen Unterstützungssätze für Arbeitslose 1932 (Angaben in RM)

Großstädte	16,44
Mittlere Städte	13,36
Kleine Gemeinden	13,14

14 Prozent der Arbeitslosen, vor allem Frauen und Jugendliche, blieben ohne jede staatliche Unterstützung.

Aus: Sachwörterbuch, Bd. 2, S. 821

Nr. 18   Durchschnittlicher Barlohn der Landarbeiter pro Stunde 1932

Schleswig-Holstein:	14 Pf.
Ostpreußen, Krs. Johannisburg:	5,7 Pf.
Pommern, Krs. Lauenburg:	4,5 Pf.

Nach H. Bennecke, Wirtschaftliche Depression und politischer Radikalismus, München–Wien 1968, S. 175 f.

Nr. 19 Umsatz in überwiegend mittelständischen Gewerben

Jahr	Volks-wirt-schaftl. Gesamt-Umsätze	Umsatz überwiegend mittelständ. Gewerbe				
		Einzel-handel	Hand-werk	Gast-wirte	Zusammen	
			Mrd. RM			v. H.[1]
1928	224	36,3	20,1	6,3	62,7	28,0
1929	225	36,6	19,3	6,6	62,5	27,8
1930	200	33,1	17,3	5,8	56,2	28,1
1931	161	28,5	ca. 14	4,5	47,0	29,2
1932	–	23,1	–	–	–	–

1 v. H. der volkswirtschaftl. Gesamtumsätze.

Aus: Vierteljahrshefte für Konjunkturforschung 7 (1933), Teil A, S. 204; abgedruckt in: H. A. Winkler, Mittelstand, Demokratie und Nationalsozialismus. Die politische Entwicklung von Handwerk und Kleinhandel in der Weimarer Republik, Köln 1972, S. 294

Nr. 19a Die Entwicklung des Volkseinkommens, des Arbeitsein-kommens und des Einkommens aus Kapital (in Milliarden RM) 1928–1932, ∅ 1929–1932

	Volks-einkommen	Arbeits-einkommen	Einkommen aus Kapital
1928	75,4	42,6	2,8
1929	75,9	43,0	3,2
1930	70,2	39,9	3,3
1931	57,5	33,4	3,1
1932	45,3	25,7	2,3
1929–32	– 40 %	– 40 %	– 30 %

Aus: E. Henning, Thesen zur deutschen Sozial- und Wirtschaftsgeschichte 1933–1938, Frankfurt 1973, S. 53

Nr. 20   Die Dividendenentwicklung der Aktiengesellschaften mit mindestens 1 Mill. RM Aktienkapital 1924–1933

Jahr	Anzahl der Gesell- schaften	Nominalkapital in 1000 RM	Divid.-Summe überhaupt in 1000 RM	in Prozent d. dividenden- berechtigten Aktienkapitals
1924/1925	9 685	–	591 618	3,82
1925/1926	3 078	16 344 799	719 111	4,75
1926/1927	3 021	16 917 034	864 480	5,64
1927/1928	–	–	–	–
1928/1929	3 017	20 320 074	1 248 355	6,64
1929/1930	2 979	20 834 155	1 256 125	6,52
1930/1931	2 905	20 897 552	913 803	4,75
1931/1932	2 792	19 653 714	470 355	2,56
1932/1933	2 627	17 597 077	468 073	2,88

Aus: Sachwörterbuch, Bd. 2, S. 794; die Subventionen, die die Kapitalbesitzer vom Staat während der Krise erhielten, werden von Kuczynski auf mindestens 2 $^1/_2$ Mrd. Mark geschätzt: vgl. die Geschichte der Lage . . ., Bd. 16, S. 105

2. Standort und Ziele der Arbeiterparteien

Nr. 21   Programm der Sozialdemokratischen Partei Deutschlands, angenommen auf dem Görlitzer Parteitag der SPD 1921 (Auszug)

Die Sozialdemokratische Partei Deutschlands ist die Partei des arbeitenden Volkes in Stadt und Land. Sie erstrebt die Zusammenfassung aller körperlich und geistig Schaffenden, die auf den Ertrag eigener Arbeit angewiesen sind, zu gemeinsamen Erkenntnissen und Zielen, zur Kampfgemeinschaft für Demokratie und Sozialismus.

Die kapitalistische Wirtschaft hat den wesentlichen Teil der durch die moderne Technik gewaltig entwickelten Produktionsmittel unter die Herrschaft einer verhältnismäßig kleinen Zahl von Großbesitzern gebracht, sie hat breite Massen der Arbeiter von den Produktionsmitteln getrennt und in besitzlose Proletarier verwandelt. Sie hat die wirtschaftliche Ungleichheit gesteigert und einer kleinen, in Überfluß lebenden Minderheit weite Schichten entgegengestellt, die in Not und Elend verkümmern. Sie hat damit den Klassenkampf für die Befreiung des Proletariats zur geschichtlichen Notwendigkeit und zur sittlichen Forderung gemacht.

Der Weltkrieg und die ihn abschließenden Friedensdiktate haben diesen Prozeß noch verschärft. Sie haben die Konzentration der Betriebe und des Kapitals beschleunigt, die Kluft zwischen Kapital und Arbeit, Reichtum und Armut erweitert. In Industrie und Bankwesen, in Handel und Verkehr hat eine neue Epoche der Angliederungen und Verschmelzungen, der Kartellierungen und Vertrustungen eingesetzt. Während rücksichtsloses Gewinnstreben eine neue Bourgeoisie von Kriegslieferanten und Spekulanten emporhob, sanken kleine und mittlere Besitzer, Gewerbetreibende, Scharen geistiger Arbeiter, Beamte, Angestellte, Künstler, Schriftsteller, Lehrer, Angehörige aller Art der freien Berufe zu proletarischen Lebensbedingungen hinab. Korrumpierung des öffentlichen Lebens, wachsende Abhängigkeit der bürgerlichen Presse von übermächtigen Wirtschaftsdiktatoren, die auf diese Weise den Staat unter ihre Botmäßigkeit zu bringen versuchen, sind unausbleibliche Folgen.

Die Entwicklung zum Hochkapitalismus hat das Streben nach Beherrschung der Weltwirtschaft durch imperialistische Machterweiterung noch gesteigert. Sie hat ebenso wie die unbefriedigende Lösung der nationalen und wirtschaftlichen Weltprobleme durch die geltenden Friedensverträge die Gefahr neuer blutiger Konflikte heraufbeschworen, die den Zusammenbruch der menschlichen Kultur herbeizuführen drohen.

Zugleich hat der Weltkrieg morsche Herrschaftssysteme hinweggefegt. Politische Umwälzungen haben den Massen die Rechte der Demokratie gegeben, deren sie zu ihrem sozialen Aufstieg bedürfen. Eine gewaltig erstarkte Arbeiterbewegung, groß geworden durch die ruhmvolle opferreiche Arbeit von Generationen, stellt sich dem Kapitalismus als ebenbürtiger Gegner. Mächtiger denn je erhebt sich der Wille, das kapitalistische System zu überwinden und durch internationalen Zusammenschluß des Proletariats, durch Schaffung einer zwischenstaatlichen Rechtsordnung, eines wahren Bundes gleichberechtigter Völker, die Menschheit vor neuer kriegerischer Vernichtung zu schützen.

Diesem Willen den Weg zu weisen, den notwendigen Kampf der schaffenden Massen zu einem bewußten und einheitlichen zu gestalten, ist die Aufgabe der Sozialdemokratischen Partei.

Die Sozialdemokratische Partei ist entschlossen, zum Schutz der errungenen Freiheit das Letzte einzusetzen. Sie betrachtet die demokratische Republik als die durch die geschichtliche Entwicklung unwiderruflich gegebene Staatsform, jeden Angriff auf sie als ein Attentat auf die Lebensrechte des Volkes.

Die Sozialdemokratische Partei kann sich aber nicht darauf beschränken, die Republik vor den Anschlägen ihrer Feinde zu schützen. Sie kämpft um die Herrschaft des im freien Volksstaat organisierten Volkswillens über die Wirtschaft, um die Erneuerung der Gesellschaft im Geiste sozialistischen Gemeinsinns. Die Überführung der großen konzentrierten Wirtschaftsbetriebe in die Gemeinwirtschaft und darüber hinaus die fortschreitende Umformung der gesamten kapitalistischen Wirtschaft zur sozialistischen, zum Wohl der Gesamtheit betriebenen Wirtschaft erkennt sie als notwendige Mittel, um das schaffende Volk aus den Fesseln der Kapitalherrschaft zu befreien, die Produktionserträge zu steigern, die Menschheit zu höheren Formen wirtschaftlicher und sittlicher Gemeinschaft emporzuführen.

In diesem Sinne erneuert die Sozialdemokratische Partei Deutschlands ihr im Erfurter Programm niedergelegtes Bekenntnis: Sie kämpft nicht für neue Klassenprivilegien und Vorrechte, sondern für die Abschaffung der Klassenherrschaft und der Klassen selbst und für gleiche Rechte und gleiche Pflichten aller, ohne Unterschied des Geschlechts und der Abstammung. Sie führt diesen Kampf in dem Bewußtsein, daß er das Schicksal der Menschheit entscheidet in nationaler wie in internationaler Gemeinschaft, in Reich, Staat und Gemeinde, in Gewerkschaften und Genossenschaften, in Werkstatt und Haus.

Für diesen Kampf gelten die folgenden Forderungen . . .:

Das Programm ist vollständig abgedruckt in: S. Vietzke u. H. Wohlgemuth, Deutschland und die deutsche Arbeiterbewegung in der Zeit der Weimarer Republik 1919–1933, Berlin 1966, S. 425 ff.

Nr. 22   Programm der Sozialdemokratischen Partei Deutschlands,
angenommen auf dem Heidelberger Parteitag am 18. September
1925 (Auszug)

Grundsätzlicher Teil

Die ökonomische Entwicklung hat mit innerer Gesetzmäßigkeit
zum Erstarken des kapitalistischen Großbetriebes geführt, der in
Industrie, Handel und Verkehr immer mehr den Kleinbetrieb zu-
rückgedrängt und seine soziale Bedeutung verringert hat. Mit der
immer stärker werdenden Entfaltung der Industrie wächst die industrielle Bevölkerung ständig im Verhältnis zur landwirtschaftlichen.
Das Kapital hat die Massen der Produzenten von dem Eigentum an
ihren Produktionsmitteln getrennt und den Arbeiter in einen besitz-
losen Proletarier verwandelt. Ein großer Teil des Grund und Bodens
befindet sich in den Händen des Großgrundbesitzes, des natürlichen
Verbündeten des Großkapitals. So sind die ökonomisch entscheidenden Produktionsmittel zum Monopol einer verhältnismäßig
kleinen Zahl von Kapitalisten geworden, die damit die wirtschaftliche Herrschaft über die Gesellschaft erhalten.

Zugleich wächst mit dem Vordringen der Großbetriebe in der
Wirtschaft Zahl und Bedeutung der Angestellten und Intellektuellen
jeder Art. Sie üben in dem vergesellschafteten Arbeitsprozeß die
Leitungs-, Überwachungs-, Organisations- und Verteilungsfunk-
tionen aus, sie fördern durch wissenschaftliche Forschung die Pro-
duktionsmethoden. Mit dem Anwachsen ihrer Zahl verlieren sie
immer mehr die Möglichkeit des Aufstiegs in privilegierte Stellungen
und ihre Interessen stimmen in steigendem Maße mit denen der übrigen Arbeiterschaft überein.

Mit der Entwicklung der Technik und der Monopolisierung der
Produktionsmittel wächst riesenhaft die Produktivität der menschlichen Arbeit. Aber Großkapital und Großgrundbesitz suchen die
Ergebnisse des gesellschaftlichen Arbeitsprozesses für sich zu mo-
nopolisieren. Nicht nur den Proletariern, sondern auch den Mittelschichten wird der volle Anteil an dem materiellen und kulturellen
Fortschritt vorenthalten, den die gesteigerten Produktivkräfte ermöglichen.

Ununterbrochen sind im Kapitalismus Tendenzen wirksam, die arbeitenden Schichten in ihrer Lebenshaltung zu drücken. Nur durch steten Kampf ist es ihnen möglich, sich vor zunehmender Erniedrigung zu bewahren und ihre Lage zu verbessern. Dazu gesellt sich hochgradige Unsicherheit der Existenz, die stets drohende Arbeitslosigkeit. Diese wird besonders qualvoll und erbitternd in Zeiten der Krisen, die jedem wirtschaftlichen Aufschwung folgen und in der Anarchie der kapitalistischen Produktionsweise begründet sind.

Das kapitalistische Monopolstreben führt zur Zusammenfassung von Industriezweigen, zur Verbindung aufeinanderfolgender Produktionsstufen und zur Organisierung der Wirtschaft in Kartelle und Trusts. Dieser Prozeß vereinigt Industriekapital, Handelskapital und Bankkapital zum Finanzkapital.

Einzelne Kapitalistengruppen werden so zu übermächtigen Beherrschern der Wirtschaft, die nicht nur die Lohnarbeiter, sondern die ganze Gesellschaft in ihre ökonomische Abhängigkeit bringen.

Mit der Zunahme seines Einflusses benutzt das Finanzkapital die Staatsmacht zur Beherrschung auswärtiger Gebiete als Absatzmärkte, Rohstoffquellen und Stätten für Kapitalanlagen. Dieses imperialistische Machtstreben bedroht die Gesellschaft ständig mit Konflikten und mit Kriegsgefahr. Doch mit dem Druck und den Gefahren des Hochkapitalismus steigt auch der Widerstand der stets wachsenden Arbeiterklasse, die durch den Mechanismus des kapitalistischen Produktionsprozesses selbst sowie durch stete Arbeit der Gewerkschaften und der Sozialdemokratischen Partei geschult und vereint wird. Immer größer wird die Zahl der Proletarier, immer schroffer der Gegensatz zwischen Ausbeutern und Ausgebeuteten, immer erbitterter der Klassenkampf zwischen den kapitalistischen Beherrschern der Wirtschaft und den Beherrschten. Indem die Arbeiterklasse für ihre eigene Befreiung kämpft, vertritt sie das Gesamtinteresse der Gesellschaft gegenüber dem kapitalistischen Monopol. Eine gewaltig erstarkte Arbeiterbewegung, groß geworden durch die opferreiche Arbeit von Generationen, stellt sich dem Kapitalismus als ebenbürtiger Gegner gegenüber. Mächtiger denn je ersteht der Wille, das kapitalistische System zu überwinden und durch internationalen Zusammenschluß des Proletariats, durch Schaffung einer internationalen Rechtsordnung, eines wahren Bundes gleichberechtigter Völker, die Menschheit vor kriegerischer Vernichtung zu schützen.

Das Ziel der Arbeiterklasse kann nur erreicht werden durch die Verwandlung des kapitalistischen Privateigentums an den Produktionsmitteln in gesellschaftliches Eigentum. Die Umwandlung der kapitalistischen Produktion in sozialistische für und durch die Gesellschaft betriebene Produktion wird bewirken, daß die Entfaltung und Steigerung der Produktivkräfte zu einer Quelle der höchsten Wohlfahrt und allseitiger Vervollkommnung wird.

Dann erst wird die Gesellschaft aus der Unterwerfung unter blinde Wirtschaftsmacht und aus allgemeiner Zerrissenheit zu freier Selbstverwaltung in harmonischer Solidarität emporsteigen.

Der Kampf der Arbeiterklasse gegen die kapitalistische Ausbeutung ist nicht nur ein wirtschaftlicher, sondern notwendigerweise ein politischer Kampf. Die Arbeiterklasse kann ihren ökonomischen Kampf nicht führen und ihre wirtschaftliche Organisation nicht voll entwickeln ohne politische Rechte. In der demokratischen Republik besitzt sie die Staatsform, deren Erhaltung und Ausbau für ihren Befreiungskampf eine unerläßliche Notwendigkeit ist. Sie kann die Vergesellschaftung der Produktionsmittel nicht bewirken, ohne in den Besitz der politischen Macht gekommen zu sein.

Der proletarische Befreiungskampf ist ein Werk, an dem die Arbeiter aller Länder beteiligt sind. Die Sozialdemokratische Partei Deutschlands ist sich der internationalen Solidarität des Proletariats bewußt und ist entschlossen, alle Pflichten zu erfüllen, die ihr daraus erwachsen. Dauernde Wohlfahrt der Nationen ist heute nur erreichbar durch ihr solidarisches Zusammenwirken.

Die Sozialdemokratische Partei kämpft nicht für neue Klassenprivilegien und Vorrechte, sondern für die Abschaffung der Klassenherrschaft und der Klassen selbst, für gleiche Rechte und Pflichten aller, ohne Unterschied des Geschlechts und der Abstammung. Von dieser Anschauung ausgehend, bekämpft sie nicht bloß die Ausbeutung und Unterdrückung der Lohnarbeiter, sondern jede Art der Ausbeutung und Unterdrückung, richte sie sich gegen ein Volk, eine Klasse, eine Partei, ein Geschlecht oder eine Rasse.

Den Befreiungskampf der Arbeiterklasse zu einem bewußten und einheitlichen zu gestalten und ihm sein notwendiges Ziel zu weisen, ist die Aufgabe der Sozialdemokratischen Partei. In ständigem Ringen und Wirken auf politischem, wirtschaftlichem, sozialem und kulturellem Gebiet strebt sie zu ihrem Endziel . . .

Das Programm ist vollständig abgedruckt in: Vietzke/Wohlgemuth, S. 430 ff.

Nr. 23   Leitsätze der KPD über den Frieden vom Mai 1919 (Auszug)

I.

Die Friedensbedingungen der Entente gegenüber Deutschland sind die Bilanz der inneren und äußeren politischen und wirtschaftlichen Lage Deutschlands nach viereinhalb Jahren eines verlorenen imperialistischen Präventivkrieges und nach sieben Monaten der politischen Neubefestigung der imperialistischen Klassen durch eine Regierung der Scheinrevolution und der tatsächlichen Gegenrevolution, deren augenblicklicher Fahnenträger die Koalitionsregierung Ebert-Scheidemann-Dernburg-Erzberger ist.

II.

Das politische Resultat dieser Herrschaft ist:

1. Die Neuschöpfung des Militarismus in der barbarischen Form des Söldnerheeres, wie es zu Beginn der bürgerlichen Epoche entstand, aber zusammengesetzt aus den Auflösungsprodukten der imperialistischen Epoche, gebildet von den alten Junkeroffizieren und den neuen bürgerlichen und kleinbürgerlichen Offizieren, die während des Krieges geschaffen wurden, den Embryonen der künftigen Bürokratie und der künftigen Intelligenz, zusammengesetzt aus Lumpenproletariat, aus zurückgebliebenen proletarischen Schichten, die der Krieg brutalisiert hat, aus deklassierten kleinbürgerlichen und bäuerlichen Elementen.

Diese Abfallprodukte der bürgerlichen und Reste der vorbürgerlichen Gesellschaft, gelenkt durch die alte Militärkaste, bemäntelt durch die bürgerliche Demokratie, haben in neuer Form die Herrschaftsform wiederhergestellt, die vor dem Kriege bestand: den Militärstaat. Der Unterschied ist nur, daß anstelle der monarchischkonstitutionellen Verbrämung die republikanisch-demokratische getreten ist.

Die Regierungsmittel dieser Herrschaft sind dementsprechend: Belagerungszustand, weißer Schrecken, Klassenjustiz, politischer Mord und politischer Betrug durch Presse und Parlament.

2. Die alte Bürokratie ist noch vollständig intakt; die neue sozialdemokratische usw. Parteidemokratie, die in kleiner Dosis hinzukam, ist nur ihr moralischer Deckschild.

3. Die imperialistischen und nationalistischen Tendenzen wirken wieder in voller Kraft. Die Phraseologie hat sich geändert – sie ist pazifistisch-demokratisch geworden –, das Wesen ist dasselbe geblieben. Ihre taktischen Mittel sind: den gemäßigten amerikanischen Imperialismus gegen den französischen und englischen auszuspielen, alle inneren Gegensätze der siegreichen imperialistischen Mächte auszunützen, um ein neues Sprungbrett imperialistischer Politik zu gewinnen; weiter die Ausspielung der einsetzenden revolutionären Gärung in den Entente-Ländern gegen die Regierungen, welchem Zweck die zweite Internationale dient, dieses gemeinsame Geschöpf der Abhängigen und Unabhängigen, und schließlich das Kokettieren mit dem Popanz Sowjet-Rußland.

4. Wirtschaftlich ist dieser Abschnitt gekennzeichnet durch Fortdauer des Wuchers und Schleichhandels, Fortsetzung der Pumpwirtschaft, steigende wirtschaftliche Verarmung und Zerrüttung, durch das hemmungslose Fortschreiten der Auflösung des Kapitalismus und damit die weitere Zerstörung der Produktivkräfte der Gesellschaft.

5. Das außenpolitische Resultat dieses Abschnittes ist: Abbruch der Beziehungen und Krieg gegen Sowjet-Rußland, das gemeinsame Werk der Unabhängigen und Abhängigen. Der Krieg gegen Polen. Der gescheiterte Versuch der Annexion Deutsch-Österreichs als eines Verbündeten zum Wiederaufbau einer imperialistischen Machtgrundlage. Zusammengefaßt: Die vollständige außenpolitische Isolierung.

6. Das innenpolitische Resultat dieses Abschnittes ist: die steigende Abkehr breiter proletarischer Massen von der Regierung und der bürgerlichen Demokratie überhaupt; die Isolierung der Regierung vom Proletariat des eigenen Landes.

III

Die Friedensbedingungen der Entente nützen systematisch diesen innen- und außenpolitischen Bankrott aus.

Ihr Zweck ist die vollständige militärische Knebelung des neuimperialistischen Deutschlands, seine wirtschaftliche Ausschaltung aus dem Konkurrenzkampf der übrigen imperialistischen Staaten um die nichtkapitalistischen Länder, seine Verwandlung in einen Tributärstaat, dessen Kapitalisten ihre Zwischenmeister werden, seine dauernde Isolierung von der Weltrevolution und die Versetzung in die Unmöglichkeit, als Kraft der Weltrevolution militärisch aufzutreten.

Diese Friedensbedingungen erdrücken den neudeutschen Imperialismus, sie erdrücken aber zugleich die kommende proletarische Revolution.

Aus: Vietzke/Wohlgemuth, S. 446 ff.

Nr. 24   Thesen zur politischen Lage und den Aufgaben der KPD, angenommen vom XI. Parteitag, Essen 1927 (Auszüge)

Die gegenwärtigen Hauptaufgaben der Partei

Die wichtigsten praktischen Aufgaben der Partei in der gegenwärtigen Situation sind folgende:

Erstens: Kampf gegen die Kriegsgefahr

Enthüllung der drohenden Gefahr eines neuen imperialistischen Krieges, Ergreifung aller Maßnahmen zur Bekämpfung seines Ausbruchs und Vorbereitung der Massen zur Umwandlung des imperialistischen Krieges in den Bürgerkrieg. Bloßlegung der treibenden Kräfte, des Wesens und der Ziele des imperialistischen Krieges. Tagtägliche Entlarvung der Kriegspolitik des neuen deutschen Imperialismus und der sozialdemokratischen Führer. Bekämpfung des Völkerbundes, der pazifistischen, paneuropäischen, ultraimperialistischen und ähnlichen Illusionen. Unermüdlicher Nachweis an konkreten Beispielen, ,,wie der Krieg täglich ausbrechen kann" (Lenin). Kampf gegen die militärischen Rüstungen und die Kriegsvorbereitungen der Industrie. Größter Nachdruck auf die agitatorische und organisatorische Erfassung der Arbeiter in den Munitions- und Waffenbetrieben, besonders in der chemischen Industrie, sowie der Verkehrs- und Transportarbeiter . . .

Zweitens: Stärkste Unterstützung der Sowjetunion und der chinesischen Revolution

Schonungslose Bekämpfung der verräterischen sozialdemokratischen und ultralinken Antisowjethetze. Aufrüttelung der Massen zur Verteidigung des Staates der proletarischen Diktatur gegen die drohende imperialistische Intervention. Erläuterung der Friedenspolitik der Sowjetunion, ihres Rechts auf die revolutionäre Landesverteidigung und auf die Stärkung der proletarischen Wehrmacht. Klarstellung der Bedeutung des Verteidigungskampfes der Sowjetunion gegen eine imperialistische Intervention als des einzigen gerechten und revolutionären Krieges, des Krieges der Arbeiterklasse gegen die kapitalistischen Unterdrücker. Vorbereitung der Arbeiterklasse für ihre konkreten Aufgaben im Falle einer Intervention: Verhinderung aller Waffentransporte für die imperialistischen Armeen, aktiver Widerstand gegen ihren Durchmarsch durch Deutschland, Organisierung von Aktionsausschüssen, um die imperialistische Front im Rücken zu erschüttern, allseitige Unterstützung der Roten Armee . . .

Drittens: Organisierung des Kampfes gegen die Offensive des Kapitals

Zusammenfassung aller Kräfte der Arbeiterklasse für diesen Kampf. Größte Aktivität der Kommunisten bei den Auseinandersetzungen über die Tagesfragen in den Betrieben und energischste Initiative im täglichen Kleinkampf gegen die praktischen Auswirkungen der kapitalistischen Rationalisierung. Im Vordergrund: der Kampf um die Arbeitszeit, Arbeitslohn, Arbeitsbedingungen und gegen Arbeitslosigkeit. Klare Herausarbeitung und Verteidigung von konkreten Teilforderungen der Arbeiterschaft. Erläuterung der prinzipiellen kommunistischen Losungen an Hand der wirklichen Erfahrungen der Massen.

Viertens: Kampf für die sozialpolitischen Forderungen der Arbeiterschaft und aller Werktätigen

a) Für die Arbeiter in den Betrieben: Kampf gegen Arbeitszeitverlängerung, Überstundenunwesen, Lohnherabsetzung, Akkordsystem, besonders gegen den Abbau der Akkordlöhne, Antreiberei, Verschärfung des Arbeitstempos, arbeiterfeindliche Anordnungen, Maßregelungen, Entlassungen, Kurzarbeit, Betriebsstillegungen. Schärfster Kampf gegen den Raub des Streik- und Koalitionsrechts durch Zwangsschiedssprüche und Verbindlichkeitserklärungen. Restlose Zurückeroberung des Achtstundentages in den Betrieben und der Siebenstundenschicht unter Tage. Erkämpfung der 42-Stunden-Woche. Lohnerhöhungen in allen Industriezweigen, gleichen Lohn für gleiche Arbeit, Kampf für bessere Arbeitsbedingungen (Pausen, Urlaub usw.). Gleichstellung der land- und forstwirtschaftlichen Arbeiter mit den Industriearbeitern in allen arbeits- und sozialrechtlichen Fragen, gegen jede Beschränkung der Freizügigkeit und des Streikrechts.

b) Für die Erwerbslosen: Gegen Erwerbslosenversicherung, Lohnklassenstaffelung, Beschränkung der Unterstützungsdauer, Pflichtarbeit, gegen jede Sonderregelung für land- und forstwirtschaftliche Arbeiter usw., für Wiedereinstellung in die Betriebe, restlose Aufrechterhaltung des Unterstützungssystems, Erhöhung der Unterstützungssätze, Sonderbeihilfen, Gewährung von Mietzuschüssen, Lebensmittel- und Kohlenlieferungen usw.

c) Für alle Werktätigen: Beseitigung aller Massensteuern (Lohnabzug, Umsatz-, Verkehrs-, Verbrauchs-, Hauszinssteuern), Erhöhung und progressive Staffelung der Besitzsteuern (Körperschafts-, Kapitalertrags-, Fusions-, Börsen-, Einkommen-, Vermögens- und Vermögenszuwachs-, Erbschaftssteuer, unter Freilassung kleiner Vermögen bis 20 000 Mark und kleiner Einkommen bis 5000 Mark). Verhinderung jeder Steuerermäßigung für die Besitzenden und aller Subventionen für das Großkapital. Verbot aller Pfändungen und Zwangsvollstreckungen, Offenlegung der Steuerlisten, restlose Aufrechterhaltung des Mieterschutzgesetzes, Verbot jeder Mieterhöhung und planmäßiger Wohnungsbau auf Kosten der Besitzenden. Beseitigung der Schutzzölle.

d) Für das arbeitende Bauerntum: Kampf gegen die Ausplünderung der kleinen und mittleren Bauernschaft durch das Finanzkapital, den Großgrundbesitz und die Steuerpolitik des bürgerlichen Staates. Enteignung des Großgrundbesitzes und Zuteilung ausreichenden Bodens an die ärmeren Bauernschichten. Wirksamen Pächterschutz, zinslose langfristige Staatskredite zur Erhaltung und Verbesserung der Klein- und Mittelbetriebe. Sofortige ausreichende Hilfe an die unwetter- und seuchengeschädigten werktätigen Bauern. Befreiung der „Ackernahrung" von allen Vermögens-, Grund-, Gewerbe-, Erbschafts- und Grunderwerbssteuern, Verhinderung jeder Pfändung und Zwangsvollstreckung von bäuerlichen Produktionsmitteln und des Zwangsverkaufs von Boden . . .

Längere Auszüge sind abgedruckt in: Vietzke/Wohlgemuth, S. 490 ff.

3. Standort und Ziele der bürgerlichen Kräfte

Nr. 25 Aufruf und Leitsätze der Deutschen Zentrumspartei vom 30. Dezember 1918 (Auszüge)

Durch gewaltsamen Umsturz ist die alte Ordnung Deutschlands zerstört, sind die bisherigen Träger der Staatsgewalt teils beseitigt, teils lahmgelegt worden. Eine neue Ordnung ist auf dem Boden der gegebenen Tatsachen zu schaffen; diese Ordnung darf nach dem Sturz der Monarchie nicht die Form der sozialistischen Republik erhalten, sondern muß eine demokratische Republik werden . . .

Es gilt, ein soziales Recht der Allgemeinheit aufzurichten, das jedem Staatsbürger für seine pflichtgemäße Arbeit und sein Eigentum einen gerechten und zuverlässigen Schutz gewährt.

Es gilt, in dem Rahmen der christlichen Grundsätze und des gemeinen Rechts der bürgerlichen Freiheit Raum zu geben, die allein das Leben würdig zu gestalten vermag, indem sie jede Bevormundung und Willkür von seiten einer Bürokratie, Klassen- oder Parteiherrschaft ausschließt . . .

Geordneter Aufbau der Volkswirtschaft im Dienste der sozialen Gerechtigkeit und des Gemeinwohls auf Grundlage der produktiven Arbeit. Grundsätzliche Erhaltung der auf persönlichem Eigentum beruhenden, nach dem Solidaritätsprinzip dem Gesamtwohl der Gesellschaft untergeordneten Privatwirtschaft . . .

Der Text ist vollständig abgedruckt in: Deutsche Parteiprogramme, hg. v. W. Mommsen, München 1969, S. 481 ff.

Nr. 26   Richtlinien der Deutschen Zentrumspartei vom 16. Januar 1922 (Auszüge)

Das organische Wachstum der deutschen Volksgemeinschaft beruht auf der Solidarität aller Schichten und Berufsstände. Die Zentrumspartei will die natürlich gegebene Gemeinsamkeit im Geiste christlich-sozialer Lebensauffassung zu einem starken Gemeinschaftsbewußtsein entwickeln und damit dem staatlichen Leben dienstbar machen. Sie lehnt Klassenkampf und Klassenherrschaft grundsätzlich ab, will dagegen die Auswirkung der sozialen Triebkräfte des Berufsgedankens und der Berufsgemeinschaft. Als Grundlage des berufsständischen Aufbaues hat die organisierte Selbsthilfe und die freie Genossenschaft zu gelten . . .

Arbeit und Wirtschaft haben den Lebensbedarf des einzelnen und der Gemeinschaft zu befriedigen, haben jedem Volksgenossen ein menschenwürdiges Dasein zu ermöglichen. Dieses Ziel verlangt neben der zunehmenden Steigerung der Gütererzeugung eine gerechte Güterverteilung, die allen Volksschichten außer dem Lebensnotwendigen die Teilnahme an den Kulturwerten sichert. Die Zentrumspartei hält grundsätzlich am Privateigentum fest und ist bestrebt, die Zahl der Eigentümer ständig zu mehren. Sie erkennt die volkswirtschaftliche Bedeutung der freien Unternehmertätigkeit und der persönlichen Erwerbslust an. Als gleich bedeutsam schätzt sie die Hebung der Arbeitsfreudigkeit und Leistungsfähigkeit der Arbeitnehmer ein. Darum will sie auch diesen Mitverwaltung sichern, Ertragsbeteiligung und Eigentum ermöglichen . . .

Den Gefahren einer geistigen und moralischen Zersetzung des Volkslebens tritt die Zentrumspartei mit allem Nachdruck entgegen. Die Volkssittlichkeit ist die Quelle der Volksgesundheit und der Nährboden aller kulturgestaltenden Kräfte. Die Familie muß als Keimzelle der menschlichen Gemeinschaft und als wesentlichste Lebensbedingung der Kultur gesund erhalten werden. Die mütterliche und heimgestaltende Kraft der Frau in Familie und Volksleben ist als unersetzbares Volksgut zu hüten . . .

Die Richtlinien sind vollständig abgedruckt in: Deutsche Parteiprogramme, S. 486 ff.

Nr. 27 Programm der Deutschen Demokratischen Partei vom Dezember 1919 (Auszüge)

In der höchsten Not unseres Vaterlandes ist die Deutsche Demokratische Partei geboren. Sie will das ganze Volk vorwärts und aufwärts führen in stetiger Entwicklung. Freiheit und Recht sind ihre Wegemarken.

Das ganze Volk! – ohne Unterschied von Klasse, Beruf und Religion; innere Einheit tut uns vor allem not und der einzige Weg zu ihr ist die Demokratie. Sie bedeutet Interessenausgleich und Aufhebung der Begriffe Herrschaft und Untertanenschaft auf allen Gebieten, bedeutet gleiches Recht für alle in den Einrichtungen des Staates und der Gesellschaft . . .

Die Deutsche Demokratische Partei ist eine Partei der Arbeit. Ihr Ziel auf dem Gebiete der Wirtschaft ist der Staat des sozialen Rechts.

Die Vergesellschaftung der Produktionsmittel im Sinne allgemeiner Verstaatlichung wäre tödliche Bürokratisierung der Wirtschaft und verhängnisvolle Minderung ihres Ertrages. Wir lehnen sie ab und halten an der Privatwirtschaft als der regelmäßigen Betriebsform fest. Mehr als je brauchen wir gesteigerte Ergiebigkeit der Arbeit und vermehrte Erzeugung nützlicher Güter. Dazu bedürfen wir der durch das Eigeninteresse wachgehaltenen freien Selbstverantwortlichkeit, Initiative und Schaffensfreudigkeit jedes einzelnen. Notwendig ist der Schutz solcher freien Bewegung dort, wo sie durch die Entwicklung bedroht wird; notwendig ist ihre Beschränkung da, wo sie zu Mißbrauch führt. Denn auch in der Wirtschaft steht das Ganze über seinen Teilen und das Volkswohl über begrenzten Gewalten und Interessen. Auch hier müssen die hohen demokratischen Grundsätze der persönlichen Freiheit, der sozialen Gerechtigkeit und der menschlichen Würde sich durchsetzen.

Darum fordern wir zum ersten: monopolartige Herrschaftsmacht in der Hand weniger oder kleinerer Gruppen darf nicht geduldet werden. Für den Boden, das kostbarste Monopolgut des Volkes, folgt daraus: Verhinderung der Bodenspekulation, entschlossene Aufteilung von Großgrundbesitz zur Schaffung von selbstwirtschaftlichen bäuerlichen Familienbetrieben und zur Ansiedlung von Landarbeitern . . .

Zum zweiten fordern wir: Soziales Unrecht in der Verteilung des Besitzes und des Einkommens ist zu beseitigen. Der Staat kann nicht jedem das gleiche Einkommen zuweisen; denn jeder soll den Lohn seiner Leistung erhalten. Er muß aber die Voraussetzungen schaffen, von denen aus jeder ohne unsachliche Hindernisse dieses gerechte Einkommen sich erarbeiten kann. Jedem Volksgenossen, der sich nicht gemeinnütziger Arbeit weigert, ist ein notwendiges Mindestmaß der materiellen Güter für die Ernährung, Bekleidung und Behausung, sowie Fürsorge in Fällen der Bedürftigkeit von rechtswegen zu gewähren. Zur Durchführung dieser umfassenden Sozialpolitik dient in erster Linie die Steuergesetzgebung . . .

Zum dritten fordern wir: Dem Maschinentum des Menschen im Arbeitsprozeß ist entgegenzuwirken. Die Arbeitsteilung droht die Arbeit völlig der Seele zu berauben. Deshalb müssen Handwerk und Kleinhandel geschützt und gefördert werden. In ihnen besteht noch die unmittelbare Beziehung des Menschen zu seinem Werke; im Großbetriebe verliert der einzelne das Verhältnis zum Gesamtergebnis der Arbeit mehr und mehr . . .

Ausgangspunkt und Inhalt der äußeren Politik Deutschlands ist für die nächste Zeit die Revision der Friedensverträge von Versailles und St. Germain. Denn auch in den Beziehungen der Völker zueinander soll nicht Macht und Unterdrückung, sondern Gerechtigkeit und Freiheit walten. Niemals nehmen wir das Diktat der Gewalt als bleibende Rechtsordnung hin. Niemals erkennen wir die Absplitterung deutscher Volksteile vom Vaterland an. Niemals lassen wir vom Selbstbestimmungsrecht der Völker, und wir erstreben, gestützt auf diesen Grundsatz, den Zusammenschluß aller deutschen Stämme.

Deutschlands Anteil an der geistigen Hebung der Menschheit verbürgt ihm den Anspruch auf kolonisatorische Betätigung. Auch den Raub unserer Kolonien fechten wir an.

Das Programm ist vollständig abgedruckt in: Deutsche Parteiprogramme, S. 508 ff.

Deutsches Wesen besteht von alters her in dem Streben nach freier Entfaltung des einzelnen und seiner Eigenart im Rahmen der vom Gemeinsinn beherrschten Volksgesamtheit. Deutsches Wesen zu pflegen und ihm Geltung und Achtung in der Welt zu erringen, ist das Bestreben der Deutschen Volkspartei.

Die Deutsche Volkspartei vertritt daher auf der Grundlage nationaler Staatsgesinnung die Vertiefung und Aussöhnung der liberalen und sozialen Gedanken. Sie ruft alle geistigen und sittlichen Kräfte des deutschen Volkes auf zur Mitarbeit an einer inneren Erneuerung von Volksleben und Staat auf Grund voller Gleichberechtigung, ernster Pflichterfüllung und echter Liebe zum Vaterlande.

Eine starke, festgefügte Staatsgewalt – gestützt auf sorgsame Pflege staatsbürgerlichen Pflichtbewußtseins, letzten Endes aber auch auf die unerläßlichen Machtmittel – ist die erste Voraussetzung für eine gedeihliche Entfaltung der deutschen Volkskraft nach außen und innen. Je geringer die Machtmittel des Reiches sind, um so notwendiger ist es, das Pflichtbewußtsein gegen den Staat bis zum Tode, die Manneszucht und Kameradschaft, die Grundpfeiler, auf denen unser deutsches Volksheer aufgebaut war, im deutschen Volke lebendig zu erhalten. Dafür wird die Deutsche Volkspartei allezeit eintreten.

Sie fordert volle politische Gleichberechtigung aller Staatsbürger; sie erblickt aber in der freiwilligen, vertrauensvollen Gefolgschaft, die das Volk seinen selbstgewählten Führern leistet, eine wesentliche Vorbedingung für Deutschlands Freiheit und Aufstieg. Sie wird diese Gesinnung besonders pflegen . . .

An der geistigen und sittlichen Hebung der auf niedriger Kulturstufe stehenden Völker mitzuarbeiten, ist auch das deutsche Volk berechtigt . . .

Die Deutsche Volkspartei vertritt mit aller Entschiedenheit den Standpunkt, daß ein geordnetes Staatswesen für die Lösung seiner Aufgaben eines in der erforderlichen Weise praktisch, theoretisch und wissenschaftlich vorgebildeten Berufsbeamtentums als seines Rückgrates unbedingt bedarf . . .

Die tiefste Quelle unserer Volkskraft liegt in der deutschen Familie. Je mehr die Schule unter Einflüsse kommt, die dem deutschen Wesen fremd sind, um so kräftigeren Rückhalt muß die Pflege deutscher Geschichte und deutscher Vaterlandsliebe in der Familie finden. Alles, was zum Schutz und zur Stärkung der Familie, insbesondere auch durch Boden-, Wohnungs- und Steuerpolitik, getan werden kann, wird durch die Deutsche Volkspartei tatkräftigste Förderung erfahren.

Die Volksgesundheit leiblich und sittlich zu pflegen und zu fördern, ist der Deutschen Volkspartei ernste Pflicht. Sie will das deutsche Volk deutsch erhalten und bekämpft daher insbesondere die seit der Revolution eingetretene Überflutung Deutschlands durch fremdstämmige Personen . . .

In allen Schulen soll ein Geist der Freiheit, der Arbeitsfreude und der Selbstverantwortlichkeit walten, soll den Lehrern und Eltern ein Mitbestimmungsrecht gewährt und die Gewissensfreiheit geachtet, zugleich aber die nationale Bildungseinheit und das nationale Bildungsziel gesichert werden. Staatsbürgerliche Gesinnung zu erwekken, echte Vaterlandsliebe und den Stolz auf die geschichtliche Größe des deutschen Volkes zu pflegen, ist eine der höchsten Aufgaben aller deutschen Schulen . . .

Die Deutsche Volkspartei fordert für jeden Staatsbürger das Recht der freien Entfaltung seiner Kräfte. Das Streben nach Gewinn muß aber bei dem einzelnen seine sittlichen Schranken finden in der Rücksichtnahme auf das Wohl und die Bedürfnisse der übrigen Volksgenossen.

Die Deutsche Volkspartei hält fest an dem Recht auf Privateigentum und dem gesetzlichen Erbrecht der engeren Familie. Der Besitz ist als anvertrautes Gut zu behandeln, das zu fruchtbarem Schaffen verpflichtet; dies gilt in erhöhtem Maße vom ererbten Gute . . .

Die Deutsche Volkspartei sieht die Lösung der sozialen Frage nicht in äußeren Formen des Wirtschaftslebens, die mit erhöhtem Zwang nur seine Leistungsfähigkeit mindern, sondern in der innerlichen Gleichberechtigung aller Volksgenossen und der sittlichen Überwindung aller Gegensätze zwischen den verschiedenen Bevölkerungskreisen, zwischen Stadt und Land, Unternehmern und Mitarbeitern. Eine Sozialisierung der deutschen Wirtschaft verwirft sie;

der Ausgleich zwischen den wirtschaftlichen Forderungen der einzelnen Berufsgruppen ist auf dem Wege gütlicher oder schiedsgerichtlicher Einigung herbeizuführen.

Der Glaube, daß eine Volksklasse nur für die andere arbeite, muß nicht nur wie bisher durch soziale Fürsorge, sondern vor allem durch ein enges Zusammenwirken zwischen dem Arbeitgeber und seinen Werksangehörigen widerlegt werden. Freigewählte Vertrauensleute der Arbeiter und Angestellten sollen nach Maßgabe der Gesetze und allgemeinen Vereinbarungen gemeinsam mit dem Unternehmer die den Arbeitsdienst und die Arbeiterwohlfahrt betreffenden Fragen lösen. Die geschäftliche und technische Leitung der Betriebe bleibt der Verantwortlichkeit der Unternehmer überlassen.

Dem berechtigten Verlangen der Arbeiter und Angestellten, verantwortlich an der Regelung der Wirtschafts- und Sozialpolitik mitzuwirken, ist Rechnung zu tragen. Dieses Ziel will die Deutsche Volkspartei durch eine von den Verbänden der Arbeitgeber und Arbeitnehmer getragene Arbeitsgemeinschaft erreichen.

In freier und unbefangener Gemeinschaftsarbeit soll sich so auf dem Boden der Gleichberechtigung zwischen den Unternehmern und ihren Mitarbeitern eine berufsständige Vertretung aller schaffenden Arbeit bis hinauf zum Reichswirtschaftsrat aufbauen . . .

In einer blühenden Landwirtschaft und einem kräftigen, selbstbewußten Bauernstand sieht die Deutsche Volkspartei die wichtigste Grundlage deutscher Volkskraft. Durch planmäßige Pflege aller Zweige der Landwirtschaft ist die Hebung der Erzeugung und damit die Unabhängigkeit unserer Volksernährung vom Auslande anzustreben. Die Viehzucht bedarf ganz besonderer Förderung . . .

Die Deutsche Volkspartei würdigt den bedeutsamen nationalen und wirtschaftlichen Wert eines selbständigen Mittelstandes und sieht im selbständigen Handwerk, Kleinhandel und Gewerbe dringend erhaltenswerte, der Landwirtschaft, der Industrie und dem Großhandel gleichberechtigte Erwerbsstände, deren Lebensfähigkeit zu sichern und zu fördern ist. Sie erblickt daher eine ihrer vornehmsten Aufgaben darin, die Wiederaufrichtung des gewerblichen Mittelstandes in Stadt und Land mit allen Kräften zu betreiben . . .

Die Deutsche Volkspartei wird alles daran setzen, um für

Deutschland ein seinen wirtschaftlichen Bedürfnissen entsprechendes Kolonialland wiederzuerlangen . . .

Die Grundsätze sind vollständig abgedruckt in: Deutsche Parteiprogramme, S. 519 ff.

Nr. 29   Grundsätze der Deutschnationalen Volkspartei von 1920 (Auszüge)

Zum dritten Male in unserer stolzen Geschichte hat Deutschland Volkstum, Staat, Wirtschaft und Geistesleben neu aufzubauen.

Das Kaisertum hat uns auf den Gipfel staatlicher Macht geführt. Das deutsche Volk hat seine Kraft glänzend bewährt. Durch feindliche Übermacht und eigene Schuld ist es jäh zusammengebrochen. Darin ruht die erschütternde Tragik seines Geschickes . . .

Letzten Endes wurde die Revolution die große Verbrecherin, die Sittlichkeit, Staatsordnung und Wirtschaft zertrümmerte und uns der Verachtung der Welt preisgab.

Die Kräfte, die uns groß gemacht, die Fehler, die uns niedergeworfen haben, bestimmen auch die künftige Schicksalslinie unseres Volkes. Nicht würdeloses Werben um fremde Gunst noch der Traum einer internationalen Solidarität der handarbeitenden Stände hilft uns aus der Not. Nur das ruhige Selbstvertrauen eines auch im Unglück stolzen Volkes ermöglicht die ungeheure Kraftanstrengung, für die wir alle Volksgenossen werben. Nur strenges Pflichtgefühl und hingebende Mitarbeit gründen den starken Staat, den unser Volk braucht, wenn es nicht Spielball der Fremden bleiben will . . .

Für die gewaltige Aufgabe, die vor ihm liegt, braucht unser Volk höhere Kräfte, als die sittlich verwüstete Welt sie zu geben vermag. Im Ernst des christlichen Gewissens erhält der deutsche Gedanke erst seinen tiefsten sittlichen Gehalt. Auf der unlösbaren tausendjährigen Vermählung beider beruht deutsche Sittlichkeit, ruht jedes wahrhaft deutsche Geistesleben. Nur in lebendigem Christentum findet unser Volk die aufbauenden und erhaltenden Kräfte, deren es in Staat, Schule und Haus bedarf . . .

Die Freiheit des deutschen Volkes von fremder Zwangsherrschaft ist die Voraussetzung der nationalen Wiedergeburt. Auf freiem Boden ein neu erstarktes Reich, die abgerissenen deutschen Lande ihm wieder vereint, das ist und bleibt das Ziel aller deutschen Politik. Darum erstreben wir die Änderung des Versailler Vertrages, die Wiederherstellung der deutschen Einheit und den Wiedererwerb der für unsere wirtschaftliche Entwicklung notwendigen Kolonien . . .

Nur ein starkes deutsches Volkstum, das Art und Wesen bewußt bewahrt und sich von fremdem Einfluß frei hält, kann die zuverlässige Grundlage eines starken deutschen Staates sein. Deshalb kämpfen wir gegen jeden zersetzenden, undeutschen Geist, mag er von jüdischen oder anderen Kreisen ausgehen. Wir wenden uns nachdrücklich gegen die seit der Revolution immer verhängnisvoller hervortretende Vorherrschaft des Judentums in Regierung und Öffentlichkeit. Der Zustrom Fremdstämmiger über unsere Grenzen ist zu unterbinden . . .

Von der Vertiefung des christlichen Bewußtseins erwarten wir die sittliche Wiedergeburt unseres Volkes, die eine Grundbedingung seines politischen Wiederaufstiegs ist. Religion ist Volkssache. An der lebendigen Aufnahme der christlich-religiösen Kräfte hängt die Reinheit der Familie, die Entwicklung der Jugend, die Versöhnung der sozialen Gegensätze, die Gesundheit des Staates. Ein Volk ohne Religion entbehrt des sittlichen Halts und damit der Widerstandskraft gegenüber den Sorgen und Entbehrungen der Zeit. Einer religionslosen Staatsgewalt fehlt der Untergrund fester sittlicher Maßstäbe und damit das Vertrauen und Ansehen, ohne das eine lebendige Staatsgesinnung nicht erwachsen kann. Wir kämpfen gegen alles, was diese Grundlagen in Frage stellt: für die Reinheit deutschen Geisteslebens, für die stärkere Betonung sittlicher Werte in Wirtschaft und Politik . . .

Jede lebensfähige Volkswirtschaft baut sich auf dem Privateigentum und der Eigenwirtschaft auf. Unternehmungsgeist und Erwerbssinn des einzelnen sind die Grundlage unserer wirtschaftlichen Arbeit. Wir verlangen, daß sie sich in den Grenzen des Gemeinwohles halten, und werden sie gegen jeden offenen und versteckten Kommunismus verteidigen . . .

Die Betriebsrätegesetzgebung ist so zu gestalten, daß sie dem wirtschaftlichen Frieden und der Förderung der Erzeuger dient. Arbeitgeber- und Arbeitnehmerverbände müssen, wie es in der Zentral-Arbeitsgemeinschaft versucht wird, verständnisvoll zusammenarbeiten in dem Bewußtsein, daß sie sich als Deutsche an dem vaterländischen Werke des Wiederaufbaues der heimischen Wirtschaft gemeinschaftlich, nicht gegensätzlich zu betätigen haben. Den marxistischen Klassenkampfgedanken lehnen wir als Zerstörer jeder Kultur ab. Unser Ziel ist nicht der Klassenkampf, sondern die friedliche, auf Pflicht gegründete Arbeit . . .

Die Grundsätze sind vollständig abgedruckt in: Deutsche Parteiprogramme, S. 533 ff.

Nr. 30   Berliner Stahlhelm-Botschaft vom 8. Mai 1927 (Auszüge)

Der Stahlhelm sagt den Kampf an jeder Weichlichkeit und Feigheit, die das Ehrbewußtsein des deutschen Volkes durch Verzicht auf Wehrrecht und Wehrwillen schwächen und zerstören wollen.

Der Stahlhelm erklärt, daß er den durch das Versailler Friedens-Diktat und dessen spätere Ergänzungen geschaffenen Zustand nicht anerkennt . . .

Die wirtschaftliche und soziale Not unseres Volkes ist verursacht durch den Mangel an Lebens- und Arbeitsraum. Der Stahlhelm unterstützt jede Außenpolitik, welche dem deutschen Bevölkerungsüberschuß Siedlungs- und Arbeitsgebiete eröffnet und welche die kulturelle, wirtschaftliche und politische Verbindung dieser Gebiete mit dem Kern- und Mutterlande lebendig erhält. Der Stahlhelm will nicht, daß das durch seine Not in Verzweiflung getriebene deutsche Volk Beute und Brandherd des Bolschewismus wird.

Der Stahlhelm bekennt sich zu der Überzeugung, daß die Geschicke des deutschen Volkes nur durch eine starke, zur Tragung der Verantwortung willige und fähige Führung bestimmt werden dürfen . . .

Getreu seiner Herkunft und seiner Geschichte bekämpft der Stahlhelm alle Bestrebungen und Auffassungen, die das deutsche Volk zerklüften wollen. Er hält das Erlebnis alter Frontkameradschaft und Einigkeit hoch und will aus ihm das nationale Einheitsempfinden entwickeln. Er bestreitet die Berechtigung der materialistischen Geschichtsauffassung und die marxistische Lehre. Er widersetzt sich dem Gedanken des Klassenkampfes. Unter voller Anerkennung des Wertes der lebendigen Interessenverbundenheit zwischen Werk, Unternehmer und Mitarbeiter wird der Stahlhelm eine ehrliche entschlossene Austragung der natürlichen Interessengegensätze nicht hindern. Er fordert die Innehaltung der gesetzlich erlaubten und moralisch bedingten Kampfmittel und die Wahrung der überragenden Interessen der Volksgemeinschaft.

Der Stahlhelm sieht mit Besorgnis auf die mit zunehmender Industrialisierung fortschreitende Loslösung gesunder Volkskraft von dem Heimatboden und fordert eine Agrarpolitik, welche Siedlung ermöglicht. Innenkolonisation und Siedlungspolitik zur Stärkung der deutschen Ostmark durch Auffüllung des Grenzraumes mit deutschen Bauerndörfern sind Waffen des nationalen Behauptungskampfes, zu deren Anwendung der Stahlhelm mithelfen kann und will.

Der Stahlhelm fordert Maßnahmen gegen die seit der Revolution gesteigerte Überfremdung unseres politischen, wirtschaftlichen und kulturellen Lebens durch fremde Elemente und gegen die Verwilderung der sittlichen Anschauungen . . .

Die Botschaft ist vollständig abgedruckt in: Deutsche Parteiprogramme, S. 553 ff.

Nr. 30a   Exposé Erich Wild, Schriftführer der Reichsgemeinschaft junger Volksparteiler, Württemberg 5. 8. 1931 (Auszüge)

Wenn der deutsche Staatsbankrott abgewandt und das deutsche Volk in *allen* seinen Ständen vor dem Ruin und vor der endgültigen finanziellen und politischen Versklavung gerettet werden soll, müssen *sofort* statt aller Worte *entscheidende Taten* geschaffen werden . . .

Deutschland wird gegenwärtig beherrscht:

a) *weltanschaulich:* vom Geist des Materialismus.

b) *innenpolitisch:* von einer Partei- und Bonzenwirtschaft allerschlimmster Art.

c) *moralisch:* vom Geiste der Korruption und Unmoral.

55

Deutschland kann gerettet werden, wenn es erkennt, daß es auf sich allein angewiesen ist. Deutschland kann nur durch Deutschland selbst gerettet werden.

Dazu ist notwendig:

Die *sofortige* Proklamation der Regierung einer nationalen Selbsthilfe. Es muß sofort eine Regierung geschaffen werden, in welcher *Männer:* 1. mit stärkster nationaler Gesinnung; 2. mit den notwendigen geistigen Fähigkeiten und umfangreichsten Sachkenntnissen und 3. mit dem starken Willen zur rücksichtslosen Durchführung der erforderlichen Maßnahmen vertreten sind.

Diese Männer können aus allen nationalen Kreisen und Parteien entnommen werden . . .

Es werden sofort Sachverständige eingesetzt, die in wenigen Tagen die Einzelmaßnahmen auszuarbeiten haben.

Derartige Maßnahmen sind z. B.:

Die K.P.D. wird sofort aufgelöst, das Vermögen der Partei beschlagnahmt und eingezogen und die Führer verhaftet.

Die S.P.D. wird durch einschneidende Maßnahmen gezwungen, jede Betätigung, welche das Wohl des deutschen Volkes schädigt, einzustellen. Später wird auch diese Partei vollständig vernichtet. Belastete Führer werden sofort verhaftet.

Jeder von der Linken als Gegenmaßnahme geplante Generalstreik oder Aufstandsversuch wird durch drakonische Maßnahmen sofort im Keime erstickt.

Die Gewerkschaften werden entpolitisiert. Der politische Streik wird verboten.

Reichsrecht bricht Länderrecht. Es werden deshalb in ganz Deutschland sämtliche marxistischen Beamten, die maßgebende Stellen bekleiden, sofort vom Amte suspendiert . . .

Die Berliner Asphaltpresse wird unter Staatsaufsicht gestellt (Ullstein, Mosse) und gegebenenfalls von neuen deutschen (unter Mitwirkung von neuen Redakteuren) Redakteuren geleitet.

Die nationalen Verbände werden zu Hilfsorganen des Staates gemacht. Die S.S. wird bewaffnet und wird Exekutionsorgan (übernimmt staatlichen Dienst).

Das Exposé ist vollständig abgedruckt in: L. Döhn, Politik und Interesse. Die Interessenstruktur der Deutschen Volkspartei, Meisenheim 1970, S. 437 ff.

4. Einflußnahme der Wirtschaft auf die Politik

Nr. 31   Aus dem Bericht über eine Beratung führender deutscher Industrieller in Berlin über die Finanzierung der „Antibolschewistischen Liga" am 10. Januar 1919

Am gleichen Tag fand die nicht minder bedeutsame Sitzung des Führertums der Wirtschaft im Flugverbandshaus statt. Als ich Punkt 4 Uhr nachmittags . . . erschien . . ., waren etwa 50 Herren da: Hugo Stinnes selbst, Albert Vögler, Ernst Borsig, Siemens, Geheimrat Deutsch, Mankiewitz, Salomonsohn, Gen.-Direktor Otto Henrich usw., die ganze „haute volée" der Industrie-, Handels- und Bankwelt . . . Als einziger Punkt auf der Tagesordnung stand: Referent Dr. Eduard Stadtler über „Bolschewismus als Weltgefahr".

Ich ließ nun eine Kampf- und Mahnrede auf die 50 Herren niedersausen . . . Alle waren sichtlich betroffen. Da erhob sich in der Ecke rechts hinter mir ein kleiner Mann . . . Es war Hugo Stinnes. In die geheimnisvolle Stille des Saales hinein sagte er . . .: „Ich bin der Meinung, daß nach diesem Vortrag jede Diskussion überflüssig ist. Ich teile in jedem Punkte die Ansicht des Referenten. Wenn deutsche Industrie-, Handels- und Bankwelt nicht willens und in der Lage sind, gegen die hier aufgezeigte Gefahr eine Versicherungsprämie von 500 Millionen Mark aufzubringen, dann sind sie nicht wert, deutsche Wirtschaft genannt zu werden. Ich beantrage Schluß der Sitzung und bitte die Herren Mankiewitz, Borsig, Siemens, Deutsch usw. (ernannte etwa 8 Namen), sich mit mir in ein Nebenzimmer zu begeben, damit wir uns sofort über den Modus der Umlage klarwerden können." . . .

Die „historische" Summe ward auch am gleichen Tage bewilligt. Das Umlageverfahren festgelegt. Die Gelder wurden auf dem Wege einer freiwilligen Selbstbesteuerung durch die Industrie-, Handels- und Bankorganisationen auf die gesamten deutschen Unternehmungen umgelegt . . .

Der sogenannte „Antibolschewistenfonds" floß nun durch alle möglichen Kanäle in die Anfang Januar 1919 einsetzende gewaltige antibolschewistische Bewegung: „Generalsekretariat zum Studium und zur Bekämpfung des Bolschewismus", „Antibolschewistische Liga", „Vereinigung zur Bekämpfung des Bolschewismus", „Bürgerratsbewegung", „Werbebüros für die Freikorps", „Selbstschutzorganisationen", „Studentenarbeitsstellen". Bis in die Kassen der aktiven Truppen, ja bis in die Kassen der sozialdemokratischen Partei hinein! . . .

Es kann jedenfalls kein Zweifel darüber bestehen, daß die Gründung jenes Fonds mit die entscheidende antibolschewistische Tat jener wild bewegten Revolutionszeit gewesen ist.

Aus: Eduard Stadtler: Als Antibolschewist 1918/19, Düsseldorf 1935, S. 46–49; abgedruckt in: Geschichte der deutschen Arbeiterbewegung Bd. 3, Berlin 1966, S. 539 f.

Nr. 32   Auszug aus dem politischen Tagebuch des Chefs der Westeuropäischen Abteilung des U.S. Department of State, W. R. Castle. Eintragung vom 19. November 1922 (Auszug)

In jeder Diskussion über Wiedergutmachung und Wiederaufbau muß den Persönlichkeiten und ihrem Ehrgeiz Rechnung getragen werden. In Deutschland ist die überragende Persönlichkeit zweifellos Hugo Stinnes, ein Mann von ausgedehnter Macht, enormer Einbildungskraft und kraftvoller Stärke, die an Bismarck erinnert. Präsident Ebert sagt, daß in politischen Dingen Stinnes ein Kind ist. Das trifft insofern zu, als er nicht einsieht, daß er mit Völkern nicht so umspringen kann wie mit seinen Arbeitern. Allein, mit seinem fast unvorstellbarem Reichtum, der freilich z. T. auf dem Papier steht, und der sich nicht auf einzelne Industrien, Städte oder selbst Länder beschränkt, mag er imstande sein, ganze Gemeinden ganz nach seinem Willen in nicht für möglich gehaltener Weise zu verpflanzen. Der Mann, der in seinen Anschauungen nach der Meinung erfahrener Politiker etwas Kindisches hat, mag früher oder später den Politikern Gesetze diktieren. Stinnes besitzt ein Genie für Organisation und die Koordinierung großer Interessen, das ihn weit über die Sphäre des gewöhnlichen Industriemagnaten hinausträgt. Er konsolidiert seine Interessen in ganz Deutschland und Österreich, erwirbt Interessen in Italien, der Tschechoslowakei und Schlesien, um so, wenn auch mehr auf industriellem als auf militärischem Gebiet, das alte deutsche Kaiserreich wiederherzustellen. Sein Vertrag mit Lubersac nimmt nicht nur den Wiederaufbau der zerstörten Gebiete und die Räumung des Rheinlandes in Aussicht, sondern die Gründung großer französisch-deutscher Kartelle, was die Ausscheidung des Wettbewerbs, industriellen Frieden zwischen den beiden Ländern und die sichere Bereicherung der französischen Industriellen bedeuten würde (die Anziehungskraft für das französische Portemonnaie muß stark sein). Aber es bedeutet auch einen riesenhaften Trust, einen deutschen Trust mit französischem Schwanz, der sicherlich versuchen würde, die Welt zu beherrschen. Die Vision von Stinnes reicht weit. Er sieht, wie der Weg gen Osten sich wieder öffnet, das Verschwinden von Polen, die deutsche wirtschaftliche Ausbeutung von Rußland und Italien. Seine Absicht ist friedlich und auf Wiederaufbau gerichtet. Wird sie nicht vielleicht doch zu einem neuen Krieg führen, falls wir und der Rest der Welt nicht gewillt sind, uns unter deutsche Oberherrschaft zu begeben? Ich bin dessen nicht sicher, doch ist die Idee es wert, in Betracht gezogen zu werden.

Stinnes scheint jedoch denselben Fehler zu machen wie einst Bismarck; er will herrschen und selbst der Staat sein. Sein Ideal kommt dem der Sozialisten nahe – so wenig die Sozialisten das zugeben würden, denn Staatskontrolle bedeutet persönliche Kontrolle wie in Rußland. Der stärkste Mann in Deutschland scheint mir Stinnes, wie ich unserem langen Gespräch entnehme, einer der wahrhaft gefährlichen Männer der Welt . . .

Aus: G. W. F. Hallgarten, Hitler, Reichswehr und Industrie, Frankfurt 1962, S. 56 ff.

Nr. 33   Botschafter Alanson B. Houghton an Secretary of State Charles E. Hughes

Telegramm   September 21, 1923

Stinnes kam Samstag nachmittag. Er sagte mir, das Ende ist da. Die Ruhr und das Rheinland müssen kapitulieren. Hierauf erörtert er die Wirtschaftslage in Deutschland, die, wie er sagte, ihren Tiefpunkt erreicht hat. Wenn Deutschland leben soll, muß die Erzeugung gesteigert werden. Fabriken und Werkstätten stünden bereit. Jedoch die deutsche Arbeiterschaft müsse länger und schwerer arbeiten. Er sagte, er glaube, daß die deutschen Arbeiter zu niedrig bezahlt wären, und daß er, wie er dächte, ihre Löhne verdoppeln oder gar verdreifachen könnte, wenn ein normaler Zehnstunden-Arbeitstag wieder eingeführt würde. Jedoch ist er überzeugt, daß die deutsche Arbeiterschaft auf diese Notwendigkeit nicht eingehen wird und daher hierzu gezwungen werden muß. Deshalb, sagte er, muß ein Diktator gefunden werden, ausgestattet mit Macht, alles zu tun, was irgendwie nötig ist. So ein Mann muß die Sprache des Volkes reden und selbst bürgerlich sein, und so ein Mann steht bereit. Eine große, von Bayern ausgehende Bewegung, entschlossen, die alten Monarchien wiederherzustellen, sei nahe. Ich fragte ihn, wie nahe, – und er sagte mir, vielleicht zwei bis drei Wochen entfernt. Die Teilnehmer der Bewegung würden gern bis zur Kartoffelreife und bis zur Einbringung der vollen Ernte warten, doch war er nicht sicher, ob so viel Aufschub möglich sei. Der Bewegung, sagte er, würden sich alle Rechtsparteien anschließen und eine ansehnliche Gruppe gemäßigter Männer in der Mitte, und sie würde in erster Linie einen Kampf gegen den Kommunismus bedeuten, da der kommunistische Flügel die Arbeiter zur Opposition treiben würde. Ich fragte ihn, ob die Industriellen sich mit der Bewegung vereinen würden. Stinnes erwiderte, daß sie das würden. Ich fragte ihn, wie Frankreich die Einsetzung eines Diktators in Deutschland aufnehmen würde. Stinnes erwiderte, daß niemand um Erlaubnis gefragt werden würde. Der von Stinnes entworfene Plan ist in Kürze dieser. Um Mitte Oktober werden drei oder möglicherweise vier Millionen Menschen arbeitslos sein. Die Kommunisten werden versuchen, diese Lage zum Ausbruch einer Revolution auszunutzen. Bereits gehen die Kommunisten, so sagte er, dazu über, ihre bis jetzt versteckten Lager von Waffen und Munition zu öffnen und diese zu verteilen. Unterdessen wird die Stresemannregierung ihre Unfähigkeit, mit der ihr gestellten Aufgabe fertig zu werden, erwiesen haben, und die Nation wird vor der Frage stehen, ihre Rettung entweder bei den Rechts- oder bei den Linksparteien zu suchen. Sobald die Kommunisten ihre Operationen beginnen, wird Ebert im Namen der Republik einen Mann oder, wenn möglich, ein Komitee von drei Männern als Diktator ernennen und wird die ganze militärische Gewalt unter des Diktators Befehl stellen. Von da ab wird die parlamentarische Regierung zu Ende sein. Die Kommunisten werden rücksichtslos zerschmettert werden, und wenn sie zum Generalstreik aufrufen, wird dieser ebenfalls mit Gewalt unterdrückt. Wenn alles gut geht, denkt Stinnes, wird die ganze Lage innerhalb drei Wochen nach Beginn geklärt sein. Der Sozialismus wird nach diesen Erwartungen als eine politische Daseinsform in Deutschland für immer beseitigt und die Gesetze und Verordnungen, die die Produktion hindern und keinem nützlichen Zweck dienen, werden unverzüglich widerrufen werden. Die eine Schwierigkeit, die Stinnes fürchtet, ist die Möglichkeit, daß die Bewegung durch einen Angriffsakt der Rechtsparteien ausgelöst werden könnte. Er möchte, daß die Kommunisten beginnen. Jeder andere Anfang, meint er, wird die Außenwelt gegen Deutschland einnehmen. Er meint, daß die kommunistische Aktion von Frankfurt ausgehen wird, obwohl sie auch von Sachsen oder Thüringen kommen kann, die heute unter kommunistischer Herrschaft stehen.

Stinnes schloß seine Bemerkungen mit der Feststellung, er hoffe, daß, sobald Ordnung und normale Produktion in Deutschland wiederhergestellt seien, es möglich sein werde, jeden notwendigen Kapitalbetrag vom Ausland zu entleihen. Das braucht keine große Summe zu sein. Er sagt, daß selbst während der wirren Zustände der letzten drei Jahre keine ausländische Anleihe an irgendeine namhafte deutsche Firma gemacht wurde, die nicht prompt und vollständig zurückgezahlt worden wäre. Jede künftige Anleihe, behauptet er, wäre genauso sicher.

Ich bin mir völlig im unklaren darüber, wie ernst Stinnes' Erklärungen zu nehmen sind. Selbstverständlich dürfte im Falle eines Entschlusses der Industriellen, sich mit ihrem Vermögen und ihren Organisationen hinter die Rechtsparteien zu stellen, eine, wie er sagt, ganz entscheidende Krisis im Anzug sein . . .

Aus: Hallgarten, S. 63 ff.

Nr. 34 Brief von Stresemann im Auftrag der Fraktion der DVP
vom 10. 3. 1919

An den
Geschäftsführer des Kuratoriums für den Wiederaufbau des deutschen Wirtschaftslebens
z. Hd. Herrn Wilhelm Siemens, Berlin.

Sehr geehrter Herr Siemens!

Im Auftrage des Vorstandes der Fraktion der Deutschen Volkspartei in der Nationalversammlung, welcher nach den Satzungen unserer Partei derzeit deren Geschäfte führt, gestatte ich mir, Ihnen zunächst den verbindlichsten Dank für die finanzielle Unterstützung auszusprechen, welche Sie unserer Partei für die Wahlen geleistet haben.

Wir wären Ihnen daher außerordentlich dankbar, wenn wir seitens Ihres Kuratoriums einen festen Beitrag für die nächsten Jahre zu den Kosten dieser Organisation erhalten könnten und erbitten einen solchen, soweit wir uns Vorschläge erlauben dürfen, etwa in Höhe von M 100 000,–. Es wäre uns sehr erwünscht, wenn ein Mitglied des Kuratoriums dem Finanzausschuß unserer Partei beitreten würde, damit ein ständiges Zusammenarbeiten zwischen Ihrem Kuratroium und uns auch in bezug auf die Durchführung unserer Pläne gesichert ist. Ebenso brauchen wir nicht zu betonen, daß es uns wünschenswert wäre, wenn anläßlich des bevorstehenden Parteitages uns auch Vorschläge für die Wahl eines Herrn in den Zentralvorstand der Partei und in den geschäftsführenden Ausschuß zugehen könnten.

Es wäre unserer Auffassung nach ferner erwünscht, wenn schon jetzt eine Verständigung darüber erfolgen könnte, welche Persönlichkeiten aus Handel und Industrie für die nächsten Wahlen in aussichtsreichen Bezirken aufgestellt werden könnten, damit die Vorbereitung für diese Wahlen in Angriff genommen werden können. Sobald sich übersehen läßt, wann die Wahlen stattfinden, wären wir selbstverständlich dankbar, wenn auch eine Unterstützung unseres Wahlfonds erneut stattfinden könnte.

Aus: Döhn, S. 427 ff.

Nr. 35   Brief der Kommission zur Sammlung, Verwaltung und Verwendung des industriellen Wahlfonds. Geschäftsführer J. Flathmann, vom 12. 3. 1919 an Stresemann

Es gereicht mir zur besonderen Freude Ihnen mitteilen zu können, daß wir für die Deutsche Volkspartei aus dem industriellen Wahlfonds M 150 000,– zur Verfügung gestellt haben, die Herrn Generaldirektor Vögler, der neuerdings unserer Kommission beigetreten ist, zu überweisen sein werden. An diese Bewilligung ist neuerdings die Bedingung geknüpft, daß über die Gelder nur mit Zustimmung des Herrn Vögler verfügt werden darf.

Aus: Döhn, S. 429

Nr. 36   Brief der Kommission zur Sammlung, Verwaltung und Verwendung des industriellen Wahlfonds. Flathmann an Stresemann vom 21. 3. 1919 (Auszüge)

Im Hinblick auf das Verhalten unserer Kommission in früheren, ähnlichen Fällen muß ich es für völlig ausgeschlossen halten, daß wir demnächst im voraus noch für weitere 2 Jahre jährlich M 150 000,– für die Zentrale der DVP bewilligen könnten. Es würde auch bei weitem nicht dem Gesamtbetrage der uns überhaupt zur Verfügung stehenden Mittel, die zumeist gewaltig überschätzt werden, entsprechen, wenn wir aus diesen Mitteln nahezu eine halbe Million der Zentralleitung einer Partei übergeben würden . . .

. . . Daß unter meiner Geschäftsführung es unsere Kommission nicht an Wohlwollen für die nationalliberale Partei hat fehlen lassen, wollen Sie daran erkennen, daß wir bis zum Beginn der letzten Wahlkämpfe bereits über 800 000 Mark nach und nach der nationalliberalen Partei in den verschiedenen Teilen des Reiches zur Verfügung gestellt hatten . . .

. . . Möglich würde es aber sein, daß im nächsten Jahr auf Antrag wieder eine Zuwendung erfolgt, in welcher Höhe, hängt natürlich davon ab, wie dann unsere Kassenverhältnisse sind. Erleichtert würde jedenfalls die Zuwendung, wenn ich aufgrund eigener Kenntnis in der Lage sein würde, darzulegen und nachzuweisen, daß die erbetene Beihilfe im Sinne der Bestrebungen unserer Kommission liegen würde.

Aus: Döhn, S. 430

Nr. 37   DVP-Hauptgeschäftsstelle Wahlkreis 3, Berlin, Dr. Brunner (Geschäftsführer des Ausschusses für Handel und Industrie) an Berliner Firmen (1928)

Herr Dr. Brunner wird sich erlauben, mit Ihnen über die seit den Wahlen geschaffene politische Lage und ihre wirtschaftlichen Auswirkungen zu sprechen. Wir glauben mit Ihnen übereinzustimmen, wenn wir der Ansicht sind, daß den aus dem Anwachsen der sozialistisch-kommunistischen Strömungen drohenden Gefahren und besonders dem kollektivistischen Einfluß auf die Wirtschaft mit aller Energie die individualistische Auffassung entgegengesetzt werden muß. Daß dies nur durch Stärkung der bürgerlichen Parteien geschehen kann, liegt auf der Hand. Der Wahlausgang macht aber allen bürgerlichen Parteien den Ausbau ihrer Organisation zur dringenden Pflicht. Dies ist jedoch nur mit finanzieller Hilfe interessierter Kreise möglich, da der Wahlkampf die Kasse völlig erschöpft hat. Aus ihrer Stellung wissen Sie, sehr verehrte Herren, welche Bedeutung es hat, wenn so eine wirtschaftsfreundliche Partei wie die unsrige ihren Einfluß in den Regierungen und Parlamenten ausübt; wir weisen hierbei noch besonders auf unseren Ausschuß für Handel und Industrie hin, der für Sie besonderes Interesse haben dürfte.

Aus: Döhn, S. 431

Nr. 37 a   Protokoll der Amtschefsbesprechung im Reichswehrministerium vom 3. und 5. Dezember 1925 über die Reise von Generaloberst Hans von Seeckt, Chef der Heeresleitung, durch das Ruhrgebiet (Auszug)

Anwesend: Gen(eral)l(eutnan)t Wurtzbacher, Gen(erale) Hasel, von Waack, Freiherr von Betzhain, Wetzell.

Festlegung zum Frühjahr des Modells eines „deutschen Tanks".

Die vom Wa[ffen]a[mt] als notwendig bezeichnete Konstruktions-
frist von 9 Monaten muß abgekürzt werden.

Entgegenkommen der Industrie gegenüber der Heeresverwal-
tung, Umstellung Krupp v. Bohlen in meinen Auffassungen. Bereitschaft der leitenden Persönlichkeiten. Gliederung der Verwaltung
Krupp u Aufsichtsrat, Direktorium, Generalversammlung.

Ausnutzung der noch vorhandenen Konstrukteure und Büros
von Krupp für Neukonstruktionen und Umänderungen.

Rechtzeitige Information der Industrie über Rüstungsabsichten,
Neueinführungen und Ausbau.

Verlegung der Rüstungsindustrie nach Mitteldeutschland (Gru-
sonwerk Magdeburg-Buckau). Industrie zur vermutlichen Verlegung bereit. Hier nicht Anfertigung von Geschützen etc., die doch
nicht geheimzuhalten, sondern Bereitstellung von Rohmaterial
(Blöcken). Bereitstellung von Mitteln dazu.

Zusammenhang zwischen Krupp und Bofors, Schweden. Hier
Herstellung von Tankmodellen. Verkauf an das Ausland zwecks
Erprobung.

Ev. Ausnutzung Kruppsche Anlagen bei München. Kurze Schilderung des Besuches in Dortmund und Bochum, Persönlichkeiten
Dr. Vögler und Borbet.

Schlechter Zustand Rheinmetall. Kein Geld an Firmen, die nicht
lebensfähig.

Soweit möglich, größere Zentralisierung der Rüstungsaufträge.
Ausschaltung kleiner Firmen. Erhaltung gesunder Konkurrenz,
nicht auf einer Firma alles basieren.

Aus: Anatomie des Krieges. Neue Dokumente über die Rolle des deutschen Monopolkapitals bei der Vorbereitung und Durchführung des Zweiten Weltkrieges, hg. u.
eingel. v. D. Eichholtz u. W. Schumann, Berlin 1969, S. 84 f.

5. Zur Kontinuität der Führungsschichten und der politischen Ziele vom Kaiserreich zur Weimarer Republik

a) Die außenpolitischen Ziele Stresemanns

Nr. 38   Brief Gustav Stresemanns an den ehemaligen Kronprinzen Wilhelm von Hohenzollern vom 7. September 1925 (Auszüge)

Die deutsche Außenpolitik hat nach meiner Auffassung für die nächste absehbare Zeit drei große Aufgaben:

Einmal die Lösung der Reparationsfrage in einem für Deutschland erträglichen Sinne und die Sicherung des Friedens, die die Voraussetzung für eine Wiedererstarkung Deutschlands ist.

Zweitens rechne ich dazu den Schutz der Auslandsdeutschen, jener zehn bis zwölf Millionen Stammesgenossen, die jetzt unter fremdem Joch in fremden Ländern leben.

Die dritte große Aufgabe ist die Korrektur der Ostgrenzen: die Wiedergewinnung Danzigs, des polnischen Korridors und eine Korrektur der Grenze in Oberschlesien.

Im Hintergrund steht der Anschluß von Deutsch-Österreich, obwohl ich mir sehr klar darüber bin, daß dieser Anschluß nicht nur Vorteile für Deutschland bringt, sondern das Problem des Deutschen Reiches sehr kompliziert.

Wollen wir diese Ziele erreichen, so müssen wir uns aber auch auf diese Aufgaben konzentrieren. Daher der Sicherheitspakt, der uns einmal den Frieden garantieren und England sowie, wenn Mussolini mitmacht, Italien als Garanten der deutschen Westgrenze festlegen soll. Der Sicherheitspakt birgt andererseits in sich den Verzicht auf eine kriegerische Auseinandersetzung mit Frankreich wegen der Rückgewinnung Elsaß-Lothringens, einen deutschen Verzicht, der aber insoweit nur theoretischen Charakter hat, als keine Möglichkeit eines Krieges gegen Frankreich besteht.

Die Frage des Optierens zwischen Osten und Westen erfolgt durch unseren Eintritt in den Völkerbund nicht. Optieren kann man ja übrigens nur, wenn man eine militärische Macht hinter sich hat. Das fehlt uns leider. Wir können weder zum Kontinentaldegen für England werden, wie einige glauben, noch können wir uns auf ein deutsch-russisches Bündnis einlassen. Ich warne vor einer Utopie; mit dem Bolschewismus zu kokettieren . . . Daß wir im übrigen durchaus bereit sind, mit dem russischen Staat, an dessen evolutionäre Entwicklung ich glaube, uns auf anderer Basis zu verständigen, und uns durch unseren Eintritt in den Völkerbund durchaus nicht nach dem Westen verkaufen, ist eine Tatsache, über die ich E. K. H. (Eurer Kaiserlichen Hoheit) gern gelegentlich mündlich Näheres sagen würde . . .

Das Wichtigste ist für die unter 1 berührte Frage der deutschen Politik das Freiwerden deutschen Landes von fremder Besatzung. Wir müssen den Würger erst vom Halse haben. Deshalb wird die deutsche Politik, wie Metternich von Österreich wohl nach 1809 sagte, in dieser Beziehung zunächst darin bestehen müssen, zu finassieren und den großen Entscheidungen auszuweichen.

Ich bitte E. K. H., mich auf diese kurzen Andeutungen beschränken zu dürfen, und darf im übrigen wohl bitten, diesen Brief selbst freundlichst unter dem Gesichtspunkt würdigen zu wollen, daß ich mir natürlich in allen meinen Äußerungen eine große Zurückhaltung auferlegen muß. Wollen E. K. H. mir Gelegenheit geben, über diese Fragen, die demnächst ja zur Entscheidung drängen, in einer ruhigen Stunde sprechen zu können, so stehe ich gern zur Verfügung.

Aus: Gustav Stresemann: Vermächtnis. Der Nachlaß in drei Bänden. Hrsg. von Henry Bernhard, Zweiter Band, Berlin 1932, S. 553–555; längere Passagen sind abgedruckt in: Geschichte der deutschen Arbeiterbewegung, Bd. 4, S. 221 f.

Nr. 39 Teilnehmerliste einer Konferenz am 20. Mai 1930, die gemeinsame Richtlinien für die Kolonialgesellschaften erarbeiten sollte, und Wortlaut dieser Richtlinien

T. Amsinck, Generaldirektor der Woermann- und Deutsch-Ostafrika-Linie, Hamburg
G. Baltrusch, Mitglied des Reichswirtschaftsrates, Berlin
Dr. H. Bell, ehemaliger Reichsminister, Mitglied des Reichstags (MdR), Berlin, Zentrumspartei

Dr. M. Cohen-Reuss, MdR, Hamburg, Sozialdemokrat

W. Dauch, MdR, Hamburg, Deutsche Volkspartei

Dr. B. Dernburg, ehemaliger Reichsminister, MdR, Berlin, Deutsche Demokratische Partei

Dr. E. Emminger, ehemaliger Reichsminister, MdR, München, Bayerische Volkspartei

Dr. Frisch, Geheimer Rat, Direktor, Dresdner Bank, Berlin

T. Goldschmidt, Mitglied des Präsidiums des Reichsverbandes der deutschen Industrie, Berlin

Dr. A. Hahl, Gouverneur a. D., Direktor der Neu-Guinea Co., Berlin

E. Hamm, Reichsminister a. D., Berlin

Dr. Kastl, Wirkl. Geheimer Rat, Geschäftsführer, Präsidialmitglied des Reichsverbandes der deutschen Industrie, Berlin

Dr. M. Kemper, Staatssekretär a. D., Berlin,

Dr. H. Krämer, Mitglied des Reichswirtschaftsrates, Berlin

Dr. W. Külz, Reichsminister a. D., MdR, Berlin, Deutsche Demokratische Partei

Dr. F. von Lindequist, Wirkl. Geheimer Rat, Gouverneur a. D., Macherlust bei Eberswalde

Dr. H. Luther, Reichsbankpräsident und ehem. Reichskanzler

Freiherr A. von Rechenberg, Wirkl. Geheimer Rat, Gouverneur a. D., Berlin

O. Riedel, Direktor, Hamburg

Dr. J. Ruppel, Ministerialdirektor im Auswärtigen Amt, Berlin

H. Sachs, Geh. Rat, MdR, Berlin, Deutsche Volkspartei

Dr. H. Schacht, ehemaliger Präsident der Reichsbank

Dr. A. Salomonsohn, Präsident der Diskontoges., Berlin

Dr. E. Schultz-Ewerth, Gouverneur a. D., Berlin

Dr. T. Seitz, Wirkl. Geheimer Rat, Gouverneur a. D., DKG, Berlin

Dr. W. Solf, Botschafter a D., Reichsminister a. D., Berlin

Dr. E. von Stauss, Direktor der Deutschen Bank und Diskonto-Gesellschaft, Berlin

Dr. A. Vögler, Direktor der Vereinigten Stahlwerke, Dortmund

Max M. Warburg, Bankier, Hamburg

M. Weigelt, Direktor der Deutschen Bank und Diskonto-Gesellschaft, Berlin.

1. Gleiche Rechte für die in den ehemaligen, jetzt unter Mandatsverwaltung gestellten, deutschen Kolonien lebenden Deutschen.

2. Schutz der deutschen Kultur in den Mandatsgebieten, Zulassung Deutscher zur wissenschaftlichen und praktischen Kulturarbeit, namentlich auf dem Gebiet der christlichen Mission, der Seuchenbekämpfung, der allgemeinen Gesundheitspflege und dergleichen.

3. Fortsetzung des Kampfes gegen die ,,koloniale Schuldlüge".

4. Kampf gegen jegliche Annexionsbestrebungen von Mandatarmächten.

5. Eine eigene koloniale Betätigung Deutschlands ist anzustreben in Anbetracht der Tatsache, daß einige in ihrer Entwicklung zurückgebliebene Völker noch nicht imstande sind, sich selbst zu verwalten, wie das auch von der Sozialistischen Internationale in Brüssel in einer Resolution vom August 1928 anerkannt worden ist. (Dieser Punkt ist interessant, weil er zeigt, wie man sich bemühte, die liberal antikolonialistische sozialistische Haltung durch die Erwähnung der Auffassung anderer Sozialisten zu bekämpfen. Es darf wohl angenommen werden, daß Cohen-Reuss und Quessel auf Aufnahme dieses Punktes gedrängt haben.)

6. Unterstützung der Fortsetzung einer auf aktive Beteiligung Deutschlands am Mandatssystem gerichteten Politik, wie sie schon von Stresemann eingeleitet worden ist.

7. Koloniale Propaganda, um den kolonialen Gedanken im Innern, vor allem in Arbeiterkreisen, zu verbreiten und der deutschen Regierung bei amtlichen Schritten zur Wiederaufnahme einer neuen deutschen Kolonialarbeit einen stärkeren Rückhalt zu geben. (Auch dieser Punkt zeigt wieder, welchen Wert die Sozialisten darauf legten, die Unterstützung der sozialdemokratischen Arbeiterschaft zu gewinnen.)

Aus: W. W. Schmokel, der Traum vom Reich. Der deutsche Kolonialismus zwischen 1919 und 1945, Gütersloh 1967, S. 20 ff.

b) Die Wirtschaft

Nr. 40 Denkschrift „Aufstieg oder Niedergang", veröffentlicht vom Präsidium des Reichsverbandes der Deutschen Industrie am 2. Dezember 1929 (Auszüge)

Die deutsche Wirtschaft steht am Scheidewege. Wenn es nicht endlich gelingt, das Steuer umzulegen und unserer Wirtschafts-, Finanz- und Sozialpolitik eine entscheidende Wendung zu geben, dann ist der Niedergang der deutschen Wirtschaft besiegelt . . .

II. Leitsätze für die Umstellung der deutschen Wirtschaftspolitik

A. Kapitalbildung

1. Ausgangspunkt für alle Maßnahmen der Wirtschafts-, Finanz- und Sozialpolitik ist unter den für die deutsche Wirtschaft gegebenen Umständen die Förderung der Kapitalbildung. Sie ist die Voraussetzung für die Steigerung der Produktion und liegt daher im Interesse aller Schichten des deutschen Volkes.

5. Die deutsche Wirtschaft muß von allen unwirtschaftlichen Hemmungen befreit werden. Die Vorbelastung der Produktion durch Steuern ist auf das unumgängliche notwendige Maß zurückzudämmen.

B. Staat und Wirtschaft

1. Die Eingriffe des Staates in die Wirtschaft finden ihre Grenze in der grundsätzlichen Anerkennung der Gewerbefreiheit.

Nr. 41 Diskussionsbeiträge auf der außerordentlichen Mitgliederversammlung des Reichsverbandes der Deutschen Industrie am 12. Dezember 1929 (Auszüge)

I

Herr Direktor (Willy) Wittke, Vorsitzender des Verbandes Sächsischer Industrieller:

Um das durchzuführen, was heute von den Herren Referenten verlangt worden ist, bedarf es einer festen und beständigen Regierung, die durchzugreifen ernsthaft gewillt ist. Fest und beständig sind aber keine Attribute deutscher Staatsgewalt, weil man bei uns Demokratie mit Parteiwirtschaft verwechselt. Von den Parteien, von denen jede angeblich nur die Mehrheit braucht, um die Not des deutschen Volkes zu beheben, kann man allenfalls ein Kompromiß verlangen, d. h. also im besten Sinne des Wortes eine halbe Maßnahme. Mit Halbheiten ist uns aber nicht mehr gedient. Das Kompromiß, das in den nächsten Tagen von diesem Reichstage geschaffen werden wird, reicht nicht aus, um die Not unseres Volkes und unserer Wirtschaft, die heute hier mit Ernst und Deutlichkeit geschildert worden ist, zu beheben.

Ist das Parlament seiner Aufgabe nicht gewachsen, kann es sie nicht meistern, dann wird gar nichts anderes übrigbleiben als wieder einmal, wie es ja bereits 1923/24 der Fall gewesen ist, sich auf das Gebiet der Verordnungen zu begeben, was im übrigen eine durchaus zulässige, verfassungsmäßige Sache ist. Man muß versuchen, durch Verordnungen den Zustand zu schaffen, den die fehlende Gesetzgebung uns nicht schaffen kann. – Ich stehe durchaus nicht isoliert da, wenn ich sage: Ein Ermächtigungsgesetz kann vielleicht noch die einzige Hilfe sein, die aus diesem Elend herausführt. Das haben andere Stellen bereits vor mir gesagt. Um diesen Weg zu gehen, braucht man allerdings in erster Linie Zivilcourage, eine Eigenschaft, die bei uns leider nicht wild wächst, und in zweiter Linie bedarf es des Mutes zu vorübergehender Unpopularität. Besitzen unsere verantwortlichen Stellen diese beiden Eigenschaften, dann sollte es uns eigentlich nicht bange sein um die Durchführung der allseitig als dringend notwendig erkannten Maßnahmen.

II

Herr Direktor Eugen Schnaas, Berlin:

Wer Gelegenheit gehabt hat, im Laufe der letzten Jahre sich an den Lohnverhandlungen und Manteltarifverhandlungen mit den Gewerkschaften an einen Tisch setzen zu müssen, wird erkannt haben, daß alle Worte von der Gegenseite weit fern vom Gebiet wirtschaftlichen Denkens lagen. („Sehr richtig!") Wenn also von höchster Stelle, dem Gewerkschaftsleben nicht fernstehend, Worte von wirtschaftlichem Wirken der Gewerkschaften gefallen sind, so muß man wohl sagen, daß das Haupt nicht weiß, was die Glieder treiben. Ich bin überzeugt, wenn jede Persönlichkeit häufiger an den Verhandlungen der Funktionäre teilnehmen würde, dann würde sie wahrscheinlich sich jenen Worten des verstorbenen Herrn Reichspräsidenten Ebert anschließen, die ich kürzlich gelegentlich einer anderen Versammlung hörte, der gesagt haben soll: In Deutschland wird nicht eher Wirtschaftsfriede sein, als bis 100 000 Parteifunktionäre außer Landes gewiesen sind. („Bravo!" und Zuruf: „Mussolini!") Ob dieses radikale Mittel erforderlich ist, entzieht sich meiner Kenntnis.

Aus: Veröffentlichungen des Reichsverbandes der Deutschen Industrie (Berlin), 1930, Nr. 50, S. 37/38, 41; Auszüge aus der Denkschrift und der Diskussion sind abgedruckt in: Geschichte der deutschen Arbeiterbewegung, Bd. 4, S. 523 ff.

Nr. 41a   Geschäftsbericht von Tilo von Wilmowsky, Präsident des Mitteleuropäischen Wirtschaftstages (MWT), auf der Mitgliederversammlung des MWT am 22. November 1938 über die Pläne der deutschen Industrie in den Jahren 1929 bis 1931 bezüglich Südosteuropa (Auszüge)

In den Jahren 1929 und 1930 begannen weiterblickende Kreise der deutschen Industrie, insbesondere der Ruhrindustrie, der chemischen und der Elektroindustrie, ihre Aufmerksamkeit stärker auf die wirtschaftlichen Möglichkeiten zu richten, die eine Intensivierung der Handelsbeziehungen zu Südosteuropa unter Umständen ergeben könne. Man plante eine privatwirtschaftlich aufgezogene Zentralstelle, die, mit möglichster Selbständigkeit und Schlagkraft ausgestattet, Beziehungen persönlicher und wirtschaftlicher Natur zu den Ländern des Donauraumes herstellen und neue Wege zur Erweiterung des bislang vernachlässigten Südost-Geschäfts weisen sollte . . .

Die Gesellschaft wird heute im wesentlichen von den gleichen industriellen Kreisen getragen, die sich im Jahre 1931 für ihre Entwicklung eingesetzt haben, also die Ruhrindustrie, die chemische und die Elektroindustrie. Daneben hat sie 60 Firmen und Einzelpersonen als Mitglieder . . .

Sehr frühzeitig hat der MWT die überragende Bedeutung des Rohstoff-Problems für die deutsche Wirtschaft erkannt . . .

Aus dieser Reihe von Tatsachen ist zu ersehen, daß die Arbeit des MWT reiche Früchte getragen hat. In unzähligen Fällen konnten wir durch den persönlichen Einfluß, den wir in den Ländern des Südostens im Laufe der Jahre gewonnen haben, das Zustandekommen von ganz großen Lieferungsgeschäften ermöglichen bzw. erleichtern. Das bezieht sich insbesondere auf Kriegsmaterialgeschäfte, deren Abschluß in Rumänien z. B. ohne sorgfältige, im Stillen geleistete Vorarbeit überhaupt nicht möglich gewesen wäre.

Aus: Anatomie des Krieges, S. 86 f.

c) Die Justiz

Nr. 42 Nach der Niederwerfung der Münchener Räterepublik 1919 begingen Freikorpsangehörige nach vorsichtigen Schätzungen etwa 400 Morde, meist an Arbeitern.

„Der typische bayerische Mord dieser Zeit verlief etwa folgendermaßen: Der Arbeiter N. N. wurde in den ersten Tagen des Mai 1919 auf Grund nicht mehr nachzuprüfender Angaben einer nicht mehr bekannten Person in seiner Wohnung verhaftet, von Soldaten einer nicht mehr zu ermittelnden Abteilung unter Führung eines nicht mehr zu ermittelnden Offiziers fortgeführt und dann erschossen. Das (angeblich) sofort eingeleitete Verfahren gelangte nach Aufhebung der Militärgerichtsbarkeit an die Staatsanwaltschaft München. Die aufklärenden Aktenstücke, vor allem die Berichte der Augenzeugen, gingen dabei verloren. Oder dem Täter konnte ‚nicht widerlegt werden‘, daß der Ermordete einen Fluchtversuch gemacht hatte. Oder der Täter war sich der Rechtswidrigkeit seiner Handlung nicht bewußt. Das Verfahren wurde eingestellt."

Aus: E. J. Gumbel, Vom Fememord zur Reichskanzlei, Heidelberg 1962, S. 28

Dagegen wurden die Anhänger der Räterepublik außerordentlich schwer bestraft

Urteile über die bayerischen Räterepublikaner

Verurteilung zu	Personen	Jahre
Festung	407	905
Gefängnis	1737	2690
Zuchthaus	65	497
Summe	2209	4092

Aus: Gumbel, S. 28

Nr. 43   Die am Kapp-Putsch Beteiligten dagegen fanden die volle Sympathie der Justiz

Nach einer Mitteilung des Reichsjustizministers vom 21. Mai 1921 führte die strafrechtliche Verfolgung von 705 nachweislich am Kapp-Putsch Beteiligten zu folgendem Ergebnis:

Bestrafung des Kapp-Putsches

Amnestiert	412
Durch Tod oder andere Gründe in Wegfall gekommen	109
Verfahren eingestellt	176
Noch nicht erledigt	7
Bestraft	1
	705

Die einzige Verurteilung war die Traugott von Jagows wegen Beihilfe zum Hochverrat, zu fünf Jahren Festung, wovon er vier Jahre absaß. Das Schicksal von 775 meuternden Offizieren war, nach den amtlichen Ergebnissen des Ausschusses zur „Prüfung des Verhaltens der Offiziere während der März-Vorgänge", wie folgt:

Einstellung des Verfahrens	486
Beurlaubung	91
Versetzung	57
Dienstenthebung	48
Disziplinare Erledigung	13
Noch keine Entscheidung	74
Verabschiedung	6
	775

Aus: Gumbel, S. 34 f.

Nr. 44   Insgesamt ergibt sich über die Zahl der politischen Morde 1919–1922 durch Rechtsstehende und Linksstehende folgende Relation:

Politische Morde, begangen von	Rechts-stehenden	Links-stehenden
Ungesühnte Morde	326	4
Teilweise gesühnte Morde	27	1
Gesühnte Morde	1	17
Gesamtzahl der Morde:	354	22
Zahl der Verurteilungen	24	38
Geständige Täter freigesprochen	23	–
Geständige Täter befördert	3	–
Dauer der Einsperrung pro Mord	4 Monate	15 Jahre
Zahl der Hinrichtungen	–	10
Geldstrafe pro Mord	2 Papier-mark	–

Aus: Gumbel, S. 46

d) Das Militär

Nr. 45   Telegramm Hindenburgs an alle Heeresgruppen und AOKs vom 10. 11. 1918 (Auszüge)

1. Damit trotz der dem Vaterlande durch den Bolschewismus drohenden Gefahr des Bürgerkrieges das Heer in Festigkeit und Ordnung in die Heimat zurückgeführt werden kann, sind alle Offiziere und Mannschaften moralisch verpflichtet, alle mit Recht bestehenden Gewissensbedenken bezüglich des Seiner Majestät dem Kaiser und König geleisteten Fahneneides zurückzustellen und unvermindert ihre Pflicht zu tun zur Rettung der deutschen Lande aus größter Gefahr.

Aus demselben Grunde habe ich mich entschlossen, auf meinem Posten zu verharren und gemäß der mir mündlich gewordenen Weisung Seiner Majestät des Kaisers und Königs den Oberbefehl über das deutsche Feldheer übernommen . . .

3. Es kann bekanntgegeben werden, daß die OHL mit dem Reichskanzler Ebert, dem bisherigen Führer der gemäßigten sozialdemokratischen Partei, zusammengehen will, um die Ausbreitung des terroristischen Bolschewismus in Deutschland zu verhindern.

AOK = Armeeoberkommando; OHL = Oberste Heeresleitung;
Aus: O. E. Schüddekopf, Das Heer und die Republik. Quellen zur Politik der Reichswehrführung 1918 bis 1933, Hannover und Frankfurt 1955, S. 19 f.

Nr. 46   Richtlinien der OHL für die deutsche Politik vom 27. Juni 1919 (Auszüge)

,, . . . die Durchführung des deutschen Einheitsstaates. Preußen muß Deutschland werden, und dieses Deutschland muß vor allen Dingen innere Politik treiben, die Politik eines modernen Friedrich Wilhelms I. Dazu gehören in erster Linie die restlose Wiederherstellung der Staatsautorität und dann die Sanierung unseres Wirtschaftslebens . . . Unter den größten Anstrengungen und dank der selbstlosen und hingebenden Mitarbeit des Offizierkorps ist es gelungen, in der Reichswehr ein einigermaßen brauchbares Instrument für die

Regierung zu schaffen. Dieses Instrument muß nun aber rücksichtslos eingesetzt werden, um auf allen Gebieten des öffentlichen Lebens die Staatsautorität zu sichern und den Gesetzen Geltung zu verschaffen. Dies gilt in allererster Linie von der Verwaltung. Der Arbeiterrat-Unsinn muß aus der Verwaltung schnell und restlos verschwinden. Diese Nebenregierung . . . bleibt in einem geordneten Staatswesen unmöglich und unerträglich. Ihre Beseitigung ist bei Sperrung der Bezüge und festem Auftreten ein Kinderspiel . . .

Mit der Regelung des Beamtenwesens hängt die Reorganisation aller Sicherheitsorgane eng zusammen. Der Reichswehrminister hat in dieser Hinsicht bereits sehr dankenswerte Anregungen an den Minister des Innern gelangen lassen. Es ist ein ganz ungesunder Zustand, daß die bewaffnete Macht dauernd Polizeidienste tun muß . . .

Die Gesundung unseres Wirtschaftslebens, die Vorbedingung für jeden Wiederaufbau, ist abgesehen von den Rohstoff- und den damit zusammenhängenden Fragen hauptsächlich von zwei Dingen abhängig: Ordnung und Arbeit. Das bedeutet unter den derzeitigen Verhältnissen Belagerungszustand und Streikverbot . . .

Wie ich schon oben ausführte, ist für die nächsten Jahre unsere Aufgabe die innere Politik. Zur aktiven Außenpolitik fehlt uns jede Möglichkeit und fehlen uns die Mittel. Nur zwei Dinge müssen sofort mit größtem Nachdruck auch außenpolitisch betrieben werden, die Schuldfrage und die Organisation einer deutschen Irredenta in den abzutretenden Gebieten . . .

Aus: Schüddekopf, S. 96

Nr. 47   Interview mit Oberst Reinhard von Ende 1919 (Auszüge)

„. . . Ich mache kein Hehl daraus, daß ich Monarchist bin. Mein Gott, wenn man dreißig Jahre lang seinem König und Kaiser treu gedient hat, dann kann man nicht plötzlich sagen: Von morgen an bin ich Republikaner. Das geht einfach nicht. Hier" – und dabei tippte er mit dem dritten Finger der Rechten auf sein Herz – „erlaubt s einem etwas partout nicht. Aber fürchten Sie nichts: ich halte es für unmöglich, die Monarchie im Augenblick wieder aufzurichten. Das verbietet uns allein schon die Entente. Aber: was in zehn Jahren sein kann, wie sich da die Verhältnisse geändert haben können – das wissen wir alle nicht. Natürlich: ein kaiserliches oder königliches Regime, wie wir es vor dem Kriege gehabt haben, das paßt dann bestimmt nicht mehr. Eine demokratische Monarchie ließe sich indessen wohl vorstellen . . ."

„Wie sehen Sie die nächste Zukunft an?"

„Pessimistisch." . . .

„Dann muß zugepackt werden."

„Eine Militärdiktatur?"

„Nennen Sie's, wie Sie wollen. Dann geht's grade oder ungrade. Aber seien Sie versichert: wir Militärs wollen mit den Zivilisten Hand in Hand gehen."

„Mit den Zivilisten?"

„Jawohl, mit den Zivilisten. Dann muß dafür gesorgt sein, daß eine starke Regierung neben und zu uns steht. Ordnung schaffen wollen wir – und, wenn es sein muß, mit Gewalt."

„Eine solche zivil-militärische Diktatur würde sich nicht drei Tage halten können", wandte ich ein. „Die Arbeiter würden in den Generalstreik treten und Ihre schönsten Berechnungen über den Haufen werfen."

„Da bin ich doch anderer Ansicht. Lassen Sie sich erzählen, wie ich's in Oberschlesien gemacht habe. Die paar Reichswehrtruppen waren, als es dort unten drunter und drüber ging, so verängstigt und eingeschüchtert, daß sie sich nicht aus den Kasernen herauswagten. Die Einwohner, Frauen und Kinder, waren entschlossener als die Soldaten, auf die es die Aufrührer vor allem abgesehen hatten. Nachts brachten sie den Truppen heimlich was zu essen. So war die Lage, als ich nach Oberschlesien mit meiner Truppe kam. Ich fuhr wie ein Donnerwetter drein. Ein paar Rädelsführer, die schlimmsten, wurden niedergeknallt. So was muß sein. Arbeitszwang wurde ausgesprochen. Und Sie hätten nur sehen sollen, wie die Arbeiter am nächsten Morgen auf der Arbeitsstätte erschienen! In ihren schwarzen Bratenröcken kamen sie angelaufen. Die Ordnung war wiederhergestellt."

„Und dieses Rezept würden Sie dann ganz allgemein anwenden wollen?"

„Gewiß." . . .

„Frankreich und auch England haben ein vitales Interesse daran, mit uns irgendein Arrangement zu treffen, müssen uns die Möglichkeit geben, uns wirtschaftlich herauszupauken. Das können wir aber nur – gemeinsam mit den Westmächten – in Rußland. Da sind noch ungeheure wirtschaftliche Werte herauszuholen. Da liegt ja noch so unendlich viel brach: Rußland und das weite, weite Sibirien. Daran müssen wir uns alle sanieren. Daran kann ganz Europa wirtschaftlich wieder gesunden. Natürlich muß der Bolschewismus erst überwunden werden. Mit sechs Divisionen . . ."

Aus: Schüddekopf, S. 51 f.

Nr. 48   Der Kommandeur des Wehrkreises VI, General von Loßberg, am 21. 1. 1924 auf der Generalversammlung des westfälischen Bauernvereins in Münster (Auszüge)

„ . . . Ich habe aber auch selbst versucht, gerade weil ich die Verhältnisse der Landwirtschaft kenne und beherrsche, von meinem Amt als Inhaber der vollziehenden Gewalt aus in Berlin darauf aufmerksam zu machen, daß es so mit den Zumutungen, die dem Landwirt auferlegt werden, nicht weitergeht. (Stürmischer Beifall.) Ich habe in allem Ernst darauf hingewiesen, daß die Landwirtschaft die Grundlage des Staates ist und daß man die Grundlage nicht zerstören darf. (Zustimmung.) Und auf diesem Wege zu dieser Zerstörung befinden wir uns. (Sehr richtig.) . . .

Einmal kommt die Zeit, wo wir abrechnen müssen mit denen, die uns jetzt drangsalieren. (Frenetischer, sich wiederholender Beifall.) Ich bin kein Pazifist. (Bravo.) Wenn ich als General Pazifist wäre, gehörte ich an den Laternenpfahl. Ich bin ein absoluter Mann, der dafür eintritt, daß wir den Leuten, die uns jetzt drangsalieren, die Zähne zeigen, selbst wenn es einen Verzweiflungskampf geben sollte – auch vor dem dürfen wir uns nicht scheuen . . .

Aus: Schüddekopf, S. 204

Nr. 49   Erlaß des General von Seeckt vom 9. Januar 1924

Die Wiederherstellung der deutschen Wirtschaft wird zu einem harten Kampf zwischen Arbeitgebern und Arbeitnehmern führen.

Die Lage stellt sich so dar, daß die Arbeitgeberseite danach strebt, Verlängerung der Arbeitszeit, Lohnabbau, Ablehnung des Schlichtungsverfahrens und Aufhebung der Urlaubsvorteile gleichzeitig oder kurz nacheinander durchzusetzen. Bei aller Anerkennung der Notwendigkeit, die Arbeitsleistung zu steigern und zu verbilligen, liegen in dem Zeitmaß der Arbeitgeber schwere Gefahren besonders politischer Art.

Die Arbeiterschaft wird erneut in Kampfstellung zur Werksleitung gedrängt, und verhängnisvolle Wahlparolen werden geschaffen. In dieser Lage ist es die Pflicht der Staatsautorität, einzugreifen, wo der Bogen überspannt wird.

Ich ersuche die Herren Militärbefehlshaber, von diesem Gesichtspunkte aus mitzuwirken und den Arbeitgebern bei Besprechungen im engen Kreise, möglichst unter Heranziehung bewährter Schlichter, die sicheren Gefahren ihrer Taktik für den Betrieb und den Staat nahezulegen.

Aus: Schüddekopf, S. 192

Nr. 50   Aus den Memoiren von Carl Severing (SPD), des langjährigen preußischen Innenministers, über Vorgänge im Jahr 1925

Der Generalmajor von der Goltz, der an die Spitze der vaterländischen Verbände getreten war, übte in einer Versammlung am 26. November im Landwehr-Casino Berlin eine überaus scharfe Kritik an der Außenpolitik Stresemanns. Es müsse jetzt gerade das Ziel der gemeinsamen Propaganda sein, jede Koalition im Reich und in den Ländern mit der Sozialdemokratie zu verhindern und Ost-Locarna unmöglich zu machen. Er wandte sich in seinen Warnungen vor einem Ost-Locarno auch gegen die Reichswehr, die nach seiner Meinung unter dem Druck Preußens und des Auslandes alles abbaue, was bisher mühsam aufgerichtet worden sei . . .

Er warf in dieser Denkschrift der Reichswehr vor, daß sie zwar von privaten Stellen Geldbeträge annehme, sie aber keineswegs restlos den Verbänden zuleite, für die sie nach dem Willen der Geldgeber bestimmt seien. Herr von der Goltz übersah bei diesen Klagen eben, daß für eine „schwarze Reichswehr" auch schwarze Gelder erforderlich waren, daß nicht alle Kosten für Personal und Rüstzeug durch Etatverschiebungen aufgebracht werden konnten. Seine Reklamationen bei den Geldgebern in Großindustrie und Großlandwirtschaft waren vielfach beantwortet worden mit dem Hinweis, daß die Reichswehr ihre Zuwendungen mit der Auflage erhalte, sie an die Verbände zu verteilen. Durch diese Auskunft war er dahinter gekommen, daß die Reichswehr den Löwenanteil der schwarzen Steuern für sich verwandte. Das fand er nicht richtig, denn – so schrieb er: – „die geldgebenden Stellen wollen vielmehr, daß diese Gelder von der Reichswehr hauptsächlich den vaterländischen Verbänden zugeleitet werden. Die von privater Seite zugestellten Mittel müssen also von den Geldgebern von vornherein geteilt werden in Gelder für die Verbände und solche für die Reichswehr. Wir können nicht weiter lediglich auf gelegentliche ‚Liebesgaben' der Reichswehr angewiesen sein."

Severing, Bd. II, S. 75 f.; Auszüge bei Schüddekopf, S. 206

Nr. 51   Anlage zu einer Denkschrift von Quidde, dem Vorsitzenden der Friedensgesellschaft, an den Reichstag vom 24. 2. 1926 (Auszug)

Ende März oder Anfang April (das genaue Datum weiß ich nicht mehr, es ließe sich aber mit Leichtigkeit aus den Akten des Arbeitgeberverbandes für Lahngau und Oberhessen feststellen) fand in Gießen im Verbandshause des Arbeitgeberverbandes für Lahngau und Oberhessen eine Hauptversammlung statt, an der ich als Vertreter der Firma E. Leitz, Optische Werke, Wetzlar, im Auftrag des Chefs der Firma, Herrn Dr. E. Leitz, teilnahm. Die Versammlung war von etwa 40 Herren besucht. Sie wurde von dem Vorsitzenden des Verbandes, Herrn Hüttendirektor Humperdinck der Firma Buderus'sche Eisenwerke AG. in Wetzlar geleitet. Nach Erledigung verschiedener geschäftlicher Angelegenheiten hielt ein Herr Oberst a. D. Coock einen längeren Vortrag, der bezweckte, die finanzielle Unterstützung der Industrie bzw. der dem Arbeitgeberverbande angehörenden Firmen für die Ausbildung von Zeitfreiwilligen der Reichswehr über den Rahmen der im Friedensvertrag von Versailles festgesetzten Ziffer hinaus zu gewinnen. Herr Oberst a. D. Coock berief sich in seinen Ausführungen wiederholt darauf, daß er im Einverständnis mit der Heeresleitung handle. Begründet wurde die Forderung mit der Notwendigkeit, das deutsche Volk wehrhaft zu erhalten und für künftige Entscheidungen vorzubereiten, da ein wehrloses Volk sich keine Geltung in der Welt zu verschaffen vermöge. Wir müßten wieder bündnisfähig werden, was wir bei dem derzeitigen Stand unserer Wehrmacht nicht seien. Die Vorbereitung eines Revanchekrieges wurde ausdrücklich abgelehnt und auch das Treiben gewisser nationaler Verbände scharf verurteilt und betont, daß auch die Heeresleitung dieses Treiben entschieden mißbillige und bestrebt sei, diese Verbände und ihre Leitung wieder fest in die Hand zu bekommen und weitere Entgleisungen und Disziplinwidrigkeiten zu verhindern. Die Reichswehr stehe auf dem Boden der Verfassung und werde sich nicht in der Erfüllung ihrer Pflicht irre machen lassen. Aber für die Erfüllung ihrer Aufgabe sei sie zu schwach.

Die Zahl der ausgebildeten Mannschaften vermindere sich beständig, weshalb für Nachwuchs gesorgt werden müsse. Der Plan der Heeresleitung – Herr Oberst a. D. Coock berief sich ausdrücklich auf diese – gehe dahin, in sechs- bis achtwöchigen Kursen Freiwillige durch die Formationen der Reichswehr auszubilden. Die ganze Ausbildungszeit sollte mindestens ein halbes Jahr betragen, da die Anforderungen, die ein künftiger Krieg an den einzelnen Mann stellen werde, noch ungleich größer seien als im Weltkrieg, eine kürzere Ausbildungszeit somit nicht in Frage kommen könne. Durch diese Ausbildung von Freiwilligen solle Deutschland in die Lage versetzt werden, in einigen Jahren 35 kriegsmäßig ausgebildete Divisionen im Falle einer Mobilmachung aufzustellen. Auf jedes Wehrkreiskommando kämen, wenn ich nicht irre, fünf Divisionen. Die Kosten für diese Ausbildungskurse könnten selbstverständlich nicht in den Etat der Reichswehr gestellt werden, sondern müßten durch

freiwillige Beiträge des deutschen Volkes, der einzelnen Berufsstände aufgebracht werden, mit deren Vertretungen bereits Fühlung
genommen worden sei und die zum Teil bereits Zusagen gegeben
hätten. Für den Bezirk des Arbeitgeberverbandes für Lahngau und
Oberhessen berechnete Herr Oberst a. D. Coock die Kosten für die
ersten beiden Jahre auf etwas über 800 000 Goldmark, wovon etwa
120 000 Goldmark auf den Kreis Wetzlar und davon ungefähr ein
Drittel auf die dem Arbeitgeberverband angehörigen Firmen entfal-
len sollten. Herr Oberst a. D. Coock legte den Plan und seine Finanzierung in allen Einzelheiten dar und betonte noch, daß die Sache
sehr eilig sei, da bereits die ersten Einberufungen zu diesen Ausbil-
dungskursen erfolgt seien.

Die Ausführungen des Herrn Oberst a. D. Coock fanden im allgemeinen die Zustimmung der Versammlung. Auch ich erklärte
mich mit dem Grundgedanken, die Wehrfähigkeit des deutschen
Volkes zu erhalten, einverstanden . . .

Abgedruckt in: Schüddekopf, S. 209 f.

*Nr. 52   Bemerkungen Seeckts vom 14. 10. 1926 zu seiner Verab-
schiedung (Auszug)*

Was also war der Grund? Der Gegensatz zwischen dem demokra-
tisch-parlamentarischen System und einer nicht von ihm innerlich
abhängigen Persönlichkeit und letzten Endes der nicht zu überbrück-
kende Gegensatz zwischen dem Repräsentanten des alten Deutschlands und der überragenden Stellung seiner Armee und dem Macht-
gefühl der republikanisch-parlamentarischen Zivilgewalt.

Nach Schüddekopf, S. 211

*Nr. 53   Notizen des Reichswehrministers General Groener für eine
Besprechung mit den Wehrkreiskommandeuren am 25. 10. 1930
(Auszüge)*

3. Ich bin empört, daß es Offiziere gibt, die meine nationale Gesinnung und meinen heißen Wehrwillen anzuzweifeln und mir vorzu-

werfen gewagt haben, daß ich einen „Linkskurs" steuere. Wenn politische Tollhäusler solche Vorwürfe erheben, so berührt mich das nicht. Anders aber steht es, wenn diese Vorwürfe aus dem Munde meiner Untergebenen kommen. Denn genau das Gegenteil dieser Vorwürfe ist richtig. Seit ich Reichswehrminister bin, ist mein ganzes Sinnen und Trachten nur auf ein Ziel, die Befreiung unseres Landes gerichtet. Es ist klar, daß ich dieses Ziel weder von der Bühne des parlamentarischen Lebens in die Öffentlichkeit hinausrufen noch bei meinen Besuchen an der Front erörtern kann.

Ebenso klar ist es auch, daß das Ziel nicht im Sturme erreicht werden kann und daß man sich deshalb auf lange Sicht einzustellen hat und viel Geduld haben muß . . .

4. Die Wehrmacht für diese kommende Zeit als das scharfe, schlagfertige Instrument modernster Kriegführung auf die höchste Stufe zu entwickeln und es zu gegebener Zeit weiter auszubauen, ist mein Bestreben in den schweren parlamentarischen Kämpfen gewesen. Die ganze Wehrmacht müßte allmählich wissen, wie ich in diesen Kämpfen ihre Interessen gewahrt und sie frei von jeder politischen Beeinflussung, vor allem von linker Seite, gehalten habe.

5. Denn nur eine über allen Parteien stehende und in sich gefestigte Wehrmacht ist für den ihr zugedachten hohen Zweck zu gebrauchen.

In sich gefestigt aber ist die Wehrmacht nur, wenn es in ihr nur eine Disziplin, nur einen Gehorsam, nur eine Autorität gibt und die muß vollkommen sein.

Aus: Schüddekopf, S. 304

Kapitel II

Die faschistische Bewegung bis 1933

Einleitung

Die NSDAP war zwar schon bald nach der Novemberrevolution als eine der vielen nationalistischen und antikommunistischen Gruppen in München entstanden und hatte im Krisenjahr 1923 eine gewisse überregionale Bedeutung erlangt, kam aber in den Jahren der relativen Stabilität nach 1924 trotz der Festigung ihrer Organisationsstruktur über das Niveau einer Splittergruppe nicht wesentlich hinaus. Erst unter den Bedingungen der großen Krise konnte sie nach 1929 zu einer Massenbewegung aufsteigen, die auf dem Höhepunkt ihrer Wahlerfolge im Juli 1932 mehr als ein Drittel aller Stimmen (37,4 %) auf sich vereinigte. Zunächst stellt sich also die Frage, woher diese Millionenmassen von Anhängern kamen.

Nr. 54 zeigt, daß die NSDAP fast ausschließlich jene Wähler gewinnen konnte, die bisher die bürgerlichen Parteien der Mitte und der Rechten unterstützt hatten. Auch der größte Teil der bisherigen Nichtwähler, die, durch die Krise alarmiert, nun zur Wahl gingen und so eine wesentliche Steigerung der Wahlbeteiligung bewirkten, strömten der NSDAP zu. Die politische Herkunft der dem Faschismus nun folgenden Massen läßt bereits Schlüsse über deren soziale Herkunft zu. Daß es sich bei Mitgliedern wie bei Wählern der NSDAP hauptsächlich um Angehörige der bürgerlichen Mittelschichten (der kleinen Eigentümer in Handel, Handwerk und Landwirtschaft und der Lohnabhängigen mit Mittelstandsbewußtsein, also der kleinen und mittleren Angestellten und Beamten) handelte, wird aus Nr. 55–58 deutlich. Nr. 59 und 60 zeigen, daß die Propaganda der NSDAP in der Tat besonders auf die Kleineigentümer zielte. Sofern sie Mitglieder und Wähler gewinnen konnte, die ihrer sozialen Lage nach zur Arbeiterschaft gehörten, so keineswegs auf Kosten der Arbeiterparteien, die während der Aufstiegsperiode der NSDAP keine Verluste erlitten (vgl. Nr. 54, 2. Tabelle). Es muß sich also um solche Arbeiter gehandelt haben, die schon vorher keine engere Bindung an die Organisationen der Arbeiterbewegung hatten und entweder bürgerliche Parteien unterstützt oder überhaupt nicht gewählt hatten, also hauptsächlich um Arbeiter kleiner, mittelständischer Betriebe auf dem Lande und in Kleinstädten, wo auch die Gewerkschaften kaum vertreten waren.

Nr. 61–67 dokumentieren Programm und Ideologie der NSDAP. Sie zeigen, daß das Parteiprogramm von 1920 neben nationalistischen und antisemitischen Elementen auch kleinbürgerliche Forderungen enthielt, die sich gegen das große Kapital richteten. In der Weltanschauung Hitlers freilich dominierten die antikommunistischen, nationalistischen, imperialistischen und rassistischen Komponenten vollständig, und wenn antikapitalistische Akzente scheinbar auch vorkamen, dann als Polemik gegen das jüdische Finanzkapital, d. h. als Variante des Antisemitismus. So konnte die soziale Unzufriedenheit der Mittelschichten in die Bahnen des Antisemitismus gelenkt und für das kapitalistische System unschädlich gemacht werden.

Nr. 62 bringt Auszüge aus Hitlers „Mein Kampf" und dokumentiert insbesondere Hitlers Antikommunismus, Rassismus und Massenverachtung und seine Ansichten über Führerprinzip in Staat und Wirtschaft, die Nützlichkeit der Religion und die Notwendigkeit, „Lebensraum" im Osten zu erobern. Originell ist diese „Weltanschauung" keineswegs. Sie konzentriert die wichtigsten Elemente reaktionärer Ideologie, wie sie seit dem Kaiserreich in Deutschland propagiert und von Millionen, auch von Hitler, aufgesogen worden war. Insoweit sprach Hitler nur das aus, was von der herrschenden Ideologie verbreitet und von einem beträchtlichen Teil insbesondere der kleinbürgerlichen Massen empfunden und vertreten wurde. Originell und „zukunftsweisend" war allerdings die Methode, mit der Hitler diese Ideologie propagierte und so ihre Wirksamkeit gegenüber den Massen und damit zugleich ihre Brauchbarkeit für die Herrschenden steigerte: Dies war erstens die Überzeugung, daß die „Pestilenz" des Marxismus nur dann vollständig ausgerottet werden konnte, wenn man ihr eine schlagkräftige Gegenideologie entgegensetzte, um die Massen zu gewinnen und zu mobilisieren; die herkömmlichen, auf bloße Unterdrückung zielenden Methoden des Obrigkeitsstaates seien dafür ebenso ungeeignet wie die Ideologie von Ruhe und Ordnung oder die Politik der bürgerlichen Parteien. Und dies war zweitens die Überzeugung, daß diese auf Fanatismus und Irrationalismus beruhende Ideologie mit den Methoden der modernen kommerziellen Reklame verbreitet werden müsse. In seiner geheimen Denkschrift für deutsche Industrielle, die er 1927 im Auftrag des Schwerindustriellen Emil Kirdorf anfertigte und die erst 1968 gefunden und publiziert wurde (Nr. 63), steuerte er bereits zielbewußt auf das Bündnis mit der herrschenden Klasse zu, das dann einige Jahre später voll realisiert wurde.

Diese Wendung entsprach allerdings nicht den Vorstellungen jener Kräfte in der NSDAP, die nicht nur die antimarxistischen und nationalistischen, sondern auch die antikapitalistischen Komponenten in Programm und Propaganda ernst genommen hatten. So kam es zu heftigen Auseinandersetzungen innerhalb der Partei, die mit dem Ausschluß der Otto-Strasser-Gruppe im Sommer 1930 ihren vorläufigen Höhepunkt fanden. Sie werden in Nr. 64–66 dokumentiert. Mit dieser „Säuberung" war den Führungsschichten in Wirtschaft, Staat und Militär gezeigt worden, daß von der NSDAP keinerlei „sozialistische" Gefahren zu erwarten waren. Um die in der Krise verängstigten und zum Teil bereits proletarisierten kleinbürgerlichen Massen zu gewinnen, mußte freilich die antikapitalistische Propaganda in einem gewissen Maße fortgesetzt werden, was immer wieder zu entsprechenden Befürchtungen auf der Seite der Industrie und der Reichswehr führte.

Nachdem sich die Partei durch Ausschluß ihres linken Flügels als annehmbarer Bündnispartner für die herrschende Klasse empfohlen und bei der Reichstagswahl im September 1930 eine beachtliche Massenbasis gewonnen hatte – sie stieg von 2,6 % auf 18,4 % –, unterbreitete Hitler den in ihrer Mehrheit noch zögernden Vertretern des Kapitals immer aufs neue sein politisches Konzept und bot sich als Bündnispartner an. Sowohl in den Gesprächen mit Breiting, dem Chefredakteur der konservativen Leipziger Neuesten Nachrichten, im Mai und Juni 1931, die erst 1968 bekannt wurden (Nr. 67), wie in seiner Rede vor dem Düsseldorfer Industrieklub im Januar 1932 (Nr. 69) entwickelte er seine Ziele der Liquidierung der Demokratie und der Arbeiterbewegung im Innern und der gewaltsamen Expansion nach außen in aller Offenheit. Das Protokoll dieser Rede verzeichnet mehrfach „Beifall" und am Schluß „langanhaltender Beifall". Die Repräsentanten der Industrie brachten damit zum Ausdruck, daß Hitler damit ihre eigenen Ziele formuliert hatte – obgleich sie zum damaligen Zeitpunkt in ihrer Mehrheit noch die Regierung Brüning, d. h. das Konzept der Deflation, der Lohnkürzungen, des Abbaus der Sozialleistungen und der Entmachtung des Parlaments zugunsten einer autoritären Präsidialregierung unterstützten. Nr. 68 zeigt, daß sich zugleich innerhalb der NSDAP das Führerprinzip weitgehend durchgesetzt hatte.

Programmatik, Ideologie und innere Struktur der Partei hatten sich also bis 1932 so entwickelt, daß in ihrer politisch-sozialen Stoßrichtung der militante Antikommunismus die absolute Vorherrschaft gewonnen hatte. Daß sie in ihrer Ideologie in vielerlei Hinsicht mit den übrigen bürgerlichen, konservativen und reaktionären Kräften des Kaiserreichs und der Weimarer Republik übereinstimmte, wenn sie sie auch besonders radikal vertrat, kann durch einen Vergleich mit den Dokumenten des ersten Kapitels leicht festgestellt werden. Dies gilt für die Stellung zum Privateigentum und zum Sozialismus ebenso wie zu Vaterland und Wehrkraft, Familie und Religion. Die Frage, die sich nun stellte, lautete, ob auf der Seite der herrschenden Klasse, der Industrie, der Reichswehr, des Staatsapparates, ein Interesse bestand, sich mit dieser Partei zu verbünden. Die Dokumente dieses folgenden Abschnitts sind chronologisch geordnet, um zu veranschaulichen, wie kompliziert sich der Annäherungsprozeß zwischen der NSDAP und der herrschenden Klasse vollzog.

Nr. 70 zeigt, daß Hitler seine politische Laufbahn 1919 als Reichswehrspitzel begonnen hatte, und aus Nr. 71 geht hervor, daß auch bei dem mißglückten Putsch 1923 in bezug auf die grundsätzlichen Ziele eine vollständige Übereinstimmung zwischen der NSDAP und dem bayerischen Reichswehrkommando bestand. Akut wurde die Frage des Bündnisses dann wieder 1930, als der Durchbruch zur Massenpartei auf Reichsebene gelungen war. Aus Nr. 72 und 73 geht hervor, daß die Reichswehrführung 1930 zwar den Augenblick für gekommen ansah, Parlament und Parteien zurückzudrängen und Kurs auf eine stärker autoritär gerichtete Regierung zu nehmen, daß sie aber in der NSDAP noch gefährliche kommunistische Elemente zu erkennen glaubte. Nr. 74–77 zeigen jedoch, daß zwischen dem Bank- und Industriekapital und der NSDAP bereits allerlei Beziehungen bestanden und daß einflußreiche Persönlichkeiten aus diesen Kreisen wie der Bankier Schacht (Reichsbankpräsident 1924–1929) und der Konzernbesitzer Stinnes sich schon für die NSDAP einsetzten, zumal Hitler 1931 seine Bündnisangebote intensivierte (Nr. 75). Eine erste organisatorische Form fand das Bündnis auf derRechten in der Harzbruger Front vom Oktober 1931, in deren Manifest (Nr. 78) das Ziel der vollständigen Liquidierung der demokratischen Verfassungsordnung klar ausgesprochen wurde. Neben der NSDAP, der DNVP, dem Stahlhelm, dem großagrarisch bestimmten Reichslandbund und dem Alldeutschen Verband nahmen auch Vertreter der Industrie, des Großgrundbesitzes und des Militärs teil. Die NSDAP war mit dieser Harzburger Front in den Augen der alten konservativen Führungsschichten gewissermaßen honorig geworden und als Bündnispartner grundsätzlich akzeptiert, wenn sich natürlich auch allerlei Reibereien und Konkurrenzkämpfe um die Führungsrolle innerhalb der Harzburger Front einstellten.

Sowohl bei der Reichswehrführung (Nr. 79) wie bei der Regierung Brüning (Nr. 80) hatte sich Anfang 1932 die Überzeugung durchgesetzt, daß es sich bei der NSDAP und ihrem Führer Hitler um positive politische Kräfte handelte, die an der „Verantwortung" beteiligt werden müßten. Brüning strebte eine Koalition zwischen

NSDAP und Zentrum an, die Reichswehrführung (vgl. zum folgenden neben Nr. 79 auch Nr. 84, 86 und 94) schätzte besonders die „nationale" Haltung der NSDAP sowie deren Forderung nach Steigerung der Wehrkraft und Beseitigung der Schranken, die der Versailler Vertrag der Aufrüstung setzte. Bedenken hatte sie, daß insbesondere in der SA plebejisch-sozialistische Tendenzen vorhanden sein könnten, daß die SA sich zur Milizarmee entwickeln wolle und so die Stellung der Reichwehr bedrohen könne und daß die SA womöglich putschistische Abenteuer (wie 1923) starten könne. Als der Straßenterror der SA im Frühjahr 1932 solche Formen annahm, daß von Rechtssicherheit im Deutschen Reich keine Rede mehr sein konnte, setzte der Innen- und Reichswehrminister General Groener das Verbot der SA durch, um damit zugleich eine Trennung der NSDAP von ihren aufrührerischen Elementen einzuleiten (Nr. 81). Der Druck von rechts einschließlich der Reichswehr selbst war jedoch bereits so stark, daß er zurücktreten mußte (Nr. 82); das SA-Verbot wurde wieder aufgehoben.

Es folgte am 1. Juni 1932 das „Kabinett der nationalen Konzentration" unter Reichskanzler Papen, das aus Vertretern der Großindustrie, des Großgrundbesitzes, des Militärs und der hohen Beamtenschaft bestand und zum ersten Mal in der Geschichte der Weimarer Republik keine Abgeordneten des Reichstages mehr enthielt. Die Rüstungsindustrie witterte verstärkt Morgenluft (Nr. 82a und 82b). Die Regierungserklärung Papens (Nr. 83) kündigte eine Verschärfung des autoritären Kurses an, Hindenburg und Papen verhandelten mit Hitler über eine Regierungsbeteiligung (Nr. 85). Aber noch schien die Forderung Hitlers nach dem Kanzleramt zu hoch, noch meinte man, auf die NSDAP so stark nicht angewiesen zu sein. Noch im Herbst unterzeichneten viele prominente Unternehmer einen Aufruf, bei der bevorstehenden Reichstagswahl am 6. November die Parteien zu wählen, die die Papen-Regierung unterstützten, also Deutschnationale und DVP. Die Wende brachten die Wahlen vom 6. November, die die Papen-Regierung weiter ohne Massenbasis ließ (DNVP und DVP erhielten zusammen nur 10,7 %), die NSDAP wesentlich schwächte (sie verlor über 2 Millionen Stimmen und fiel von 37,4 % auf 33,1 % zurück) und der KPD einen weiteren Aufstieg brachte (von 14,6 % auf 16,9 %). Die Gefahr, daß die

NSDAP rasch wieder zerfallen und damit die letzte Möglichkeit, für eine rechtsgerichtete Politik eine Massenbasis zu finden, dahinschwinden und zugleich die antikapitalistische Front noch stärker werden könnte, war nun offensichtlich geworden. Daß die Massen zu den bürgerlichen Parteien zurückkehren würden, die sie vor ihrer Hinwendung zur NSDAP unterstützt hatten, war sehr unwahrscheinlich, denn diese Parteien waren in ihren Augen schuld an der ganzen Misere und hatten ihre Unfähigkeit, sie zu überwinden, bereits gezeigt. Es war also anzunehmen, daß mindestens ein Teil der bisherigen NSDAP-Wähler sich der KPD und damit einer wirklich antikapitalistischen Partei zuwenden würde. Programmatik und Propaganda der KPD hatten gerade für solche Wähler die Voraussetzungen geschaffen (Nr. 98 und 101). Im Bewußtsein maßgeblicher Vertreter der Wirtschaft tauchte die Gefahr einer Zerrüttung der Fundamente des kapitalistischen Systems und einer unmittelbar revolutionären Entwicklung am Horizont auf (vgl. zur Bedeutung der Novemberwahl Nr. 96).

Jetzt verstärkten die Teile der Wirtschaft, die von der Krise besonders schwer betroffen waren, geringe Exportchancen hatten und deshalb besonders reaktionäre und aggressive Politik vertraten (also besonders die Schwerindustrie und die mit ihr verbundenen Banken und der Großgrundbesitz), ihre Bemühungen, eine Regierung Hitler zustandezubringen (Nr. 88–91). Und jetzt erhielten sie auch zunehmend Unterstützung bei den übrigen Kapitalgruppen (Nr. 91a). Und bei der Reichswehr und dem Staatsapparat setzte sich in wachsendem Maße die Überzeugung durch, daß man auf die Dauer nicht mit autoritären Mitteln gegen die Massen regieren könne, sondern eine Massenbasis benötige (Nr. 94 und 95). So wurden die Verhandlungen, die schließlich zur Bildung der Koalitionsregierung Hitler–Hugenberg führten, gleich nach den Novemberwahlen wieder aufgenommen (Nr. 92 und 92a) und im Januar 1933 erfolgreich abgeschlossen. Über die Frage, welche Gründe auf der Seite der herrschenden Klasse dabei ausschlaggebend waren, gibt Nr. 96 Auskunft.

Nr. 97–101 versuchen einen wenigstens oberflächlichen Eindruck zu geben, von welchen Positionen aus SPD und KPD den Faschismus bekämpft haben. Sie zeigen, daß es dabei um die elementarsten

Lebensinteressen der arbeitenden Bevölkerung, um die sozialen Folgen des Kapitalismus und um eine grundsätzliche Alternative zu diesem System ging. Die Folgen des Faschismus – Diktatur, Terror, Aufrüstung, Krieg – waren vorhersehbar und wurden tatsächlich von den Arbeiterparteien in den Wahlkämpfen immer wieder vorhergesagt (und übrigens, wie die hier zusammengestellten Dokumente zeigen, auch von den Faschisten selbst in aller Deutlichkeit angekündigt).

Plakat der NSDAP zu den Reichstagswahlen 1932: „Der Marxismus ist der Schutzengel des Kapitalismus."

1. Politische und soziale Herkunft der Anhänger der NSDAP

Nr. 54 Reichstagswahlen von 1928–1933

	4. Reichstag 20. Mai 1928			5. Reichstag 14. Sept. 1930			6. Reichstag 31. Juli 1932			7. Reichstag 6. Nov. 1932			8. Reichstag 5. März 1933		
	a	b	c	a	b	c	a	b	c	a	b	c	a	b	c
	Millionen	v.H.	v.H.	Millionen	v.H.	v.H.	Millionen	v.H.	v.H.	Millionen	v.H.	v.H.	Millionen	v.H.	v.H.
a) Wahlberechtigte b) Abgeg. Stimmen in Millionen c) Wahlbeteiligung	41,2	31,2	75,6	43,0	35,2	82,0	44,2	37,2	84,0	44,4	35,7	80,6	44,7	39,7	88,7
a) Stimmenzahl b) Stimmenanteil c) Mandate	Millionen	v.H.		Millionen	v.H.		Millionen	v.H.		Millionen	v.H.		Millionen	v.H.	
1. NSDAP	0,810	2,6	12	6,410	18,3	107	13,746	37,4	230	11,737	33,1	196	17,277	43,9	288
2. DNVP	4,382	14,2	73	2,458	7,0	41	2,177	5,9	37	2,959	8,8	52	3,137	8,0	52
3. Kons. Volkspartei	–	–	–	0,291	0,8	4	–	–	–	–	–	–	–	–	–
4. Christl.-soz. VD	–	–	–	0,869	2,5	14	0,364	0,9	3	0,413	1,2	5	0,384	1,0	4

5. Landbund	0,200	0,7	3	0,194	0,6	3	0,097	0,3	2	0,105	0,3	2	0,084	0,2	1
6. Landvolkpartei	0,582	1,9	10	1,108	3,2	19	0,091	0,2	1	0,046	0,1	–	–	–	–
7. Bauernpartei	0,481	1,6	8	0,340	1,0	6	0,137	0,4	2	0,149	0,4	3	0,114	0,3	2
8. Volksrechtspartei	0,483	1,6	2	0,271	0,8	–	0,041	0,1	1	–	–	–	–	–	–
9. DVP	2,680	8,7	45	1,578	4,5	30	0,436	1,2	7	0,662	1,9	11	0,432	1,1	2
10. Wirtschaftspartei	1,397	4,5	23	1,362	3,9	23	0,147	0,4	2	0,110	0,3	1	–	–	–
11. Deutsch-hann. P.	0,196	0,6	3	0,144	0,5	3	0,047	0,1	–	0,064	0,2	1	0,048	0,1	–
12. BVP	0,946	3,1	16	1,059	3,0	19	1,193	3,2	22	1,095	3,1	20	1,074	2,7	18
13. Zentrum	3,712	12,1	62	4,128	11,8	68	4,589	12,5	75	4,231	11,9	70	4,425	11,2	74
14. DDP	1,506	4,9	25	1,322	3,8	20	0,372	1,0	4	0,337	1,0	2	0,334	0,9	5
15. SPD	9,153	29,8	153	8,578	24,5	143	7,960	21,6	133	7,248	20,4	121	7,182	18,3	120
16. USPD	0,021	0,1	–	0,012											
17. KPD	3,265	10,6	54	4,592	13,1	77	5,283	14,6	89	5,980	16,9	100	4,848	12,3	81
18. Sonstige	0,941	3,0	2	0,257	0,7	–	0,203	0,2	–	0,336	1,0	–	0,005	–	–
Insgesamt	30,753	100	491	34,571	100	577	36,882	100	608	35,471	100	584	39,343	100	647

Aus: E. R. Huber, Dokumente zur deutschen Verfassungsgeschichte, Bd. 3, Stuttgart 1966, S. 606 f.

Wenn man die Wahlen von 1928, als die NSDAP nur 2,6 % erhielt, mit denen vom Juli 1932 vergleicht, als die NSDAP mit 37,4 % auf ihrem Höhepunkt war, und zugleich die Parteien zu drei Blöcken – den Arbeiterparteien, den katholischen Parteien und den bürgerlichen, liberalen und konservativen Parteien – zusammenfaßt, so ergibt sich das folgende – eindeutige – Bild:

	1928		Juli 1932	
	Mill.	%	Mill.	%
SPD	9,153	29,8	7,960	21,6
KPD	3,265	10,6	5,283	14,6
	12,418	40,4	13,243	36,2
Zentrum	3,712	12,1	4,589	12,5
BVP	0,946	3,1	1,193	3,2
	4,658	15,2	5,782	15,7
DNVP	4,362	14,2	2,177	5,9
DVP	2,680	8,7	0,436	1,2
DDP	1,506	4,9	0,372	1,0
Landbund	2,200	0,7	0,097	0,3
Landvolkpartei	0,582	1,9	0,091	0,2
Bauernpartei	0,481	1,6	0,137	0,4
Wirtschaftspartei	1,397	4,5	0,147	0,4
Deutsch-hann. P.	0,196	0,6	0,047	0,1
Volksrechtspartei	0,483	1,6	0,041	0,1
	11,907	38,7	3,535	9,6

Die Arbeiterparteien verloren also keine Stimmen (und nur wegen der gestiegenen Wahlbeteiligung einige Prozentpunkte); ebenso die katholischen Parteien. Der Aufstieg der NSDAP vollzog sich ganz auf Kosten der nichtkatholischen bürgerlichen Parteien.

Nr. 55 Mitgliedsnummern und Mitgliedsstand der NSDAP
1925–1933

Die Mitgliedsnummern wurden seit 1925 fortlaufend ausgegeben, wobei mehrere Zahlenblöcke freiblieben. Durch Austritt usw. freiwerdende Nummern wurden nicht neu besetzt. Die Fluktuation war relativ stark, sie wurde von mehreren Gauleitern mit 10 % bis 15 % angegeben, so daß die tatsächliche Mitgliederzahl entsprechend niedriger zu veranschlagen ist.

Aufnahmedatum	Nummer	Aufnahmedatum	Nummer
März 1925	1	Januar 1931	400 000
Juli 1925	10 000	Februar 1931	450 000
September 1925	20 000	April 1931	500 000
Januar 1926	30 000	Juni 1931	550 000
Juni 1926	40 000	August 1931	600 000
Dezember 1926	50 000	Oktober 1931	650 000
April 1927	60 000	November 1931	700 000
November 1927	70 000	Dezember 1931	800 000
April 1928	80 000	Januar 1932	850 000
Juni 1928	90 000	Februar 1932	900 000
1. Okober 1928	100 000	März 1932	950 000
September 1929	150 000	April 1932	1 000 000
Februar 1930	200 000	30. Januar 1933	1 435 530
Juni 1930	250 000	März 1933	1 500 000
September 1930	300 000	Mai 1933	3 262 698
November 1930	350 000		

Aus: A. Tyrell, Führer befiehl . . . Selbstzeugnisse aus der ,,Kampfzeit'' der NSDAP, Düsseldorf 1969, S. 352

Nr. 56   Die soziale Zusammensetzung der Mitglieder
wurde lange Zeit wie folgt bestimmt:

Berufsgruppe	NSDAP	Gesellschaft	Gesellschaft = 100
Arbeiter	28,1	45,9	61,2
Angestellte	25,6	12,0	213,5
Selbständige	20,7	9,0	230,0
Beamte	8,3	5,1	162,7
Bauern	14,0	10,6	132,0
Sonstige	3,3	17,4	18,9
	100,0	100,0	

Aus: B. Vogel u. a., Wahlen in Deutschland, Berlin 1971, S. 165; ebenso Hofer, S. 23 und M. Broszat, Der Staat Hitlers, München 1969, S. 51

Nr. 57   Tyrell, der neue Dokumente fand, kommentiert die bisher bekannten Angaben wie folgt (S. 379):

Über die Sozialstruktur der NSDAP-Mitgliedschaft vor 1933 liegen bisher nur wenige präzise Daten vor. Eine derart detaillierte Aufschlüsselung von je 10 000 der bis zum Dezember 1930 eingetretenen Parteigenossen nach Berufszugehörigkeit und Geschlecht ist deshalb von außerordentlichem Wert. Ausführlich illustriert sie alle bisher bekannten Tatsachen: die geringe Zahl der Frauen in der Partei, den überaus hohen Anteil der mittelständischen Bevölkerungsschichten, das rapide Zunehmen der landwirtschaftlichen Berufsgruppen seit 1928/29 und den niedrigen Anteil der Arbeiterschaft. Mit 30 718, also 8,5 % der Gesamtaufnahmen bis Dezember 1930, ist letzterer nach dieser Aufstellung sogar noch viel niedriger als bisher vermutet wurde. Doch wird er durch die Angabe der offiziellen „Parteistatistik" von 1935 bestätigt, die die Zahl der Arbeiter in der Partei vor dem 30. September 1930 mit 34 000 angibt. Nur durch die imaginäre Bezugszahl 121 000 statt der Mitgliederzahl von 300 000 zu diesem Zeitpunkt gewinnt diese den zur Rechtfertigung der „Arbeiterpartei" notwendigen optisch viel günstigeren Satz von 28,1 %.

Nr. 58 Zur sozialen Zusammensetzung der Wähler findet sich das wichtigste statistische Material in der Dissertation von A. Weber, Soziale Merkmale der NSDAP-Wähler, Freiburg 1969. Der Autor kommt zu dem Schluß:

Die NSDAP-Wähler rekrutieren sich zum überwiegenden Teil aus Angehörigen der sozialen Mittelschichten (nach dem „amtlichen" Schichtkriterium der Stellung im Beruf); dies bestätigen die Ergebnisse der bisherigen Untersuchungen ebenso wie die Resultate aus den Gemeinden Baden/Hessens . . . Der Arbeiteranteil unter den NSDAP-Wählern ist zwar bemerkenswert, aber verhältnismäßig gering; er übersteigt wohl kaum ein Viertel der NSDAP-Wählerschaft und liegt damit unter dem des Zentrums (soweit die Schätzungen darüber maßgebend sind). Über die NSDAP-Wählerbereitschaft der Oberschichten bestehen empirisch nur Anhaltspunkte; sie lassen vermuten, daß die Oberschichten wohl weniger stark NSDAP gewählt haben als die Mittelschichten insgesamt . . .
Eines der sichersten Ergebnisse sowohl der bisherigen Untersuchungen als auch der Analysen der Gemeinden Baden/Hessens ist der geringe Katholikenanteil unter den NSDAP-Wählern. Angesichts der Tatsache, daß die damalige Bevölkerung Deutschlands überwiegend protestantisch war, ist dieses Resultat nicht überraschend; bedeutsam ist aber der Befund, daß wohl weniger als ein Fünftel der NSDAP-Wähler der katholischen Konfession angehörten, während der katholische Anteil an der Bevölkerung fast ein Drittel betrug . . .
Es muß daraus gefolgert werden, daß die NSDAP in überdurchschnittlichem Maß von der Wahlbeteiligungszunahme zu profitieren vermochte und damit wohl die Mehrheit der Neuwähler gewinnen konnte. Aus der Verbreitung der Neuwähler ist überdies zu folgern, daß, zumindest in Rtgw. 1932, namentlich bisherige Nichtwähler der protestantischen Mittelschichten an die Wahlurnen gingen und dabei in erster Linie für die NSDAP stimmten.

Nr. 59   Plakat der NSDAP von 1928
Aus: R. Kühnl, Die nationalsozialistische Linke 1925–1930, Meisenheim 1966, S. 303

Öffentliche
Volks-Versammlung

Am Freitag, den 30. März 1928, abends 8.30 Uhr spricht im Wellforsaale
der Nationalsozialist

Karl Kaufmann, Elberfeld

über

Bauern- und Mittelstands-Elend
Warenhausseuche!

Freie Aussprache!

Eintritt 30 Pfg.   **Juden ist der Zutritt verboten!**

Arbeiter und **Bauer,** in ihrer großen Masse heute noch verführt und verleitet von volksfremden Hetzern, sind in ihrem tiefstem Kern gesund. Noch werden sie mißbraucht, **noch kennen sie ihre wahren Feinde nicht,** aber haben sie die einmal erkannt, wird einmal diese ungeheure Summe von Energie und Lebenswillen zusammengeballt und eingesetzt gegen den einzigen und allen gemeinsamen Feind **das internationale Judentum, dann ist der Tag der Freiheit des deutschen Volkes gekommen.**

Das Wort **Mittelstand** hatte einmal Klang und Farbe, das bezeichnete einmal einen Stand, der das Rückgrat des Staates bildete, das war einmal der Inbegriff aller staatsbürgerlichen Tugenden, das bedeutete einst Fleiß, Tüchtigkeit, Rechtlichkeit, Wohlstand, Kraft, ja Lebenskraft, das bedeutet **heute**

Elend, Niedergang, Armut, Feigheit!

Es kam der **Jude** und setzte dem deutschen **Kaufmann** die Warenhäuser vor die Nase, er vernichtete ihm mit der marktschreierischsten Reklame die Existenz, er nahm dem **Handwerker** das Brot, er zog jedem Gewerbetreibenden den Hals zu, alle bisher geltenden Begriffe von Treu und Glauben, von Rechtlichkeit und Leistung wurden über den Haufen geworfen und ins Gegenteil verkehrt.

Jetzt ist das Ende da!

Arbeiter und Bauer stehen auf und wehren sich, **weil sie leben wollen,** eisern schließt sich die Front der Schaffenden gegen die Raffenden **Arbeiter und Bauer in einer Front,** und der **Bürger?**

Kommt in die oben angekündigte Versammlung und laßt Euch aufklären!

Nationalsozialistische Deutsche Arbeiter-Partei
Ortsgruppe Hattingen.

Buchdruckerei E. Ballmann Hattingen-Winz

Handwerker, Gewerbetreibende, Einzelhändler!

In ihrem seit Jahren gegen die Parteien des Systems und die sogenannten Mittelstandsparteien geführten Kampfe hat die nationalsozialistische deutsche Freiheitsbewegung sich immer wieder mit ihren Gegnern auseinandergesetzt und ihnen die heuchlerische Maske vom Antlitz gerissen.

Denn alle diese Parteien – Deutsche Volkspartei, Staatspartei, Bayerische Volkspartei, Wirtschaftspartei und die vielen Mittelstandsgrüppchen –, die in den letzten Wahlen durch die nationalsozialistische deutsche Freiheitsbewegung zerschlagen und bis auf kleinste Teile zerrieben wurden, haben in den Jahren seit 1918 für den gesamten deutschen Mittelstand nur immer Versprechungen, aber niemals den ernsten Willen gehabt und gezeigt, dem Mittelstand wirklich zu helfen und sich für seine Rettung einzusetzen.

Diese Versprechungen, die sich als leer und heuchlerisch erwiesen haben und nie eingelöst wurden, dienten lediglich als Köder zum Stimmenfang, und Tausende von Mittelständlern waren unklug genug, den System-Parteien die Möglichkeit zu geben, das Parlament für ihre eigenen parteipolitischen Ziele zu mißbrauchen.

Einmal an der parlamentarischen Futterkrippe sitzend, vergaßen alle diese Diätenschinder die Rechte ihrer mittelständischen Wählermassen und lieferten Handwerk, Gewerbe und Einzelhandel auf Gedeih und Verderb den liberalistischen und marxistischen Systemleuten in die Hände, die das deutsche Wirtschaftsleben vernichtet haben.

Mittelständler in Handwerk, Gewerbe und Einzelhandel!

Erinnert euch an die Ereignisse der Revolution von 1918! Vergeßt es nie, wie galizische Juden und ihre Helfershelfer aus dem roten Verbrechertum in Deutschland hausten!

Erinnert euch, wie Bäcker- und Metzgerläden und Lebensmittelgeschäfte geplündert und ausgeraubt wurden!

Erinnert euch, wie die rote bolschewistische Schutzgarde der Juden die Warenhäuser, jüdische Großfilialbetriebe und schwarzrot-goldenen Konsumvereine durch Aufstellung von Doppelposten bewachte, während man Euch schutzlos ausraubte!

Erinnert euch, wie euch im Jahre 1923 in der Inflation zur Zeit des jüdischen Finanzministers *Hilferding* die Früchte eures Sparsinns, ja euer ganzes, durch fleißige und unermüdliche Arbeit erworbenes Vermögen geraubt wurden, während Bankjuden und Finanzkapitalisten ihre Gelder im Ausland sicherstellten!

Erinnert Euch der irregeleiteten und irreleitenden Politik des Jahres 1924, in welchem Staatsmänner und Regierungs-Parteien euch mit dem Dawesplan beglückten!

Der *Zentrumskanzler Marx* begrüßte damals den Dawesplan *,,als einen großen Fortschritt''!*

Stresemann nannte den Dawesplan *,,eine tragbare Reparationslösung, die die Grenzen der deutschen Leistungsfähigkeit nicht übersteigt''!*

Der *Sozialdemokrat Hilferding* erklärte: *,,Die Annahme der Dawesgesetze ist,* rein sachlich gesehen, ein ungeheurer Erfolg der sozialdemokratischen Politik''!

Dr. Bredt, der Führer der Wirtschaftspartei, äußerte im Reichstag: *,,Wir betrachten das Dawes-Abkommen* als das Mittel, das dem Kranken die Kraft gibt, die schwere Krise zu überstehen''!

Es fiel das Wort von der ,,aufgehenden Dollarsonne'' und dem ,,Silberstreifen am Horizont'', während man hätte sagen müssen, daß *ihrem vorübergehenden Aufleuchten um so tiefere Schatten und um so größere Not und Elend folgen werden.*

Mittelständler in Handwerk, Gewerbe und Einzelhandel!
Erinnert euch, daß mit dem im Jahre 1929 angenommenen *Young-Plan,* den die *Sozialdemokratie* als eine ,,glückliche Idee'', als einen ,,großen Fortschritt'' und als ,,die beste Vorsorge für die Zukunft'' nicht laut genug preisen konnte und der auch von dem System und seinen Parteien aufs lebhafteste begrüßt wurde und Annahme fand, der Niedergang unseres gesamten Wirtschaftslebens mit Riesenschritten weiter vorwärts eilte.

Erinnert euch, daß auch alle Versprechungen des *Zentrumskanzlers Brüning* aufgingen in das Nichts einer Seifenblase und daß die von Brüning nach seiner zweiten Notverordnung versprochenen finanziellen Erleichterungen für den gewerbetreibenden Mittelstand ohne jedes praktisches Ergebnis waren!

Die Arbeitslosigkeit *stieg* in den Jahren 1928 bis 1932 von 1,5 Millionen auf 8,2 Millionen.

Das gesamte Volkseinkommen ging im Wirtschaftsjahr 1931/32 gegenüber dem Jahre 1928/29 um 20,8 Milliarden RM zurück.

Die Zinslasten erfuhren seit dem Jahre 1926 eine Steigerung von 425 Millionen auf 910 Millionen RM.

Die Konkurse *stiegen* von 3957 im Jahre 1928 auf 6541 im Jahre 1931; davon wurden 1516 mangels Masse abgelehnt.

Vergleichsverfahren wurden im Jahre 1928 1376, im Jahre 1931 3517 beantragt.

Mittelständler in Handwerk, Gewerbe und Einzelhandel!
So sehen sie aus, die Errungenschaften des Novembersystems!

So sehen sie aus, die Erfolge der Scheidemänner, Stresemänner und ihrer Parteien!

Sie waren nicht imstande, den unaufhaltsam vorwärtsschreitenden Niedergang des deutschen Wirtschaftslebens aufzuhalten!

Unfähig zu allen staats- und wirtschaftsaufbauenden Leistungen, ließen sie das schaffende deutsche Volk, besonders auch den deutschen gewerbetreibenden Mittelstand in allen seinen Schichten tiefer in Unfreiheit, Not und Vermögensverfall versinken!

Trotz des klaren und eindeutigen Wortlauts des Artikels 164 der Reichsverfassung vom 11. August 1919, welche von allen Regierungen des Systems beschworen wurde, und der da lautet:

,,Der selbständige Mittelstand in Landwirtschaft, Gewerbe und Handel ist in Gesetzgebung und Verwaltung zu fördern und gegen Überbelastung und Aufsaugung zu schützen"

unterließ das System und seine Parteien *alles,* was zur Wahrung und Rettung des deutschen gewerbetreibenden Mittelstandes hätte geschehen können und geschehen müssen, ja, sie führten dessen weiteren Niederbruch geradezu herbei!

Anstatt im Sinne der Reichsverfassung den gewerbetreibenden Mittelstand zu schützen, wurden seine schlimmsten Feinde

Warenhaus-Konzerne und Konsum-Vereine

mit Reichsmitteln *unterstützt und gefördert.*

Der Karstadt-Konzern erhielt trotz seiner Verlustwirtschaft 25 Millionen RM. Die Konsumvereine erhielten trotz ihrer mittelstandsfeindlichen Tendenzen 20 Millionen RM.
aus den Mitteln der Steuerzahler.

Der maßlosen, den Mittelstand vernichtenden *Ausbreitung von Warenhäusern, Einheitspreis-Geschäften, Großfilialbetrieben und Konsumvereinen* wurde von seiten des Systems und seiner Parteien *in keiner Weise Einhalt geboten!*

Die *Umsätze der Warenhäuser* betrugen im Jahre 1931 1,5 Milliarden RM., der Einheitspreisgeschäfte 263,5 Millionen RM. und der Konsumvereine 1,4 Milliarden RM.

Durch diese Entwicklung wurden Hunderttausende von selbständigen Existenzen des gewerbetreibenden Mittelstandes verdrängt, und zugleich abermals Hunderttausende von Angestellten und Arbeitern des gewerbetreibenden Mittelstandes zur Arbeitslosigkeit verurteilt.

Eine unnachsichtige und alles erträgliche Maß übersteigende Besteuerung führte zur Erdrosselung des gewerbetreibenden Mittelstandes, während die ungerechte steuerliche Bevorzugung von Warenhäusern, Großfilialbetrieben und Konsumvereinen deren Aufblähung direkt förderte.

Für die Sanierung der Großbanken, die dem Reich einen Verlust von nahezu 450 Millionen RM. einbrachte, wurden immer neue Riesenbeträge verwendet, während der gewerbliche Mittelstand an den Zinsen für die ihm vom Finanzkapital gewährten geringen Kredite verblutet.

Keiner der vielen, so gerne als mittelstandsfreundlich geltenden Parteien haben in all diesen Jahren auch nur das Geringste getan, um dieser für den deutschen gewerbetreibenden Mittelstand verderblichen Entwicklung unserer wirtschaftlichen Verhältnisse eine Schranke zu setzen.

Der Artikel ist abgedruckt in: Winkler, Anhang

2. Programm und Ideologie der NSDAP

a) Das Parteiprogramm der NSDAP vom 25. 2. 1920

Nr. 61

Das Programm der Deutschen Arbeiterpartei ist ein Zeit-Programm. Die Führer lehnen es ab, nach Erreichung der im Programm aufgestellten Ziele neue aufzustellen, nur zu dem Zweck, um durch künstlich gesteigerte Unzufriedenheit der Massen das Fortbestehen der Partei zu ermöglichen.

1. Wir fordern den Zusammenschluß aller Deutschen auf Grund des Selbstbestimmungsrechtes der Völker zu einem Groß-Deutschland.

2. Wir fordern die Gleichberechtigung des deutschen Volkes gegenüber den anderen Nationen, Aufhebung der Friedensverträge von Versailles und St. Germain.

Wir fordern Land und Boden (Kolonien) zur Ernährung unseres Volkes und Ansiedlung unseres Bevölkerungs-Überschusses.

4. Staatsbürger kann nur sein, wer Volksgenosse ist. Volksgenosse kann nur sein, wer deutschen Blutes ist, ohne Rücksichtnahme auf Konfession. Kein Jude kann daher Volksgenosse sein.

5. Wer nicht Staatsbürger ist, soll nur als Gast in Deutschland leben können und muß unter Fremdengesetzgebung stehen.

6. Das Recht, über Führung und Gesetze des Staates zu bestimmen, darf nur dem Staatsbürger zustehen. Daher fordern wir, daß jedes öffentliche Amt, gleichgültig welcher Art, gleich ob im Reich, Land oder Gemeinde, nur durch Staatsbürger bekleidet werden darf.

Wir bekämpfen die korrumpierende Parlamentswirtschaft einer Stellenbesetzung nur nach Parteigesichtspunkten ohne Rücksicht auf Charakter und Fähigkeiten.

7. Wir fordern, daß sich der Staat verpflichtet, in erster Linie für die Erwerbs- und Lebensmöglichekit der Staatsbürger zu sorgen. Wenn es nicht möglich ist, die Gesamtbevölkerung des Staates zu ernähren, so sind die Angehörigen fremder Nationen (Nicht-Staatsbürger) aus dem Reiche auszuweisen.

8. Jede weitere Einwanderung Nicht-Deutscher ist zu verhindern. Wir fordern, daß alle Nicht-Deutschen, die seit 2. August 1914 in Deutschland eingewandert sind, sofort zum Verlassen des Reiches gezwungen werden.

9. Alle Staatsbürger müssen gleiche Rechte und Pflichten besitzen.

10. Erste Pflicht jedes Staatsbürgers muß sein, geistig oder körperlich zu schaffen. Die Tätigkeit des Einzelnen darf nicht gegen die Interessen der Allgemeinheit verstoßen, sondern muß im Rahmen des Gesamten und zum Nutzen aller erfolgen.

Daher fordern wir:

11. Abschaffung des arbeits- und mühelosen Einkommens.

Brechnung der Zinsknechtschaft.

12. Im Hinblick auf die ungeheuren Opfer an Gut und Blut, die jeder Krieg vom Volke fordert, muß die persönliche Bereicherung durch den Krieg als Verbrechen am Volke bezeichnet werden. Wir fordern daher restlose Einziehung aller Kriegsgewinne.

13. Wir fordern die Verstaatlichung aller (bisher) bereits vergesellschafteten (Trusts) Betriebe.

14. Wir fordern Gewinnbeteiligung an Großbetrieben.

15. Wir fordern einen großzügigen Ausbau der Alters-Versorgung.

16. Wir fordern die Schaffung eines gesunden Mittelstandes und seine Erhaltung, sofortige Kommunalisierung der Groß-Warenhäuser und ihre Vermietung zu billigen Preisen an kleine Gewerbetreibende, schärfste Berücksichtigung aller kleinen Gewerbetreibenden bei Lieferung an den Staat, die Länder oder Gemeinden.

17. Wir fordern eine unseren nationalen Bedürfnissen angepaßte Bodenreform, Schaffung eines Gesetzes zur unentgeltlichen Enteignung von Boden für gemeinnützige Zwecke. Abschaffung des Bodenzinses und Verhinderung jeder Bodenspekulation.*

---

* Zu diesem Programm hat Adolf Hitler am 13. April 1928 folgende Erklärung verlautbart:

Erklärung.

Gegenüber den verlogenen Auslegungen des Punktes 17 des Programms der N.S.D.A.P. von seiten unserer Gegner ist folgende Feststellung notwendig.

Da die N.S.D.A.P. auf dem Boden des Privateigentums steht, ergibt sich von selbst, daß der Passus ,,Unentgeltliche Enteignung" nur auf die Schaffung gesetzlicher Mög-

18. Wir fordern den rücksichtslosen Kampf gegen diejenigen, die durch ihre Tätigkeit das Gemeininteresse schädigen. Gemeine Volksverbrecher, Wucherer, Schieber usw. sind mit dem Tode zu bestrafen, ohne Rücksichtnahme auf Konfession und Rasse.

19. Wir fordern Ersatz für das der materialistischen Weltordnung dienende römische Recht durch ein deutsches Gemeinrecht.

20. Um jedem fähigen und fleißigen Deutschen das Erreichen höherer Bildung und damit das Einrücken in führende Stellung zu ermöglichen, hat der Staat für einen gründlichen Ausbau unseres gesamten Volksbildungswesens Sorge zu tragen. Die Lehrpläne aller Bildungsanstalten sind den Erfordernissen des praktischen Lebens anzupassen. Das Erfassen des Staatsgedankens muß bereits mit dem Beginn des Verständnisses durch die Schule (Staatsbürgerkunde) erzielt werden. Wir fordern die Ausbildung besonders veranlagter Kinder armer Eltern ohne Rücksicht auf deren Stand oder Beruf auf Staatskosten.

21. Der Staat hat für die Hebung der Volksgesundheit zu sorgen durch den Schutz der Mutter und des Kindes, durch Verbot der Jugendarbeit, durch Herbeiführung der körperlichen Ertüchtigung mittels gesetzlicher Festlegung einer Turn- und Sportpflicht, durch größte Unterstützung aller sich mit körperlicher Jugend-Ausbildung beschäftigenden Vereine.

22. Wir fordern die Abschaffung der Söldnertruppe und die Bildung eines Volksheeres.

23. Wir fordern den gesetzlichen Kampf gegen die bewußte politische Lüge und ihre Verbreitung durch die Presse. Um die Schaffung einer deutschen Presse zu ermöglichen, fordern wir, daß:

a) sämtliche Schriftleiter und Mitarbeiter von Zeitungen, die in deutscher Sprache erscheinen, Volksgenossen sein müssen,

b) nichtdeutsche Zeitungen zu ihrem Erscheinen der ausdrücklichen Genehmigung des Staates bedürfen. Sie dürfen nicht in deutscher Sprache gedruckt werden,

lichkeiten Bezug hat, Boden, der auf unrechtmäßige Weise erworben wurde oder nicht nach den Gesichtspunkten des Volkswohls verwaltet wird, wenn nötig, zu enteignen. Dies richtet sich demgemäß in erster Linie gegen die jüdischen Grundspekulationsgesellschaften.

München, den 13. April 1928   gez. Adolf Hitler.

c) jede finanzielle Beteiligung an deutschen Zeitungen oder deren Beeinflussung durch Nicht-Deutsche gesetzlich verboten wird und fordern als Strafe für Übertretungen die Schließung eines solchen Zeitungsbetriebes, sowie die sofortige Ausweisung der daran beteiligten Nicht-Deutschen aus dem Reich.

Zeitungen, die gegen das Gemeinwohl verstoßen, sind zu verbieten. Wir fordern den gesetzlichen Kampf gegen eine Kunst- und Literatur-Richtung, die einen zersetzenden Einfluß auf unser Volksleben ausübt und die Schließung von Veranstaltungen, die gegen vorstehende Forderungen verstoßen.

24. Wir fordern die Freiheit aller religiösen Bekenntnisse im Staat, soweit sie nicht dessen Bestand gefährden oder gegen das Sittlichkeits- und Moralgefühl der germanischen Rasse verstoßen.

Die Partei als solche vertritt den Standpunkt eines positiven Christentums, ohne sich konfessionell an ein bestimtes Bekenntnis zu binden. Sie bekämpft den jüdisch-materialistischen Geist in und außer uns und ist überzeugt, daß eine dauernde Genesung unseres Volkes nur erfolgen kann von innen heraus auf der Grundlage: Gemeinnutz vor Eigennutz.

25. Zur Durchführung alles dessen fordern wir: Die Schaffung einer starken Zentralgewalt des Reiches. Unbedingte Autorität des politischen Zentralparlaments über das gesamte Reich und seine Organisationen im allgemeinen.

Die Bildung von Stände- und Berufskammern zur Durchführung der vom Reich erlassenen Rahmengesetze in den einzelnen Bundesstaaten.

Die Führer der Partei versprechen, wenn nötig unter Einsatz des eigenen Lebens für die Durchführung der vorstehenden Punkte rücksichtlos einzutreten.

(Aus: G. Feder, Das Programm der NSDAP und seine weltanschaulichen Grundgedanken, München 1934, S. 15 ff.

Bezeichnend für die Eliminierung „linker" Elemente ist die 1928 verkündete parteioffizielle „Erklärung" zu Punkt 17.

b) Hitlers Auffassung vom Nationalsozialismus

1. Über Marxismus und Arbeiterbewegung, ihre richtige Bekämpfung und die Unzulänglichkeit der bürgerlichen Parteien

Wenn an der Front die Besten fielen, dann konnte man zu Hause wenigstens das Ungeziefer vertilgen.

Statt dessen aber streckte Seine Majestät der Kaiser selber den alten Verbrechern die Hand entgegen und gab den hinterlistigen Meuchelmördern der Nation damit Schonung und Möglichkeit der inneren Fassung.

Nun also konnte die Schlange wieder weiterarbeiten, vorsichtiger als früher, allein nur desto gefährlicher. Während die Ehrlichen vom Burgfrieden träumten, organisierten die meineidigen Verbrecher die Revolution.

Daß man damals sich zu dieser entsetzlichen Halbheit entschloß, machte mich innerlich immer unzufriedener; daß das Ende dessen aber ein so entsetzliches sein würde, hätte auch ich damals noch nicht für möglich gehalten.

Was aber mußte man nun tun? Die Führer der ganzen Bewegung sofort hinter Schloß und Riegel setzen, ihnen den Prozeß machen und sie der Nation vom Halse schaffen. Man mußte rücksichtslos die gesamten militärischen Machtmittel einsetzen zur Ausrottung dieser Pestilenz. Die Parteien waren aufzulösen, der Reichstag wenn nötig mit Bajonetten zur Vernunft zu bringen, am besten aber sofort aufzuheben . . .

Jeder Versuch, eine Weltanschauung mit Machtmitteln zu bekämpfen, scheitert am Ende, solange nicht der Kampf die Form des Angriffs für eine neue geistige Einstellung erhält. Nur im Ringen zweier Weltanschauungen miteinander, vermag die Waffe der brutalen Gewalt, beharrlich und rücksichtslos eingesetzt, die Entscheidung für die von ihr unterstützte Seite herbeizuführen.

Daran aber war bislang noch immer die Bekämpfung des Marxismus gescheitert.

Das war der Grund, warum auch Bismarcks Sozialistengesetzgebung endlich trotz allem versagte und versagen mußte. Es fehlte die Plattform einer neuen Weltanschauung, für deren Aufstieg der Kampf hätte gekämpft werden können. Denn daß das Gefasel von einer sogenannten „Staatsautorität" oder der „Ruhe und Ordnung" eine geeignete Grundlage für den geistigen Antrieb eines Kampfes auf Leben und Tod sein könnte, wird nur die sprichwörtliche Weisheit höherer Ministerialbeamter zu vermeinen fertigbringen . . .

Je mehr ich mich damals mit dem Gedanken einer notwendigen Änderung der Haltung der staatlichen Regierungen zur Sozialdemokratie als der augenblicklichen Verkörperung des Marxismus beschäftigte, um so mehr erkannte ich das Fehlen eines brauchbaren Ersatzes für diese Lehre. Was sollte man denn den Massen geben, wenn angenommen, die Sozialdemokratie gebrochen worden wäre? Nicht eine Bewegung war vorhanden, von der man hätte erwarten können, daß es ihr gelingen würde, die großen Scharen der nun mehr oder weniger führerlos gewordenen Arbeiter in ihren Bann zu ziehen. Es ist unsinnig und mehr als dumm zu meinen, daß der aus der Klassenpartei ausgeschiedene internationale Fanatiker nun augenblicklich in eine bürgerliche Partei, also in eine neue Klassenorganisation einrücken werde. Denn so unangenehm dies verschiedenen Organisationen auch sein mag, so kann doch nicht weggeleugnet werden, daß den bürgerlichen Politikern die Klassenscheidung zu einem sehr großen Teile so lange als ganz selbstverständlich erscheint, solange sie sich nicht politisch zu ihren Ungunsten auszuwirken beginnt.

Die „bürgerlichen" Parteien, wie sie sich selbst bezeichnen, werden niemals mehr die „proletarischen" Massen an ihr Lager zu fesseln vermögen, da sich hier zwei Welten gegenüberstehen, teils natürlich, teils künstlich getrennt, deren Verhaltungszustand zueinander nur der Kampf sein kann. Siegen aber wird hier der Jüngere – und dies wäre der Marxismus.

S. 186–191

Jede Propaganda hat volkstümlich zu sein und ihr geistiges Niveau einzustellen nach der Aufnahmefähigkeit des Beschränktesten unter denen, an die sie sich zu richten gedenkt. Damit wird ihre rein geistige Höhe um so tiefer zu stellen sein, je größer die zu erfassende Masse der Menschen sein soll. Handelt es sich aber, wie bei der Propaganda für die Durchhaltung eines Krieges, darum, ein ganzes Volk in ihren Wirkungsbereich zu ziehen, so kann die Vorsicht bei der Vermeidung zu hoher geistiger Voraussetzungen gar nicht groß genug sein . . .

Je bescheidener dann ihr wissenschaftlicher Ballast ist und je mehr sie ausschließlich auf das Fühlen der Masse Rücksicht nimmt, um so durchschlagender der Erfolg. Dieser aber ist der beste Beweis für die Richtigkeit oder Unrichtigkeit einer Propaganda und nicht die gelungene Befriedigung einiger Gelehrter oder ästhetischer Jünglinge.

Gerade darin liegt die Kunst der Propaganda, daß sie, die gefühlsmäßige Vorstellungswelt der großen Masse begreifend, in psychologisch richtiger Form den Weg zur Aufmerksamkeit und weiter zum Herzen der breiten Masse findet. Daß dies von unseren Neunmalklugen nicht begriffen wird, beweist nur deren Denkfaulheit oder Einbildung.

Versteht man aber die Notwendigkeit der Einstellung der Werbekunst der Propaganda auf die breite Masse, so ergibt sich weiter schon daraus folgende Lehre:

Es ist falsch, der Propaganda die Vielseitigkeit etwa des wissenschaftlichen Unterrichtes geben zu wollen.

Die Aufnahmemöglichkeit der großen Masse ist nur sehr beschränkt, das Verständnis klein, dafür jedoch die Vergeßlichkeit groß. Aus diesen Tatsachen heraus hat sich jede wirkungsvolle Propaganda auf nur sehr wenige Punkte zu beschränken und diese schlagwortartig so lange zu verwerten, bis auch bestimmt der Letzte unter einem solchen Worte das Gewollte sich vorzustellen vermag. Sowie man diesen Grundsatz opfert und vielseitig werden will, wird man die Wirkung zum Zerflattern bringen, da die Menge den gebotenen Stoff weder zu verdauen noch zu behalten vermag. Damit aber

111

wird das Ergebnis wieder abgeschwächt und endlich aufgehoben . . .

Was würde man zum Beispiel über ein Plakat sagen, das eine neue Seife anpreisen soll, dabei jedoch auch andere Seifen als „gut" bezeichnet?

Man würde darüber nur den Kopf schütteln.

Genau so verhält es sich aber auch mit politischer Reklame.

Die Aufgabe der Propaganda ist zum Beispiel nicht ein Abwägen der verschiedenen Rechte, sondern das ausschließliche Betonen des einen eben durch sie zu vertretenden. Sie hat nicht objektiv auch die Wahrheit, soweit sie den anderen günstig ist, zu erforschen, um sie dann der Masse in doktrinärer Aufrichtigkeit vorzusetzen, sondern ununterbrochen der eigenen zu dienen . . .

Die breite Masse eines Volkes besteht nicht aus Philosophen; gerade aber für die Masse ist der Glaube häufig die einzige Grundlage einer sittlichen Weltanschauung überhaupt. Die verschiedenen Ersatzmittel haben sich im Erfolg nicht so zweckmäßig erwiesen, als daß man in ihnen eine nützliche Ablösung der bisherigen religiösen Bekenntnisse zu erblicken vermöchte. Sollen aber die religiöse Lehre und der Glaube die breiten Schichten wirklich erfassen, dann ist die unbedingte Autorität des Inhalts dieses Glaubens das Fundament jeder Wirklichkeit. Was dann für das allgemeine Leben der jeweilige Lebensstil ist, ohne den sicherlich auch Hunderttausende von hochstehenden Menschen vernünftig und klug leben würden, Millionen andere aber eben nicht, das sind für den Staat die Staatsgrundgesetze und für die jeweilige Religion die Dogmen. Durch sie erst wird die schwankende und unendlich auslegbare, rein geistige Idee bestimmt abgesteckt und in eine Form gebracht, ohne die sie niemals Glauben werden könnte. Im anderen Falle würde die Idee über eine metaphysische Anschauung, ja, kurz gesagt, philosophische Meinung nie hinauswachsen. Der Angriff gegen die Dogmen an sich gleicht deshalb auch sehr stark dem Kampfe gegen die allgemeinen gesetzlichen Grundlagen des Staates, und so wie dieser sein Ende in einer vollständigen staatlichen Anarchie finden würde, so der andere in einem wertlosen religiösen Nihilismus.

Für den Politiker aber darf die Abschätzung des Wertes einer Religion weniger durch die ihr etwa anhaftenden Mängel bestimmt werden als vielmehr durch die Güte eines ersichtlich besseren Ersatzes. Solange aber ein solcher anscheinend fehlt, kann das Vorhandene nur von Narren oder Verbrechern demoliert werden.

S. 197–200 u. 293 f.

3. Über Rasse, Autorität, Lebenskampf, Wirtschaft und Demokratie

Es wäre ein Wahnwitz, den Wert des Menschen nach seiner Rassenzugehörigkeit abschätzen zu wollen, mithin dem marxistischen Standpunkt: *Mensch ist gleich Mensch* den Krieg zu erklären, wenn man dann doch nicht entschlossen ist, auch die letzten Konsequenzen zu ziehen. Die letzte Konsequenz der Anerkennung der Bedeutung des Blutes, also der rassenmäßigen Grundlage im allgemeinen, ist aber die Übertragung dieser Einschätzung auf die einzelne Person. So wie ich im allgemeinen die Völker auf Grund ihrer rassischen Zugehörigkeit verschieden bewerten muß, so auch die einzelnen Menschen innerhalb einer Volksgemeinschaft. Die Feststellung, daß Volk nicht gleich Volk ist, überträgt sich dann auf den einzelnen Menschen innerhalb einer Volksgemeinschaft . . .

Eine Weltanschauung, die sich bestrebt, unter Ablehnung des demokratischen Massengedankens, dem besten Volk, also den höchsten Menschen, diese Erde zu geben, muß logischerweise auch innerhalb dieses Volkes wieder dem gleichen aristokratischen Prinzip gehorchen und den besten Köpfen die Führung und den höchsten Einfluß im betreffenden Volk sichern. Damit baut sie nicht auf dem Gedanken der Majorität, sondern auf dem der Persönlichkeit auf . . .

Das Aussuchen dieser Köpfe besorgt, wie schon gesagt, vor allem der harte Lebenskampf selbst. Vieles bricht und geht zugrunde, erweist sich also doch nicht als zum Letzten bestimmt, und wenige nur erscheinen zuletzt als auserwählt. Auf den Gebieten des Denkens, des künstlerischen Schaffens, ja selbst denen der Wirtschaft findet dieser Ausleseprozeß auch heute noch statt, obwohl er besonders auf dem letzteren schon einer schweren Belastung ausgesetzt ist. Die Verwaltung des Staates und ebenso die durch die organisierte Wehrkraft der Nation verkörperte Macht sind gleichfalls von diesem Gedanken beherrscht. Überall dominiert hier noch die Idee der Persönlichkeit, der Autorität derselben nach unten und der Verantwortlichkeit gegenüber der höheren Person nach oben. Nur das politische Leben hat sich heute bereits restlos von diesem natürlichsten Prinzip abgewandt . . .

Der Marxismus aber stellt sich als der in Reinkultur gebrachte Versuch des Juden dar, auf allen Gebieten des menschlichen Lebens die überragende Bedeutung der Persönlichkeit auszuschalten und durch die Zahl der Masse zu ersetzen. Dem entspricht politisch die parlamentarische Regierungsform, die wir, von den kleinsten Keimzellen der Gemeinde angefangen bis zur obersten Leitung des gesamten Reiches, so unheilvoll wirken sehen, und wirtschaftlich das System einer Gewerkschaftsbewegung, die nicht den wirklichen Interessen des Arbeitnehmers dient, sondern ausschließlich den zerstörenden Absichten des internationalen Weltjuden. In eben dem Maße, in welchem die Wirtschaft der Wirkung des Persönlichkeitsprinzips entzogen und an Stelle dessen nur den Einflüssen und Einwirkungen der Masse ausgeliefert wird, muß sie die im Dienste aller stehende und für alle wertvolle Leistungsfähigkeit verlieren und allmählich einer sicheren Rückentwicklung verfallen. Sämtliche Betriebsratsorganisationen, die, statt die Interessen der Arbeiter und Angestellten wahrzunehmen, Einfluß auf die Produktion selbst zu gewinnen versuchen, dienen dem gleichen zerstörenden Zwecke. Sie schädigen die Gesamtleistung, dadurch in Wirklichkeit aber den einzelnen.

S. 492 f. u. 497 f.

4. Über die Notwendigkeit des imperialistischen Krieges und der Eroberung Rußlands

Die Grenzen des Jahres 1914 bedeuten für die Zukunft der deutschen Nation gar nichts. In ihnen lag weder ein Schutz der Vergangenheit, noch läge in ihnen eine Stärke für die Zukunft. Das deutsche Volk wird durch sie weder seine innere Geschlossenheit erhalten, noch wird seine Ernährung durch sie sichergestellt, noch erscheinen diese Grenzen, vom militärischen Gesichtspunkt aus betrachtet, als zweckmäßig oder auch nur befriedigend, noch können sie endlich das Verhältnis bessern, in dem wir uns zur Zeit den anderen Weltmächten oder, besser gesagt, den wirklichen Weltmächten gegenüber befinden. Der Abstand von England wird nicht verkürzt, die Größe der Union nicht erreicht; ja, nicht einmal Frankreich würde eine wesentliche Schmälerung seiner weltpolitischen Bedeutung erfahren.

Nur eines wäre sicher: Selbst bei günstigem Erfolge würde ein solcher Versuch der Widerherstellung der Grenzen von 1914 zu einer weiteren Ausblutung unseres Volkskörpers führen in einem Umfange, daß für die das Leben und die Zukunft der Nation wirklich sichernden Entschlüsse und Taten kein wertvoller Bluteinsatz mehr vorhanden wäre. Im Gegenteil, im Rausche eines solchen seichten Erfolges würde man auf jede weitere Zielsetzung um so lieber verzichten, als die „nationale Ehre" ja repariert und der kommerziellen Entwicklung, wenigstens bis auf weiteres, wieder einige Tore geöffnet wären.

Demgegenüber müssen wir Nationalsozialisten unverrückbar an unserem außenpolitischen Ziele festhalten, nämlich dem deutschen Volk den ihm gebührenden Grund und Boden auf dieser Erde zu sichern. Und diese Aktion ist die einzige, die vor Gott und unserer deutschen Nachwelt einen Bluteinsatz gerechtfertigt erscheinen läßt: Vor Gott, insofern wir auf diese Welt gesetzt sind mit der Bestimmung des ewigen Kampfes um das tägliche Brot, als Wesen, denen nichts geschenkt wird, und die ihre Stellung als Herren der Erde nur der Genialität und dem Mute verdanken, mit dem sie sich diese zu erkämpfen und zu wahren wissen; vor unserer deutschen Nachwelt aber, insofern wir keinen Bürgers Blut vergossen, aus dem nicht tausend andere der Nachwelt geschenkt werden . . .

Damit ziehen wir Nationalsozialisten bewußt einen Srich unter die außenpolitische Richtung unserer Vorkriegszeit. Wir setzen dort an, wo man vor sechs Jahrhunderten endete. Wir stoppen den ewigen Germanenzug nach Süden und Westen Europas und weisen den Blick nach dem Land im Osten. Wir schließen endlich ab die Kolonial- und Handelspolitik der Vorkriegszeit und gehen über zur Bodenpolitik der Zukunft.

Wenn wir aber heute in Europa von neuem Grund und Boden reden, können wir in erster Linie nur an Rußland und die ihm untertanen Randstaaten denken.

Das Schicksal selbst scheint uns hier einen Fingerzeig geben zu wollen. Indem es Rußland dem Bolschewismus überantwortete, raubte es dem russischen Volke jene Intelligenz, die bisher dessen staatlichen Bestand herbeiführte und garantierte . . .

Das Riesenreich im Osten ist reif zum Zusammenbruch. Und das Ende der Judenherrschaft in Rußland wird auch das Ende Rußlands als Staat sein. Wir sind vom Schicksal ausersehen, Zeugen einer Katastrophe zu werden, die die gewaltigste Bestätigung für die Richtigkeit der völkischen Rassentheorie sein wird.

S. 738–743

Nr. 63 Adolf Hitler: Der Weg zum Wiederaufstieg. Geheime Broschüre für Industrielle von 1927, angefertigt auf Wunsch von Emil Kirdorf (Auszüge).

Sehr verehrter Herr Geheimrat!
Mit aufrichtiger Freude komme ich Ihrem Wunsche nach und überreiche Ihnen nachstehend die Niederschrift meiner Gedanken über die gegenwärtige Lage Deutschlands und der Hoffnungen, die ich trotz allem für einen Wiederaufstieg unseres Volkes hege . . .

Nach meinen Kräften will ich versuchen, im Dunkel dieser Tage diesem Willen den Weg zu bahnen und werde glücklich sein, wenn Sie, sehr verehrter Herr Geheimrat, helfen wollen, diese Gedanken in Ihren Kreisen zu verbreiten. Denn ich glaube an ihren Sieg.

Mit deutschem Gruß

Ihr ergebener
Adolf Hitler.

München im August 1927.

Das deutsche Volk zerfällt immer stärker in zwei sich todfeindlich gegenüberstehende Lager. Diese schließen sich in steigendem Maße gegenseitig ab und verwandeln sich in geschlossene, sich selbst genügende Körper, von denen der eine, der marxistische, als Fremdkörper innerhalb des eigenen Volkes alle Beziehungen zur Nation leugnet, um statt dessen die Verbindung zu analogen Gebilden anderer Nationen aufzunehmen. Diese jeder Vernunft widersprechende

Abkastung und Entfremdung des Marxismus dem eigenen Volk gegenüber findet ein analoges Beispiel nur in der frühen Geschichte des Christentums, das sich auch als Staat innerhalb des römischen Staates außerhalb der allgemeinen Interessengemeinschaft stellte und damit zur Ursache des merkwürdigen Zusammenbruches eines Weltreiches wurde, das dem Anprall technisch und organisatorisch weit unterlegener Germanenhaufen nicht mehr den geschlossenen Widerstand des gesamten Staates entgegensetzen konnte.

Aus ganz ähnlichen Gründen hat Deutschland den Weltkrieg verloren. Angesichts eines solchen tatsächlichen Zustandes ist aber jede Hoffnung auf politischen Wiederaufstieg reinste Utopie. Denn die Voraussetzung zu einer wirklichen Wiedererhebung der deutschen Nation ist nicht die Erfüllung und Befriedigung von so und soviel Forderungen des Tages, als vielmehr die *Wiedergewinnung der inneren Kraft der Nation,* die in einer allgemeinen solidarischen Erkenntnis über die Notwendigkeit ihres Bestandes und der daraus sich ergebenden *Verbundenheit* liegt. *Diese aber fehlt.*

Trotzdem können das Reich und der deutsche Nationalkörper noch eine gewisse Zeitlang leben, so wie der von der Tuberkulose befallene Mensch auch nicht augenblicklich stirbt. Allein solches Leben ist nicht identisch mit Gesundheit . . .

Jedes Volk braucht zur Entfaltung seines eigenen Ichs den nötigen *Raum* auf dieser Welt. Die Aufgabe der Politik ist es, dafür zu sorgen, daß einer veränderlichen Zahl der starre Raum stets angepaßt und angeglichen wird. Da ein Volk nur dann als gesund bezeichnet werden darf, wenn es am allgemeinen Lebenskampf teilnimmt, dieser aber als Voraussetzung die Vermehrung eines Volkes hat, muß die Politik es als ihre höchste Aufgabe betrachten, diesem natürlichen Imperialismus die ebenso natürliche Befriedigung zu geben. Damit ist in höchstem Sinne genommen die Politik die Aufgabe, den Lebenskampf einer Nation zu ermöglichen durch die laufende *Anpassung der Ernährungsgrundlage an die Volkszahl.* Ein Volk, dessen politische Leitung von diesem Grundsatz abweicht, kann sicherlich für den Augenblick leben, ist aber dennoch in einer näheren oder ferneren Zukunft dem Tode geweiht.

Um diese Mission zu erfüllen, braucht man aber neben der Größe der Einzelperson die zu einer gemeinsamen Interessengemeinschaft eng zusammengeschlossene Nation. Und dabei sind drei große, wesentliche Grundsätze zu beachten.

Der Bestand und die Zukunft von Völkern auf dieser Erde liegen:

1. in ihrem eigenen rassischen Wert;

2. in der Einschätzung, die sie der Bedeutung der Persönlichkeit zollen;

3. in der Erkenntnis, daß alles Leben in diesem Universum Kampf heißt.

Den Niedergang der heutigen Zeit sehe ich aber gerade in der Ableugnung dieser drei großen Gesetze und keineswegs in den kleinen mißglückten Aktionen unserer augenblicklichen politischen Leitung.

Anstelle des Volks- und Rassenwertes huldigen Millionen von Menschen unseres Volkes heute dem Gedanken der Internationalität.

Anstatt der Kraft und Genialität der Persönlichkeit setzt man, nach dem Wesen einer widersinnigen Demokratie, die Majorität der Zahl, also tatsächlich Schwäche und Dummheit.

Und anstatt die Notwendigkeit des Kampfes zu erkennen und zu bejahen, predigt man die Theorie des Pazifismus, der Völkerversöhnung und des ewigen Weltfriedens.

Diese drei Frevel an der Menschheit, die wir überall in der Geschichte als die wahren Verfallszeichen an Völkern und Staaten erkennen können und deren eifrigster Propagandist der internationale Jude ist, sind die charakteristischen Merkmale des unser Volk immer mehr beherrschenden Marxismus. Ich sage unser Volk; denn so sehr der Marxismus als Organisation umrissen und begrenzt ist, so sehr hat er heute bereits als geistige Seuche, wenn auch vielen unbewußt, fast unser gesamtes Volk ergriffen . . .

Sie sieht das Problem nicht in der Lösung irgend einer Majoritätsfrage oder in der Herbeiführung einer besonderen Koalition, der Einsetzung einer anderen Regierung, oder der Vorbereitung besserer Wahlen, als vielmehr ausschließlich in der Erziehung zu den oben erwähnten Grundsätzen und in der Beseitigung der aus der Verkennung dieser Grundsätze und den Auswirkungen des Marxismus entstandenen Zerreißung unseres Volkskörpers.

Die neue Bewegung lehnt kategorisch jede Standes- und Klassen-

teilung ab und proklamiert an deren Stelle eine zusammenfassende deutsche Einstellung ...

Die nationalsozialistische Bewegung erkennt weiter als wesentlichste Voraussetzung zur Lösung dieser Aufgabe und für die Bildung eines einheitlichen Nationalkörpers die restlose Eingliederung des sogenannten vierten Standes in die Volksgemeinschaft. Sie sieht darin nicht ein theoretisches Problem, sondern die Lebensvoraussetzung für unser Volk. Sie wünscht, daß diese Millionenmasse unseres Volksgutes aus den Händen ihrer derzeitigen internationalen, meist undeutschen Verführer und Leiter genommen wird und ihre volle Eingliederung in den Rahmen der Nation und des Staates findet ...

Sie formuliert aus den beiden bisher mißverständlich aufgefaßten und daher trennenden Begriffen „Nationalismus" und „Sozialismus" einen neuen verbundenen, indem sie feststellt, daß *höchster Nationalismus wesensgleich ist mit höchster Vorsorge und höchster Sozialismus gleich ist mit höchster Volks- und Vaterlandsliebe* und mithin beides die verantwortliche Erfüllung ein und derselben völkischen Pflicht darstellt ...

Die nationalsozialistische Bewegung ist keine parlamentarische Partei. Sie erwartet nicht, daß die Schicksalsfragen der deutschen Nation auf dem Wege der Majoritätsbestimmung gelöst werden könnten. Allein sie ist überzeugt, daß der Geist, den sie predigt, eines Tages auch der Geist jener Institution sein wird, die als letzter Rest und zugleich als Schule für die Zukunft vom alten Heere übrig blieb. *Die Organisation der Wehrkraft eines Volkes,* mag sie groß oder klein sein, *steht immer in innerer Beziehung zu einer Lehre des Wertes der Persönlichkeit, des Kampfes und der Vaterlandsliebe.* Ungewollt und unbewußt werden sich Bewegung und Heer einst in demselben Maße nähern, in dem der offizielle Staat völkisch korrupter, persönlich entwertet und pazifistisch feiger wird.

Die Broschüre ist vollständig abgedruckt in: H. A. Turner, Faschismus und Kapitalismus in Deutschland, Göttingen 1972, S. 41–59

c) Programmatische und ideologische Konflikte in der NSDAP

Nr. 64   Die 14 Thesen der Deutschen Revolution (Auszüge)

I.

Die Deutsche Revolution
verneint vor Gott und der Welt die Verbimdlichkeit der auf der Lüge von Deutschlands Schuld aufgebauten, durch brutale Gewalt erpreßten „Friedensverträge" von Versailles und St. Germain und führt einen unermüdlichen, fanatischen Kampf mit allen Mitteln bis zur völligen Vernichtung dieser Diktatur und aller auf sie gegründeten Abmachungen.

II.

Die Deutsche Revolution
proklamiert die Freiheit der Deutschen Nation in einem starken, alle deutschen Stämme des mitteleuropäischen Siedlungsraumes umfassenden deutschen Staat, der von der Memel bis Straßburg, von Eupen bis Wien die Deutschen des Mutterlandes und der unerlösten Gebiete umfaßt und kraft seiner Größe und Fähigkeit das Rückgrat und Herz des weißen Europa bildet. – . . .

XI.

Die Deutsche Revolution
sieht dies Wohl der Nation nicht in der Häufung materieller Werte, nicht in einer uferlosen Steigerung des Lebensstandards, sondern ausschließlich in der Gesundung und Gesunderhaltung jenes gottgewollten Organismus der Nation, auf daß dieser deutschen Nation die Erfüllung der ihr vom Schicksal gestellten Aufgabe möglich ist.

XII.

Die Deutsche Revolution
sieht diese Aufgabe in der vollen Entfaltung jener einmaligen völkischen Eigenart und kämpft daher mit allen Mitteln gegen rassische Entartung, kulturelle Überfremdung, für völkische Erneuerung und Reinhaltung, für deutsche Kultur . . .

. . . Und um dieser Nation willen scheut die Deutsche Revolution vor keinem Kampf zurück, ist ihr kein Opfer zu groß, kein Krieg zu blutig,

denn Deutschland muß leben!

Aus: NS-Briefe vom 1. August 1929; vollständig abgedruckt in: R. Kühnl, Die nationalsozialistische Linke 1925–1930, Meisenheim 1966, S. 288–290; die Thesen repräsentieren die Position des linken Flügels in der NSDAP

Nr. 65   Alfred Rosenberg: Idee und Führer (Auszüge)

Jede große Idee tritt – nach Goethe – gesetzgebend in die Erscheinung. Jede wahrhaft große Zusammenschau aber ist immer eine geistig-seelische Geburt *einer* Persönlichkeit . . .

Eine Idee braucht in dieser Welt zur Darstellung einen Leib. Aus diesem Drange entstand der Parthenon ebenso wie die Sixtina und die Neunte Symphonie. Mensch, Idee und Werk sind eine raumzeitliche, *nie* zu trennende Einheit geworden . . .

Die nationalsozialistische Bewegung hat ihr eigenes Gesetz, wonach sie angetreten ist, von den ersten Tagen ihres Daseins an erfahren: Blut und Boden die Voraussetzung allen Wirkens, Persönlichkeit die Krönung eines Volkes, Führung gegenüber demokratischer Gleichmacherei, Endkampf dem *Gesamt*marxismus, d. h. der Sozialdemokratie ebenso wie dem Bolschewismus, Ablösung der unfähigen Bürgerschicht durch eine neue Auslese der Nation . . .

Ehe nun eine Idee formender, fortzeugender *Typus* werden kann, ist sie mit ihrem lebenden Erzeuger untrennbar verbunden. Das ist etwas, was jeder, der *selbst* Gedanken hat und formt, ganz ohne weiteres begreift, das ist aber auch etwas, was jeder germanische noch so schlichte Charakter ebenso tief unmittelbar fühlt. Wenn also von außen her die Feinde einer organischen Erhebung nun versuchen, die ,,Größe der Idee" scheinbar anzuerkennen und mit Heinrich Heine Namen als ,,Schall und Rauch" bezeichnen, so ist ganz klar, daß wir es hier nicht etwa mit ,,ideellen" Beweggründen, mit ,,Ideen-Treue" zu tun haben, sondern mit Asphaltanlagen, die *weder* Idee *noch* große Persönlichkeiten zu begreifen, deshalb auch nicht zu werten vermögen.

. . . Viele treten ein im naiven Glauben, in der Partei ein bequemes Forum für ihre Pläne und Plänchen zu finden, da sonst niemand auf sie hören wollte. Diese Leute sprachen dann gewöhnlich gern von „der Idee", wobei sie sich nur die Ausgeburten ihrer Phantasie vorstellen und den Nationalsozialismus nur als Versuchsobjekt betrachten, inwieweit er diesen Ausstrahlungen von allerhand bisher verdrängten Komplexen angefügt werden kann. Diesen Leuten ist deshalb auch die Persönlichkeit des Führers an sich peinlich, weil hier Idee und Gestalt bereits vorliegen und für Versuche, sich in Pose zu stellen, verdammt wenig Gelegenheit ist. So betont man denn eifrig die „Treue zur Idee" und zieht dann „geschichtliche" Beispiele heran, mit denen herumzujonglieren von jeher ein Vergnügen des Kaffeehauses gewesen ist. . . .

. . . Jeder, der dieser Idee wirklich treu ist, wird deshalb die heutige Unlösbarkeit von Führer und Idee betonen, und Leute obengenannter Art entweder in eiserne Zucht nehmen oder – falls noch neben kurierfähigem Ehrgeiz charakterliche Minderwertigkeit vorliegt – auszuscheiden haben.

Gerade die stärksten Persönlichkeiten und die Bewußtesten der nationalsozialistischen Bewegung lehnen es ab, die Partei zu einem öffentlichen Debattierklub hereingeschneiter Menschen zu machen, die Geschwätz mit Problemlösung und den Federhalter etwa mit Dreschflegeln und Lanzen des Bundschuhs verwechseln. Die *Idee* steht fest, selbstverbunden mit dem Führer, aus *ihrem* Zentrum erwachsen die Beschlüsse, jedes mitgeteilte Wertvolle wird berücksichtigt, dann aber die *Richtung* angegeben! . . .

Aus: Völkischer Beobachter vom 3. 5. 1930; abgedruckt in: Kühnl, Die NS-Linke, S. 348; Rosenberg vertrat die Position des Hitlerflügels und der Parteileitung

Nr. 66   Aufruf der Otto-Strasser-Gruppe vom 4. Juli 1930: „Die Sozialisten verlassen die NSDAP"

Leser, Parteigenossen, Freunde! Mit tiefer Sorge haben wir seit Monaten die Entwicklung der NSDAP verfolgt und mit steigender Befürchtung bemerken müssen, wie immer häufiger und in immer wichtigeren Fragen die Partei gegen die Idee des Nationalsozialismus verstieß.

In zahlreichen Fragen der Außenpolitik, der Innenpolitik und vor allem der Wirtschaftspolitik nahm die Partei eine Haltung ein, die immer schwerer in Einklang mit den 25 Punkten gebracht werden konnte, in denen wir das *alleinige Programm* der Partei sahen; schwerer noch wog das Gefühl der zunehmenden *Verbürgerlichung* der Partei, einer Voranstellung taktischer Momente über Grundsätze, und die erschreckende Beobachtung einer rasch fortschreitenden *Verbonzung* des Parteiapparates, der damit immer mehr zum Selbstzweck der Bewegung wurde und seine Interessen höher stellte als die programmatischen Forderungen der Idee.

Wir faßten und fassen den Nationalsozialismus als eine bewußt *antiimperialistische* Bewegung auf, deren Nationalismus sich beschränkt auf Erhaltung und Sicherstellung des Lebens und des Wachstums der deutschen Nation ohne irgendwelche Herrschaftstendenzen über andere Völker und Länder. Für uns war und ist daher die Ablehnung des vom internationalen Kapitalismus und vom westlerischen Imperialismus betriebenen

Interventionskrieges gegen Rußland

eine selbstverständliche Forderung, die sich ebenso aus unserer Idee wie aus den Notwendigkeiten einer deutschen Außenpolitik ergibt. Wir empfanden daher die immer offener für den Interventionskrieg eintretende Haltung der Parteileitung als der Idee widersprechend und den Erfordernissen einer deutschen Außenpolitik abträgig.

Für uns war und ist die Zustimmung zum

Kampf des indischen Volkes um seine Freiheit

von englischer Herrschaft und kapitalistischer Ausbeutung eine Notwendigkeit, die sich ebenso sehr aus der Tatsache ergibt, daß für eine deutsche Befreiungspolitik jede Schwächung einer Vertragsmacht von Versailles günstig ist, wie aus der gefühlsmäßigen Zustimmung zu jedem Kampf, den unterdrückte Völker gegen ausbeutende Usurpatoren führen, da es eine zwingende Folge unserer Idee des Nationalismus ist, daß das Recht der Erfüllung völkischer Eigenart, das wir für uns in Anspruch nehmen, auch allen anderen Völkern und Nationen zusteht, wobei uns der liberalistische Begriff der ,,Segnungen der Kultur'' unbekannt ist. – Wir empfanden daher die Politik der Parteileitung, die offen für den britischen Imperialismus gegen den Freiheitskampf Indiens Stellung nahm, als ebenso den realen Interessen Deutschlands wie den ideemäßigen Voraussetzungen des Nationalsozialismus widersprechend.

Wir faßten und fassen den Nationalsozialismus seiner ganzen Natur nach als *großdeutsche Bewegung* auf, deren innerstaatliche Aufgabe nicht zuletzt die
Schaffung des völkischen Großdeutschlands
ist, unter Ablehnung der aus dynastischen, religösen oder willkürlichen (Eingriffe Napoleons!) Gründen entstandenen Einzelstaaterei, durch die jene einheitliche Zusammenfassung der nationalen Kräfte, wie sie zur Befreiung und Selbstbehauptung Deutschlands notwendig ist, nie zu erzielen ist. – Wir empfanden daher die immer offener zutage tretende Stellungnahme der Parteileitung für das System der Einzelstaaten, deren Rettung und Machterweiterung geradezu als eine Aufgabe des Nationalsozialismus proklamiert wurde, als ebenso schädlich den staatlichen Interessen wie feindlich der Idee großdeutscher Einigung.

Wir faßten und fassen den Nationalsozialismus als eine
republikanische Bewegung
auf, in der für Erbmonarchie so wenig Platz ist wie für alle anderen Vorrechte, die nicht auf Leistung für die Nation beruhen. Wir sahen und sehen in ihm die revolutionäre Bewegung, die mit einem auf falscher Grundlage beruhenden Obrigkeitsstaat ebenso aufräumt wie mit der formalen Demokratie und in einem *organischen Ständestaat* germanischer Demokratie ihr staatliches Ziel sieht. – Wir empfanden daher das von der Parteileitung absichtlich beibehaltene republikanisch-monarchistische Halbdunkel als eine Belastung, die übersteigerte Verehrung für den faschistischen Obrigkeitsstaat, wie sie seitens der offiziellen Parteistellen immer stärker hervortritt, geradezu als eine Gefahr für die Bewegung und als Sünde gegen die Idee.

Wir hielten und halten den Nationalsozialismus vor allem aber für die große Antithese des internationalen Kapitalismus, der die vom Marxismus geschändete Idee des Sozialismus als der Gemeinwirtschaft einer Nation zugunsten dieser Nation durchführt und jenes System der Herrschaft des Geldes über die Arbeit *bricht,* das die

Entfaltung der völkischen Seele und die Bildung einer wahren Volksgemeinschaft zwangsläufig verhindert.

Für uns bedeutet Sozialismus Bedarfswirtschaft der Nation unter Anteilnahme der Gesamtheit der Schaffenden an Besitz, Leitung und Gewinn der ganzen Wirtschaft dieser Nation, d. h. also unter *Brechung des Besitzmonopols* des heutigen kapitalistischen Systems und vor allem unter Brechung des Leitungsmonopols, das heute an den Besitztitel gebunden ist. – Wir empfanden daher die im Gegensatz zu den 25 Punkten immer verwaschener werdende Formulierung unseres sozialistischen Wollens, die mehrfachen Abschwächungen, die man an den sozialistischen Forderungen des Programms (z. B. an Punkt 17) vornahm, als ein Vergehen gegen Geist und Programm des Nationalsozialismus, wogegen wir seit Jahren die sozialistischen Forderungen kraftvoll betonten.

Wir empfanden und empfinden den Nationalsozialismus demgemäß seiner ganzen Wesenheit nach als *ebenso feindlich dem kapitalistischen Bürgertum wie dem internationalen Marxismus* und sehen seine Aufgabe in der Überwindung beider, ausgehend davon, daß im Marxismus das an sich richtige Gefühl des Sozialismus gebunden ist an die falsche Lehre des liberalen Mechanismus und Internationalismus und im Bürgertum das an sich richtige Gefühl des Nationalismus gebunden ist an die falsche Lehre des liberalen Rationalismus und Kapitalismus und beide richtigen und wesenhaften Kräfte in dieser unseligen Verbindung unfruchtbar bleiben müssen für Nation und Geschichte. Wir sahen und sehen daher in unserer Gegnerschaft zu Marxismus und Bürgertum keinen Wesenheitsunterschied, da der in beiden wirkende Liberalismus sie gleichmäßig zu unseren Feinden macht. Wir empfanden daher die immer einseitiger gewordene Kampfparole der Leitung der NSDAP „*gegen den Marxismus*" als eine Halbheit, und in steigendem Maße erfüllte uns die Befürchtung, daß dahinter eine Sympathie für das Bürgertum steckte, das unter der gleichen Parole seine kapitalistischen Interessen vertritt, mit denen wir nichts gemein hatten und nichts gemein haben.

Verstärkt, unterstrichen und sichtbar gemacht wurden diese Befürchtungen grundsätzlicher Natur durch die Befürchtungen über die taktischen Wege, die die Leitung der NSDAP einschlug.

Von jeher hat es uns mit Bedauern und Mißbehagen erfüllt, daß Adolf Hitler sich zwar häufig mit führenden Kreisen der Unternehmer- und Kapitalistenschaft über die Ziele und Wege des Nationalsozialismus aussprach, aber nie Gelegenheit nahm, mit führenden Kreisen der Arbeiter und Bauern das gleiche zu tun. So empfanden wir das daraus resultierende Gefühl, als ob der Nationalsozialismus jenen Kreisen näher stünde als diesen, als eine schwere Belastung, um so mehr als wir uns sagen mußten, daß die Ehrlichkeit unseres sozialistischen Wollens jede Verständigung mit jenen Kreisen ausschlösse, denen die Wahrung ihrer kapitalistischen Rechte immer noch wichtiger war und ist, als die Durchführung nationaler Ziele, wenn diese Durchführung den Sozialismus zur Voraussetzung hat.

Aus dem gleichen Grunde sahen wir mit steigender Sorge die enge *Verbindung der Führung mit Hugenberg* und der Deutschnationalen Volkspartei, zum Teil auch mit dem Stahlhelm und den sogenannten Vaterländischen, weil alle diese Umstände – auch wenn sie, wie beim Volksbegehren taktisch von Fall zu Fall vertretbar sein mochten – doch geeignet schienen, eine falsche Vorstellung von unserem Wesen zu geben.

Als Fundamentalsatz aus dem revolutionären Charakter des Nationalsozialismus stand und steht für uns die
Ablehnung jeder wie immer gearteten Kompromiß- und Koalitionspolitik
fest, da jede Koalition immer nur der Aufrechterhaltung des bestehenden Systems dient, als des Systems der nationalen Unfreiheit und der kapitalistischen Ausbeutung. Es erscheint uns nach dem Wesen des Nationalsozialismus und nach seiner Aufgabe: Durchführung der deutschen Revolution, einfach unmöglich, die Parole „Hinein in den Staat" aufzustellen, die wir noch vor zwei Jahren beim *Stahlhelm* mit der ganzen Heftigkeit des revolutionären Wollens bekämpft hatten.

Der Entschluß der Parteileitung, in
Thüringen eine Koalitionsregierung
mit den bürgerlichen Parteien zu bilden, hat in uns daher am stärksten den Glauben erschüttert, daß *unsere* Auffassung vom Wesen und von der Aufgabe des Nationalsozialismus, wie sie zweifellos im Programm und in der bisherigen Agitation der Partei zum Ausdruck

kamen, noch aufrechtzuerhalten sei. Unsere damaligen Vorhaltungen wurden seitens der Leitung unbeantwortet gelassen. Damit war die NSDAP in der gleichen Lage wie die SPD nach 1918, als sie sich entschloß, mit den Feinden ihres wirtschaftspolitischen Wollens zusammenzugehen und damit zwangsläufig ihre politischen Ziele verriet. Mit unerbittlicher Konsequenz vollzog sich bei der NSDAP die gleiche Linie des Verrats ihrer Grundsätze, wie er sich in der Bewilligung der Kopfsteuer, der Erhöhung der Mieten usw. in Thüringen darstellt.

Der Einwand, daß die Gefahr staatlicher Verfolgung solche Opfer der Überzeugung notwendig mache, ist nicht nur unrichtig – wie das Verbot in Bayern und Preußen zeigt –, sondern höhlt vor allem den Mut und den Charakter der Bewegung aus, da mit diesem *Argument der Feigheit* jeglicher Verrat gedeckt werden kann. Während für uns alle Taktik ihr Ende an den Grundsätzen findet, hat die Parteileitung aus „taktischen" Erwägungen immer häufiger und in immer entscheidenderen Fragen die Grundsätze des Nationalsozialismus verlassen.

Hand in Hand mit der Verbürgerlichung der Bewegung ging eine
Verbonzung der Partei,
die geradezu erschreckende Formen annahm. Nicht nur die sogenannten höheren SA-Führer, sondern in steigendem Maße auch die politischen Funktionäre der Partei entwickelten sich nach ihrer Haltung und ihrer Lebensführung in einer Weise, die ebenso mit den inneren Gesetzen einer revolutionären Bewegung, wie mit den Forderungen eines sauberen Charakters in Widerspruch standen. – Die im Laufe der Zeit fast allgemein gewordene direkte und indirekte *materielle Abhängigkeit* fast aller Funktionäre von der Partei und ihrem Führer, ließ jene *Atmosphäre byzantinischer Würdelosigkeit* entstehen, die die Vertretung jeder unabhängigen Meinung unmöglich machte und zu jener ideellen und materiellen Korrumpierung führen mußte, die jeder einzelne Parteigenosse mit steigender Erbitterung sah, ohne bei dem ganzen Aufbau der Partei Abhilfe schaffen zu können. Die zahlreichen Fehlgriffe bei der Erledigung persönlicher Streitigkeiten innerhalb der Partei haben hier ihre tiefste und eigentliche Ursache.

Diese Entwicklung, die wir hier auf grundsätzlichem, taktischem und organisatorischem Gebiet mit steigender Sorge beobachten, hat uns zu jeder Stunde der vergangenen Jahre als erste, tiefe und unnachsichtige Mahner und Gegner gesehen. Die fünf Jahrgänge der „Nationalsozialistischen Briefe" geben hierfür ebenso Zeugnis, wie die rednerische und persönliche Haltung, die wir ungeachtet des Druckes und der Lockung von oben eingenommen haben. In keiner Stunde haben wir aus opportunistischen Gründen eine Änderung unserer Haltung in Rücksicht gezogen, und oft genug standen wir vor der Frage, ob wir angesichts besonderer schwerer Verstöße der Parteileitung gegen das Wesen des Nationalsozialismus nicht in aller Öffentlichkeit Stellung nehmen mußten.

Wenn wir das bis heute nicht getan haben, so deshalb, weil die Parteileitung offen die 25 Punkte nicht verleugnet hat und weil wir hofften, daß der revolutionäre Geist wie er in den Massen der SA und vor allem der Jugend lebendig ist, siegen würde über die Verspießerung einer verbonzten Leitung.

Diese unsere Hoffnung wurde nunmehr durch den
Willensakt der Parteileitung
unmöglich gemacht.

Durch einen *Brief Adolf Hitlers* vom 30. Juni wurde der Berliner Gauleiter der NSDAP aufgefordert, eine „rücksichtslose Säuberung" der Partei von allen „Salon-Bolschewisten" durchzuführen.

Im Zusammenhang mit dieser Aufforderung wurde gegen die als *sozialistisch-revolutionär* bekannten unterzeichneten Parteigenossen der Ausschluß angedroht bzw. verfügt.

Damit war die Trennung der NSDAP von den Zielen und Forderungen der deutschen Revolution und den sozialistischen Punkten des Programms seitens der Parteileitung offen ausgesprochen.

Als aufrechte, unbeugsame Bekenner des Nationalsozialismus, als glühende Kämpfer der deutschen Revolution lehnen wir jede Verfälschung des revolutionären Charakters, des sozialistischen Wollens und der nationalistischen Grundsätze des Nationalsozialismus ab und werden nunmehr außerhalb der ministeriell gewordenen NSDAP. das bleiben, was wir immer waren.

Revolutionäre Nationalsozialisten

Otto Strasser

Buchrucker,
Kurt Brandt,
Sektion Neukölln,
Paul Brinkmann,
Ortsgruppe Lehnitz,
Bernhard Eger,
Sektion Friedenau,
Paul Gallus,
Sektion Lichterfelde-Lankwitz,
F. Gaudek,
Ortsgruppe Brieselang,
Grieksch-Franke,
Ortsgruppe Potsdam,
Friedrich Herrmann,
Sektion Wilmersdorf,
Albert Jacubeit,
Straßen-Zellen-Leiter
Sektion Friedenau,
Kaumm,
Sektion Neukölln,
Willem Korn,
Leiter der nationalsoz.
Führerschulen Brandenburg
Günther Kübler,
Gau Brandenburg,

Herbert Blank,
Rudolf Manske,
Sektion Neukölln,
E. Mossakowsky,
Schriftleiter d. Nat. Soz.
Pressekonferenz,
Alfred Raeschke,
Sektionsleiter, Sektion Neukölln,
Rudolf Raeschke,
Sektion Neukölln,
Friedrich Reich,
Straßen-Zellen-Leiter
Sektion Friedenau,
Richard Schake,
früher Hitler-Jugend-Führer,
Gau Mecklenburg-Lübeck,
Ewald Stephan,
Ortsgruppe Brieselang,
Karl Vogt,
Sektion Britz,
Horst Wauer,
Sektion Friedenau,
Wettering,
Alfred Wildies,
Sektion Neukölln,
G. Zawacki,
Sektion Pankow.

Aus: Der Nationale Sozialist vom 4. Juli 1930, abgedruckt in: Kühnl, Die NS-Linke,
S. 292–297

129

d) Die Linie der Partei nach dem Ausschluß der Otto-Strasser-Gruppe

Nr. 67   Die Gespräche Hitlers mit Breiting, dem Chefredakteur der konservativen „Leipziger Neuesten Nachrichten", im Mai und Juni 1931 (Auszüge)

Breiting: „ . . . Wir wissen doch alle, daß der mehr sozialistisch ausgerichtete Norden vollkommen andere Auslegungen der nationalsozialistischen Grundrechte bevorzugt als der Süden. Ich bin mir darüber klar, daß diese soziale Auslegung Ihres Programms im wesentlichen ein Ausdruck des starken Agitationsbedürfnisses Ihres Reichspropagandaleiters, des Herrn Goebbels, ist. Wenn aber die Mehrheit Ihrer Anhänger sozialistisch gesinnt ist, so besteht doch die Möglichkeit, daß Ihre sozialistisch gesinnten Anhänger Ihnen eines schönen Tages davonlaufen, wenn die Versprechungen nicht gehalten werden."

Hitler höhnisch lachend: „Dieses Gedankenspiel kenne ich schon. Sie glauben auch, ich wäre nicht fähig, die sozialen Probleme ohne Einverständnis des Bürgertums zu lösen. Sie meinen, daß mein soziales Programm nichts als eine Demagogie meines Propagandaleiters Dr. Goebbels sei. Was Dr. Goebbels betrifft, ist folgendes zu sagen: Er macht nicht nur die sozialistische Propaganda, sondern auch die nationalistische. Die eine geht Hand in Hand mit der andern . . .

Man sollte gut unterscheiden, was bei uns Gefühl und was Vernunft ist. Im Propagandafeldzug geben wir selbstverständlich den Gefühlen den Vorzug. Bei den wirtschaftlichen und sozialen Problemen handeln wir ausschließlich mit Sachlichkeit und Vernunft . . .

Den Gefallen, das Proletariat weglaufen zu lassen, werde ich meinen Feinden nicht tun. Es wird ganz anders kommen, wenn wir die Massen erobert haben, dann werden die nationalgesinnte Industrie und Finanz, die Universitätsprofessoren mit uns in den Reihen der NSDAP marschieren . . ."

Breiting: „Wie stehen Sie zu der Frage des Privateigentums? Ich habe der letzten Juristentagung in Leipzig beigewohnt und von Ihrem Parteigenossen Feder hierauf auch keine befriedigende Antwort bekommen. Die Frage des Privateigentums wird in bürgerlichen Kreisen sehr stark erörtert, und ich glaube nicht, daß Sie viel Eroberungen in bürgerlichen Kreisen machen können, wenn Sie diese Frage nicht klären. Man hat überhaupt den Eindruck, daß Ihre Redner absichtlich über diesen Punkt Unklarheit lassen, und daß man mit gewissen phantastischen Vorstellungen von allgemeiner Gewinnbeteiligung kommunistische und sozialistische Ideen bunt durcheinanderwirft. Jeder erhofft doch heute von der Wirtschaft des Dritten Reiches gerade das, was seinem eigenen Interesse entspricht. Der Arbeiter will Gewinnbesteiligung am Betrieb, höheren Lohn, staatliche Alterspension usw. Ich finde nicht, daß Ihre Parteiführung viel tut, um darüber Klarheit zu schaffen."

Hitler etwas erregt: „Ich habe 8000 bis 10 000 Redner im Lande. Ich kann nicht dafür haftbar gemacht werden, in welcher Form alle meine Leute meine Ideen wiedergeben. Auf die richtige Wiedergabe meiner Ideen kommt es ja aber auch nicht an, es kommt auch nicht darauf an, was die nationalsozialistische oder Ihre Presse dazu sagt, es kommt einzig und allein darauf an, daß der Grundgedanke im Wirtschaftsprogramm meiner Partei klar herausgestellt wird, und das ist der Autoritätsgedanke. Ich will die Autorität, ich will die Persönlichkeit, ich will, daß jeder den Besitz, den er sich erobert hat, behalten soll, nach dem Grundsatz: Gemeinnutz geht vor Eigennutz. Nur soll der Staat die Kontrolle behalten, und jeder Besitzende soll sich als vom Staat Beauftragter fühlen, er hat die Pflicht, seinen Besitz nicht zum Mißbrauch gegen die Interessen des Staates, gegen die Interessen seiner Volksgenossen zu verwenden. Das ist das Entscheidende. Das Dritte Reich wird sich immer das Kontrollrecht über die Besitzenden vorbehalten. Wenn Sie sagen, daß das Bürgertum sich über die Frage des Privateigentums den Kopf zerbricht, so berührt mich das gar nicht. Das Bürgertum verlangt etwa Rücksicht von mir? Ich nehme auf das Bürgertum und seine Empfindlichkeiten nicht die allergeringste Rücksicht. Das heutige Bürgertum ist im Kern verfault; es hat keinen idealen Schwung mehr, es will nur Geld verdienen, und deswegen schädigt es mich, wo es kann. Auch die bürgerliche Presse schädigt mich und möchte mich und meine Bewegung am liebsten zum Teufel wünschen. Sie sind doch Repräsentant des Bürgertums. Fragen Sie doch Ihr Bürgertum, warum es mir nicht 10 Millionen Mark stiftet zur Gründung von SA-Schulen und von Rednerschulen? Wenn das Bürgertum mir 10 Millionen Mark zur Verfügung stellt, dann will ich schon dafür sorgen, daß meine Ideen draußen im Lande richtig wiedergegeben werden . . .

Das Bürgertum ist auch schuld daran, daß der Marxismus als Seuche am Volkskörper sich tief einfressen konnte. Der Marxismus wird mit Stumpf und Stiel ausgerottet. Glauben Sie, ich mache mit dem Marxismus bei einer Revolution Kompromisse? Ich mache keine Kompromisse, keine. Mache ich einen Kompromiß, dann lebt der Marxismus in 30 Jahren wieder auf. Der Marxismus muß getötet werden. Er ist die Vorfrucht des Bolschewismus . . .

An dem Tag, wenn die konservativen Kräfte Deutschlands einsehen werden, daß ich nur und nur ich mit meiner Partei das deutsche Proletariat für den Staat gewinnen kann, und daß es mit den marxistischen Parteien kein parlamentarisches Spiel geben darf, dann ist Deutschland für alle Zeiten gerettet, dann können wir einen deutschen Volksstaat gründen. Bitte, überzeugen Sie davon die Herren Hugenberg, von Papen, auch Dr. Hugo, besonders aber den Reichspräsidenten . . .

Ich bin kein Freund der ‚Masse Mensch‘. Der ‚Masse Mensch‘ setze ich die Persönlichkeit entgegen. Nur Männer machen Geschichte, nicht die Massen. Die Massen müssen geführt werden. Ohne die straffe Führung der Masse sind große geschichtliche Entscheidungen undurchführbar. Das Volk muß in einen autoritäre Ordnung eingegliedert werden.‘‘

Breiting: ,,Dann führen Ihre Gedankengänge doch zwangsläufig zur Diktatur.‘‘

Hitler: ,,Diktatur? Nennen Sie das, wie Sie wollen. Ich weiß nicht, ob man das in dieses Wort kleiden soll, aber ich bin kein Freund der amorphen Masse, ich bin der Todfeind der Demokratie, die uns in das Unglück führte. Ich bin auch kein Freund des Frauenwahlrechts; ich bin ein Gegner des allgemeinen, gleichen und geheimen Wahlrechts. Wenn dieser Blödsinn schon gemacht werden muß, dann sollten wir auch unseren Vorteil aus der Demagogie ziehen. Die Frauen werden immer für die Ordnung und die Uniform stimmen, darauf können Sie sich verlassen. Welch eine Dummheit: An der Wahlurne haben der Professor und die Stallmagd die gleichen Rechte! . . ."

Die Gespräche sind vollständig veröffentlicht in: E. Calic, Ohne Maske. Hitler–Breiting Geheimgespräche 1931, Frankfurt 1968

Nr. 68 Dienstvorschrift für die Parteiorganisation der NSDAP vom 15. Juli 1932 (Auszug)

Der Parteigenosse

Wer Nationalsozialist wird, tritt nicht irgendeiner Partei bei, sondern er wird damit Soldat der Freiheitsbewegung Deutschlands. Das bedeutet mehr, weit mehr, als seinen Beitrag zahlen und Mitgliederversammlungen besuchen. Er übernimmt damit die heilige Verpflichtung, alles, was er hat, sich selbst und sein Gut, wenn es sein muß, Deutschland zu widmen. Nur wer das kann, soll Nationalsozialist werden.

Danach muß auch die Auswahl getroffen werden. Wer ist ein Kämpfer! Wer hat Charakter! Wer bringt die größten Opfer! Über kleine Schönheitsfehler – ob jemand in der Jugend einen Fehltritt tat – soll man dann hinwegsehen. Ebenso soll die PO. kein Schnüffelverein werden. Das Gesunde schwitzt das Schlechte aus. Das soll nun nicht bedeuten, daß man bei der Aufnahme von Mitgliedern nicht vorsichtig sein soll. Im Gegenteil, heute mehr denn je. Haltet vor allem die geborenen Spießer und Postenreiter fern . . .

Pflichten des Parteigenossen

Es muß eine Ehre für jeden Parteigenossen sein, unserer herrlichen Bewegung anzugehören und ihrem einzigen Führer dienen zu dürfen.

Deshalb gelten folgende
10 Gebote für den Nationalsozialisten:
Hitlers Entscheid ist endgültig!
Verletzt nie die Disziplin, über alles andere können wir sachlich diskutieren!

Vergeude nie Deine Zeit in Schwätzereien und selbstgefälliger Kritik, sondern fasse an und schaffe!

Sei stolz aber nicht dünkelhaft!

Das Programm sei Dir ein unantastbares Dogma!

Du bist das Aushängeschild der Partei, darnach richte Dein Betragen und Auftreten!

Übe treue Kameradschaft, dann bist Du ein wahrer Sozialist!

Im Kampfe sei zäh und verschwiegen!

Mut ist nicht Rüpelhaftigkeit!

Recht ist, was der Bewegung und damit Deutschland und Deinem Volke nützt!

Erkennst Du diese Pflichten an, dann bist Du ein wahrer Soldat Deiner Idee und Deines Führers.

Aus: Tyrell, Führer befiehl, S. 304 f.

Nr. 69   Rede Hitlers vor dem Düsseldorfer Industrieclub vom 27. Januar 1932 (Auszüge)

Drei Faktoren bestimmen wesentlich das politische Leben eines Volkes.

Erstens der innere Wert eines Volkes, der als Erbmasse und Erbgut durch die Generationen hindurch immer und immer wieder weitergegeben wird, ein Wert, der nur dann eine Veränderung erfährt, wenn der Träger dieses Erbgutes, das Volk, sich in seiner inneren blutsmäßigen Zusammensetzung selbst verändert. Sicher ist, daß bestimmte Charakterzüge, bestimmte Tugenden und bestimmte Laster bei Völkern solange immer wiederkehren, solange ihre innere Natur, ihre blutsmäßige Zusammensetzung sich nicht wesentlich geändert hat . . .

Ich sagte, daß dieser Wert verdorben werden kann. Es sind aber vor allem noch zwei andere, innerlich verwandte Erscheinungen, die wir in den Verfallszeiten der Nationen immer wieder feststellen können. Die eine ist der Ersatz des Persönlichkeitswertes durch einen nivellierenden, zahlenmäßigen Begriff in der Demokratie. Die andere ist die Negierung des Volkswertes, die Verneinung der Verschiedenartigkeit der Veranlagung, der Leistung usw. der einzelnen

Völker. Wobei die beiden Erscheinungen einander bedingen oder zumindest in der Entwicklung beeinflussen. Internationalismus und Demokratie sind unzertrennliche Begriffe. Es ist nur logisch, daß die Demokratie, die im Inneren eines Volkes den besonderen Wert des einzelnen negiert und einen Gesamtwert, einen Zahlenwert an dessen Stelle setzt, im Völkerleben genau so verfährt und dort zum Internationalismus ausartet. Im großen heißt es: Es gibt keine angeborenen Volkswerte, sondern es treten höchstens vielleicht augenblickliche Erziehungsunterschiede in Erscheinung; aber zwischen Negern, Ariern, Mongolen und Rothäuten besteht kein wesentlicher Wertunterschied. Diese Auffassung, die die Basis unserer ganzen heutigen internationalen Gedankenwelt ist und in ihren Auswirkungen so weit führt, daß endlich ein Neger in den Sitzungen des Völkerbundes präsidieren kann, führt zwangsläufig in der weiteren Konsequenz dahin, daß man gleicherweise erst recht innerhalb eines Volkes Unterschiede im Werte der einzelnen Angehörigen dieses Volkes negiert. Damit kann natürlich auch jede vorhandene besondere Fähigkeit, jeder vorhandene Grundwert eines Volkes praktisch wirkungslos gemacht werden. Denn die Größe eines Volkes ergibt sich nicht aus der Summierung aller Leistungen, sondern letzten Endes aus der Summierung der Spitzenleistungen. Man sage nicht, daß das Bild, das die Kultur der Menschen als ersten Eindruck vermittelt, der Eindruck der Gesamtleistung sei. Dieses ganze Kulturgebäude ist ein den Fundamenten und in allen Steinen nichts anderes als das Ergebnis der schöpferischen Leistung der Intelligenz, des Fleißes einzelner Menschen, in den größten Ergebnissen auch die große Schlußleistung einzelner gottbegnadeter Genies, in den Durchschnittsergebnissen die Leistung der durchschnittlich fähigen Menschen und im Gesamtergebnis zweifellos das Resultat aus der Anwendung der menschlichen Arbeitskraft zur Verwertung der Schöpfungen von Genies und Talenten. Damit aber ist es natürlich, daß, wenn die immer in der Minderzahl befindlichen fähigen Köpfe einer Nation wertmäßig gleichgesetzt werden all den anderen, damit langsam eine Majorisierung des Genies, eine Majorisierung der Fähigkeit und des Persönlichkeitswertes eintreten muß, eine Majorisierung, die man fälschlicherweise dann mit Volksherrschaft bezeichnet. Denn dies ist nicht Volksherrschaft, sondern in Wirklichkeit Herrschaft der Dummheit, der Mittelmäßigkeit, der Halbheit, der Feigheit, der Schwäche, der Unzulänglichkeit. Es ist mehr Volksherrschaft, ein Volk auf allen Gebieten des Lebens von seinen fähigsten, dafür geborenen Einzelwesen regieren und leiten zu lassen, als alle Gebiete des Lebens von einer jeweils diesen Gebieten naturnotwendigerweise fremd gegenüberstehenden Majorität verwalten zu lassen.

Damit aber wird die Demokratie praktisch zur Aufhebung der wirklichen Werte eines Volkes führen. Es ist daher auch erklärlich, daß Völker mit einer großen Vergangenheit, von dem Zeitpunkt an, da sie sich unbegrenzter demokratischer Massenherrrschaft hingeben, langsam ihre frühere Stellung einbüßen; denn die vorhandenen und möglichen Spitzenleistungen Einzelner auf allen Gebieten werden nunmehr dank der Vergewaltigung durch die Zahl praktisch unwirksam gemacht . . .

Sie haben die Auffassung, meine Herren, daß die deutsche Wirtschaft aufgebaut sein müsse auf dem Gedanken des Privateigentums. Nun können Sie einen solchen Gedanken des Privateigentums praktisch nur dann aufrechterhalten, wenn er irgendwie auch logisch fundiert erscheint. Dieser Gedanke muß seine ethische Begründung aus der Einsicht in die naturgegebene Notwendigkeit ziehen.

Er kann nicht etwa damit allein motiviert werden, daß man sagt: Es war bisher so, also muß es auch weiter so sein. Denn in Perioden großer staatlicher Umwälzungen, der Völkerverschiebungen und der Veränderung des Denkens können Einrichtungen, Systeme usw. nicht nur deshalb unberührt bleiben, weil sie bisher in der gleichen Form bestanden. Es ist das Charakteristische aller wirklich großen revolutionären Epochen der Menschheit, daß sie über solche, nur durch das Alter geheiligte oder auch nun scheinbar durch das Alter geheiligte Formen mit einer Leichtigkeit sondergleichen hinweggehen. Es ist daher nötig, derartige überlieferte Formen, die aufrechterhalten bleiben sollen, so zu begründen, daß sie als unbedingt notwendig, als logisch und richtig angesehen werden können. Und da muß ich sagen: das Privateigentum ist nur dann moralisch und ethisch zu rechtfertigen, wenn ich annehme, daß die Leistungen der Menschen verschieden sind. Erst dann kann ich feststellen: weil die Leistungen der Menschen verschieden sind, sind auch die Ergebnisse der Leistungen verschieden. Wenn aber die Ergebnisse der Leistungen der Menschen verschieden sind, ist es zweckmäßig, auch die Verwaltung dieser Ergebnisse ungefähr im entsprechenden Verhältnis den Menschen zu überlassen. Es würde unlogisch sein, die Verwaltung des Ergebnisses einer bestimmten an eine Persönlichkeit gebundenen Leistung dem nächstbesten Minderleistungsfähigen oder einer Gesamtheit zu übertragen, die schon durch die Tatsache, daß sie die Leistung nicht vollbrachte, bewiesen hat, daß sie nicht fähig sein kann, das Ergebnis zu verwalten. Damit muß zugegeben werden, daß die Menschen wirtschaftlich nicht auf allen Gebieten von vornherein gleich wertvoll, gleich bedeutend sind. Dies zugegeben, ist es jedoch Wahnsinn zu sagen: Auf wirtschaftlichem Gebiete sind unbedingt Wertunterschiede vorhanden, auf politischem Gebiete aber nicht! Es ist ein Widersinn, wirtschaftlich des Lebens auf dem Gedanken der Leistung, des Persönlichkeitswertes, damit praktisch auf der Autorität der Persönlichkeit aufzubauen, politisch aber diese Autorität der Persönlichkeit zu leugnen und das Gesetz der größeren Zahl, die Demokratie, an dessen Stelle zu schieben. Es muß damit langsam ein Zwiespalt zwischen der wirtschaftlichen und der politischen Auffassung entstehen; den zu überbrücken man durch Angleichung der ersteren an die letztere versuchen wird – versucht hat, denn dieser Zwiespalt ist nicht nur blanke, blasse Theorie geblieben. Der Gedanke der Gleichheit der Werte ist unterdessen nicht nur politisch, sondern auch schon wirtschaftlich zum System erhoben worden. Und nicht etwa bloß in einer abstrakten Theorie: nein, dieses wirtschaftliche System lebt in gigantischen Organisationen – ja, es hat heute bereits ein Riesengebiet staatlich erfaßt.

Ich kann aber nicht zwei Grundgedanken als auf die Dauer möglich und tragend für das Leben eines Volkes ansehen. Ist die Auffassung richtig, daß die menschliche Leistung unterschiedlich ist, muß es auch richtig sein, daß der Wert der Menschen im Hinblick auf die Hervorbringung bestimmter Leistungen verschieden ist. Es ist dann aber unsinnig, dies nur in Bezug auf ein bestimmtes Gebiet gelten lassen zu wollen, auf dem Gebiet der Wirtschaft und ihrer Führung, aber nicht auf dem Gebiet der Führung des Gesamtkampfes um das Leben, nämlich auf dem Gebiet der Politik. Es ist vielmehr logisch, daß, wenn ich auf dem Gebiet der Wirtschaft die absolute Anerkennung der besonderen Leistungen als die Voraussetzung jeder höheren Kultur anerkenne, ich dann politisch ebenso die besondere Leistung und damit die Autorität der Persönlichkeit voranstellen muß. Wenn aber demgegenüber behauptet wird – und zwar von wirtschaftlicher Seite –, daß auf politischem Gebiet besondere Fähigkeiten nicht nötig seien, sondern daß hier eine absolute Gleichförmigkeit der Leistung bestehe, dann wird man eines Tages diese selbe Theorie von der Politik auch auf die Wirtschaft übertragen. Der politischen Demokratie analog ist auf wirtschaftlichem Gebiet aber der Kommunismus. Wir befinden uns heute in einer Periode, in der diese beiden Grundprinzipien in allen Grenzgebieten miteinander ringen und auch bereits in die Wirtschaft eindringen.

Ein Beispiel: Das Leben fußt in seiner praktischen Betätigung auf der Bedeutung der Persönlichkeit. Es wird langsam bedroht durch die Herrschaft der Zahl. Im Staat steht aber eine Organisation – das Heer –, die überhaupt nicht irgendwie demokratisiert werden kann, ohne daß sie sich selbst aufgibt. Allein schon ein Beweis für die Schwäche einer Weltanschauung, daß sie nicht auf alle Gebiete des Gesamtlebens anwendbar ist. Mit anderen Worten: die Armee kann nur bestehen unter Aufrechterhaltung des absolut antidemokratischen Grundsatzes unbedingter Autorität nach unten und absoluter Verantwortlichkeit nach oben, während demgegenüber die Demokratie praktisch völlige Abhängigkeit nach unten und Autorität nach oben bedeutet. Das Ergebnis aber ist, daß in einem Staat, in dem das ganze politische Leben – angefangen bei der Gemeinde und endigend im Reichstag – sich auf dem Gedanken der Demokratie aufbaut, die Armee allmählich ein Fremdkörper werden muß, und zwar ein Fremdkörper, der auch unbedingt als Fremdkörper empfunden wird. Es ist für die Demokratie eine fremde Vorstellung, eine fremde Weltanschauung, die diesen Körper beseelt. Ein innerer Kampf zwischen der Vertretung der Demokratie und der Vertretung der Autorität muß die zwangsläufige Folge sein, ein Kampf, wie wir ihn auch in Deutschland erleben . . .

Zusammenfassend: Ich sehe zwei Prinzipien, die sich schroff gegenüberstehen: das Prinzip der Demokratie, das überall, wo es sich praktisch auswirkt, das Prinzip der Zerstörung ist. Und das Prinzip der Autorität der Persönlichkeit, das ich als das Leistungsprinzip bezeichnen möchte, weil alles, was überhaupt Menschen bisher leisteten, alle menschlichen Kulturen nur aus der Herrschaft dieses Prinzips heraus denkbar sind . . .

Ich kann die wirtschaftlich bevorzugte Herrenstellung der weißen Rasse der übrigen Welt gebenüber aber gar nicht verstehen, wenn ich sie nicht in engsten Zusammenhang bringe mit einer politischen Herrenauffassung, die der weißen Rasse als etwas Natürliches seit vielen Jahrhunderten eigen gewesen und von ihr nach außen hin vertreten worden ist. Greifen Sie irgend ein einzelnes Gebiet heraus, nehmen Sie etwa Indien: England hat Indien nicht auf dem Wege von Recht und Gesetz erworben, sondern ohne Rücksicht auf Wünsche, Auffassungen oder Rechtskundgebungen der Eingeborenen und hat diese Herrschaft, wenn nötig, mit der brutalsten Rücksichtslosigkeit aufrechterhalten. Genau so wie Cortez oder Pizarro Zentralamerika und die Nordstaaten von Südamerika einst nicht auf Grund irgendwelcher Rechtsansprüche sich aneigneten, sondern aus dem absoluten, angeborenen Herrengefühl der weißen Rasse . . .

Die Rede ist vollständig abgedruckt in: M. Domarus (Hg.), Hitler. Reden und Proklamationen 1932–1945, Bd. I, Würzburg 1962

3. Der Weg zur Macht

Nr. 70   Hitler als Reichswehrspitzel 1919

Mit Sicherheit war Hitler, der sich während der Rätezeit in München aufgehalten hat, damit beauftragt, die Unteroffiziere und Mannschaften ausfindig zu machen, die während der Rätezeit auf der Seite der kommunistischen Räte gestanden hatten. Er erfüllte die ihm übertragene Aufgabe zur vollen Zufriedenheit seiner vorgesetzten Dienststelle und wurde anschließend zu einem Aufklärungskurs (vom 5. bis 12. Juni 1919) kommandiert, in dem unter anderem die zu demobilisierenden und aus der Gefangenschaft heimkehrenden Soldaten „bestimmte Grundlagen zu staatsbürgerlichem Denken" erhalten sollten.

Für diese antibolschewistischen Lehrgänge, die vom Reichswehr-
gruppenkommando 4 (der bayerischen Reichswehr) mit Mitteln der
Berliner Reichswehrverwaltung und mit privaten Zuwendungen für
besonders geeignete und ausgewählte Offiziere und Mannschaften
eingerichtet wurden, galten folgende Grundsätze: „Unter dem
Schutz der jungen Reichswehr muß eine sinnvolle Neubegründung
aller innerstaatlichen Verhältnisse unseres Vaterlandes durchgesetzt
werden können; erst wenn der Staat wieder Herr im eigenen Haus
ist, wird eine Besserung der außenpolitischen Verhältnisse möglich
werden. Die Reichswehr ist als der Eckpfeiler, an dem die [. .] Reste
und die [. . .] Anfänge unseres sozialen, wirtschaftlichen und staatlichen Selbstbestimmungsrechtes festgeknüpft werden müssen . . .“

Aus den Akten des Bayerischen Reichswehrgruppenkomman-
dos 4, das am 11. Mai 1919 die Nachfolge des Oberkommandos
Möhl in München angetreten hatte, läßt sich herauslesen, welche
Funktionen Hitler übertragen worden sind. Im Rahmen der Abteilung I b/P, die wechselweise als „Nachrichtenabteilung", „Presse-
und Propagandaabteilung" und „Aufklärungsabteilung" bezeichnet wurde und unter der Leitung des bayerischen Richtersohnes
Hauptmann i. G. (im Generalstab) Karl Mayr (1883–1945, gestorben im KZ Buchenwald) stand, wurde Hitler nicht als „Bildungsof-
fizier", wie er schreibt, sondern als „Vertrauensmann"
(„V-Mann") eingesetzt. „Bildungsoffiziere" waren in der Regel
vom Heeresdienst beurlaubte Offiziere, die in München studierten.

Aus: W. Maser, Die Frühgeschichte der NSDAP. Hitlers Weg bis 1924, Frankfurt
1965, S. 133 f. u. 137

Nr. 71   Vernehmung des Generalleutnant von Lossow, des Befehlshabers der Reichswehr in Bayern, vor dem Volksgerichtshof in
München im März 1924 im „Hitler-Prozeß" (Auszüge)

In den letzten Monaten vor dem 8. November, das heißt seit Sommer 1923, war ich von befreundeter Seite aus dem Norden orientiert
worden, daß man die Rettung aus den immer unmöglicher werdenden Verhältnissen in Deutschland erhoffte von einem Direktorium.

das die Zügel der Regierung ergreifen sollte, von einem rechts eingestellten, rein nationalen Direktorium mit diktatorischen Vollmachten, das unabhängig sein sollte von parlamentarischen Einflüssen
und Hemmungen. Das Direktorium, das, nur aus wenigen vollkommen homogen eingestellten Männern bestehend, die nötigen
durchgreifenden Maßnahmen hätte treffen müssen, um Deutschland, das damals nicht nur auf der absteigenden Linie, sondern im
vollen Sturz in den Abgrund war, zu retten, sollte nicht durch einen
Putsch herbeigeführt werden, sondern auf Grund der Möglichkeiten, die Artikel 48 der Verfassung gibt. Das Programm, das mir auch
mitgeteilt wurde, war in Kürze folgendes:

An der Spitze sollte ein Mann sein, der einen Namen nicht nur in
Deutschland, sondern auch im Ausland hatte, eine erste Autorität
sollte die Finanzen und die Währung sanieren, eine andere für die
Ernährung sorgen, eine dritte die Staatsbetriebe, Post, Eisenbahn,
Bergwerke in Ordnung und wieder zu Erträgnissen bringen, eine
vierte Autorität endlich den gesamten Staatsapparat säubern, Be-
amtenabbau also, in dem Sinne, daß das ganze Revolutionsgewinn-
lertum, das seit der Revolution in dem Beamtenkörper eingedrungen
war, restlos entfernt worden wäre. Endlich waren vorgesehen wirtschaftliche Maßnahmen, wie Beseitigung des schematischen Acht-
Stunden-Arbeitstages und des beherrschenden Einflusses der Trusts
und Gewerkschaften . . .

Ich war mit der Idee des Direktoriums und dem Programm in jeder Beziehung einverstanden . . .

Es entstand der Plan, die Reichsdiktatur Hitler–Ludendorff in
Bayern aufzustellen, von hier aus den Norden zu erobern und
Deutschland zu sanieren.

Das war im allgemeinen das Programm, das mir von Hitler in diesen Oktobertagen auch wieder teils unter vier Augen, teils in Gegenwart von Oberst von Seisser oder Oberstleutnant v. Berchem
entwickelt wurde. Ich sollte für dieses Programm gewonnen werden. Hierfür wurde alle Beredsamkeit aufgewendet. Ich habe damals
ebenso wie Obert von Seisser die Besuche Hitlers nicht abgelehnt.
Wir haben vielmehr immer wieder den Versuch gemacht, ihn auf den
Boden der Wirklichkeit der Tatsachen zurückzuführen, weil wir den
gesunden Kern der hitlerischen Bewegung erkannt hatten, den wir

darin sahen, daß die Bewegung die werbende Kraft besaß für die nationale Einstellung der Arbeiterschaft. Wir wollten die Hitler-Bewegung nicht gewaltsam unterdrücken, sondern sie auf den Boden des Möglichen und Erreichbaren stellen.

Aus: Schüddekopf, S. 190–192

Nr. 72   Schreiben des Gen.Maj. von Schleicher an den Gen.Maj. a.D. Graf von der Schulenburg vom 26. September 1930

Hochzuverehrender Herr Graf!
Sehr herzlichen Dank für Ihren Brief vom 21. September, dessen Gedankengänge sich mit den meinigen völlig decken. Ich glaube auch, daß es gelingen wird, die von Ihnen vorgeschlagene Linie zu gehen. Ich denke es mir folgendermaßen:

1. Aufstellung eines Programms, das außer den notwendigen Maßnahmen für Wirtschaft und Finanzen auch eine starke Betonung der nationalen Belange enthält.

2. Einladung zur Mitarbeit an alle, die guten Willens sind unter Betonung, daß man hoffe, eine Mehrheit für dieses Programm zu finden, aber auch entschlossen sei, letzten Endes dieses Programm mit einer Minderheit durchzuführen.

3. Feststellung, daß in diesem Reichstag eine Mehrheitsregierung überhaupt nicht zu bilden ist.

4. Initiative geht damit auf Reichspräsidenten bzw. die durch ihn ernannte Regierung über.

5. Ob dann der Reichstag erneut aufgelöst wird oder ob er Harakiri begeht, indem er sich freiwillig auf Jahr und Tag vertagt, wird von der Entwicklung abhängen.

Dem Minister habe ich von Ihren Gedankengängen Kenntnis gegeben. Er war erfreut, läßt Ihnen danken und Sie herzlich grüßen.

Aus: Th. Vogelsang, Reichswehr, Staat und NSDAP. Beiträge zur deutschen Geschichte 1930–1932, Stuttgart 1962, S. 415

Nr. 73   General von Schleicher zur Haltung der Reichswehr gegenüber der NSDAP im Oktober 1930 (Auszüge)

. . . Bei dem sozialen Teil des Programms dagegen ist irgendwelcher Optimismus durchaus fehl am Ort. Der Ansicht, daß die sozialistischen Forderungen der Nazi „nicht ernst gemeint" seien, muß man durchaus entgegentreten. Sie sind doch ernst gemeint und ihr Kern ist kaum etwas anderes als reiner Kommunismus (Gleichmachung der Gehälter, Einziehung aller Gewinne seit 1914, Verstaatlichung der Banken usw.). Es ist kein Zweifel, daß Moskau die Geistesverwandtschaft der Nazi mit sich selbst bereits lange erkannt hat und diese ausgiebig unterstützt.

Einstellung zur Wehrmacht: Wenn Hitler im Ulmer Prozeß erklärt hat: „Wir wollen, daß die Wehrmacht intakt bleibt", so ist dies neu. Bisher haben sie klar und planmäßig an der Politisierung der Armee gearbeitet und dabei vor allem versucht, eine Kluft zwischen den Führern und Geführten, zwischen dem älteren und jüngeren Teil des Offizierskorps aufzureißen . . .

Daß Moskau die Zersetzung der Wehrmacht, die ihm auf dem Wege über den Kommunismus bisher hoffnungslos fehlgeschlagen ist, jetzt über den Nationalsozialismus versucht, steht fest.

Besprechung im Reichswehrministerium am 25. Oktober 1930, zit. nach Schüddekopf S. 319 f.

Nr. 74   Protokoll der Vernehmung von Hjalmar Schacht durch die amerikanischen Untersuchungsbehörden am 20. Juli 1945 (Auszüge)

F.: Wann trafen Sie Göring das nächstemal?

A.: Er lud mich auf den 5. oder 6. Januar 1931 zu einer Gesellschaft in seinem Hause ein, wo ich Hitler traf.

F.: Trafen Sie noch jemand anders dort?

A.: Bei dieser Gesellschaft war auch Fritz Thyssen anwesend und Hitler hielt an jenem Abend eine fast zwei Stunden lange Rede, obgleich die Gesellschaft klein war.

F.: War das eine Art Monolog?

A.: Ein vollkommener Monolog und alles, was er an jenem Abend sagte, war vernünftig und gemäßigt. Es waren Gedanken, die er schon –

F.: Was sagte er?

A.: Oh, es waren Gedanken, die er schon vorher ausgedrückt hatte. Aber es war voller Energie und Feuer.

F.: Was sagte er?

A.: Er verbreitete sich über sein Programm, wie es in seinem Buch ausführlicher beschrieben war . . .

F.: Wie war Ihr Eindruck am Ende dieses Abends?

A.: Ich dachte, Hitler sei ein Mann, mit dem man zusammenarbeiten könne.(. . .)

F.: Ich nehme an, Sie haben „Mein Kampf" sorgfältig gelesen?

A.: Ja.

Hauptarchiv Berlin-Dahlem, ehem. Preuß. Geheimes Staatsarchiv, HAB, 335, Nr. 203, Beweisdokument NI 406

Nr. 75   Gespräch Hitlers mit Breiting 1931 (Auszüge, vgl. auch Nr. 67)

Breiting: „Wäre es nicht besser – bevor sich die Lage zuspitzt – schon jetzt eine Zusammenarbeit mit dem bewußten Bürgertum und der nationalsozialistischen Bewegung anzustreben?"

Hitler: „Das wäre natürlich das beste, und wenn die nationalen Stimmen und die Stimmen der Volkspartei nicht nutzlos verzettelt würden, wäre es leichter, ein nationales Erwachen schnell herbeizuführen. Das aber muß erst reifen. Wir brauchen noch einige Wahlen, bis sich die Deutsch-Nationalen klarwerden, die Stresemann-Partei ist tot, daß es keine andere Möglichkeit gibt, als mit uns eine Koalitionsregierung zu bilden . . .

Wenn wir aber die Macht auf legalem Wege erreicht haben, dann werden wir schon dafür sorgen, daß wir sie auch behalten. Dieser Reichstag kann dann seine Tore schließen . .

*Nr. 76   Schreiben des Konzernführers Stinnes an Hitler vom Juli
1931 (Auszug)*

Die Ausweitung des deutschen Raumes nach Osten und Südosten
Europas erscheint mir derzeit nicht durch Verschiebung der Ostgrenzen möglich, aber durch deren weitgehende Auflösung (zum
Beispiel durch Zollvereine). Dann sollte es angehen, bis zu den Prip-
jetsümpfen und der Donaumündung unserem unerträglich zusam-
mengedrängten Volk Lebensraum, Ackerland und Arbeitsgelegen-
heit zu geben.

Nach: F. Klein, Die diplomatischen Beziehungen Deutschlands zur Sowjetunion
1917 – 1932, Berlin 1952, S. 180

*Nr. 77   Schreiben von Wilhelm Reichert an den Konzernführer
Friedrich Flick vom 19. Oktober 1931 (Auszug)*

Sehr geehrter Herr Dr. Flick!

In der Annahme, daß Sie die Entwicklung des wirtschaftspolitischen Programms der nationalsozialistischen Partei interessiert,
möchte ich Ihnen in der Anlage mit der Bitte um streng vertrauliche
Behandlung Kenntnis von dem Verlauf eines Diskussionsabends be-
treffend

        ,,Nationalsozialismus und Wirtschaft"
geben.

Mit verbindlicher Begrüßung

                    Ihr ganz ergebener
                        Reichert

Anlage:
           Nationalsozialismus und Wirtschaft

Am 16. Oktober hat Herr Funk, der wirtschaftliche Berater Adolf
Hitlers, im Herrenclub einen Vortrag gehalten über ,,Nationalso-
zialismus und Wirtschaft". Der Vortrag war eine Enttäuschung.
Funk hat zwar sich als scharfer Gegner des Marxismus bekannt und
u. a. den Bruch des Tarifwesens und die Erhaltung des Privateigentums verlangt. Im übrigen meinte er, daß die Hauptaufgaben der nationalen Opposition im Staate die Sicherung der Volksernährung
und der Arbeitsbeschaffung seien . . .

Aus: E. Czichon, Wer verhalf Hitler zur Macht?, Köln 1967, S. 60

Die nationale Front, einig in ihren Parteien, Bünden und Gruppen, von dem Willen beseelt, gemeinsam und geschlossen zu handeln, gibt folgendes kund:

Die Nationale Opposition hat seit Jahren vergeblich gewarnt vor dem Versagen der Regierungen und des Staatsapparates gegenüber dem Blutterror des Marxismus, dem fortschreitenden Kulturbolschewismus und der Zerreißung der Nation durch den Klassenkampf, vor der planmäßigen Ausschaltung der nationalen Kräfte aus der Leitung des Staates, vor einer Politik, die in der politischen, wirtschaftlichen und militärischen Entmannung Deutschlands noch über das Diktat von Versailles hinausgeht, vor einer Politik, die die heimische Wirtschaft zugunsten weltwirtschaftlicher Utopien preisgibt, vor einer Politik der Unterwürfigkeit dem Ausland gegenüber, die weder die Gleichberechtigung Deutschlands gebracht hat, noch den zerrissenen Osten vor einem kriegerischen Einbruch bewahrt.

Entschlossen, unser Land vor dem Chaos des Bolschewismus zu bewahren, unsere Politik durch wirksame Selbsthilfe aus dem Strudel des Wirtschaftsbankrotts zu retten und damit der Welt zu wirklichem Frieden zu verhelfen, erklären wir: Wir sind bereit, im Reich und in Preußen in national geführten Regierungen die Verantwortung zu übernehmen. Wir stoßen keine Hand zurück, die sich uns zu wirklicher Zusammenarbeit anbietet. Wir müssen es aber ablehnen, die Erhaltung eines falschen Systems und Fortsetzung eines falschen Kurses in einer nur national getarnten Regierung der bisherigen Kräfte irgendwie zu stützen. Jede Regierung, die gegen den Willen der geschlossenen Nationalen Opposition gebildet werden sollte, muß mit unserer Gegnerschaft rechnen.

So fordern wir den sofortigen Rücktritt der Regierungen Brüning und Braun, die sofortige Aufhebung der diktatorischen Vollmachten für Regierungen, deren Zusammensetzung nicht dem Volkswillen entspricht, und die sich nur noch mit Notverordnungen am Ruder halten; wir fordern sofortige Neuwahl der überalterten Volksvertretung, vor allem im Reich und in Preußen.

Im vollen Bewußtsein der damit übernommenen Verantwortung erklären wir, daß die in der nationalen Opposition stehenden Verbände bei kommenden Unruhen wohl Leben und Eigentum, Haus, Hof und Arbeitsstelle derjenigen verteidigen werden, die sich mit uns offen zur Nation bekennen, daß wir es aber ablehnen, die heutige Regierung und das heute herrschende System mit dem Einsatz unseres Blutes zu schützen.

Wir verlangen Wiederherstellung der deutschen Wehrhoheit und Rüstungsausgleich.

Einig stehen wir zu diesen Forderungen. Geächtet ist jeder, der unsere Front zersetzen will.

Wir beschwören den durch uns gewählten Reichspräsidenten v. Hindenburg, daß er dem stürmischen Drängen von Millionen vaterländischer Männer und Frauen, Frontsoldaten und Jugend entspricht und in letzter Stunde durch Berufung einer wirklichen Nationalregierung den rettenden Kurswechsel herbeiführt.

Die Träger dieser Nationalregierung wissen um die Wünsche und Nöte des deutschen Volkes aus ihrer blutmäßigen Verbundenheit mit diesem. Sie haben die Entwicklung der letzten Jahre vorausgesagt. Der Ablauf der Geschehnisse hat die Richtigkeit ihrer Vorschläge und Forderungen erwiesen. Darin sehen wir in tiefstem Sinne die Berechtigung zur Übernahme der Regierungsgewalt. Nur der starke nationale Staat kann das Leistungsprinzip in jeder Form verwirklichen und die zur Herbeiführung einer wahren Volksgemeinschaft notwendigen sozialen Maßnahmen durchführen. Wir verlangen von allen Volksgenossen Pflichterfüllung und Opfer. Wir glauben an die Erfüllung unserer Aufgabe, weil wir auf die deutsche Kraft, auf die Zukunft unseres Volkes vertrauen.

Aus: Deutsche Parteiprogramme, S. 551 f.

Nr. 79   Reichswehrminister General Groener über Hitler auf einer militärischen Führerbesprechung am 11. Januar 1932

„. . . bescheidener, ordentlicher Mensch, der Bestes will. Im Auftreten Typ des strebsamen Autodidakten. Minister hat klar zum Ausdruck gebracht, daß er legale Bestrebungen Hitlers mit allen Mitteln stützen wird, andererseits wird gegen Unruhestifter aus Nazikreisen weiter bekämpfend vorgegangen werden." Hitlers Absichten und Ziele seien gut, „ist aber Schwarmgeist, glühend, vielseitig. Minister hat ihm voll zugestimmt, seine Absichten zum Guten des Reiches fördern zu helfen. Minister hat auch Ländern gegenüber schärfstens zum Ausdruck gebracht, Nazis gegenüber Gerechtigkeit walten zu lassen, nur Auswüchse dürften bekämpft werden, nicht die Bewegung als solche . . . Wehrmacht ist höchste Institution im Vaterland, kann durch keine Vereine oder Verbände ersetzt werden. Kein Beeinflussen der Wehrmacht von außen dulden. Ergänzen der Wehrmacht durch Miliz ist spätere Sorge. Das Gute aus den Verbänden an uns heranziehen, jedoch nicht, wie Italien, Wehrmacht in Gefolgschaft politisch eingestellter Miliz bringen".

Aus: Schüddekopf, S. 329

Nr. 80   Brüning über „Kontakte und Konflikte mit der NSDAP"

Es kam ein Koalitionsangebot des „Völkischen Beobachters" an die Zentrumspartei und die christlichen Gewerkschaften, in sehr loser Form, das wohl in erster Linie ein Ergebnis der Taktik bei den Reichstagsverhandlungen war. Am 29. Oktober hatten Schleicher und Hitler – mit meiner Billigung – eine Aussprache, bei der aber nach dem Bericht Schleichers nichts Positives herauskam. Zwei Tage später wurden auf einer Zentrumsversammlung in Münster und auf einer nationalsozialistischen Kundgebung in München Reden gehalten, die weitere Brücken schlagen sollten für die Vorbereitung der Präsidentenwahl. Diese Debatte verursachte bei anderen Parteien eine starke Nervosität. Auf einer Tagung des Reichsausschusses der Zentrumspartei mußten Kaas und ich warnen vor politischen Experimenten, vor allem gleichzeitig auffordern, die rechtsradikale Agitation zu mildern, ehe man an weitere Verhandlungen denken könne.

Da der politische Terror weiter wuchs, berief Groener am 17. November eine Konferenz der Innenminister der Länder, in der er sich besonders scharf gegen die kommunistischen Zersetzungsversuche wandte. Groener war dabei außerordentlich entgegenkommend gegenüber den Nationalsozialisten, um ganz in meinem Sinne bei den Nazis eine günstige Stimmung für die Präsidentenwahl zu schaffen. Eine gewisse Entspannung trat ein. Meine dauernde geheime Fühlungsnahme mit dem Strasser-Flügel der NSDAP, außerhalb der Reichskanzlei oder zu nächtlichen Stunden – wobei Besucher mit anderen Namen auftraten –, konnte durchgehalten werden, ohne daß die Öffentlichkeit das geringste erfuhr. Diese Besprechungen fanden mit Wissen von Hitler statt. So sah ich Ende November sehr hoffnungsvoll dem Beginn der Verhandlungen über die Wiederwahl des Reichspräsidenten entgegen. Ich hatte als Termin dafür die Tage nach Weihnachten und Neujahr in Aussicht genommen. Es kam nun alles darauf an, noch die nächsten sechs Wochen durchzuhalten, ohne nach rechts oder links das geringste zu verschütten. Das Ziel war, den Reichspräsidenten durch die Rechte und Mitte wiederwählen zu lassen und dann eine Umgruppierung der unterstützenden Kräfte im Parlament vorzunehmen. Die außenpolitische Lage würde es gestatten, im Frühjahr ein Kabinett mit der Rechten zu bilden. Erste unerläßliche Voraussetzung dafür war die vorherige Wiederwahl des Reichspräsidenten, zweite Voraussetzung, die Rechte dabei im Rahmen der Verfassung in die Regierung zu bringen.

Gleichzeitig mußte ich auch die andere Möglichkeit offenhalten. Sollte, wie schließlich doch nach den Erfahrungen der letzten zwei Jahre zu befürchten stand, die Rechte sich weigern, den Reichspräsidenten wiederzuwählen, so mußte immer noch die Reserve einer Mehrheit der Mitte, der gemäßigten Rechten und der gemäßigten Linken für die Wiederwahl des Reichspräsidenten vorhanden sein. Aus diesem Grunde mußte ich die Rede auf der Tagung des Reichsausschusses der Zentrumspartei halten, da man auf der Linken bereits zuviel von einer möglichen innerpolitischen Schwenkung bei der Reichspräsidentenwahl ahnte.

Auch hielt ich es für richtig, ganz offen und vertraulich mit dem preußischen Ministerpräsidenten sowie mit Severing und Hilferding über die Möglichkeit einer Schwenkung der Politik im Januar sprechen. Ich erklärte ihnen, daß ich mich verpflichtet fühle, angesichts der loyalen Unterstützung der vergangenen anderthalb Jahre, darüber rechtzeitig mit ihnen zu reden. Wenn diese Schwenkung käme, würden wir uns bereits im Stadium sicherer außenpolitischer Erfolge befinden, die mir die Autorität gäben, auch wenn ich das Amt des

Reichskanzlers dabei abgeben müßte, einer Putschgefahr oder einem Verfassungsbruch entgegenzutreten. Sie müßten auch Verständnis dafür haben, daß man der Stimmung innerhalb der Reichswehr nicht zuviel zumuten könne. Der einseitige Bericht des Standortältesten in Braunschweig über die Vorgänge des SA-Treffens würde zu denken geben.

Ich erinnerte sie daran, daß ich in meiner zweiten Rede der Oktobersitzung des Reichstags bereits offen genug auf solche Möglichkeiten hingewiesen hatte, wobei ebenfalls deutlich ausgesprochen worden sei, daß, wenn es gelänge, im geeigneten Augenblick eine Kombination mit der Rechten durchzuführen, ich persönlich nicht mehr das Kanzleramt bekleiden könne. Politiker würden vielleicht verstehen, wenn ich bei einer solchen veränderten Situation die Verantwortung auch weiter trüge, aber das Volk würde dafür kein Verständnis haben und mir persönlich liegt die Rolle MacDonalds nicht. Wohl aber sei ich bereit, in einem veränderten Kabinett, dessen personelle Zusammensetzung mir die Garantie zu geben schiene für eine legale Weiterentwicklung im Sinne der Stärkung der Macht des Reichspräsidenten, das Amt des Außenministers zu behalten. Ich würde mich in einem solchen Fall durch eine öffentliche Rede von der Innenpolitik distanzieren. Die Herren hatten weitgehendes Verständnis für meine Auffassung, wenn auch größte Sorge für die Weiterentwicklung. Sie ließen durchblicken, daß für sie eine legale Weiterentwicklung bis zur Monarchie kein unüberwindliches Hemmnis sein würde. Es würde ihnen gelingen, ihre Massen schrittweise an diesen Gedanken zu gewöhnen, falls die Alternative gestellt würde: Nazidiktatur oder Monarchie. Jetzt war ich an dem Punkt angelangt, den ich die ganze Zeit erstrebt hatte . . .

Die erste Möglichkeit für ein versuchsweises normales Zusammengehen der Zentrumspartei und der NSDAP bestand in Hessen, wo Mitte November Neuwahlen erfolgen mußten . . .

In beiden Unterhaltungen legte ich vertraulich auseinander, daß ich es für wünschenswert hielte, wenn die hessische Zentrumspartei in vorsichtiger Weise ein Experiment mit den Nazis für die Regierungsbildung versuchen würde. Hessen schiene mir dafür besonders geeignet, weil Zentrum und Nazis über eine große Mehrheit für sich allein verfügten und ein Störungsversuch der Deutschnationalen dort ausgeschlossen sei, da sie nur noch ein oder zwei Abgeordnete hätten.

Aus: H. Brüning, Memoiren 1918–1934, Stuttgart 1970, S. 460–465

Nr. 81 Denkschrift des Reichsinnenministers Groener an Reichskanzler Brüning über das Verbot der militärähnlichen Organisationen der NSDAP vom 10. April 1932 (Auszüge)

Die Ereignisse der letzten Wochen lassen keinen Zweifel mehr, daß der psychologische Augenblick zur Auflösung der militärähnlichen Organisationen der NSDAP gekommen ist. Unsere bisherige Absicht, diese Organisationen in einem von Reichs wegen zu gründenden und unter Reichsaufsicht stehenden großen allgemeinen Wehrsportverband unschädlich zu machen, muß angesichts der gesteigerten politischen Spannung vorläufig zurückgestellt werden . . .

Die Vorkommnisse der letzten Wochen zwingen zur Entscheidung, ein weiteres Hinausschieben der Auflösung der SA würde die Autorität der Reichsregierung und des Herrn Reichspräsidenten auf das stärkste erschüttern.

Wenn ich auch glaube, daß es den Führern der NSDAP, die mir dauernd Stöße von Legalitätserklärungen senden, mit ihrem Willen zur legalen Einstellung durchaus ernst ist, so genügen dieser Wille und diese Erklärungen allein nicht, wenn die Partei sich nicht von Dingen befreit, die ihrem Wesen nach illegal sind. Es ist mit der Staatsautorität nicht zu vereinbaren, daß die Partei eine militärisch organisierte Sonderarmee unterhält, deren Führer, meist alte Offiziere, gerade in dem Bestreben, militärisch weiter zu arbeiten und dabei Besonderes zu leisten, diese notwendigerweise mit der Staatsführung und den Machtmitteln des Staates in Konflikt bringen müssen. Eine solche, nach allen Einrichtungen und Vorschriften auf den Kampf im Inneren eingestellte Organisation wird eines Tages die Partei in die Illegalität hineinreißen. Die Legalität der Partei wird daher erst dann als eine wirkliche und uneingeschränkte betrachtet werden dürfen, wenn sie von allen derartigen Belastungen befreit ist.

Die Denkschrift ist abgedruckt in: Huber, S. 471–473

Nr. 82   Niederschrift aus dem Büro des Reichspräsidenten vom 10. Juni 1932 (Auszug)

Durch die Aufnahme, die das SA.-Verbot in der Öffentlichkeit erfuhr und die sich in zahlreichen Zuschriften aus Kreisen der Hindenburgwähler der Rechten äußerte, wurde die Stellung des Reichswehrministers beim Herrn Reichspräsidenten stark erschüttert, um so mehr, als der Herr Reichspräsident als Oberbefehlshaber der Reichswehr feststellen mußte, daß die Truppe das ungleiche Verhalten des Reichswehrministers nicht verstehen konnte und dasselbe stark kritisierte. Diese Kritik der Wehrmacht richtete sich nicht nur gegen die einseitige Stellungnahme für Links, sondern wurde auch durch die Erwägungen veranlaßt, daß durch diese Verordnung die Autorität des Herrn Reichspräsidenten als Oberbefehlshaber der Armee geschädigt wurde, daß das Verbot eines *Wehr*verbandes durch den *Wehr*minister ein Widerspruch in sich sei, und daß der Grenzschutz durch die Vertreibung der das Hauptkontingent stellenden jungen Nationalsozialisten stark geschwächt wurde. Nach Fühlungnahme mit dem Herrn Chef des Ministeramts, Generalleutnant von Schleicher, und den Herrn Chefs der Heeresleitung und der Marineleitung hielt der Herr Reichspräsident es für das beste, wenn der Herr Reichswehrminister Groener selbst sich zum Rücktritt entschlösse, nachdem diese Herren ihm bestätigt hätten, daß im Offizierskorps und auch in der Mannschaft der Reichswehr kein Vertrauen zu ihm mehr bestand.

Vollständiger Text in: Vogelsang, S. 459–466

Nr. 82a   Eingabe des Reichsverbandes der Automobilindustrie an Reichskanzler Franz von Papen vom 16. August 1932 über die militärische Bedeutung der Kraftwagenindustrie und die Notwendigkeit ihrer staatlichen Förderung (Auszug)

Die Kraftwagenindustrie glaubt schließlich, auch aus nationalen Gründen ein Anrecht auf Berücksichtigung im Arbeitsbeschaffungsprogramm zu haben. Die große militärische Bedeutung des

Kraftverkehrs und des Kraftfahrzeugbaues, die bereits im Weltkriege und später im Ruhrkampf hervortrat, ist in dem Maße gestiegen, wie die Luftwaffe ausgebildet worden ist. Wir fügen in der Anlage einen Aufsatz bei, in dem diese Zusammenhänge von berufener Seite behandelt sind. Darüber hinaus sind die Kraftfahrzeugfabriken die Träger der Entwicklung des Flugzeugmotorenbaues, und ihnen fällt im Ernstfalle fabrikatorisch und konstruktiv die Hauptlast der Produktion zu. Deshalb steht der Kraftfahrzeugbau in zahlreichen Ländern als „nationale Industrie" unter dem besonderen Schutz des Staates . . .

Damit die deutsche Kraftfahrzeugindustrie ihre wehrpolitischen Aufgaben erfüllen kann, erscheint es dringend erforderlich, den Fabriken die Überwindung des gegenwärtigen wirtschaftlichen Tiefstandes zu erleichtern durch eine Förderung des Absatzes in einer Form, die nach dem Vorbild Italiens wehrpolitischen Zwecken dient und die gleichzeitig die Unterhaltung des Landstraßennetzes entlastet. Hierzu gestatten wir uns folgende Vorschläge zu unterbreiten . . .

Längere Auszüge in: Anatomie des Krieges, S. 90 f

Nr. 82b   Denkschrift des Reichsverbandes der deutschen Eisenindustrie für Generalleutnant Alfred von Vollard-Bockelberg, Chef des Heereswaffenamtes, vom 16. Januar 1933 zu den Genfer Verhandlungen über die internationale Regelung von Kriegswaffenherstellung und -handel (Auszug)

1. Auf Grund der prinzipiellen Anerkennung der Gleichberechtigung Deutschlands in Rüstungsfragen – nicht etwa erst in Verfolg einer Verständigung über Kontrollkonventionen – muß das Kriegsgerätegesetz aufgehoben werden.

2. Die deutsche Privatwirtschaft muß auf Grund eingehender Erwägungen jede Kontrolle von Kriegswaffenherstellung und Kriegswaffenhandel grundsätzlich ablehnen.

Längere Auszüge in: Anatomie des Krieges, S. 102 ff.

Nr. 83   Regierungserklärung des Reichskanzlers Franz von Papen vom 4. Juni 1932 (Auszüge)

In einer der schwersten Stunden der vaterländischen Geschichte übernimmt die neue Regierung ihr Amt. Das deutsche Volk steht in einer seelischen und materiellen Krise ohne Vorgang. Die Opfer, die von ihm verlangt werden, wenn der dornige Weg zur inneren und äußeren Freiheit mit Aussicht auf Erfolg gegangen werden soll, sind ungeheuer. Sie können nur ertragen werden, wenn es gelingt, die seelischen Voraussetzungen durch eine Zusammenfassung aller aufbauwilligen und staatserhaltenden, kurzum aller nationalen Kräfte zu finden . . .

Reichskanzler Dr. Brüning hat als erster den Mut gehabt, eine klare Bilanz der Lage zu fordern, in die uns in erster Linie der Versailler Vertrag und die Auswirkungen der Weltwirtschaftskrise wie auch die Mißwirtschaft der Parlamentsdemokratie gebracht haben . . .

Der hieraus zwangsläufig folgenden moralischen Zermürbung des deutschen Volkes, verschärft durch den unseligen gemeinschaftsfeindlichen Klassenkampf und vergrößert durch den Kulturbolschewismus, der wie ein fressendes Gift die besten sittlichen Grundlagen der Nation zu vernichten droht, muß in letzter Stunde Einhalt geboten werden. Zu tief ist schon in allen kulturellen Gebieten des öffentlichen Lebens die Zersetzung atheistisch-marxistischen Denkens eingedrungen, weil die sittlichen Kräfte des Staates zu leicht zu Kompromissen bereit waren. Die Reinheit des öffentlichen Lebens kann nicht auf dem Wege der Kompromisse um der Parität willen begehrt oder wiederhergestellt werden. Es muß eine klare Entscheidung darüber fallen, welche Kräfte gewillt sind, das neue Deutschland auf der Grundlage der unveränderlichen Grundsätze der christlichen Weltanschauung aufbauen zu helfen.

Text der Erklärung in: Geschichte der deutschen Arbeiterbewegung, Bd. 4, S. 571 ff.

Nr. 84   Brief des Oberleutnants Stieff an seine Frau vom 17. Juni 1932 (Auszug)

. . . Gestern Abend war Schleicher in Döberitz u. hielt eine längere programmatische Ansprache. Im Mittelpunkt stand seine Erklärung, daß er die Wehrmacht auf keinen Fall einer Partei ausliefern wolle. Der Umschwung wäre nötig gewesen, um das Heer nicht in die Lage bringen zu müssen, auf eine Mehrheit von Volksgenossen zu schießen, die sich ganz besonders durch die Förderung des Wehrwillens auszeichneten, uns daher im Ziel naheständen. Er betonte, daß unser heutiges Heer viel zu teuer sei u. daß man mit denselben Mitteln viel mehr in zweckmäßiger Form leisten könne. Die Aufstellung eines modernen Heeres würde in allernächster Zeit erfolgen. Die außenpolitischen Beschränkungen in dieser Beziehung wögen jetzt nicht mehr so schwer und ein ängstliches Schielen nach den Bestimmungen des Vers[ailler] Vertrages wäre bei der gegenwärtigen Konstellation nicht mehr nötig.

Aus: Vogelsang, S. 472

Nr. 85   Aufzeichnung des Staatssekretärs Dr. Meißner über eine Besprechung Hindenburg/Hitler am 13. August 1932

Anwesend waren: Der Herr Reichspräsident
                     Reichskanzler von Papen,
                     Staatssekretär Dr. Meißner,
                     Adolf Hitler,
                     Abgeordneter Staatsminister Dr. Frick,
                     Hauptmann a. D. Roehm.

Der *Herr Reichspräsident* eröffnete die Besprechung damit, daß er Herrn Hitler erklärte, er sei bereit, die nationalsozialistische Partei und ihren Führer Hitler an der Reichsregierung zu beteiligen, und würde ihre Mitarbeit willkommen heißen. Er richtete nunmehr an Herrn Hitler die Frage, ob er bereit sei, sich an der gegenwärtigen Regierung von Papen zu beteiligen. *Herr Hitler* erklärte, aus den Gründen, die er heute vormittag bereits dem Herrn Reichskanzler

155

ausführlich dargelegt habe, käme für ihn eine Beteiligung und Mitarbeit an der bestehenden Regierung nicht in Frage. Bei der Bedeutung der nationalsozialistischen Bewegung müsse er die Führung einer Regierung und die Staatsführung in vollem Umfange für sich und seine Partei verlangen.

Der *Herr Reichspräsident* erklärte hierauf mit Bestimmtheit, auf diese Forderung müsse er mit einem klaren, bestimmten „Nein" antworten. Er könne es vor Gott, seinem Gewissen und dem Vaterlande nicht verantworten, einer Partei die gesamte Regierungsgewalt zu übertragen, noch dazu einer Partei, die einseitig gegen Andersdenkende eingestellt wäre. Es sprächen hiergegen auch eine Reihe anderer Gründe, die er nicht einzeln ausführen wolle, wie die Besorgnis von größeren Unruhen, die Wirkung für das Ausland usw.

Herr Hitler wiederholte, daß für ihn jede andere Lösung ausgeschlossen wäre.

Der *Herr Reichspräsident* bemerkte hierauf: Sie werden also dann in Opposition gehen?

Hitler: Es bleibt mir jetzt nichts anderes übrig.

Der *Herr Reichspräsident:* Dann richte ich an Sie noch die Mahnung, diese Opposition ritterlich zu führen und sich Ihrer Verantwortung und Ihrer Pflicht vor dem Vaterlande bewußt zu bleiben. Ich habe keinen Zweifel an Ihrer Vaterlandsliebe gehabt. Gegen etwaige Terror- und Gewaltakte, wie sie leider auch von Mitgliedern der SA-Abteilungen verübt worden sind, werde ich mit aller Schärfe einschreiten. Wir sind ja beide alte Kameraden und wollen es bleiben, da später uns der Weg doch wieder zusammenführen kann. So will ich Ihnen denn auch jetzt kameradschaftlich die Hand reichen.

An die Besprechung schloß sich dann noch im Korridor eine kurze Aussprache zwischen dem *Herrn Reichskanzler und mir,* dem *Herrn Hitler und seinen Begleitern,* in der Herr Hitler sich dahin äußerte, die weitere Entwicklung würde doch unaufhaltsam zu der von ihm vorgeschlagenen Lösung und zum Sturz des RP führen. Die Regierung würde in eine schwierige Lage kommen; die Opposition werde sehr scharf werden und er übernehme keine Verantwortung für die Folgen, die sich ergeben.

Dauer der Besprechung etwa 20 Minuten.

Aus: Vogelsang, S. 479 f.

Nr. 86 Vortragsnotiz aus der Wehrmachtabteilung des Reichswehrministeriums vom 29. 8. 1932 (Auszug)

Heutige politische Situation:
Ziele im Winter 31/32:
Heranführen der Nazis an den Staat. Tragende Schicht für die Regierung Zentrum bis Nazis.
Zwischenspiel:
  Stärkung der Präsidialgewalt durch unabhängige Regierung und Maßnahmen in Preußen.
Neues Ziel:
  Unbedingtes Festhalten an der Lösung Reich-Preußen und einem unabhängigen Präsidialkabinett. Jeder Schritt zurück untragbar.
Neue Situation:
  Koalitionsmöglichkeiten zwischen Zentrum und Nazis, die zu einem Koalitions- oder Präsidialkabinett auf der Grundlage Zentrum-Nazis führen kann.
  Auch wenn das Zwischenspiel nicht voll erreichbar sein sollte, halte ich ein Resignieren vom Reichspräs. und Rw.Min. für unmöglich.
  Der Rw.Min. wird jedem Kabinett seinen Stempel aufdrücken. Er braucht nicht 51 %.

Vollständiger Text in: Vogelsang, S. 480 f.

Nr. 87 Schreiben des Konzernführers Fritz Thyssen vom 11. 11. 1932 (Auszug)

Sehr verehrter Herr Schlenker,
im Besitz Ihrer sehr geschätzten Zeilen von gestern bedaure ich, Ihnen mitteilen zu müssen, daß ich in dem von Ihnen gewünschten Sinne nicht tätig sein kann.
  Der Nationalsozialismus kennt nur einen Führer, dessen Gedankengut das Fundament der Bewegung darstellt und der allein berufen ist, über alle Kompromisse und Hindernisse hinweg Deutschland die Staatsform zu geben, die nach menschlichem Ermessen allein imstande ist, dem Umsturz und der Vernichtung der europäischen Zivilisation die Stirn zu bieten.

Täuschen wir uns darüber nicht, die Ereignisse sind zu weit vorangeschritten, als ob es noch Möglichkeiten für Kompromisse grundsätzlicher Art gäbe. Das wahre Gedankengut des Nationalsozialismus in die Tat umzusetzen, vermag nur Adolf Hitler. Der letzte Wahlkampf hat bewiesen, welchen Gefahren eine von so hochidealen Motiven getragene Bewegung ausgesetzt ist, wenn die Erörterung der Ziele Gemeingut einer großen Masse wird. Es ist meiner Ansicht nach ganz unverantwortlich, daß man eine solche Bewegung solchen Gefährnissen aussetzt, die dadurch nur, wie es bei der Reformation geschah, aus ihrem geraden, eindeutigen Wege herausgedrängt werden kann.

Einigt man sich auf Hitler als Kanzler – eine andere Lösung würde für seine Anhänger untragbar sein – so glaube ich, rein persönlich gesprochen, daß man sich über die Ziele seiner Politik, wobei meiner Ansicht nach nur die wirtschaftliche Seite einige Schwierigkeiten bietet, einigen könnte. Hier handelt es sich darum, zu entscheiden, daß Arbeit und nicht Kapital das Primäre ist und daß das mobile Kapital sich genau so dem Allgemeinwohl unterzuordnen hat, wie das z. B. für den Preis von Brot gilt.

Vollständiger Text in: Czichon, S. 66 f.; Schlenker war 1. Geschäftsführer des Vereins zur Wahrung der gemeinsamen wirtschaftlichen Interessen in Rheinland und Westfalen, genannt „Langnamverein"

Nr. 88   Schreiben des Bankiers Schacht an Adolf Hitler vom 12. November 1932 (Auszüge)

Sehr verehrter Herr Hitler,
erlauben Sie mir, daß ich Ihnen zu der festen Haltung, die Sie unmittelbar nach den Wahlen eingenommen haben, meine besonderen Glückwünsche ausspreche. Es unterliegt für mich gar keinem Zweifel, daß die Entwicklung der Dinge nur das eine Ende haben kann, und das ist Ihre Kanzlerschaft. Es scheint, als ob unser Versuch, eine Reihe von Unterschriften aus der Wirtschaft dafür zu bekommen, doch nicht ganz umsonst ist, wenn ich auch glaube, daß die Schwerindustrie kaum mitmachen wird, aber sie trägt ihren Namen „Schwerindustrie" mit Recht von ihrer Schwerfälligkeit . . .

Ich bin von Zuversicht erfüllt, weil das ganze gegenwärtige System sich mit Sicherheit tot läuft.

Mit deutschem Gruß
Ihr sehr ergebener
Dr. Hjalmar Schacht

Text in: Czichon, S. 64

Nr. 89   Schreiben von Wilhelm Keppler an Kurt von Schroeder vom 13. November 1932 (Auszug)

Sehr verehrter Herr Schroeder:

Die letzten Tage waren für mich so besetzt, daß ich leider nicht dazu kam, Ihnen wie beabsichtigt zu berichten.

Herr Hecker konnte von seinem Urlaub bei Herrn von P(apen) uns berichten, daß dort der gute Wille vorliege, sich auf eine Regierung unter der Kanzlerschaft Hi(tlers) zu einigen. Herr H(ecker) machte dem Kanzler auch Mitteilung von dem beabsichtigten Brief, und er gab Ratschläge, wie man hierbei am besten vorgehe. Andererseits wurde wiederum darauf aufmerksam gemacht, wie schwer es sein würde, dem bestehenden Widerstand an der bekannten Stelle zu begegnen.

Freitag (11. 11. 32) fand alsdann eine eingehende Aussprache statt, wobei Herr Hecker, Dr. Schacht und Herr Himmler aus München, der auch bei den früheren Verhandlungen wegen Regierungsbildung beteiligt war, teilnahmen. Herr Hecker legte Herrn v(on) P(apen) nahe, im Kabinett zu bleiben, um dadurch eine gewisse Beruhigung für den alten Herren zu schaffen. Herr Himmler war der Anschauung, daß alle vorgesehenen Maßnahmen auch den Ideen des Führers entsprechen würden, und man vertrat den Standpunkt, möglichst offen und ehrlich die ganzen Verhandlungen zu führen. Herr Himmler wird heute Herrn Hi(tler) berichten. Wir hoffen, daß alsdann gewisse weitere Verhandlungen in Gang kommen, wenn auch bei Herrn Hi(tler) der Wille zu einer derartigen Einigung besteht.

Es herrscht die Anschauung, daß die beste Wirkung bei dem alten Herrn zu erwarten sei, wenn sich Herr v(on) P(apen) selbst möglichst ernst für eine derartige Lösung einsetze. Mit den anderen Parteien soll vorerst nicht verhandelt werden. Sollten sie nicht bereit sein mitzumachen, um eine Lösung auf verfassungsmäßigem Wege zu ermöglichen, so denkt man an Neuwahlen unter der Parole: Hindenburg und Hitler; an dem Erfolg einer derartigen Wahl ist nicht zu zweifeln. Ich sprach gestern nochmals mit Herrn Hecker, und er versicherte nochmals, daß er der festen Überzeugung sei, daß Herr v(on) P(apen) an einer derartigen Lösung festhalten werde; er wies aber nochmals auf die eine große Schwierigkeit hin. Die wirtschaftlichen Richtlinien, über deren Abfassung wir bei der Besprechung letzten Dienstag sprachen, und gewisse politische Richtlinien sollen die Grundlage für die Verhandlungen bilden.

Bei dieser Sachlage müssen wir besonders darauf Wert legen, den bewußten Brief möglichst wirkungsvoll zu gestalten. Da Herr von P(apen) über diesen Schritt orientiert ist / es soll ihm vor Übersendung noch in offizieller Form Mitteilung gemacht werden / und ihn zur Verwirklichung der Absichten begrüßt, werden die Bedenken gegen Unterzeichnung in vielen Kreisen fortfallen. Die Absendung soll erst in etwa 8 Tagen erfolgen.

Wir konnten weiterhin feststellen, daß die Berliner Börsenzeitung, die DAZ und die Hamburger Nachrichten für eine Kanzlerschaft Hi(tlers) eintreten werden, so daß auch eine entsprechende Resonanz da sein wird.

Text in: Czichon, S. 65 f.; Keppler war Leiter der Chemischen Werke Odin GmbH und schon seit 1927 Mitglied der NSDAP; Schroeder war Bankier in Köln.

Nr. 90   Eingabe von Industriellen, Bankiers und Großagrariern an Reichspräsident von Hindenburg vom November 1932

November 1932

Ew. Exzellenz,
Hochzuverehrender Herr Reichspräsident!

Gleich Eurer Exzellenz durchdrungen von heißer Liebe zum deutschen Volk und Vaterland, haben die Unterzeichneten die grundsätzliche Wandlung, die Eure Exzellenz in der Führung der Staatsgeschäfte angebahnt haben, mit Hoffnung begrüßt. Mit Eurer Exzellenz bejahen wir die Notwendigkeit einer vom parlamentarischen Parteiwesen unabhängigen Regierung, wie sie in den von Eurer Exzellenz formulierten Gedanken eines Reichspräsidialkabinetts zum Ausdruck kommt. Der Ausgang der Reichstagswahl vom 6. November d. J. hat gezeigt, daß das derzeitige Kabinett, dessen aufrechten Willen niemand im deutschen Volk bezweifelt, für den von ihm eingeschlagenen Weg keine ausreichende Stütze im deutschen Volk gefunden hat, daß aber das von Eurer Exzellenz gezeigte Ziel eine volle Mehrheit im deutschen Volk besitzt, wenn man – wie es geschehen muß – von der staatsverneinenden Kommunistischen Partei absieht. Gegen das bisherige parlamentarische Parteiregime sind nicht nur die Deutschnationale Volkspartei und die ihr nahestehenden kleinen Gruppen, sondern auch die Nationalsozialistische Deutsche Arbeiterpartei grundsätzlich eingestellt und haben damit das Ziel Eurer Exzellenz bejaht. Wir halten dieses Ergebnis für außerordentlich erfreulich und können uns nicht vorstellen, daß die Verwirklichung dieses Zieles nunmehr an der Beibehaltung einer unwirksamen Methode scheitern sollte.

Es ist klar, daß eine des öfteren wiederholte Reichstagsauflösung mit sich häufenden, den Parteikampf immer mehr zuspitzenden Neuwahlen nicht nur einer politischen, sondern auch jeder wirtschaftlichen Beruhigung und Festigung entgegenwirken muß. Es ist aber auch klar, daß jede Verfassungsänderung, die nicht von breitester Volksströmung getragen ist, noch schlimmere wirtschaftliche, politische und seelische Wirkungen auslösen wird.

Wir erachten es deshalb für unsere Gewissenspflicht, Eure Exzellenz ehrerbietigst zu bitten, daß zur Erreichung des von uns allen unterstützten Zieles Eurer Exzellenz die Umgestaltung des Reichskabinetts in einer Weise erfolgen möge, die die größtmögliche Volkskraft hinter das Kabinett bringt.

Wir bekennen uns frei von jeder engen parteipolitischen Einstellung. Wir erkennen in der nationalen Bewegung, die durch unser Volk geht, den verheißungsvollen Beginn einer Zeit, die durch Überwindung des Klassengegensatzes die unerläßliche Grundlage für einen Wiederaufstieg der deutschen Wirtschaft erst schafft. Wir wissen, daß dieser Aufstieg noch viele Opfer erfordert. Wir glauben, daß diese Opfer nur dann willig gebracht werden können, wenn die größte Gruppe dieser nationalen Bewegung führend an der Regierung beteiligt wird.

161

Die Übertragung der verantwortlichen Leitung eines mit den besten sachlichen und persönlichen Kräften ausgestatteten Präsidialkabinetts an den Führer der größten nationalen Gruppe wird die Schwächen und Fehler, die jeder Massenbewegung notgedrungen anhaften, ausmerzen und Millionen Menschen, die heute abseits stehen, zu bejahender Kraft mitreißen.

In vollem Vertrauen zu Eurer Exzellenz Weisheit und Eurer Exzellenz Gefühl der Volksverbundenheit begrüßen wir Eure Exzellenz

mit größter Ehrerbietung

Dr. Hjalmar Schacht, Berlin
Kurt Freiherr von Schroeder, Köln
Fritz Thyssen, Mülheim
Eberhard Graf von Kalckreuth, Berlin
Friedrich Reinhart, Berlin
Kurt Woermann, Hamburg
Fritz Beindorff, Hamburg
Kurt von Eichborn, Breslau
Emil Helfferich, Hamburg
Ewald Hecker, Hannover
Carl Vincent Krogmann
Dr. Erwin Lübbert, Berlin
Erwin Merck, Hamburg
Joachim von Oppen, Dannenwalde
Rudolf Ventzky, Eßlingen (Württemberg)
Franz Heinrich Witthoefft, Hamburg
August Rosterg, Berlin
Robert Graf von Keyserlingk, Cammerau
von Rohr-Manze
Engelbert Beckmann, Hengstey

Beweisdokument PS 3901 im Nürnberger Prozeß gegen die Hauptkriegsverbrecher, Bd. XXXIII, S. 531 ff.

Nr. 91   Schreiben von Bruno Lindner an den Staatssekretär Otto Meissner vom 25. November 1932

Sehr geehrter Herr Staatssekretär Meissner!

Lediglich in Sorge um unser Vaterland vernehme ich mit tiefstem Bedauern, daß Sie die Nationalsozialisten um die Führung wieder haben abfallen lassen.

Ich bin nicht Nationalsozialist, aber nach den wirklich ernst zu nehmenden Bemühungen von dieser Seite ist es entschieden ein schwerer Fehler, dem Volkswillen eine derartige Absage zu geben. Nicht um der Partei willen, sondern wegen der unendlich großen Not, in der weite Volksschichten leben, ist es eine dringende Notwendigkeit, den Nationalsozialisten heute zur Macht zu verhelfen, ehe es zu spät ist; denn die Fratze des Kommunismus pocht schon gar energisch an die Tür.

Ist es nicht schon zu spät, dann bitte sehr, geehrter Herr Staatssekretär, machen Sie Ihren hohen Einfluß geltend. Sie werden den Dank weiter Schichten des Volkes und insbesondere der Zukunft haben.

Mit größter Hochachtung
Bruno Lindner

Aus: Czichon, S. 73

Nr. 91a   Information von Dr. Scholz an Franz Bracht vom 26. November 1932 (Auszug)

Vertraulich!

Die Tagung des Langnamvereins in Düsseldorf, die wohl ursprünglich im Rahmen des Papen-Programms und zur Stützung vorgesehen war, ergab anläßlich der zwanglosen Unterhaltung die überraschende Tatsache, daß fast die gesamte Industrie die Berufung Hitlers, gleichgültig unter welchen Umständen, wünscht. Während man noch vor wenigen Wochen Papen zugejubelt hat, ist man heute der Auffassung, daß es der größte Fehler sei, wenn Hitler, auch unter Vorbringung ernsthafter Gründe, nicht mit der Regierungsbildung beauftragt würde.

Scholz

Aus: Czichon, S. 73; Scholz war Leiter eines von den Industriellen Otto Wolff und Friedrich Flick finanzierten Pressebüros; Bracht, der Zentrumspartei nahestehend, war nach dem Staatsstreich der Regierung Papen gegen Preußen am 20. 7. 1932 Reichskommissar für Preußen und dann Innenminister in der Regierung Schleicher.

Nr. 92 Schreiben des Reichskanzlers v. Papen an Hitler über die Frage der Regierungsbildung vom 13. November 1932

Als der Herr Reichspräsident mich am 1. Juni zur Führung der Regierung berief, hatte er dem von mir zu bildenden Präsidialkabinett den Auftrag erteilt, eine möglichst weite Konzentration aller nationalen Kräfte durchzuführen.

Sie haben diesen Beschluß des Herrn Reichspräsidenten damals wärmstens begrüßt und die Unterstützung eines solchen Präsidialkabinetts zugesagt. Als wir nach der Wahl vom 31. Juli diese Konzentration auch innerhalb des Präsidialkabinetts durchführen wollten, haben Sie sich auf den Standpunkt gestellt, daß die Zusammenfassung der nationalen Kräfte nur unter Ihrer Führung möglich sei.

Sie wissen, wie sehr ich mich in vielen Unterredungen um eine Lösung zum Besten des Landes bemüht habe. Aber aus den Ihnen bekannten Gründen hat der Herr Reichspräsident Ihren Anspruch auf den Kanzlerposten ablehnen zu müssen geglaubt.

Seitdem ist durch die politische Kampfstellung der nationalen Kräfte untereinander eine Lage eingetreten, die vom vaterländischen Gesichtspunkt aus nur mit größtem Bedauern betrachtet werden kann.

Durch die Wahl vom 6. November ist eine neue Lage eingetreten und damit eine neue Möglichkeit für die Zusammenfassung aller nationalen Kräfte erneut geschaffen. Der Herr Reichspräsident hat mich beauftragt, nunmehr durch Besprechungen mit den Führern der einzelnen in Frage kommenden Parteien festzustellen, ob und inwieweit diese bereit seien, die Durchführung des in Angriff genommenen politischen und wirtschaftlichen Programms der Reichsregierung zu unterstützen. Obschon die nationalsozialistische Presse geschrieben hat, es sei ein naives Unterfangen, wenn der Reichskanzler v. Papen nunmehr mit den für die nationale Konzentration in Betracht kommenden Persönlichkeiten verhandeln wolle, und es sei darauf die Antwort zu geben: „Mit Papen gäbe es keine Verhandlung", würde ich es für eine Pflichtverletzung halten und auch vor meinem Gewissen nicht verantworten können, wenn ich mich nicht trotzdem im Sinne meines Auftrages an Sie wenden würde. Ich weiß zwar aus der Presse, daß Sie die Forderung der Übertragung des Kanzlerpostens aufrechterhalten und bin mir ebenso bewußt, in welchem Maße die dagegenstehenden Gründe, welche die Entscheidung des 13. August herbeiführten, fortbestehen, wobei ich nicht erneut zu versichern brauche, daß meine Person dabei keine Rolle spielt. Aber trotzdem bin ich der Ansicht, daß der Führer einer so großen nationalen Bewegung, deren Verdienste um Volk und Land ich trotz notwendiger Kritik stets anerkannt habe, sich dem augenblicklich verantwortlich führenden deutschen Staatsmann nicht zu einer Aussprache über die Lage und die zu fassenden Entschlüsse versagen sollte. Wir müssen versuchen, die Bitternisse des Wahlkampfes zu vergessen, und die Sache des Landes, der wir gemeinsam dienen, über alle anderen Bedenken zu stellen.

Da ich die nächste Woche durch die offiziellen Besuche der Reichsregierung in Sachsen und in Süddeutschland stark in Anspruch genommen bin, stehe ich Ihnen Mittwoch und Donnerstag der kommenden Woche zur Verfügung.

v. Papen

Nr. 92a   Antwort Hitlers an Reichskanzler v. Papen vom 16. November 1932 (Auszüge)

Ihr unter dem 13. November an mich gerichtetes Ersuchen um eine Aussprache über die Lage und die zu fassenden Beschlüsse veranlaßt mich, nach reiflicher Überlegung folgendes zu erwidern:

Ich schließe mich trotz aller Bedenken Ihrer Auffassung, Herr Reichskanzler, daß man sich als Führer einer großen Partei dem „augenblicklich verantwortlich führenden deutschen Staatsmann" zu einer „Aussprache über die Lage und die zu fassenden Beschlüsse" nicht versagen sollte, an. Allein die Nation erwartet von einer solchen Aussprache doch wohl mehr als eine nur theoretische Behandlung der augenblicklich sie bewegenden Nöte und Sorgen . . .

Punkt 1. Ich bin nicht in der Lage, zu einer mündlichen Aussprache zu kommen, sondern bitte, daß, wenn überhaupt ein solcher Gedankenaustausch gewünscht wird, dies schriftlich geschieht . . .

Punkt 2. Das Eintreten in eine solche Aussprache hat nur dann einen Sinn, wenn Sie mir, Herr Reichskanzler, vorher Aufklärung darüber zu geben bereit sind, inwieweit Sie sich nun tatsächlich als führender deutscher Staatsmann auch ausschließlich verantwortlich fühlen und ansehen . . .

Punkt 3. Ich bitte Sie, Herr Reichskanzler, mir mitzuteilen, zu welchem Zwecke eine Einbeziehung der nationalsozialistischen Bewegung überhaupt gewünscht wird. Wollen Sie mich und damit die nationalsozialistische Bewegung dafür gewinnen, das – wie Sie in Ihrem Brief schreiben – von der Reichsführung in Angriff genommene politische und wirtschaftliche Programm zu unterstützen, so ist auch darüber jede schriftliche Diskussion unwesentlich, ja überflüssig.

Ich will und kann ja kein Urteil abgeben über das, was die Regierung als Programm ihres Wollens ansieht, da mir selbst bei genauester Überlegung dieses Programm nie ganz klar geworden ist.

Allein, wenn es sich um eine Fortsetzung der bisher betätigten inneren, äußeren und wirtschaftspolitischen Maßnahmen handeln sollte, dann muß ich jede Unterstützung der nationalsozialistischen Partei hierfür versagen; denn ich halte diese Maßnahmen teils für unzulänglich, teils (für) undurchdacht, teils für völlig unbrauchbar, ja sogar gefährlich. Ich weiß, Sie sind einer anderen Meinung, Herr Reichskanzler, aber ich halte die praktische Tätigkeit Ihrer Regierung schon jetzt für eine zumindest als erfolglos erwiesene.

Punkt 4. Herr Reichskanzler, Sie sprechen in Ihrem Brief davon, daß durch den 6. November eine „neue Möglichkeit für die Zusammenfassung aller nationalen Kräfte" geschaffen wurde. Ich darf Ihnen eingestehen, daß mir der Sinn dieser Ihrer Andeutung gänzlich unklar ist. Ich habe die Auffassung, daß sich diese Möglichkeit durch die Auflösung des Reichstags am 12. September natürlich nur verschlechtert hat; denn das Ergebnis ist auf der einen Seite eine unerhörte Stärkung des Kommunismus, auf der anderen eine Neubelebung kleinster Splitterparteien ohne jeden praktischen politischen Wert.

Die Bildung einer irgendwie tragfähigen Plattform im deutschen Volk ist damit parteimäßig nur noch denkbar unter Einschluß der Deutschnationalen und der Deutschen Volkspartei. Denn den von Ihnen anscheinend gehegten Plan einer Einbeziehung der SPD lehne ich von vornherein ab. Nun hat, wie Sie, Herr Reichskanzler, ja selbst wissen, gerade der Führer der Deutschnationalen Volkspartei vor der Wahl auf das unzweideutigste jedes Zusammengehen mit dem Zentrum als nationalen Verrat und als nationales Verbrechen gebrandmarkt. Ich glaube nicht, daß Herr Geheimrat Hugenberg nun plötzlich so charakterlos werden könnte, nach der Wahl zu tun, was er vor der Wahl so scharf verurteilte. Damit aber erscheint mir Ihr Versuch, Herr Reichskanzler, solange unklar und damit ebenso zeitraubend wie zwecklos, als Sie mir nicht mitzuteilen in der Lage sind, daß Herr Hugenberg sich nunmehr doch eines anderen besonnen hat.

Diese vier Punkte, Herr Reichskanzler, muß ich als Voraussetzung für einen Meinungsaustausch bzw. einer schriftlich zu führenden Aussprache meinerseits ansehen. Zuzustimmen oder abzulehnen, liegt bei Ihnen . . .

Adolf Hitler

Vollständiger Text beider Briefe in: Huber, S. 546–550

Nr. 93   Bericht über die Regierungserklärung Schleichers vom 15. 12. 1932 (Auszüge)

Gerade auch als Wehrminister muß ich auf Besiedlung unserer Ostmark den größten Wert legen. Denn letzten Endes sind es noch immer die Menschen auf eigener Scholle gewesen, die den besten Grenzwall gegen das Vordringen fremden Volkstums abgeben . . .

Der tiefere Grund für die Not Deutschlands und der Welt liegt darin, daß zuviel Menschen die Verbindung mit dem Boden verloren haben, in Großstädten zusammengeballt leben und damit von jeder

Wirtschaftsänderung stärker getroffen werden als der Mann auf eigener Scholle . . .

Die zur wirtschaftlichen Beruhigung notwendige Ausschaltung aller absichtlichen Störungen hat in der Vergangenheit leider eine große Zahl von Ausnahmebestimmungen nötig gemacht. Ich gestehe offen, daß ich es für verhängnisvoll halten würde, wenn wir in Deutschland auf die Dauer nicht ohne diese scharfen Bestimmungen auskommen könnten. Ich habe deshalb den Reichspräsidenten gebeten, die zweifellos eingetretene Beruhigung zum Anlaß zu nehmen, um derartige Ausnahmebestimmungen aufzuheben, um endlich einmal wieder zu normalen Rechtsverhältnissen zurückzukehren. Der Reichspräsident will diesem Vorschlag im Vertrauen auf den gesunden Sinn der ordnungsliebenden Bevölkerung entsprechen, hat dabei aber zum Ausdruck gebracht, daß er nicht zögern würde, eine scharfe Verordnung zum Schutze des deutschen Volkes zu erlassen, falls er sich in seinen Erwartungen getäuscht sieht. Den gewerbsmäßigen Unruhestiftern ebenso wie einer gewissen aufreizenden, die Atmosphäre vergiftenden Presse darf ich in diesem Zusammenhang warnend zur Kenntnis bringen, daß eine solche Verordnung fertig im Schubkasten liegt und in der Tat in ihrer Lückenlosigkeit eine ausgezeichnete Arbeit darstellt. Ich hoffe, daß ihre Anwendung ebensowenig nötig werden wird wie der Einsatz der Wehrmacht. Ich möchte aber auch die staatsfeindliche kommunistische Bewegung nicht im Zweifel darüber lassen, daß die Reichsregierung auch vor drakonischen Ausnahmebestimmungen gegen die kommunistische Bewegung nicht zurückschrecken wird, falls sie die Lockerung der Zügel zur vermehrten Verhetzung der Bevölkerung mißbrauchen sollte . . .

Väter, Mütter und Erzieher haben in diesen Zeiten sorgenvolle Briefe an den Wehrminister gerichtet mit der dringenden Bitte, die allgemeine Wehrpflicht wieder einzuführen. Und in der Tat gibt es keine bessere Schule für die Jugend, um Selbstdisziplin, äußere und innere Bescheidenheit und Kameradschaft zu lernen. Das ist auch ein Hauptgrund, warum ich mich wieder und wieder für die allgemeine Wehrpflicht im Rahmen einer Miliz einsetze. Solange das Diktat von Versailles uns diese wirkliche Lösung unmöglich machte, mußten andere Mittel gefunden werden. Zunächst erschienen die verschiedenen Bünde auf dem Plan. Dann hat sich der Staat der Dinge selbst angenommen. Das Kuratorium für Jugendertüchtigung und die Organisation des freiwilligen Arbeitsdienstes sind neben den staatlich unterstützten Sportvereinen aller Art die Früchte dieser Bemühungen. Das Erfreuliche an diesen Einrichtungen ist die Überwindung des Parteigeistes in einem Maße, daß Parteihäupter und Verbandsgrößen schon anfangen, unruhig zu werden und um die Seelen ihrer Schäfchen zu fürchten . . .

Aus: Schulthess' Europäischer Geschichtskalender 1932, München 1933, S. 223 ff.

Nr. 94   Aufzeichnung des Botschafters a. D. Ott über das „Kriegsspiel" der Reichswehrführung von Ende November 1932 (gefertigt am 15. Dezember 1947)

Angesichts der ständigen Verschärfung der innenpolitischen Lage im Reiche hatte die Führung der Wehrmacht zu prüfen, ob die Wehrmacht einem zukünftigen Ausnahmezustand gewachsen sein würde, der gegen den Terror von rechts und links durchzuführen wäre.

Ich erhielt als Leiter der politischen Abteilung des Reichswehrministeriums die Genehmigung, diese Frage in einer kriegsspielartigen Studie zu klären. Wir versammelten im November 1932 die Vertreter aller Staatseinrichtungen, die für einen Ausnahmezustand von Wichtigkeit waren. In dreitägiger Studie wurde der militärische Ausnahmezustand im gesamten Reichsgebiet untersucht, für jeden Teil des Reiches nach der besonderen Lage, die dort voraussichtlich entstehen würde. Es wurde festgestellt, welche Maßnahmen notwendig und welche möglich werden würden. Die Bilder des örtlichen Notstandes waren von großer Verschiedenheit, das Bild der staatlichen Abhilfe war überall gleich unzulänglich.

So trat für Ostpreußen die Sicherung der Landesgrenze in den Vordergrund. Die Grenzziehung nach dem Versailler Vertrag war noch scharf umstritten und das Verhältnis zu Polen sehr gespannt. Es lag durchaus im Bereich des Möglichen, daß radikale polnische Elemente die Spannung der deutschen inneren Lage zum Zugriff auf Ostpreußen auszunützen versuchten. Die ostpreußische Division –

im Konfliktsfalle vom Reichsgebiet abgeschnitten und nur auf die eigenen Kräfte gestellt – war gezwungen, sich auf möglichst große wehrbereite Teile der Bevölkerung zu stützen, um auch nur einen schwachen Grenzschutz aufzustellen. Die überwiegende Mehrzahl solcher Verstärkungen mußte aus den Reihen der NSDAP kommen, denn sie hatte in Ostpreußen die Führung besonders der Jugend beherrschend an sich gebracht. Bei einem Ausnahmezustand gegen den Nationalsozialismus fielen diese Kräfte aus. Die Truppe war also vor zwei Aufgaben gestellt, erstens, den Grenzschutz gegen Polen aufzustellen, und zweitens an der inneren Front für den Ausnahmezustand den Rest zu verwenden. Hinzu kam die ernste Gefahr eines inneren Konfliktes der Truppe, denn in dem isolierten Ostpreußen war es uns am wenigsten gelungen, sie von den nationalsozialistischen Einflüssen fernzuhalten. Es ergab sich also, daß die Truppe nach zwei Fronten mit ganz unzulänglichen Kräften einzusetzen wäre und die Disziplin einer gefährlichen Belastung unterworfen würde. Eine Verstärkung aus dem Reiche war undenkbar.

Im Gebiet von Hamburg war mit dem Generalstreik der Hafenarbeiter zu rechnen. Dieser würde lebenswichtige Funktionen des Hafens stillegen, nämlich die weithin ausstrahlende Lebensmittelzufuhr und den größten Teil des überseeischen Güteraustauschs Deutschlands. Die verfügbaren Kräfte an Polizei, Reichswehr und Reichsmarine waren gering; die Hauptlast in der Bekämpfung dieses Streiks fiel auf die Technische Nothilfe. Deren Leiter erklärte sich außerstande dazu; denn ihre Ausrüstung sei solchen Anforderungen nicht gewachsen, und die Mehrzahl der freiwilligen Nothelfer seien Nationalsozialisten und würden mit Sicherheit ausfallen.

Für das Rhein-Ruhrgebiet waren drei Hauptfolgen zu prüfen: die Lahmlegung des Bergbaues und der Schwerindustrie, die Einstellung der Rheinschiffahrt, das Wiederaufleben separatistischer Umtriebe. Die Lage war hier besonders kritisch, weil in der entmilitarisierten Zone jeder Einsatz der Wehrmacht auch bei einem Notstand verboten war. Die Aufrechterhaltung der Ordnung lag allein bei der Landespolizei, die sich bei den früheren Unruhen im Ruhrgebiet als bei weitem zu schwach erwiesen hatte. Nach den Erfahrungen der vergangenen Monate war es außerdem zweifelhaft, wie weit die Polizei bereit wäre, gegen den kommunistischen Terror vorzugehen –

eine im Ruhrgebiet vordringliche Frage. So war auch im Zentrum des deutschen Wirtschaftslebens die Aufrechterhaltung der Ordnung nicht zu gewährleisten.

Zu dem gleichen Ergebnis kamen unsere Untersuchungen in allen übrigen Gebieten des Reiches. Es erwies sich als unmöglich, irgendwelche Ordnungskräfte auszusparen und an den Schwerpunkten der Krise zusammenzuziehen.

Als Ergebnis unserer Studie habe ich dem Reichswehrminister gemeldet, daß alle Vorbereitungen getroffen seien, um einen etwa befohlenen Ausnahmezustand unverzüglich in Gang zu setzen. Es habe sich aber bei sorgfältiger Abwägung gezeigt, daß die Ordnungskräfte des Reiches und der Länder in keiner Weise ausreichten, um die verfassungsmäßige Ordnung gegen Nationalsozialisten und Kommunisten aufrechtzuerhalten und die Grenzen zu schützen. Es sei daher die Pflicht des Reichswehrministers, die Zuflucht der Reichsregierung zum militärischen Ausnahmezustand zu verhindern.

Aus: Huber, S. 561–563; Ott war einer der engsten Mitarbeiter Schleichers im Reichswehrministerium

Nr. 95 Niederschrift über eine Ministerbesprechung vom 16. Januar 1933 (Auszüge)

Politische Lage

Der Reichskanzler führte aus, daß es sich im wesentlichen um zwei Fragen handele, nämlich um die Fragen, ob es gelinge, die Nationalsozialisten zur Mitarbeit zu gewinnen oder ob diese den Kampf gegen das Reichskabinett wünschten. Bei der Mitarbeit gebe es natürlich gewisse Formen; denkbar sei eine aktive Mitarbeit im Reichskabinett, denkbar sei auch die Form der Tolerierung des Kabinetts oder etwas Ähnliches . . .

Auf jeden Fall, ob man nun zu Neuwahlen komme oder nicht, sei die Bindung breiterer Gruppen an das Reichskabinett erforderlich.

Der *Reichsminister des Innern* stimmte den Ausführungen des Reichskanzlers im wesentlichen zu. Er wies darauf hin, daß jedenfalls eins erreicht sei: eine Einheitsfront gegen das Kabinett bestehe nicht mehr.

Im übrigen bat er den Reichskanzler zu überlegen, ob er nicht vor Fällung der letzten Entscheidungen eine ernste Aussprache mit Hitler halten wolle. Wenn man zur Auflösung des Reichstags komme, solle man auch nach seiner Ansicht erst im Herbst, und zwar am 22. Oktober oder am 12. November, neu wählen lassen. Unbedingt notwendig sei die baldige Bereinigung des preußischen Problems. Vielleicht könne der Herr Reichspräsident bis zur Herbeiführung geordneter Zustände in Preußen die Aufgaben eines Preußischen Staatspräsidenten übernehmen. Notwendig werde auch die Auflösung des Preußischen Landtags sein.

Der *Reichskanzler* erklärte gleichfalls eine baldige Aussprache mit Hitler vor Fällung der letzten Entscheidungen für nötig. Er wies darauf hin, daß Hugenberg heute (16. 1.) eine Unterredung mit Hitler haben werde. Positive Ergebnisse werde diese Unterredung sicherlich nicht haben.

Er, der Reichskanzler, sei fest davon überzeugt, daß Hitler nicht an die Macht wolle. Neuerdings habe der den Wunsch, Reichswehrminister zu werden. Das beweise deutlich, daß er ernsthaft nicht an die Macht wolle, denn er müsse selbst wissen, daß der Herr Reichspräsident ihm das Reichswehrressort nie anvertrauen werde.

Er, der Reichskanzler, komme immer wieder darauf zurück, daß eine breite Basis, vielleicht von Strasser bis zum Zentrum einschließlich, für die Reichsregierung notwendig sei. Man könne Politik gewissermaßen nicht im luftleeren Raum treiben.

Längere Auszüge in: Vogelsang, S. 486 f.

Nr. 96   Eidesstattliche Erklärung des Freiherrn Kurt von Schroeder vor der amerikanischen Untersuchungsbehörde des Internationalen Militärgerichtshofes in Nürnberg zu den Verhandlungen in seinem Hause in Köln mit Hitler am 4. Januar 1933 (Auszüge)

Erklärung unter Eid
Ich, Kurt Freiherr von Schroeder, nachdem ich darauf aufmerksam gemacht worden bin, daß ich mich wegen falscher Aussage strafbar mache, stelle hiermit unter Eid freiwillig und ohne Zwang folgendes fest . . .

Als die Lage in Deutschland sich unter Schleicher als Kanzler in den letzten Monaten des Jahres 1932 weiter verschlechterte, sahen Hitler und Papen ein, daß es vielleicht am günstigsten wäre, wenn sie zu einer Zusammenarbeit kommen könnten. Als ich Papen im Dezember sah, sagte er mir: „Ich glaube, daß es jetzt vielleicht möglich wäre, eine Zusammenkunft herbeizuführen, um die strittigen Punkte aufzuklären. Wir müssen eine Möglichkeit zur Zusammenarbeit der Rechtsparteien finden." Dies ist die Vorgeschichte der Zusammenkunft Hitlers und Papens in meinem Hause.

Am 4. Januar 1933 trafen Hitler, von Papen, Heß, Himmler und Keppler in meinem Hause in Köln ein. Hitler, von Papen und ich begaben uns in mein Arbeitszimmer, wo eine zwei Stunden dauernde Besprechung stattfand. Heß, Himmler und Keppler nahmen an der Besprechung nicht teil, hielten sich aber im Nebenzimmer auf. Keppler, der behilflich gewesen war, diese Zusammenkunft zu arrangieren, kam von Berlin; von Papen kam allein von seinem Haus an der Saar; und Hitler brachte Himmler und Heß mit sich, da sie zu einer Wahlversammlung in Lippe unterwegs waren. Die Verhandlungen fanden ausschließlich zwischen Hitler und Papen statt, ich nahm keinen Anteil daran. Die Besprechung begann ungefähr 11.30 Uhr morgens, und der erste Punkt, der von Hitler zur Sprache gebracht wurde, war die Frage, warum es notwendig gewesen wäre, die zwei Nazis, die den Kommunisten in Schlesien umgebracht hatten, zu bestrafen . . .

Weiterhin führte Papen aus, daß er es für das beste halte, eine Regierung zu formen, bei der die konservativen und nationalen Elemente, die ihn unterstützt hatten, zusammen mit den Nazis vertreten seien. Er schlug vor, daß diese neue Regierung womöglich von Hitler und Papen zusammen geführt werden sollte. Daraufhin hielt Hitler eine lange Rede, in der er sagte, daß, wenn er zum Kanzler ernannt würde, Anhänger von Papen als Minister an seiner (Hitlers) Regierung teilnehmen könnten, sofern sie gewillt wären, seine Politik, die viele Änderungen bestehender Zustände verfolgte, zu unterstützen. Er skizzierte diese Änderungen, einschließlich der Entfernung aller Sozialdemokraten, Kommunisten und Juden von führenden Stellungen in Deutschland und der Wiederherstellung der Ordnung im öffentlichen Leben. Von Papen und Hitler erzielten eine prinzipielle Einigung, durch welche viele der Punkte, die den Konflikt verursachten, beseitigt werden konnten und eine Möglichkeit der Zusammenarbeit gegeben war. Es wurde vereinbart, daß weitere Einzelheiten noch zu bearbeiten seien und daß dies in Berlin oder (an) einem sonstigen geeigneten Platz vorgenommen werden könne. Dies erfolgte, wie ich später erfuhr, in einer Zusammenkunft mit Ribbentrop. Die Besprechung in meinem Hause endete um ungefähr 1.30 Uhr. Wir drei begaben uns dann zusammen mit Heß, Himmler und Keppler zu Tisch, wobei über allgemeine Dinge Konversation gemacht wurde. Um ungefähr 4 Uhr verließen alle Gäste mein Haus.

Diese Zusammenkunft zwischen Hitler und Papen am 4. Januar 1933 in meinem Hause in Köln wurde von mir arrangiert, nachdem Papen mich ungefähr am 10. Dezember 1932 darum ersucht hatte. Bevor ich diesen Schritt unternahm, besprach ich mich mit einer Anzahl von Herren der Wirtschaft und informierte mich allgemein, wie sich die Wirtschaft zu einer Zusammenarbeit der beiden stellte. Die allgemeinen Bestrebungen der Männer der Wirtschaft gingen dahin, einen starken Führer in Deutschland an die Macht kommen zu sehen, der eine Regierung bilden würde, die lange an der Macht bleiben würde. Als die NSDAP am 6. November 1932 ihren ersten Rückschlag erlitt und somit also ihren Höhepunkt überschritten hatte, wurde eine Unterstützung durch die deutsche Wirtschaft besonders dringend. Ein gemeinsames Interesse der Wirtschaft bestand in der Angst vor dem Bolschewismus und der Hoffnung, daß die Nationalsozialisten – einmal an der Macht – eine beständige politische und wirtschaftliche Grundlage in Deutschland herstellen würden. Eine weiteres gemeinsames Interesse war der Wunsch, Hitlers wirtschaftliches Programm in die Tat umzusetzen, wobei ein wesentlicher Punkt darin lag, daß die Wirtschaft sich selbst lenken sollte zur Lösung der von der politischen Führung gestellten Probleme. Zur praktischen Durchführung dieses Programmpunktes erwartete man, wie es ja später auch geschah, daß die gesamte Wirtschaft auf einer neuen Basis organisiert werden würde, und zwar in Verbänden, denen sämtliche wirtschaftliche Unternehmungen, im Gegensatz zu den damals bestehenden Verbänden, beitreten mußten, deren Führung durch Wirtschaftler und Kaufleute selbst erfolgen würde, die selbst für einen Ausgleich der Produktion zu sorgen hätten, so daß notgedrungen diese neuen Verbände mehr Einfluß ausüben könnten als früher. Weiterhin erwartete man, daß eine wirtschaftliche Konjunktur durch das Vergeben von größeren Staatsaufträgen werden würde.

In diesem Zusammenhang sind zu erwähnen: eine von Hitler projektierte Erhöhung der deutschen Wehrmacht von 100 000 auf 300 000 Mann, das Bauen von Reichsautobahnen und die Kredite, die der öffentlichen Hand (Länder, Gemeinden etc.) gegeben werden sollten zum Bauen von neuen und Verbesserungen von bereits bestehenden Straßen, Aufträge zur Verbesserung des Verkehrswesen, insbesondere der Reichsbahn, und Förderung solcher Industrien wie Automobil- und Flugzeugbau und der damit verbundenen Industrien.

Es war allgemein bekannt, daß einer der wichtigsten Programmpunkte Hitlers die Abschaffung des Vertrages von Versailles darstellte und die Wiederherstellung eines sowohl in militärischer als auch in wirtschaftlicher Hinsicht starken Deutschlands. Es war klar, daß in einem starken Deutschland auch die Wirtschaft aufblühen werde, und es war darüber hinaus klar, daß wirtschaftliche Stärke eine Stellung bedeutete, in der Deutschland nicht mehr vom Ausland abhängig sein würde. Diese Bestrebungen, Deutschland autark zu machen, wurden von gewissen wirtschaftlichen Unternehmungen möglicherweise nicht aus Idealismus, sondern aus nackter Profitgier begrüßt, als (im Original: also) eine Möglichkeit, den eigenen Machtbereich zu vergrößern. Eine solche Möglichkeit war zweifellos auf dem Gebiet der Erzeugung des synthetischen Öls und Kautschuks gegeben.

Das wirtschaftliche Programm Hitlers war der Wirtschaft allgemein bekannt und wurde von ihr begrüßt.

Abgedruckt in: Geschichte der deutschen Arbeiterbewegung, Bd. 4, S. 604–607.

4. Die Haltung der Arbeiterparteien

Nr. 97 Wahlaufruf der SPD vom 19. Juli 1930 (Auszüge)

Wähler und Wählerinnen der Deutschen Republik! Der Bürgerblock hat seine Diktatur aufgerichtet! Das Kabinett Brüning regiert mit dem Artikel 48! Zwischen Bürgerblock und Sozialdemokratie, Arbeit und Kapital, Demokratie und Diktatur fällt am 14. September die Entscheidung! Es ist nicht wahr, daß der Reichstag versagt hat. Die Regierung Brüning hat versagt. Ihr einziges Bestreben war darauf gerichtet, die Sozialdemokratie, die politische Vertretung der Arbeiterklasse, auszuschalten und mit den Großindustriellen und den Großgrundbesitzern zu regieren. Daran ist sie gescheitert.

Millionen Menschen sind arbeitslos, andere Millionen in ihrer Existenz bedroht. Die Wirtschaftskrise, in die fast alle Länder der Welt hineingerissen sind, fordert immer neue Opfer. Diese Krise ist das Ergebnis der kapitalistischen Anarchie, nicht des Young-Planes. Sie trifft die Länder der Sieger, wie der Besiegten. Schwere Lasten für alle Volksschichten sind zur Linderung der Not, Überwindung der Wirtschaftskrise und zur Gesundung der Reichsfinanzen erforderlich. Die Regierung Brüning wollte die Reichen und Leistungsfähigen verschonen und die Lasten den Armen und Schwachen auflegen. Sie wollte die Bezüge der Arbeitslosen, der Kranken, der ehemaligen Kriegsteilnehmer, der Invaliden und Wöchnerinnen verkürzen und neben anderen ungerechten Lasten eine Kopfsteuer verhängen, die allen Grundsätzen steuerlicher Gerechtigkeit widerspricht und bisher nur Kolonialvölkern aufgezwungen wurde ...

Der Kampf der Sozialdemokratie gegen diese soziale Reaktion ist nicht nur ein Kampf um das Recht des Parlaments, sondern auch ein Kampf um das Recht des Volkes. Dieses Recht des Volkes wollen auch die Nationalsozialisten, die erklärten Anhänger der Diktatur, vernichten. Sie wollen die brutale Gewalt mit Messer und Revolver zum staatlichen System erheben. Dabei leisten ihnen die Kommunisten durch ihre Kampfmethoden wie durch die Zersplitterung der Arbeiterschaft wertvolle Dienste.

Wähler und Wählerinnen, nicht die Diktatur soll regieren, sondern die Demokratie. Das Kapital will herrschen durch Diktatur.

Demokratie aber ist Herrschaft des arbeitenden Volkes. Ohne Demokratie kein sozialer Fortschritt, keine Gesundung der Wirtschaft, keine Beseitigung von Not und Elend! Wähler und Wählerinnen, setzt euch zur Wehr gegen den Bürgerblock und seine Helfer! Gegen die Regierung Brüning, die mit dem Großkapital verbrüdert ist und die Rechte der Arbeiterklasse niederschlagen will! Vorwärts zum Kampf für Demokratie und Sozialismus, für das arbeitende Volk, für die Sozialdemokratie!

Vollständiger Text in: Deutsche Parteiprogramme, S. 471 f.

Nr. 98   Programmerklärung der KPD zur nationalen und sozialen Befreiung des deutschen Volkes vom 24. August 1930 (Auszüge)

Proklamation des ZK der KPD

Die deutschen Faschisten (Nationalsozialisten) unternehmen gegenwärtig die schärfsten Vorstöße gegen die deutsche Arbeiterklasse. In einer Zeit der Knechtung Deutschlands durch den Versailler Frieden, der wachsenden Krise, der Arbeitslosigkeit und Not der Massen versuchen die Faschisten durch zügellose Demagogie und schreiende radikale Phrasen, unter der Flagge des Widerstandes gegen die Erfüllungspolitik und den Young-Plan, bedeutende Schichten des Kleinbürgertums, deklassierter Intellektueller, Studenten, Angestellten, Bauern sowie einige Gruppen rückständiger, unaufgeklärter Arbeiter für sich zu gewinnen. Die teilweisen Erfolge der nationalsozialistischen Agitation sind das Resultat der zwölfjährigen verräterischen Politik der Sozialdemokratie, die durch Niederhaltung der revolutionären Bewegung, Beteiligung an der kapitalistischen Rationalisierung und völlige Kapitulation vor den Imperialisten (Frankreich, Polen) der nationalsozialistischen Demagogie den Boden bereitet hat.

Dieser nationalsozialistischen Demagogie stellt die Kommunistische Partei Deutschlands ihr Programm des Kampfes gegen den Faschismus, ihre Politik der wirklichen Vertretung der Interessen der werktätigen Massen Deutschlands entgegen.

Die Faschisten (Nationalsozialisten) behaupten, daß sie für die nationale Befreiung des deutschen Volkes kämpfen. Sie erwecken den Anschein, als seien sie gegen den Young-Plan, der den werktätigen Massen Deutschlands Not und Hunger bringt.

Diese Beteuerungen der Faschisten sind bewußte Lügen. Die deutsche Bourgeoisie hat den räuberischen Young-Plan angenommen in der Absicht, alle seine Lasten auf die Werktätigen abzuwälzen.

Die Faschisten helfen praktisch an der Durchführung des Young-Plans mit, indem sie die Abwälzung seiner Lasten auf die werktätigen Massen dulden und fördern, indem sie an der Durchführung der vom Young-Plan diktierten Zoll- und Steuergesetze mithelfen (Zustimmung der nationalsozialistischen Reichstagsfraktion zu allen Vorlagen für Zoll- und Steuererhöhung, Fricksche Negersteuer in Thüringen), indem sie alle Streikbewegungen gegen den Lohnabbau zu verhindern und abzuwürgen versuchen.

Die Regierungsparteien und die Sozialdemokratie haben Hab und Gut, Leben und Existenz des werktätigen deutschen Volkes meistbietend an die Imperialisten des Auslands verkauft. Die sozialdemokratischen Führer, die Hermann Müller, Severing, Grzesinski und Zörgiebel, sind nicht nur die Henkersknechte der deutschen Bourgeoisie, sondern gleichzeitig die freiwilligen Agenten des französischen und polnischen Imperialismus.

Alle Handlungen der verräterischen, korrupten Sozialdemokratie sind fortgesetzter Hoch- und Landesverrat an den Lebensinteressen der arbeitenden Massen Deutschlands.

Nur wir Kommunisten kämpfen sowohl gegen den Young-Plan als auch gegen den Versailler Raubfrieden, den Ausgangspunkt der Versklavung aller Werktätigen Deutschlands, ebenso wie gegen alle internationalen Verträge, Vereinbarungen und Pläne (Locarnovertrag, Dawes-Plan, Young-Plan, deutsch-polnisches Abkommen usw.), die aus dem Versailler Friedensvertrag hervorgehen. Wir Kommunisten sind gegen jede Leistung von Reparationszahlungen, gegen jede Bezahlung internationaler Schulden.

Wir erklären feierlich vor allen Völkern der Erde, vor allen Regierungen und Kapitalisten des Auslands, daß wir im Falle unserer Machtergreifung alle sich aus dem Versailler Frieden ergebenden Verpflichtungen für null und nichtig erklären werden, daß wir keinen Pfennig Zinszahlungen für die imperialistischen Anleihen, Kredite und Kapitalanlagen in Deutschland leisten werden.

Wir führen und organisieren den Kampf gegen Steuern und Zölle, gegen die Verteuerung der Mieten und Gemeindetarife, gegen Lohnabbau, Erwerbslosigkeit und alle Versuche, die Lasten des Young-Planes auf die werktätige Bevölkerung in Stadt und Land abzuwälzen.

Die Faschisten (Nationalsozialisten) behaupten, sie seien gegen die vom Versailler Frieden gezogenen Grenzen, gegen die Abtrennung einer Reihe deutscher Gebiete von Deutschland. In Wirklichkeit unterdrückt der Faschismus überall, wo er an der Macht steht, die von ihm unterworfenen Völker (in Italien die Deutschen und Kroaten, in Polen die Ukrainer, Weißrussen und Deutschen, in Finnland die Schweden usw.). Die Führer der deutschen Faschisten, Hitler und seine Helfershelfer, aber erheben nicht ihre Stimme gegen die gewaltsame Angliederung Südtirols an das faschistische Italien. Hitler und die deutschen Nationalsozialisten schweigen über die Nöte der deutschen Bauernbevölkerung Südtirols, die unter dem Joch des italienischen Faschismus stöhnt. Hitler und seine Partei haben hinter dem Rücken des deutschen Volkes einen schmutzigen Geheimvertrag mit der italienischen Faschistenregierung abgeschlossen, auf Grund dessen sie die deutschen Gebiete Südtirols bedingungslos den ausländischen Eroberern ausliefern. Mit dieser schändlichen Tat haben Hitler und seine Partei die nationalen Interessen der werktätigen Massen Deutschlands in gleicher Weise an die Verailler Siegermächte verkauft, wie es die deutsche Sozialdemokratie seit zwölf Jahren unausgesetzt getan hat.

Wir Kommunisten erklären, daß wir keine gewaltsame Angliederung eines Volkes oder eines Volksteiles an andere nationale Staatsgebilde, daß wir keine einzige Grenze anerkennen, die ohne Zustimmung der werktätigen Massen und der wirklichen Mehrheit der Bevölkerung gezogen ist.

Wir Kommunisten sind gegen die auf Grund des Versailler Gewaltfriedens durchgeführte territoriale Zerreißung und Ausplünderung Deutschlands.

Die Faschisten (Nationalsozialisten) behaupten, ihre Bewegung richte sich gegen den Imperialismus. In Wirklichkeit aber treffen sie

Abkommen mit den Imperialisten (England, Italien). Sie wenden sich gegen den Freiheitskampf der Kolonialvölker (Indien, China, Indochina), verlangen für Deutschland Kolonien und hetzen zu neuen Kriegen, vor allem zur Intervention gegen die Sowjetunion, das einzige Land, dessen siegreiche Arbeiterklasse sich gegen alle Überfälle des Weltkapitals, gegen alle Raubzüge der Versailler Imperialisten siegreich mit Waffengewalt verteidigt hat. Überall, wo der Imperialismus unterdrückte Volksmassen knechtet, würgt und niederschießt, wirken die deutschen Faschisten durch ihre Vertreter mit: in China durch die Kapp-Putschisten Wetzel und Kriebel, in Südamerika durch die Militärmission des Generals Kuntz, in Österreich durch den Liebknecht-Mörder Pabst.

Wir Kommunisten sind die einzige Partei, die sich den Sturz des Imperialismus und die Befreiung der Völker von der Macht des Finanzkapitals zum Ziele setzt. Dehalb fordern wir die werktätigen Massen Deutschlands auf, vor allem gegen den Feind im eigenen Lande, für den Sturz der kapitalistischen Herrschaft und für die Aufrichtung der Sowjetmacht in Deutschland zu kämpfen, um den Versailler Friedensvertrag zu zerreißen und seine Folgen zu beseitigen.

Die Faschisten (Nationalsozialisten) behaupten, sie seien eine ,,nationale", eine ,,sozialistische" und eine ,,Arbeiter"partei. Wir erwidern darauf, daß sie eine volks- und arbeiterfeindliche, eine antisozialistische, eine Partei der äußersten Reaktion, der Ausbeutung und Versklavung der Werktätigen sind. Eine Partei, die bestrebt ist, den Werktätigen alles das zu nehmen, was ihnen selbst die bürgerlichen und sozialdemokratischen Regierungen noch nicht nehmen konnten. Eine Partei der mörderischen, faschistischen Diktatur, eine Partei der Wiederaufrichtung des Regimes der Junker und Offiziere, eine Partei der Wiedereinsetzung der zahlreichen Fürsten in ihre ,,angestammten" Rechte, der Offiziere und hohen Beamten in ihre Titel und Posten.

Die Faschisten (Nationalsozialisten) behaupten, sie seine Gegner der heutigen staatlichen und sozialen Ordnung. Zugleich aber beteiligen sie sich neben den Parteien des Großkapitals an der Regierung der Weimarer Republik in Thüringen. Sie teilen sich die Ministersessel mit der kapitalistischen Volkspartei und mit den Hausbesitzern der Wirtschaftspartei. Sie verhandeln in Sachsen mit allen Unternehmerparteien bis zur „Volksnationalen Vereinigung" über die Bildung einer gemeinsamen Regierung. Sie erklären sich zur Teilnahme an einer Reichsregierung mit allen bürgerlichen Youngparteien bereit. Sie bekleiden Polizeiämter in Thüringen. Sie werden von den Kapitalisten subventioniert. Sie dulden in ihren eigenen Reihen nicht nur Hohenzollernprinzen, Coburger Herzöge, adlige Herrschaften, sondern auch zahlreiche Rittergutsbesitzer, Industrieunternehmer, Millionäre, wie den Ausbeuter Kirdorff und andere Scharfmacher, wie den Textilfabrikanten Mutschmann.

Alle Parteien in Deutschland, mit der einzigen Ausnahme der Kommunistischen Partei, treiben Koalitonspolitik im Reiche, in Preußen, in Thüringen und den anderen Einzelstaaten. Alle Parteien außer den Kommunisten sind Koalitionsparteien, Regierungsparteien, Ministerparteien.

Nur wir Kommunisten sind gegen jede Zusammenarbeit mit der Bourgeoisie, für den revolutionären Sturz der gegenwärtigen kapitalistischen Gesellschaftsordnung, für die Aufhebung aller Rechte und Vorrechte der herrschenden Klassen, für die Abschaffung jeder Ausbeutung.

Die Nationalsozialisten behaupten, Wirtschaftskrisen und Ausplünderung der Massen seien lediglich Folgen des Youngplans; die Überwindung der Krise sei bereits gesichert, wenn Deutschland die Fesseln des Versailler Vertrages abstreife. Das ist ein grober Betrug. Um das deutsche Volk zu befreien, genügt es nicht, die Macht des Auslandskapitals zu brechen, sondern die Herrschaft der eigenen Bourgeoisie im eigenen Lande muß gleichzeitig gestürzt werden. Die Krise wütet nicht nur im Deutschland des Young-Plans, sondern auch in den siegreichen imperialistischen Ländern mit Amerika an der Spitze. Überall, wo die Kapitalisten und ihre Agenten, die Sozialdemokraten, am Ruder sind, werden die Massen in der gleichen Weise ausgebeutet. Nur in der Sowjetunion bewegen sich Industrie und Landwirtschaft auf aufsteigender Linie. Nur in der Sowjetunion wird die Erwerbslosigkeit beseitigt, werden die Löhne erhöht, werden die sozialpolitischen Errungenschaften der Werktätigen zu beispielloser Höhe ausgebaut. In allen kapitalistischen Ländern, in allen Ländern des Faschismus und der Sozialdemokratie wachsen

Elend und Hunger, Lohnabbau und Erwerbslosigkeit, Reaktion und Terror.

Die Kommunistische Partei Deutschlands entfaltet den schärfsten politischen und wehrhaften Massenkampf gegen den nationalverräterischen, antisozialistischen, arbeiterfeindlichen Faschismus.

Wir kämpfen für die Rettung der werktätigen Massen vor der drohenden Katastrophe . . .

Vollständiger Text in: Vietzke/Wohlgemuth, S. 498–506.

Nr. 99   Lagebericht Nr. 13 des Reichsministeriums des Innern vom 16. Juli 1932 über Einheitsfrontbestrebungen (Auszüge)

Die Erörterungen zwischen KPD und SPD über die Möglichkeit einer auch formalen Einheitsfront beider Parteien im Kampf gegen den „Faschismus" sind, was die SPD angeht, zu einem gewissen Abschluß gelangt. Der Parteivorstand der SPD hat sich – entsprechend seiner von taktischen Gründen diktierten vorsichtigen Haltung, die sich durch die wachsende Sympathie früherer linksbürgerlicher Wähler für eine Stimmabgabe zugunsten der SPD nur noch mehr empfiehlt – in einem Aufruf vom 28. Juni ausdrücklich gegen die von der KPD empfohlenen und auch jetzt noch angestrebten lokalen Verhandlungen ausgesprochen, ja diese sogar ausdrücklich verboten. Hierdurch entstehen, so heißt es in einem Rundschreiben, nur Uneinigkeit und Verwirrung statt Einigkeit und Klarheit. Erfolgversprechende Verhandlungen könnten nur von den zentralen Parteileitungen geführt werden. Weil aber die KPD sich mehrfach grundsätzlich und eindeutig gegen solche zentralen Verhandlungen ausgesprochen hat, bestätigt dieses Rundschreiben unsere Vermutung, daß die SPD im Grunde diese auch formale Einheitsfront nicht wünscht. Sie geht sogar so weit, daß sie Funktionäre, Ortsgruppenvorsitzende usw., die sich trotzdem in lokale Verhandlungen mit der KPD einließen, entweder aus der Partei ausschließt oder die Schuldigen veranlaßt, ihre gegebene Zustimmung zur Teilnahme an Einheitsfrontkomitees oder -aktionen zurückzuziehen. Demgegenüber bemüht sich die KPD weiter, eine Einheitsfront im lokalen Maßstabe herzustellen . . .

Andererseits erklären kommunististische Führer und Redner immer wieder, daß die KPD für die Bildung der antifaschistischen Einheitsfront nicht die Bedingung eines Übertritts zur KPD stelle, daß sie auch nichts lieber täte (??), als die Führung in den Einheitsfrontausschüssen den wirklich kampfgewillten Arbeitern, ungeachtet ihrer Organisationszugehörigkeit, selbst zu übergeben. Die KPD wolle lediglich diese Einheitsfront aufstellen. Sie wolle lediglich gemeinsam mit allen Arbeitern gegen den Faschismus kämpfen, den roten Massenselbstschutz schaffen, gegen die Notverordnungen der Regierungen den gemeinsamen Massenkampf aller Arbeiter einsetzen, d. h. als wirkungsvollste Kampfmaßnahme den politischen Massenstreik organisieren. Aus allen Reden und Anweisungen klingt immer wieder die gleiche Aufforderung „Schreitet endlich zur antifaschistischen Tat!" oder: „Findet immer neue Formen der Antifaschistischen Aktion!" Bedingungen, die die SPD für die Einheitsfront stellt, könne und wolle die KPD nicht annehmen, wie sie ihrerseits auch den sozialdemokratischen Arbeitern keine andere Bedingung für die Einreihung in die antifaschistische Einheitsfront stelle als den Willen zum Kampf . . .

Im ganzen Reiche gehen die praktischen Einheitsfrontaktionen weiter. SPD-Betriebsräte erscheinen als Delegierte ihrer Kameraden in kommunistischen Versammlungen; in Duisburg erörterten Funktionäre der Eisernen Front im Parteibüro der KPD Einheitsfrontmaßnahmen. Gemeinsame Sargwachen und Beteiligungen bei Beerdigungen sind schon überall die Regel, ebenso wie bei oder nach nationalsozialistischen Aufmärschen regelmäßig wirklich überparteiliche Demonstrationen veranstaltet werden. Sozialdemokraten erscheinen bei den vielerorts veranstalteten antifaschistischen Kongressen der KPD, wenn auch noch nicht in der von der KPD erhofften Zahl; Gewerkschaftsfunktionäre erklären, daß man die entgegengehaltene Bruderhand der KPD nicht zurückweisen dürfe, und äußern Kritik an der Politik von SPD und ADGB. Die Duisburger „Volksstimme", SPD-Organ, begrüßte das Zustandekommen der Einheitsfront, die spontan von unten her kommen würde. Hilferding rühmte in einer Essener Rede, daß bei der Demonstration im Berliner Lustgarten die Kommunisten in „vorbildlicher Disziplin" mitmarschiert seien usw. usw. So sieht man also, daß der Vorstand der SPD im Prinzip nichts gegen die Bildung der Einheitsfront auf lokaler Basis hat, solange natürlich die Machtstellung der SPD und ihr Einfluß auf das Proletariat hierdurch nicht berührt werden, daß er aber, und zwar mit Rücksicht auf die von rechts her erwarteten Wähler und mit Rücksicht auf spätere Koalitionsmöglichkeiten, eine offizielle Verantwortung für eine auch formale Einheitsfront mit den Kommunisten nicht übernehmen will.

Aus: Geschichte der deutschen Arbeiterbewegung, Bd. 4, S. 583 f.

Nr. 100   Aufruf der Berliner Leitungen des Allgemeinen Deutschen Gewerkschaftsbundes, des Allgemeinen freien Angestelltenbundes und des Allgemeinen Deutschen Beamtenbundes, veröffentlicht am 21. Juli 1932, nach dem Staatsstreich Papens gegen Preußen

Warnung vor Provokateuren
Die Berliner gewerkschaftlichen Spitzenkörperschaften stimmen mit der Erklärung der gewerkschaftlichen Reichszentralen aller Richtungen und der Kampfleitung Berlin der Eisernen Front überein. Sie betonen:
   Nur die von den Organisationen der Eisernen Front gegebenen Parolen werden befolgt.
   Haltet Disziplin! Laßt euch nicht provozieren! Jetzt muß jeder wirkliche Kämpfer die Nerven behalten!
   Provokateure verteilen unter Mißbrauch des Namens der Eisernen Front Flugblätter, worin sie zum Generalstreik auffordern. Stellt diese Provokateure fest!
   Mit der zu Donnerstag abend von den Kommunisten einberufenen Betriebsrätekonferenz haben die Gewerkschaften nichts zu tun.

Ortsausschuß Berlin des
Allgemeinen Deutschen Gewerkschaftsbundes
Ortskartell Berlin des
Allgemeinen freien Angestelltenbundes
Bezirksausschuß Berlin des
Allgemeinen Deutschen Beamtenbundes

Aus: Vorwärts, Berlin, 21. Juli 1932, Morgenausgabe; abgedruckt in: Geschichte der deutschen Arbeiterbewegung, Bd. 4, S. 592.

Nr. 101 Resolution der Parteikonferenz der KPD vom Oktober 1932 (Auszüge)

IV.

Die Herrschaft der Regierung Papen–Schleicher in Deutschland, die mit Hilfe der Reichswehr, des Stahlhelms und der Nationalsozialisten errichtet wurde, für die Sozialdemokraten und das Zentrum den Weg gebahnt haben, stellt eine der Formen der faschistischen Diktatur dar. In den ersten Interessen-Gegensätzen der verschiedenen Kapitalistengruppierungen (Schwerindustrie, Chemiekapital, Großagrarier, Klein- und Mittelindustrie), in den Fragen der sogeannnten „Autarkie", der Subventionen und der Finanzpolitik, in den widerstrebenden monarchistischen Restaurationsbestrebungen, in den verschärften Auseinandersetzungen innerhalb der faschistischen Bürgerkriegstruppen (Hitler-SA und Stahlhelm), in dem Konflikt zwischen Deutschnationalen und Nationalsozialisten und den Differenzen der faschistischen Machthaber mit ihren Wegbereitern, der SPD und dem Zentrum, zeigt sich die Zerklüftung im Klassenlager der Bourgeoisie auf Grund der Krise des Kapitalismus.

Die faschistische Papen–Schleicher-Regierung entfaltet in ihrer Außenpolitik verstärkte imperialistische Aggressivität (Manöver an der Ostgrenze, Haltung in Genf, Verschärfung des Kampfes um die Märkte mit Zoll- und Kontingentierungspolitik). Sie betreibt die Militarisierung der Jugend und den Kampf für imperialistische Aufrüstung Deutschlands, steigert die aktive Rolle des deutschen Imperialismus bei der Vorbereitung der konterrevolutionären Krieges gegen die Sowjetunion . . .

Das Programm der faschistischen Diktatur im Innern ist die Zertrümmerung der revolutionären Organisationen und Einrichtungen des Proletariats und die schrankenlose Ausplünderung der Massen, Lohnabbau, Teuerung, Beseitigung aller Arbeiterrechte, Aufhebung der Gewerbefreiheit, Zwangsarbeit, Streikverbote, Ausnahmegerichte, faschistische „Verfassungsreform" unter Beseitigung der letzten „demokratischen" Rechte (Ausschaltung des Reichstags, zweite Kammer, Wahlrechtsraub), monarchistische Restauration.

V.

Auch nach der weitgehenden Verdrängung der sozialfaschisti-schen Führer aus den höheren Staatsfunktionen (20. Juli) schlagen die Führer der SPD gegenwärtig immer entschiedener den Kurs der Tolerierung der Papen–Schleicher-Regierung als „kleineres Übel" gegenüber einer Hitler-Regierung ein (Anerkennung der „Recht-mäßigkeit" der Notverordnungen und der Reichstagsauflösung, Se-verings Eintreten für einen Staatskommissar in Preußen usw.).

Die SPD hat in Deutschland den Faschismus an die Macht ge-bracht wie die Sozialfaschisten in Polen und Italien, sie kämpft kei-neswegs gegen den Faschismus, sondern hinderte und hindert im Gegenteil aktiv den Kampf der Massen gegen die faschistische Dik-tatur (20. Juli).

Während sich ihr Masseneinfluß verringert, greifen die sozialde-mokratischen Führer zu immer neuen Betrugsmethoden. Unter scheinbarem Eintreten für Endzielforderungen („Sozialismus", „Umbau der Wirtschaft", „Sozialistische Aktion"), unter schein-barem Kampf gegen die heutige Form der bürgerlichen Diktatur („Zweite Republik", „Rückkehr zur Demokratie" oder „Verteidi-gung der Demokratie") treten sie in der Tat gegen die Kämpfe zur Si-cherung der Existenz der Arbeiterklasse und der Werktätigen auf, vertrösten das Proletariat auf Wahlen und andere parlamentarische Aktionen, um es vom Klassenkampf abzuhalten . . .

VI.

Das riesige Anwachsen der faschistischen Massenbewegung der Nationalsozialisten auf Grund der chauvinistischen Welle ermög-lichte den faschistischen Machthabern die Machtergreifung. Die Po-litik des Finanzkapitals, die gegenwärtig die Ausübung der Regie-rungsgewalt durch die faschistische Terrororganisation Hitlers ab-lehnt, entspringt einerseits der Furcht vor der allzu schroffen Ver-schärfung der inneren und äußeren Gegensätze, andererseits dem Bestreben der Bourgeoisie, die Reserven der faschistischen Massen-bewegung möglichst unversehrt zu halten und sie zugleich zu „ka-nalisieren", das heißt, durch Überwindung der störenden Faktoren vollends zu einem sicheren Instrument der faschistischen Diktatur zu machen.

Durch den wachsenden revolutionären Aufschwung des Proletariats, die steigende Radikalisierung der werktätigen Mittelschichten auf Grund ihrer Verelendung durch die Papen-Politik, die Nichteinlösung der maßlosen Wahlversprechen Hitlers, die stärkeren Fortschritte des antifaschistischen Massenkampfes der KPD ist der bisherige Aufschwung der nationalsozialistischen Bewegung zum Stillstand gekommen und hat einer rückläufigen Bewegung Platz gemacht.

Die Rolle der Hitler-Partei als Stütze der schrankenlosen Ausbeutung, ihre Hilfestellung für die Regierung der Kapitalisten, Junker und Generale und den Lausanner Tributpakt, die Rolle des faschistischen Mordterrors gegen die revolutionäre Arbeiterschaft – das alles hat den Beginn einer Enttäuschung der werktätigen Anhängermassen des Nationalsozialismus eingeleitet.

Vollständiger Text in: O. K. Flechtheim, Die KPD in der Weimarer Republik, S. 285–294

Kapitel III

Die Errichtung der Diktatur

Einleitung

Sogleich nach der Übertragung der politischen Macht an die Führer
der NSDAP und ihre Koalitionspartner wurde die Errichtung einer
reaktionären terroristischen Diktatur in Angriff genommen. Dies
erforderte zunächst die Zerschlagung des Hauptfeinds, also der Arbeiterbewegung: Viele tausend Arbeiterfunktionäre wurden schon
im Laufe des Jahres 1933 verhaftet, gefoltert und ermordet. Der Terror, hauptsächlich getragen von der faschistischen Miliz, der SA, die
nun offiziell als Hilfspolizei fungierte, richtete sich zunächst hauptsächlich gegen die Kommunistische Partei, so daß bei den Sozialdemokraten und Gewerkschaften vorübergehend die Illusion entstand, sie seien nicht gemeint, wenn von der „Ausrottung des Marxismus" die Rede war. Doch sehr rasch machten die Faschisten klar,
daß die gesamte Arbeiterbewegung – auch die reformistische – zerschlagen und darüber hinaus alle demokratischen Rechte und parla-
mentarisch-rechtsstaatlichen Institutionen vernichtet werden sollten: Am 2. Mai 1933 wurden die Gewerkschaftshäuser von der SA
besetzt und die Gewerkschaften aufgelöst; einige Wochen später,
am 22. Juni, wurde die SPD verboten (Nr. 107), und am 14. Juli
wurde das Gesetz gegen Neubildung von Parteien verkündet (Nr.

108). Damit war formal wie tatsächlich der faschistische Einparteienstaat errichtet.

Ebenso wie die Übernahme der politischen Macht war auch die Errichtung der Diktatur nur möglich, weil die maßgeblichen Kräfte der herrschenden Klasse dies betrieben und unterstützten. Bereits am 3. Februar 1933 entwickelte Hitler den führenden Repräsentanten der Reichswehr sein Programm der Zerschlagung der Demokratie und der Arbeiterbewegung und der Vorbereitung des Krieges (Nr. 112), und am 20. Februar entwickelte er das gleiche Programm den maßgeblichen Wirtschaftsführern (Nr. 109). Diese bekundeten, daß dies genau ihren Zielen entsprach. Zur ideologischen Rechtfertigung der Errichtung der Diktatur trugen die beiden Kirchen wesentlich bei, die im Faschismus einen Bundesgenossen im Kampf gegen Marxismus, Liberalismus, Rationalismus und Atheismus erblickten und ihre Gläubigen deshalb zur Unterstützung des faschistischen Staates aufriefen (Nr. 113–121). Und die bürgerlichen Parteien, die ihre Massenbasis ohnehin weitgehend an die NSDAP verloren hatten, stimmten am 24. März dem Ermächtigungsgesetz der Regierung Hitler und damit der Abschaffung des demokratischen Verfassungssystems zu und lösten sich dann größtenteils freiwillig auf, wobei sie ihre Mitglieder und Anhänger zum Teil ausdrücklich zur Unterstützung des neuen Systems aufforderten (Nr. 122–125).

Das deutsche Volk war – so offensichtlich wie nie vorher – in zwei Teile zerrissen: Während der faschistische Terror durch die Arbeiterviertel tobte, während Arbeiterführer in großer Zahl abtransportiert, eingekerkert und ermordet wurden, schien der Jubel im bürgerlichen Lager keine Grenzen zu kennen. Bischöfe und Wirtschaftsführer, Journalisten, Professoren und studentische Korporationen verkündeten, daß nun eine neue große Zeit begonnen habe, deren Schwung alle mitreiße. Leise Stimmen des Zweifels, die – aus christlichen oder humanistischen Gründen – Vorbehalte geltend zu machen versuchten, konnten sich in diesem Freudentaumel kein Gehör verschaffen.

Die Arbeiterbewegung wurde vom Terror überrollt und gelangte nicht zu koordinierter, aktiver Gegenwehr. Dafür war vor allem die Spaltung zwischen Kommunisten und Sozialdemokraten verantwortlich, die vom Faschismus vorzüglich ausgenutzt wurde: Die erste Terrorwelle richtete sich fast ausschließlich gegen die Kommunistische Partei und führte zu deren weitgehender Zerschlagung. Bei der Sozialdemokratie und dem Allgemeinen Deutschen Gewerkschaftsbund (ADGB), die schon beim Staatsstreich Papens gegen Preußen am 20. Juli 1932 betont hatten, daß gewaltsamer Widerstand nicht in Betracht komme (vgl. Nr. 100), hielten die Führungsgruppen auch jetzt an ihrer „legalen" Politik fest (Nr. 127 und 129), zumal sie hofften, der faschistische Terror bleibe im wesentlichen auf Kommunisten beschränkt, und sie selbst könnten durch Anpassung die Fortexistenz ihrer Organisationen retten. So waren die Gewerkschaften noch am 1. Mai 1933 bereit, gemeinsam mit der NS-Betriebszellenorganisation (NSBO) Demonstrationen durchzuführen – und einen Tag später wurden sie aufgelöst. Die SPD-Reichstagsfraktion stimmte zwar – als einzige – gegen das Ermächtigungsgesetz, erwähnte aber in ihrer Erklärung (Nr. 128) mit keinem Wort den Terror gegen die Kommunisten, dem auch die 83 kommunistischen Reichstagsabgeordneten schon zum Opfer gefallen waren. Und am 17. Mai bescheinigten die noch nicht emigrierten Teile dieser Fraktion der Hitler-Regierung sogar öffentlich, sie betreibe eine Friedenspolitik. All dies bewahrte sie natürlich nicht vor Auflösung und Verfolgung. So konnte die Arbeiterbewegung in Deutschland beinahe kampflos vernichtet werden – im Unterschied zu Frankreich, wo der gemeinsame Widerstand der gesamten Arbeiterbewegung 1934 den Angriff des Faschismus zurückschlagen konnte, und zu Spanien, wo der Faschismus nur durch die militärische Unterstützung der beiden faschistischen Mächte Deutschland und Italien und erst nach einem dreijährigen Bürgerkrieg seine Diktatur errichten konnte.

Nr. 102–108 zeigen die wichtigsten juristischen und politischen Maßnahmen zur Vernichtung der Demokratie. Es ist bezeichnend, daß die faschistische Regierung sich bei der Errichtung der Diktatur und auch fortan formaljuristisch auf den Notstandsartikel der Weimarer Verfassung (Art. 48) stützte (Nr. 102) und daß eine der ersten Maßnahmen darin bestand, ein Berufsverbot für Kommunisten und Sozialisten (und natürlich für Juden) im öffentlichen Dienst zu verhängen (Nr. 106). Nr. 104a vermittelt einen Eindruck von der Zahl der Opfer des faschistischen Terrors in dieser Anfangsphase und Nr. 105 von den ersten Schritten zur Diskriminierung der Juden.

Nr. 109–124 veranschaulichen die politische und ideologische Hilfe der Bundesgenossen der NSDAP bei der Errichtung der Diktatur: des Kapitals, des Militärs, der Kirchen und der bürgerlichen Parteien. Relativ ausführlich wird die Haltung der katholischen Kirche dargestellt (Nr. 113–118), weil diese bis zur Übertragung der politischen Macht an Hitler die katholischen Parteien Zentrum und Bayerische Volkspartei unterstützt und vor der Wahl der NSDAP gewarnt hatte. Sie ließ nun – getragen von einer starken Bewegung in den katholischen Verbänden – ihre bisherigen politischen Interessenvertreter fallen und suchte eine direkte Verbindung mit dem faschistischen Staat. Das Konkordat, das der Vatikan am 20. Juli 1933 mit der Hitler-Regierung schloß, bedeutete eine enorme Aufwertung der faschistischen Diktatur in der internationalen Öffentlichkeit. Die evangelische Kirche war sogar bereit, Berufsverbot und Arierparagraph des faschistischen Staates für die kirchlichen Institutionen zu übernehmen (Nr. 120).

Nr. 126–129 zeigen die Haltung der Sozialdemokratie, der Freien Gewerkschaften (die der SPD nahestanden) und der KPD zur Bildung der Regierung Hitler und zu den folgenden Ereignissen. Aus Nr. 126 und 127 a geht hervor, daß die Kommunisten das Wesen und die drohenden Folgen des Faschismus deutlich erkannten und zu gemeinsamem Widerstand bereit und entschlossen waren. SPD und ADGB aber glaubten auch jetzt noch, der Legalität verpflichtet zu sein und warnten sogar ihre Mitglieder und Funktionäre vor aktivem Widerstand (Nr. 127 und 129). Bereits im Sommer 1933 war die vom Faschismus als Hauptfeind gekennzeichnete Arbeiterbewegung vernichtet – und mit ihr auch Freiheit, Recht und Demokratie. Die Grundlagen für die faschistische Diktatur waren geschaffen.

1. Die Maßnahmen der faschistischen Regierung bis zur Errichtung des Einparteienstaates

Nr. 102   Verordnung des Reichspräsidenten zum ,,Schutz von Volk und Staat" vom 28. Februar 1933

Auf Grund des Artikels 48 Abs. 2 der Reichsverfassung wird zur Abwehr kommunistischer staatsgefährdender Gewaltakte folgendes verordnet:

§ 1. Die Artikel 114, 115, 117, 118, 123, 124 und 153 der Verfassung des Deutschen Reichs werden bis auf weiteres außer Kraft gesetzt. Es sind daher Beschränkungen der persönlichen Freiheit, des Rechts der freien Meinungsäußerung, einschließlich der Pressefreiheit, des Vereins- und Versammlungsrechts, Eingriffe in das Brief-, Post-, Telegraphen- und Fernsprechgeheimnis, Anordnungen von Haussuchungen und von Beschlagnahmen sowie Beschränkungen des Eigentums auch außerhalb der sonst hierfür bestimmten gesetzlichen Grenzen zulässig.

§ 2. Werden in einem Lande die zur Wiederherstellung der öffentlichen Sicherheit und Ordnung nötigen Maßnahmen nicht getroffen, so kann die Reichsregierung insoweit die Befugnisse der obersten Landesbehörde vorübergehend wahrnehmen.

§ 3. Die Behörden der Länder und Gemeinden (Gemeindeverbände) haben den auf Grund des § 2 erlassenen Anordnungen der Reichsregierung im Rahmen ihrer Zuständigkeit Folge zu leisten.

§ 4. Wer den von den obersten Landesbehörden oder den ihnen nachgeordneten Behörden zur Durchführung dieser Verordnung erlassenen Anordnungen oder den von der Reichsregierung gemäß § 2 erlassenen Anordnungen zuwiderhandelt oder wer zu solcher Zuwiderhandlung auffordert oder anreizt, wird, soweit nicht die Tat nach anderen Vorschriften mit einer schwereren Strafe bedroht ist, mit Gefängnis nicht unter einem Monat oder mit Geldstrafe von 150 bis zu 15 000 Reichsmark bestraft.

Wer durch Zuwiderhandlung nach Abs. 1 eine gemeine Gefahr für Menschenleben herbeiführt, wird mit Zuchthaus, bei mildernden Umständen mit Gefängnis nicht unter sechs Monaten und, wenn die Zuwiderhandlung den Tod eines Menschen verursacht, mit dem Tode, bei mildernden Umständen mit Zuchthaus nicht unter zwei Jahren bestraft. Daneben kann auf Vermögenseinziehung erkannt werden.

Wer zu einer gemeingefährlichen Zuwiderhandlung (Abs. 2) auffordert oder anreizt, wird mit Zuchthaus, bei mildernden Umständen mit Gefängnis nicht unter drei Monaten bestraft.

§ 5. Mit dem Tode sind die Verbrechen zu bestrafen, die das Strafgesetzbuch in den §§ 5! (Hochverrat), 229 (Giftbeibringung), 307 (Brandstiftung), 311 (Explosion), 312 (Überschwemmung), 315 Abs. 2 (Beschädigung von Eisenbahnanlagen), 324 (gemeingefährliche Vergiftung) mit lebenslangem Zuchthaus bedroht.

Mit dem Tode oder, soweit nicht bisher eine schwerere Strafe angedroht ist, mit lebenslangem Zuchthaus oder mit Zuchthaus bis zu 15 Jahren wird bestraft:

1. Wer es unternimmt, den Reichspräsidenten oder ein Mitglied oder einen Kommissar der Reichsregierung oder einer Landesregierung zu töten oder wer zu einer solchen Tötung auffordert, sich erbietet, ein solches Erbieten annimmt oder eine solche Tötung mit einem anderen verabredet;

2. wer in den Fällen des § 115 Abs. 2 des Strafgesetzbuchs (schwerer Aufruhr) oder des § 125 Abs. 2 des Strafgesetzbuchs (schwerer Landfriedensbruch) die Tat mit Waffen oder in bewußtem und gewolltem Zusammenwirken mit einem Bewaffneten begeht;

3. wer eine Freiheitsberaubung (§ 239 des Strafgesetzbuchs) in der Absicht begeht, sich des der Freiheit Beraubten als Geisel im politischen Kampfe zu bedienen.

§ 6. Diese Verordnung tritt mit dem Tage der Verkündung in Kraft.

Aus: Huber, S. 102 f.

Nr. 102a   Reichsgesetz über „Verhängung und Vollzug der Todes-strafe" vom 29. März 1933

§ 1. § 5 der Verordnung des Reichspräsidenten zum Schutze von Volk und Staat vom 28. Februar 1933 (RGBl. I S. 83) gilt auch für Taten, die in der Zeit zwischen dem 31. Januar und dem 28. Februar 1933 begangen sind.

§ 2. Ist jemand wegen eines gegen die öffentliche Sicherheit gerichteten Verbrechens zum Tode verurteilt, so kann die Regierung des Reichs oder des Landes, durch deren Behörden das Urteil zu vollstrecken ist, anordnen, daß die Vollstreckung durch Erhängen erfolgt.

Aus: Huber, S. 102 f.

Nr. 103   Verordnung des Reichspräsidenten „zur Abwehr heim-tückischer Angriffe gegen die Regierung der nationalen Erhebung" vom 21. März 1933 (Auszug)

Auf Grund des Artikels 48, Abs. 2 der Reichsverfassung wird folgendes verordnet: . . .

§ 3

(1) Wer vorsätzlich eine unwahre oder gröblich entstellte Behauptung tatsächlicher Art aufstellt oder verbreitet, die geeignet ist, das Wohl des Reiches oder eines Landes oder das Ansehen der Reichsregierung oder einer Landesregierung oder der hinter diesen Regierungen stehenden Parteien oder Verbände schwer zu schädigen, wird, soweit nicht in anderen Vorschriften eine schwerere Strafe angedroht ist, mit Gefängnis bis zu zwei Jahren und, wenn er die Behauptung öffentlich aufstellt oder verbreitet, mit Gefängnis nicht unter drei Monaten bestraft.

(2) Ist durch die Tat ein schwerer Schaden für das Reich oder ein Land entstanden, so kann auf Zuchthausstrafe erkannt werden.

(3) Wer die Tat grob fahrlässig begeht, wird mit Gefängnis bis zu drei Monaten oder mit Geldstrafe bestraft.

Aus: Dokumente der deutschen Politik und Geschichte von 1848 bis zur Gegenwart, hg. v. J. Hohlfeld, Bd. IV, Berlin u. München, S. 27 f.

Nr. 104   Gesetz zur „Behebung der Not von Volk und Reich", Ermächtigungsgesetz vom 24. März 1933

Der Reichstag hat das folgende Gesetz beschlossen, das mit Zustimmung des Reichsrats hiermit verkündet wird, nachdem festgestellt ist, daß die Erfordernisse verfassungsändernder Gesetzgebung erfüllt sind:

Art. 1. Reichsgesetze können außer in dem in der Reichsverfassung vorgesehenen Verfahren auch durch die Reichsregierung beschlossen werden. Dies gilt auch für die in den Artikeln 85 Abs. 2 und 87 der Reichsverfassung bezeichneten Gesetze.

Art. 2. Die von der Reichsregierung beschlossenen Reichsgesetze können von der Reichsverfassung abweichen, soweit sie nicht die Einrichtung des Reichstags und des Reichsrats als solche zum Gegenstand haben. Die Rechte des Reichspräsidenten bleiben unberührt.

Art. 3. Die von der Reichsregierung beschlossenen Reichsgesetze werden vom Reichskanzler ausgefertigt und im Reichsgesetzblatt verkündet. Sie treten, soweit sie nichts anderes bestimmen, mit dem auf die Verkündung folgenden Tage in Kraft. Die Artikel 68 bis 77 der Reichsverfassung finden auf die von der Reichsregierung beschlossenen Gesetze keine Anwendung.

Art. 4. Verträge des Reichs mit fremden Staaten, die sich auf Gegenstände der Reichsgesetzgebung beziehen, bedürfen nicht der Zustimmung der an der Gesetzgebung beteiligten Körperschaften. Die Reichsregierung erläßt die zur Durchführung dieser Verträge erforderlichen Vorschriften.

Art. 5. Dieses Gesetz tritt mit dem Tage seiner Verkündung in Kraft. Es tritt mit dem 1. April 1937 außer Kraft; es tritt ferner außer Kraft, wenn die gegenwärtige Reichsregierung durch eine andere abgelöst wird.

Aus: Huber, S. 604

Nr. 104a   Opfer des faschistischen Terrors Anfang 1933 bis Mitte 1935 (nach unvollständigen Angaben der Roten Hilfe)

Ermordete	4 656
Prozesse	4 619
Angeklagte	21 433
Verurteilte	18 939
Todesstrafen	98
Lebenslänglich Zuchthaus	28
Gefängnis- und Zuchthausstrafen (Jahre)	36 247

Aus: K. Mammach, Die deutsche antifaschistische Widerstandsbewegung 1933–1939, Berlin 1974, S. 89

5Nr. 105   Anordnung der Parteileitung der NSDAP vom 28. März 1933 über die Durchführung antisemitischer Maßnahmen (Auszüge)

1. In jeder Ortsgruppe und Organisationsgliederung der NSDAP sind sofort Aktionskomitees zu bilden zur praktischen, planmäßigen Durchführung des Boykotts jüdischer Waren, jüdischer Ärzte und jüdischer Rechtsanwälte. Die Aktionskomitees sind verantwortlich dafür, daß der Boykott keinen Unschuldigen, um so härter aber die Schuldigen trifft . . .

3. Die Aktionskomitees haben sofort durch Propaganda und Aufklärung den Boykott zu popularisieren. Grundsatz: Kein Deutscher kauft noch bei einem Juden oder läßt von ihm und seinen Hintermännern Waren anpreisen. Der Boykott muß ein allgemeiner sein. Er wird vom ganzen Volk getragen und muß das Judentum an seiner empfindlichsten Stelle treffen . . .

8. Der Boykott setzt nicht verzettelt ein, sondern schlagartig; in dem Sinne sind augenblicklich alle Vorarbeiten zu treffen. Es ergehen Anordnungen an die SA und SS, um vom Augenblick des Boykotts ab durch Posten die Bevölkerung vor dem Betreten der jüdischen Geschäfte zu warnen. Der Boykottbeginn ist durch Plakatanschlag und durch die Presse, durch Flugblätter usw. bekanntzugeben. Der Boykott setzt schlagartig Samstag, den 1. April, Punkt 10 Uhr vormittags ein. Er wird fortgesetzt so lange, bis nicht eine Anordnung der Parteileitung die Aufhebung befiehlt.

9. Die Aktionskomitees organisieren sofort in Zehntausenden von Massenversammlungen, die bis in das kleinste Dorf hineinzureichen haben, die Forderung nach Einführung einer relativen Zahl für die Beschäftigung der Juden in allen Berufen entsprechend ihrer Beteiligung an der deutschen Volkszahl. Um die Stoßkraft der Aktion zu erhöhen, ist diese Forderung zunächst auf drei Gebiete zu beschränken: a) auf den Besuch an den deutschen Mittel- und Hochschulen, b) für den Beruf der Ärzte, c) für den Beruf der Rechtsanwälte . . .

Aus: Völkischer Beobachter vom 30. 3. 1933

*Nr. 106   Gesetz zur „Wiederherstellung des Berufsbeamtentums"
vom 7. April 1933 (Auszüge)*

§ 1

(1) Zur Wiederherstellung eines nationalen Berufsbeamtentums und zur Vereinfachung der Verwaltung können Beamte nach Maßgabe der folgenden Bestimmungen aus dem Amt entlassen werden, auch wenn die nach dem geltenden Recht hierfür erforderlichen Voraussetzungen nicht vorliegen . . .

§ 2

(1) Beamte, die seit dem 9. November 1918 in das Beamtenverhältnis eingetreten sind, ohne die für ihre Laufbahn vorgeschriebene oder übliche Vorbildung oder sonstige Eignung zu besitzen, sind aus dem Dienst zu entlassen. Auf die Dauer von drei Monaten nach der Entlassung werden ihnen ihre bisherigen Bezüge belassen.

§ 3

(1) Beamte, die nichtarischer Abstammung sind, sind in den Ruhestand (Paragraphen 8 ff.) zu versetzen. Soweit es sich um Ehrenbeamte handelt, sind sie aus dem Amtsverhältnis zu entlassen.

(2) Absatz 1 gilt nicht für Beamte, die bereits seit dem 1. August 1914 Beamte gewesen sind oder die im Weltkrieg an der Front für das Deutsche Reich oder für seine Verbündeten gekämpft haben oder deren Väter oder Söhne im Weltkrieg gefallen sind. Weitere Ausnahmen können der Reichsminister des Innern im Einvernehmen

mit dem zuständigen Reichsminister oder die obersten Landesbehörden für Beamte im Ausland zulassen.

§ 4

Beamte, die nach ihrer bisherigen politischen Betätigung nicht die Gewähr dafür bieten, daß sie jederzeit rückhaltlos für den nationalen Staat eintreten, können aus dem Dienst entlassen werden . . .

§ 14

(1) Gegen die auf Grund dieses Gesetzes in den Ruhestand versetzten oder entlassenen Beamten ist auch nach ihrer Versetzung in den Ruhestand oder nach ihrer Entlassung die Einleitung eines Dienststrafverfahrens wegen der während des Dienstverhältnisses begangenen Verfehlungen mit dem Ziele der Aberkennung des Ruhegeldes, der Hinterbliebenenversorgung, der Amtsbezeichnung, des Titels, der Dienstkleidung und der Dienstabzeichen zulässig . . .

§ 15

Auf Angestellte und Arbeiter finden die Vorschriften über Beamte sinngemäße Anwendung.

Das Nähere regeln die Ausführungsbestimmungen.

Vollständiger Text in: Hohlfeld, Bd. IV, S. 53 ff.

Nr. 107   Verbot der SPD vom 22. 6. 1933. Die amtliche Begründung (Auszüge)

Die Vorgänge der letzten Zeit haben den unumstößlichen Beweis dafür geliefert, daß die deutsche Sozialdemokratie vor hoch- und landesverräterischen Unternehmungen gegen Deutschland und seine rechtmäßige Regierung nicht zurückschreckt. Führende Persönlichkeiten der SPD, wie Wels, Breitscheid, Stampfer, Vogel, befinden sich seit Wochen in Prag, um von dort aus den Kampf gegen die nationale Regierung in Deutschland zu führen . . .

Dies alles zwingt zu dem Schluß, die Sozialdemokratische Partei Deutschlands als eine staats- und volksfeindliche Partei anzusehen, die keine andre Behandlung mehr beanspruchen kann, wie sie der

Kommunistischen Partei gegenüber angewandt worden ist. Der Reichsminister des Innern hat daher die Landesregierungen ersucht, auf Grund der Verordnung des Reichspräsidenten zum Schutz von Volk und Staat vom 28. Februar 1933 die notwendigen Maßnahmen gegen die SPD zu treffen. Insbesondere sollen sämtliche Mitglieder der SPD, die heute noch den Volksvertretungen und Gemeindevertretungen angehören, von der weiteren Ausübung ihrer Mandate sofort ausgeschlossen werden. Den Ausgeschlossenen werden selbstverständlich die Diäten gesperrt. Der Sozialdemokratie kann auch nicht mehr die Möglichkeit gewährt werden, sich in irgendeiner Form propagandistisch zu betätigen. Versammlungen der Sozialdemokratischen Partei sowie ihrer Hilfs- und Ersatzorganisationen werden nicht mehr erlaubt werden. Ebenso dürfen sozialdemokratische Zeitungen und Zeitschriften nicht mehr herausgegeben werden. Das Vermögen der Sozialdemokratischen Partei und ihrer Hilfs- und Ersatzorganisationen wird, soweit es nicht bereits in Verbindung mit der Auflösung der freien Gewerkschaften sichergestellt worden ist, beschlagnahmt. Mit dem landesverräterischen Charakter der Sozialdemokratischen Partei ist die weitere Zugehörigkeit von Beamten, Angestellten und Arbeitern, die aus öffentlichen Mitteln Gehalt, Lohn oder Ruhegeld beziehen, zu dieser Partei selbstverständlich unvereinbar.

Vollständiger Text in: Hohlfeld, Bd. IV, S. 69 f.

Nr. 108   Gesetz gegen die Neubildung von Parteien vom 14. Juli 1933

§ 1

In Deutschland besteht als einzige politische Partei die Nationalsozialistische Deutsche Arbeiter-Partei.

§ 2

Wer es unternimmt, den organisatorischen Zusammenhalt einer anderen politischen Partei aufrechtzuerhalten oder eine neue politische Partei zu bilden, wird, sofern nicht die Tat nach anderen Vorschriften mit einer höheren Strafe bedroht ist, mit Zuchthaus bis zu drei Jahren oder mit Gefängnis von sechs Monaten bis zu drei Jahren bestraft.

Aus: Hohlfeld, Bd. IV, S. 83

2. Die machtpolitischen Grundlagen und Stützen

a) Das Kapital

Nr. 109 „Rede Hitlers am 20. 2. 1933 vor führenden Industriellen *(Auszüge)*

„Mit dem Jahre 1918 ist ein ganzes System zusammengebrochen. Daß es so kommen mußte, wurde vielfach vorausgesehen, auch von Führern der Wirtschaft, vor allem von Herrn Geheimrat Kirdorf. Die Revolution, die uns das Jahr 1918 brachte, war nur bedingt. Sie brachte uns jedenfalls nicht die Umwälzungen wie in Rußland, sondern nur eine neue Geisteswelt, die langsam die Auflösung des Bestehenden einleitete. Das Wort Bismarcks: „Der Liberalismus ist der Schrittmacher der Sozialdemokratie" ist jetzt bei uns wissenschaftlich begründet und bewiesen. Eine bestimmte Geisteswelt – Geistesrichtung – kann ungewollt, kann ungeahnt zur Auflösung der Grundlagen des Staates führen. Auch bei uns hat eine neue Geistesrichtung Boden gewonnen, die langsam zu einer inneren Zersetzung führte und Schrittmacher des Bolschewismus wurde.

Privatwirtschaft im Zeitalter der Demokratie ist nicht aufrechtzuerhalten; sie ist nur denkbar, wenn das Volk eine tragende Idee von Autorität und Persönlichkeit besitzt. Alles, was in der Welt an Positivem, an Gutem und Wertvollen auf dem Gebiete der Wirtschaft und Kultur geschaffen worden ist, beruht ganz allein auf der Bedeutung der Persönlichkeit. Wird die Verteidigung des Geschaffenen, seine politische Verwaltung, aber einer Majorität überantwortet, so geht es rettungslos unter. Alle Lebensgüter, die wir besitzen, verdanken wir dem Kampfe von Auserlesenen . . .

Überall in der Welt erleben wir diese Krise der Zwiespältigkeit. Nur reagieren die Völker verschieden darauf – siehe Rußland, Italien –. Bei den übrigen Völkern wird diese Krise in ihren letzten Möglichkeiten und Konsequenzen noch nicht erkannt, auch in Deutschland nicht. Unser Volk hat noch immer nicht genügend erkannt, daß es zwei Seelen sind, die um es ringen. Unser ganzes Leben basiert auf Gemeinschaftsverträgen. Das ist im kleinsten in der Familie der Fall und führt hinauf bis zum Staat. Es ist ein Ding der Unmöglichkeit, daß ein Teil des Volkes sich zum Privateigentum bekennt, während ein anderer Teil das Privateigentum ableugnet. Solch ein Kampf zerreißt das Volk. Man ringt solange gegeneinander, bis ein Teil Sieger bleibt. Wenn ein Mann einer Truppe fahnenflüchtig wird, kann er bestraft werden. Wenn aber 15 bis 20 % einer Truppe sich über den Fahneneid hinwegsetzen, muß die Truppe als militärisches Instrument versagen. Ebenso ist es beim Staat, wenn 15 % der Bevölkerung den Staat als eine durchlaufend anerkannte Gesellschaftsordnung negiert, kann man kein die Allgemeinheit tragendes System aufbauen . . .

In solchen Kämpfen verzehrt sich aber die Kraft eines Volkes vollkommen nach innen und kann infolgedessen auch nicht nach außen wirken. Es kommt nicht zur Ruhe. Dieser Zustand der Zermürbung dauert solange, bis ein Teil als Sieger hervorgegangen ist oder der Staat selbst sich aufgelöst hat, womit das Volk sich dann in der Geschichte wieder verläuft. Wir leben heute in einer solchen Zeit, in der die Würfel fallen müssen, in der wir uns entscheiden müssen, ob wir zu einer staatserhaltenden oder kommunistischen Lebensform kommen wollen. Auch letztere ist denkbar. Vielfach sagt man ja, der Kommunismus sei die Endstufe der Menschheit. Ich bin gerade entgegengesetzter Ansicht: er ist der Ausgangspunkt menschlicher Entwicklung. Er stellt die primitivste Form menschlichen Lebens dar. Je tiefer man in die Natur hinabsteigt, umso einander ähnlicher werden ihre Leistungen, sie werden, wie beim Kommunismus, immer gleichartiger. Das kommunistische Prinzip läßt sich nicht halten. Es ist auch nicht ein Spiel des Zufalls, daß der eine Mensch mehr leistet als der andere. In dieser Tatsache wurzelt der Begriff des Privateigentums, der langsam in dem allgemeinen Rechtsbegriff übergegangen ist und zu einem komplizierten Vorgang des wirtschaftlichen Lebens geworden ist. Der Weg, den wir zu gehen haben, ist klar vorgezeichnet. Es genügt aber nicht zu sagen: Wir wollen keinen Kommunismus in der Wirtschaft. Gehen wir politisch den Weg weiter wie bisher, dann gehen wir zugrunde. Wirtschaft und Politik lassen sich, das haben wir in den vergangenen Jahren genugsam erfahren, nicht trennen. Die politische Durchführung des Kampfes ist das primär Entscheidende. Deshalb müssen auch politisch klare Verhältnisse geschaffen werden . . .

Wir stehen heute vor folgender Situation: Weimar hat uns eine bestimmte Verfassungsform aufoktroyiert, mit der man uns auf eine demokratische Basis gestellt hat. Damit ist uns aber keine leistungsfähige Regierungsgewalt beschert worden. Im Gegenteil, der Kommunismus mußte sich nach dem, wie ich eingangs die Demokratie kritisiert habe, immer tiefer in das deutsche Volk hineinbohren. Die Folge war eine immer größere innere Spannung, durch die auch – und das ist mit das Schlimmste – die Gerichte nicht unbeeinflußt blieben. Es haben sich so zwei Fronten herausgebildet, die uns vor die Wahl stellen: Entweder Marxismus in Reinkultur oder die andere Seite. Man kann sich nicht auf den Standpunkt stellen und sagen: Die andere Seite wird sich schon allmählich wieder durchsetzen. So eine Haltung bedeutet die Niederlage . . .

Er hat nur unsere Entwicklung sehr aufgehalten. Wir müssen erst die ganzen Machtmittel in die Hand bekommen, wenn wir die andere Seite ganz zu Boden werfen wollen. Solange man an Kraft zunimmt, soll man den Kampf gegen den Gegner nicht aufnehmen. Erst wenn man weiß, daß man auf dem Höhepunkt der Macht angelangt ist, daß es keine weitere Aufwärtsentwicklung gibt, soll man losschlagen. Wir müssen in Preußen noch 10, im Reich noch 33 Mandate erringen. Das ist, wenn wir alle Kräfte einsetzen, nicht unmöglich. Dann beginnt erst die zweite Aktion gegen den Kommunismus.

Wir stehen jetzt vor der letzten Wahl. Sie mag ausfallen wie sie will, einen Rückfall gibt es nicht mehr, auch wenn die kommende

Wahl keine Entscheidung bringt. So oder so, wenn die Wahl nicht entscheidet, muß die Entscheidung eben auf einem anderen Wege fallen . . .

Für die Wirtschaft habe ich nur den einen Wunsch, daß sie parallel mit dem inneren Aufbau einer ruhigen Zukunft entgegengeht. Die Frage der Herstellung der Wehrmacht wird nicht in Genf, sondern in Deutschland entschieden werden, wenn wir durch innere Ruhe zur inneren Kraft gekommen sind. Innere Ruhe gibt es aber nicht eher, als bis der Marxismus erledigt ist. Hier liegt die Entscheidung, der wir entgegengehen müssen und ist der Kampf auch noch so schwer . . ."

Goering ging ziemlich eingehend auf die großen mit diesem Wahlkampf verbundenen Gefahren ein. Er leitete dann sehr geschickt über zu der Notwendigkeit, daß andere nicht im politischen Kampf stehende Kreise wenigstens die nun mal erforderlichen finanziellen Opfer bringen müßten. Sie seien umso notwendiger, da das Geld der Steuerzahler auch nicht mit einem Pfennig in Anspruch genommen werde. Staatsmittel würden nicht verwandt. Das erbetene Opfer würde der Industrie sicherlich umso leichter fallen, wenn sie wüßte, daß die Wahl am 5. März die letzte sicherlich innerhalb 10 Jahren, voraussichtlich aber in 100 Jahren sei.

Aus: Der Prozeß gegen die Hauptkriegsverbrecher, Beweis-Dok. D-203, Bd. XXXV, S. 42 ff.

Nr. 110 Schreiben von Gustav Krupp von Bohlen und Halbach an Adolf Hitler vom 24. März 1933

Sehr geehrter Herr Reichskanzler!

Wir beehren uns, davon Kenntnis zu geben, daß das Präsidium des Reichsverbandes der deutschen Industrie am 24. März 1933 unter dem Vorsitz des Herrn Krupp von Bohlen und Halbach zu einer Sitzung zusammentrat, in der zu der politischen Entwicklung Stellung genommen wurde. Das Präsidium vertrat einmütig folgenden Standpunkt:

Durch die Wahlen ist die Grundlage für ein stabiles Regierungs-Fundament geschaffen und es sind damit die Störungen beseitigt, die sich aus den ständigen politischen Schwankungen der Vergangenheit ergeben, und die wirtschaftliche Initiative stark gelähmt haben. Für den notwendigen tatkräftigen Wiederaufbau kommt es darauf an, *die Sammlung und Mitwirkung aller aufbauwilligen Kräfte herbeizuführen.* Die deutsche Industrie, die sich als einen wichtigen und unentbehrlichen Faktor für den nationalen Aufbau betrachtet, ist bereit, an dieser Aufgabe tatkräftig mitzuwirken, und der Reichsverband der Deutschen Industrie – als die wirtschaftspolitische Vertretung – wird alles tun, um der Reichsregierung bei ihrem schweren Werke zu helfen.

Reichsverband der
Deutschen Industrie

Aus: Czichon, S. 83 f.

Nr. 111   Vermerk des Direktors der Deutschen Bank, Dr. Weigelt, für seinen Kollegen Direktor Urbig vom 12. 5. 1933 (Auszüge)

Herrn Urbig   Vertraulich

Ich habe die Frage der Zuwahl eines Nationalsozialisten in den Aufsichtsrat der DOAG vertraulich mit dem mir sehr ergebenen und befreundeten Herrn MILCH, Staatssekretär im Reichsluftfahrtministerium, der Nationalsozialist ist, und bekanntlich die rechte Hand von GÖRING für technische Fragen darstellt, besprochen. Herr Milch, der gleich uns das Durcheinanderarbeiten der verschiedenen Stellen bedauert und verdammt, wäre wohl gegebenenfalls bereit, auch uns zu helfen, wenn wir es auf einen offenen Kampf ankommen lassen wollen, gab mir aber im übrigen den Rat, wenn wir schon bereit sind, jemanden hinzu zu wählen, dann doch eine Persönlichkeit, die uns die Gewähr gibt, daß unsere Wünsche und Ideen gleich an die richtige und höchste Stelle kommen. Auch die zweifellos bei der Doag im besten Sinne vorhandene nationale Aufgabenstellung würde nur sehr vorteilhaft auf einen Dritten wirken, und diesen, wenn er an richtiger Stelle davon berichtet, zu einem wahren Förderer unserer Sache werden lassen . . .

Herr Milch schlug seinerseits den Staatssekretär Körner vor, der sozusagen der Chef der Staatskanzlei bei Göring ist, der Göring dauernd begleitet und den man mir schon häufiger als einen patenten und energischen Mann geschildert hat. Herr Körner scheint die Gewähr zu bieten, daß er bleibt und daß der Eindruck, den unsere Arbeiten machen, Widerklang bei Göring finden wird, der an sich den kolonialen Fragen noch zweifelhaft gegenübersteht und den man gerade durch die indirekte Verbindung mit der größten deutschen Kolonialunternehmung in Einklang mit unseren Ideen bringen sollte. Dieses Zusammenarbeiten würde dann auch auf anderen Gebieten ihre Früchte tragen . . .

Vollständiger Text in: K. Hildebrand, Vom Reich zum Weltreich. Hitler, NSDAP und koloniale Frage 1919–1945, München 1969, S. 882 f.; DOAG = Deutsch-Südostafrikanische Gesellschaft

Nr. 111a   Schreiben der Geschäftsleitung des Zeiss-Konzerns an dessen Auslandsvertreter vom 30. März 1933 über Sprachregelung in der Auslandspropaganda (Auszüge)

Seit dem Regierungswechsel in Deutschland hat eine gewisse Presse des Auslandes eine wüste Hetze gegen Deutschland mit dem Ziele eines Boykotts deutscher Waren entfaltet. Diese Propaganda arbeitet im Auslande zunächst mit der lügenhaften Behauptung, daß sich hier bei uns fortgesetzte Greueltaten gegen Staatsbürger jüdischen Glaubens ereigneten.

Es ist seitens der deutschen Regierung zugegeben worden, daß die politische Umgestaltung in Deutschland nicht ohne gewisse Übergriffe untergeordneter Organe vor sich gegangen ist . . .

Es dürfte Ihnen bekannt geworden sein, daß die Reichsregierung bereits wenige Tage nach dem Umschwung sich mit aller Deutlichkeit gegen alle derartigen eigenmächtigen Übergriffe geäußert resp. gewarnt hat und dieser Warnung unverzüglich in einigen noch erfolgten Fällen die Bestrafung folgen ließ.

Wer in Deutschland lebt und Augenzeuge dessen ist, was vor sich geht, kann daher bestätigen, daß seitdem absolute Ruhe eingetreten ist, Respekt vor Personen und Eigentum uneingeschränkt besteht, mit anderen Worten, daß zumindest von diesem Zeitpunkt ab für diejenigen, die nicht andere Zwecke und Ziele verfolgen, kein Grund mehr besteht, die erwähnte Hetze gegen Deutschland fortzusetzen.

Vollständiger Text in: Anatomie des Krieges, S. 106 f.

Nr. 111b   Streng vertrauliche Niederschrift von Heinrich Koppen-
berg, Aufsichtsratsvorsitzer der ,,Mitteldeutsche Stahlwerke AG",
vom 6. April 1933 über Verhandlungen mit Vertretern der Flugzeug-
industrie (Auszüge)

Herr Mehlich . . . sprach von einer operativen Luft-Flotte, die
Deutschland haben müsse, infolge seiner Mittellage in Europa, der
die besondere Aufgabe der Störung und Zerstörung der benachbar-
ten feindlichen Flugkräfte zufalle. Das Ziel sei nicht sofort, sondern
erst in Jahren durchzuführen, und man müsse die zur Verfügung
stehende Zeit hierfür ausnutzen. Erforderlich sei die Umstellung der
Techniker und ein geistiges Zusammenarbeiten der in Frage kommenden Kräfte. In Aussicht genommen ist zunächst eine Jahres-
Produktion von 60 Millionen Mark gegen früher 20 Millionen . . .

Die Herren Vögler, Siemens und Thyssen gingen alsdann auf die
angeschnittenen Material- und Konstruktions-Fragen ein und unterstrichen die Notwendigkeit einer Gemeinschaftsarbeit zur Erzielung von Ausführungen in größtmöglichster Vollendung . . .

Zu der Abgabe einer Erklärung, daß wir im Besitz eines komfor-
tablen Flugzeugwerkes sind, das in Summa 2500 Flugzeuge vom
Jagdeinsitzer bis zum großen Bombenflugzeug von 45 mtr. Flügel-
spannweite hergestellt hat (mit einer täglichen Leistungsfähigkeit
von 5 Flugzeugen), das wir jederzeit, ohne viel Zeitverlust seinem
Bestimmungszweck wieder zuführen können, bot sich keine Gelegenheit.

Aus: Anatomie des Krieges, S. 108 f.

Nr. 111c   Schreiben von Gustav Krupp von Bohlen und Halbach an
Friedrich Springorum, Aufsichtsratsvorsitzer der Hoesch AG, vom
26. April 1933 über Finanzierung der Auslandspropaganda der
NSDAP (Auszüge)

Wie ich Ihnen eben fernmündlich mitteilte, hat gestern in Berlin auf
Einladung des Herrn Alfred Rosenberg, des Chefs des Außenpolitischen Amtes der NSDAP, Reichsleitung, im Kaiserhof in Berlin eine
Besprechung stattgefunden, in welcher der Genannte hinwies, wie
unbedingt notwendig es sei, durch Aufklärung über die tatsächliche

Lage in Deutschland und über die Ziele der nationalsozialistischen Partei im Auslande den großen, auch wirtschaftlichen Schäden entgegenzuwirken, die teils durch Mißverständnisse, teils absichtlich seitens übelwollender Kreise hervorgerufen würden. Es wurde in dieser Besprechung betont, daß die Mittel für eine derartige Gegenpropaganda an und für sich regierungsseitig bereitgestellt werden müßten, daß dieses aber nicht so schnell ginge, um alsbald, wie unbedingt notwendig erscheine, wirksam werden zu können, und daß deshalb an die deutsche Wirtschaft der Appell gerichtet würde, durch sofortige Bereitstellung eines bestimmten Betrages – es war von 1 Million Mark die Rede – den Übergang zu ermöglichen.

Ich habe darauf hingewiesen, daß es für einzelne Persönlichkeiten nicht möglich sei, sich gleich auf eine Zusage festzulegen, daß ich aber Veranlassung nehmen würde, mit den leitenden Herren des Ruhrreviers in der Angelegenheit Fühlung zu nehmen . . . Sollten Sie jedoch auf Grund der beabsichtigten Fühlungnahme mit Herrn Dr. Ernst Poensgen zu dem Entschluß kommen, einen Betrag jetzt schon gleich zu überweisen, so würde ich das meinerseits sehr begrüßen, denn auch in diesem Falle kann man wohl sagen: ,,Doppelt hilft, wer schnell hilft!"

Aus: Anatomie des Krieges, S. 112 f.

b) Das Militär

Nr. 112   Ausführungen des Reichskanzlers Hitler vor den Befehlshabern des Heeres und der Marine anläßlich eines Besuches bei Gen.d.Inf. Frhr. von Hammerstein-Equord in dessen Wohnung am 3. 2. 1933. Handschr. Aufzeichnungen des Gen.Lt. Liebmann

Ziel der Gesamtpolitik allein: *Wiedergewinnung der pol. Macht.* Hierauf muß gesamte Staatsführung eingestellt werden (alle Ressorts!).

1. *Im Innern.* Völlige Umkehrung der gegenwärt. innenpol. Zustände in D. Keine Duldung der Betätigung irgendeiner Gesinnung, die dem Ziel entgegen steht (Pazifismus!) Wer sich nicht bekehren

läßt, muß gebeugt werden. Ausrottung des Marxismus mit Stumpf und Stiel. Einstellung der Jugend u. des ganzen Volkes auf den Gedanken, daß nur d. Kampf uns retten kann u. diesem Gedanken gegenüber alles zurückzutreten hat. (Verwirklicht in d. Millionen d. Nazi-Beweg. Sie wird wachsen.) Ertüchtigung der Jugend u. Stärkung des Wehrwillens mit allen Mitteln. Todesstrafe für Landes- u. Volksverrat. Straffste autoritäre Staatsführung. Beseitigung des Krebsschadens der Demokratie!

2. *Nach außen.* Kampf gegen Versailles. Gleichberechtigung in Genf; aber zwecklos, wenn Volk nicht auf Wehrwillen eingestellt. Sorge für Bundesgenossen.

3. *Wirtschaft!* Der Bauer muß gerettet werden! Siedlungspolitik! Künft. Steigerung d. Ausfuhr zwecklos. Aufnahmefähigkeit d. Welt ist begrenzt u. Produktion ist überall übersteigert. Im Siedeln liegt einzige Mögl., Arbeitslosenheer z. T. wieder einzuspannen. Aber braucht Zeit u. radikale Änderung nicht zu erwarten, da Lebensraum für d[eutsches] Volk zu klein.

4. *Aufbau der Wehrmacht* wichtigste Voraussetzung für Erreichung des Ziels: Wiedererringung der pol. Macht. Allg. Wehrpflicht muß wieder kommen. Zuvor aber muß Staatsführung dafür sorgen, daß die Wehrpflichtigen vor Eintritt nicht schon durch Pazif., Marxismus, Bolschewismus vergiftet werden oder nach Dienstzeit diesem Gifte verfallen.

Wie soll pol. Macht, wenn sie gewonnen ist, gebraucht werden? Jetzt noch nicht zu sagen. Vielleicht Erkämpfung neuer Export-Mögl., vielleicht – und wohl besser – Eroberung neuen Lebensraums im Osten u. dessen rücksichtslose Germanisierung. Sicher, daß erst mit pol. Macht u. Kampf jetzige wirtsch. Zustände geändert werden können. Alles, was jetzt geschehen kann – Siedlung – Aushilfsmittel.

Wehrmacht wichtigste u. sozialistischste Einrichtung d. Staates. Sie soll unpol. u. überparteilich bleiben. Der Kampf im Innern nicht ihre Sache, sondern der Nazi-Organisationen. Anders wie in Italien keine Verquickung v. Heer u. SA beabsichtigt. – Gefährlichste Zeit ist die des Aufbaus der Wehrmacht. Da wird sich zeigen, ob Fr[an]kreich] *Staatsmänner* hat; wenn ja, wird es uns Zeit nicht lassen, sondern über uns herfallen (vermutlich mit Ost-Trabanten).

Aus: Vierteljahrshefte für Zeitgeschichte 2 (1954), S. 434 f.

Nr. 112a   Ausführungen des Reichswehrministers von Blomberg vor den Gruppen- und Wehrkreisbefehlshabern im Reichswehrministerium am 3. 2. 1933 (Auszüge)

Jetzige Lage.

Kabinett ist Ausdruck breiten nationalen Wollens u. Verwirklichung dessen, was viele der Besten seit Jahren angestrebt. Zwar vertritt es nur eine Volksminderheit, aber doch eine nach Millionen zählende festgefügte Minderheit, die entschlossen ist, für ihre Idee zu leben u. – wenn nötig – auch zu sterben. Daraus ergeben sich große Möglichkeiten, wenn die leitenden Männer festes Herz und glückliche Hand beweisen.

Bei Bildung des Kabinetts habe Frage des R.W.Min. Hauptrolle gespielt. Eintritt der Nazi in Reg. sei entschieden gewesen, als sich akt. General zur Mitarbeit unter Hitler bereit fand (Von Hitler für mögl. gehalt[ene] andere Lösung: Führender Nazi als R.W.Min. wohl für R.Präs. nicht annehmbar.) Nach Einigung Hitler-Blomberg – Montag 8 Uhr – sei Frage entschieden gewesen und um 11.30 bereits vereidigt.

Aufgaben des R.W.Ministers. Die 3, die in seinem Aufruf an d. Wehrmacht genannt:

1. Erhaltung der R.W. als überparteil. Machtmittel.
2. Untermauerung der Wehrmacht durch Wehrhaftmachung d. breiten Volkes.
3. Ausbau d. Wehrmacht zu einem brauchbaren Instrument zur Wahrung der nationalen Sicherheit.

Zu 1. Überparteil. *in Politik* – Unterstützung der *Wehrhaftmachung.* 2 Aufgaben. Keinesfalls erstere weniger wichtig als 2te! Herabsinken zur Parteitruppe hebt Grundlagen auf, auf denen wir stehen!

Zu 2. Hebung und Ausbreitung der Wehrbetätigung im ganzen Volke. Der Mann dazu im Kabinett ist Seldte (Min.Port[efeuille] nur vorläufig). Hitlers u. Seldtes Denken u. Wollen münden in Wunsch auf Wehrhaftmachung des Volkes. Seldte bezeichn. Min. als geeign. Mann dafür, im Verein mit uns Soldaten diese Aufgabe durchzuführen.

Vollständiger Text in: Vierteljahrshefte für Zeitgeschichte 2 (1954), S. 432–434

c) Ideologische Hilfeleistungen

I. Die Kirchen

Nr. 113   Kundgebung des Katholischen Lehrerverbandes des Deutschen Reiches vom 1. 4. 1933 (Auszüge)

Wie einst in den Augusttagen des Jahres 1914 hat ein nationales und deutsches Fühlen und Aufbegehren unser Volk erfaßt. Der Umbruch des Bestehenden und die Zielausrichtung auf ein neues werdendes deutsches Volk und einen neuen deutschen Staat ist vollzogen. An diesem Wandel wurden bedauerlicherweise die katholischen Führer und Kräfte ebensowenig beteiligt wie bei der Gründung des Deutschen Reiches Bismarckscher Prägung. Durch den Mahn- und Weckruf Adolf Hitlers und seiner Bewegung und durch seine Arbeit ist der Durchbruch durch den undeutschen Geist, der in der Revolution von 1918 zum Siege kam, gelungen.

Jetzt ist das ganze deutsche Volk in allen seinen Gliedern, auch den katholischen, zur Mitarbeit und zum Aufbau des Neuen aufgerufen. Es darf nun nicht mehr so kommen, daß der Katholizismus abwartend und tolerierend, oder nur geduldet, in dieser Zeitenwende dasteht. Wir legen, vertrauend auf den Führer der deutschen und völkischen Bewegung und vertrauend auf die volksverwurzelten Kräfte des Katholizismus, mit Hand an, den neuen Reichs- und Volksbau zu schaffen. Wenn man an die natürlichen und echten Regungen und Ordnungen unseres geschichtlichen Volkstums in seiner Gesamtheit appelliert, so kann man unserer, der katholischen, Kräfte nicht entbehren. So ist einmal unser Schicksal in den vergangenen Jahrhunderten geworden, daß aus Katholizismus und germanischem Volkstum die Eigenart deutschen Wesens erwuchs.

So hat auch der Katholische Lehrerverband seine erste und letzte Aufgabe wiedererhalten, aus seinen Prinzipien: Treu dem Vaterlande, treu dem Stande, treu der Kirche an der sittlichen, moralischen und staatsformenden Aufgabe der Volksbildung mitzuarbeiten. Mehr als ehedem wird er in Weckung und Vertiefung, in Klärung und Zusammenfassung seiner Mitglieder zu ganzen, in ihrem Sein und Sollen sich vor Volk und Staat verantwortlich fühlenden Gliedern der deutschen Volksgemeinschaft seine Aufgabe sehen. Bei diesem Streben bleibt er frei von jeder parteipolitischen Bindung, ist aber Mithelfer und Freund der nationalen Bewegung, die heute die Macht und das Ansehen hat, allem Neuen und Gesunden in unserer Zeit und unserem Volke zum Leben zu verhelfen.

An den einzelnen wenden wir uns mit der Bitte, bereitzustehen und mit Hand anzulegen, wo immer er einen Platz findet und sieht, dem Ganzen zu dienen. Wir aber werden in den nächsten Wochen die Nah- und Fernziele unserer Bewegung überprüfen und zu den Aufgaben aufrufen, die uns zur Unterstützung der nationalen Bewegung die jeweils vordringlichen zu sein scheinen. Möge es vereinter Kraft aller in unserem Volke gelingen, möglichst bald die Spuren alles Undeutschen und alles Volks- und Christentumsfremden aus unserem öffentlichen und staatlichen Leben zu verbannen.

Darum schließt die Reihen und seid bereit!

August Weber,
Verbandsvorsitzender

Vollständiger Text in: H. Müller (Hg.), Katholische Kirche und Nationalsozialismus. Dokumente 1930–1935, München 1963, S. 86 f.

Nr. 114 Kundgebung der Katholischen Arbeiterbewegung Deutschlands vom 2. 4. 1933 (Auszüge)

Die im Reichsverband geeinte katholische Arbeiterbewegung Deutschlands ist gewillt, an der Schaffung eines in sich gefestigten nationalen Staates sowie an der Verwirklichung einer dem christlichen und deutschen Wesen gemäßen Volksordnung mitzuwirken.

Ihre wesenhaften Aufgaben, die religiös-kirchliche, kulturelle, vaterländische und sozial-wirtschaftliche Zielsetzung wird sie in gesteigerter Hingabe und Opferwilligkeit erfassen und fruchtbar machen.

Religion und Kirche

Wenn unser deutsches Volks- und Staatsleben wahrhaft erneuert werden soll, wenn die zerstörenden Mächte des Materialismus, des Liberalismus, Marxismus und Bolschewismus nicht nur verbannt, sondern innerlich überwunden werden sollen, so müssen vor allem Gottesglaube und religiöse Lebenshaltung in allen Schichten vertieft und gekräftigt werden. Der religiöse Mensch anerkennt aus dem Gewissen heraus die Autorität und wird in Zucht, Ordnung und in Rücksichtnahme auf andere das gemeinsame Leben in Volk und Staat möglich machen. Diesen lebendigen religiösen Menschen aus den Kräften der katholischen Kirche im deutschen Arbeitervolk mitzuformen und damit zur moralischen Erneuerung des Gesamtvolkes beizutragen, bleibt unsere große Aufgabe. Jede staatliche Maßnahme, die diesem hohen Ziele dienlich sein kann, wird unsere überzeugte Unterstützung finden.

Nation und Kultur

Mit der Treue zum Glauben und zur Kirche unserer Väter verbinden wir die Liebe zu unserer deutschen Heimat, zu unserem deutschen Volk, zur deutschen Nation . . .

Wir sprechen ein mannhaftes „Ja" zur deutschen Nation, in der unser Volk seine Heimat hat, zur Ehre und Würde, Freiheit und Gleichberechtigung, für die wir uns allezeit restlos eingesetzt haben. Wir sprechen ein überzeugtes „Ja" zur Kultur unseres Volkes, die aus deutscher Art und christlichem Geiste in Jahrhunderten gewachsen und geformt worden ist. Wir werden sie pflegen und an ihre Höherführung unermüdlich schaffen.

Das Werk der nationalen Einheit zu fördern, Volk und Staat miteinander zu verbinden und insbesondere die Arbeiterschaft in den Volksstaat organisch einzugliedern, war unser heißes Bemühen. An diesem Werke werden wir verbleiben bei allem Wechsel der Zeiten.

Text in: Müller, S. 91–93)

Nr. 115 Gemeinsamer Hirtenbrief der Oberhirten der Diözesen Deutschlands vom 8. 6. 1933 (Auszüge)

1. Wenn wir unsere Zeit mit der vergangenen vergleichen, so finden wir vor allem, daß sich das deutsche Volk noch mehr als bisher auf sein eigenes Wesen besinnt, um dessen Werte und Kräfte zu betonen. Wir deutschen Bischöfe sind weit davon entfernt, dieses natio-

nale Erwachen zu unterschätzen oder gar zu verhindern. Wir erblicken im Gegenteil im Volk und Vaterland herrliche natürliche Güter und in der *wohlgeordneten Vaterlandsliebe* eine von Gott geschenkte, schöpferische Kraft, die nicht nur die Helden und Propheten des Alten Testamentes, sondern auch den göttlichen Heiland beseelte . . .

Denn vom irdischen Vaterland flog immer wieder der christliche Blick zu jenem grenzenlosen Lande jenseits der irdischen Meere, das die letzte und eigentliche Heimat aller Menschenseelen bildet und die beseligende Erfüllung aller Menschensehnsucht bringt.

Wir deutschen Katholiken brauchen deswegen auch *keine Neueinstellung dem Volk und Vaterland gegenüber,* sondern setzen höchstens bewußter und betonter fort, was wir bisher schon als unsere natürliche und christliche Pflicht erkannten und erfüllten. Freilich vergessen wir über unsere Liebe zum Volke und Vaterland die natürliche und christliche Verbundenheit mit den anderen Völkern und Völkerfamilien nicht, sondern denken an das große, weltweite Gottesreich auf Erden, das der Heiland dazu berief, alle Menschen ohne Unterschied der Sprache und der Zeit, der Nation und Rasse erlösend zu erfassen (1. Tim. 2, 5) . . .

2. Neben der gesteigerten Liebe zum Vaterland und Volk kennzeichnet sich unsere Zeit durch eine überraschend *starke Betonung der Autorität* und durch die unnachgiebige Forderung der *organischen Eingliederung der einzelnen und der Körperschaften* in das Ganze des Staates. Sie geht damit vom naturrechtlichen Standpunkt aus, daß kein Gemeinwesen ohne Obrigkeit gedeiht, und nur die willige Einfügung in das Volk und die gehorsame Unterordnung unter die rechtmäßige Volksleitung die Wiedererstarkung der Volkskraft und Volksgröße gewährleisten . . .

Gerade in *unserer heiligen, katholischen Kirche* kommen Wert und Sinn der Autorität ganz besonders zur Geltung und haben zu jener lückenlosen Geschlossenheit und sieghaften Widerstandskraft geführt, die selbst unsere Gegner bewundern. Es fällt deswegen uns Katholiken auch keineswegs schwer, die neue, starke Betonung der Autorität im deutschen Staatswesen zu würdigen und uns mit jener Bereitschaft ihr zu unterwerfen, die sich nicht nur als eine natürliche Tugend, sondern wiederum als eine übernatürliche kennzeichnet, weil wir in jeder menschlichen Obrigkeit einen Abglanz der göttlichen Herrschaft und eine Teilnahme an der ewigen Autorität Gottes erblicken (Röm. 13, 1 ff.).

Wir dürfen andererseits erwarten, daß die staatliche Autorität nach dem Vorbild der Autorität innerhalb der katholischen Kirche *die menschliche Freiheit nicht mehr beschneide, als es das Gesamtwohl* verlangt, sondern sich mit der Gerechtigkeit schmücke, und damit jedem Untertanen das Seine, sei es *Eigentum, Ehre* oder *Freiheit,* gebe und lasse . . .

3. Auch die *Ziele,* die die neue Staatsautorität für die Freiheit unseres Volkes erstrebt, müssen wir Katholiken begrüßen. Nach Jahren der Unfreiheit unserer Nation und der Mißachtung und schmachvollen Verkürzung unserer völkischen Rechte muß unser deutsches Volk jene *Freiheit* und jenen *Ehrenplatz* in der Völkerfamilie wieder erhalten, die ihm auf Grund seiner zahlenmäßigen Größe und seiner kulturellen Veranlagung und Leistung gebühren . . .

Wir reden aber auch nicht einer unchristlichen *Rachepolitik* oder gar einem *kommenden Kriege* das Wort, sondern verlangen nur Gerechtigkeit und Lebensraum im Interesse des allgemeinen Friedens, wie es auch unser Heiliger Vater des öfteren feierlich betonte.

Wenn die neue staatliche Autorität sich weiter bemüht, sowohl die Ketten zu zerbrechen, in die andere uns schlugen, als auch die eigene *Volkskraft* und *Volksgesundung* zu fördern und damit unser Volk zu verjüngen und zu einer neuen, großen Sendung zu befähigen, so liegt auch das ganz in der Richtung des katholischen Gedankens. Krankheits- und Alterserscheinungen der Völker wirken sich auch im religiösen und sittlichen Leben verheerend aus und führen zu Zusammenbrüchen und Entartungen, die wir vom christlichen Standpunkt aus aufrichtig beklagen und bekämpfen. Wir deutschen Katholiken tragen deswegen gern dazu bei, daß zumal *unsere Jugend* durch körperliche Ertüchtigung erstarke und im *Arbeitsdienst* ihre Kraft zum Nutzen des Volksganzen und zur eigenen sozialen Einfühlung und Einordnung verwerte. Nur müssen wir als ,,Diener Christi und Ausspender der Geheimnisse Gottes" (1. Kor. 4, 1 f.) dringend verlangen, daß dabei nicht die Seele über dem Körper notleide, der Sonntag der Mißachtung und Entweihung verfalle, oder das katholische Glaubensleben durch gemeinsame, interkonfessionelle Gottesdienste mit Umgehung der pflichtmäßigen heiligen Messe in Verwirrung gerate, oder endlich sittenlose Elemente die Guten und Unverdorbenen verführerisch bedrohen. Desgleichen darf die staatliche Autorität bei der Förderung der Volksgesundung nicht zu Gesetzen und Verfahren greifen, die sie vor Gott, dem alleinigen Herrn alles Lebens (Röm. 14, 8), nicht verantworten kann.

Wenn sodann nach dem Willen der staatlichen Autorität die Zerrissenheit und Gegensätzlichkeit innerhalb unseres Volkes endlich der *Einheit* und *Geschlossenheit* weichen soll, so findet sie uns Katholiken auch auf diesem Gebiet als *verständnisvolle* und *opferwillige* Helfer. Ausgehend von der katholischen Einheit bedauern wir jegliche Gespaltenheit und Zerklüftung, weil sie dem Geiste Gottes widersprechen und die Volkskraft nach außen und innen verhängnisvoll lähmen. Nur glauben wir, daß eine Volkseinheit sich nicht nur durch die Bluts*gleichheit,* sondern auch durch die *Gesinnungsgleichheit* verwirklichen läßt, und daß bei der Zugehörigkeit zu einem Staatswesen die ausschließliche Betonung der Rasse und des Blutes zu Ungerechtigkeiten führt, die das christliche Gewissen belasten, vor allem, wenn sie Mitmenschen treffen, die in Christus durch das heilige Sakrament der Taufe wiedergeboren sind und „ein neues Geschöpf" in ihm wurden (2. Kor. 5,17).

Was bisher für jede Volksgemeinschaft galt, daß die *Gerechtigkeit die Grundlage aller Volkswohlfahrt* sei, muß erst recht bei der Neuordnung des deutschen Volkswesens gelten. Diese Gerechtigkeit darf auch dem bisherigen Feinde gegenüber nicht versagen, sondern muß, zumal bei seiner Verurteilung und Bestrafung, weniger an die rücksichtslose Ausmerzung der Menschen, als an ihre Besserung und Wiedergewinnung für die Volksfamilie denken.

Dem politisch nur Andersgesinnten aber wird diese Gerechtigkeit, sofern er aufrichtig entschlossen ist, im neuen Staate ehrlich und opferwillig zu dienen, nicht einem ungewissen Schicksal, trotz aller bisherigen, oft überaus großen, vaterländischen Verdienste, hartherzig überliefern, sondern seine Mitarbeit wiederum ermöglichen . . .

4. Sowohl die Volksautorität als auch die Gerechtigkeit, die das Volkswohl begründet, setzen *die Religion als notwendiges Funda-*

ment voraus. Zu unserer großen Freude haben die führenden Männer des neuen Staates ausdrücklich erklärt, daß sie sich selbst und ihr Werk auf den Boden des Christentums stellen. Es ist das ein öffentliches, feierliches Bekenntnis, das den herzlichen Dank aller Katholiken verdient. Nicht mehr soll also der Unglaube und die von ihm entfesselte Unsittlichkeit das Mark des deutschen Volkes vergiften, nicht mehr der mörderische Bolschewismus mit seinem satanischen Gotteshaß die deutsche Volksseele bedrohen und verwüsten. In Erinnerung an die großen Jahrhunderte deutscher Geschichte sollen die neue deutsche Würde und Größe aus der christlichen Wurzel erblühen . . .

5. Die Kirche selber kann, aber nur dann ihre Kräfte entfalten, wenn ihr jene Freiheit gewährt wird, die sie auf Grund ihres Wesens und ihrer Aufgabe braucht und verdient . . .

6. Wenn die Kirche aber ihre verfassungsmäßig verbriefte Freiheit weiter genießen soll, darf ihre Uneingeschränktheit sich nicht nur auf das kirchliche Leben im engen Sinne beziehen. Es genügt nicht, daß die Kirche nur innerhalb der Kirche, d. h. des Gotteshauses, und bei der Spendung der Sakramente frei ist. Denn es liegt in ihrer Aufgabe, das ganze Leben des Menschen, das *private* und *öffentliche* zu durchdringen und mit ihren Lebenskeimen zu befruchten. Sie ist der Sauerteig, der nicht ruht, bis alles durchsäuert ist . . .

Es ist deswegen auch im Interesse des Staates gelegen, die *konfessionelle Schule und konfessionelle Lehrerbildung* zu schützen und die jungen Menschen zu einheitlichen Charakteren zu formen und sie nicht durch religiöse Verschwommenheit auch ihrer bürgerlichen Zuverlässigkeit und Tragkraft zu berauben . . .

7. Aber auch der schulentlassene Mensch bedarf der sorgsamen Betreuung durch die Kirche . . .

Aus diesen Erwägungen heraus sind unsere *Jugendorganisationen* entstanden, die zumal in den vergangenen Jahrzehnten zu so reicher Entfaltung gelangten . . .

Was dann die Standes- und Berufsvereine angeht, so wäre es auch hier verkehrt, in ihnen lediglich weltliche, vom Religiösen unabhängige Organisationen zu erblicken . . .

8. Was endlich die caritativen Vereine und Verbände betrifft, so bilden sie die naturgemäße Verkörperung des christlichen Geistes,

der in der wohltätigen Liebe das Abbild der Gottes- und Erlöserliebe und in jedem Armen Christus selber erblickt . . .

9. Soll der neue Staat ein christlicher sein, und die katholische Kirche darin ihre Freiheit genießen, so wird sie auch berechtigt sein müssen, eine *katholische Presse* zu besitzen . . .

Gerade die katholische Presse hat sich immer und überall als staatserhaltend erwiesen, weil sie jene Grundsätze ihrer Leserwelt vermittelt, die die Eingliederung in das Staatsganze und die willige Unterwerfung unter die rechtmäßige Obrigkeit verlangen.

Geliebte Diözesanen! Wenn wir deutsche Bischöfe die aufgezählten Forderungen erheben, so liegt darin nicht etwa ein versteckter Vorbehalt dem neuen Staat gegenüber. Wir wollen dem Staat um keinen Preis die Kräfte der Kirche entziehen, und wir dürfen es nicht, weil nur die Volkskraft und die Gotteskraft, die aus dem kirchlichen Leben unversiegbar strömt, uns erretten und erheben kann. Ein abwartendes Beiseitestehen oder gar eine Feindseligkeit der Kirche dem Staate gegenüber müßte Kirche und Staat verhängnisvoll treffen. Nur vertrauen auch wir darauf, daß so manches, was uns vom katholischen Standpunkt aus in den letzten Monaten als befremdlich und unbegreiflich erschien, sich nur als ein Gärungsvorgang erweist, der bei der Klärung der Verhältnisse als Hefe zu Boden sinkt. Wir vertrauen, daß die Gerechtigkeit sich nunmehr auch jenen gegenüber großmütig bewähre, die bisher unter den Zusammenbrüchen, Umschaltungen und Ausschaltungen Unsägliches erlitten und unser innigstes Mitleid verdienen . . .

Wir vertrauen, daß es der Umsicht und der Tatkraft der deutschen Führer gelingt, alle jene Funken und glimmenden Kohlen zu erstikken, die man da und dort zu furchtbaren Bränden gegen die katholische Kirche anfachen möchte.

Vollständiger Text in: Müller, S. 152–161)

Nr. 116   Aufruf des Führers des CV (Cartellverband der katholischen deutschen Studenten) vom 15. 7. 1933 (Auszug)

Der CV bekennt sich zur nationalsozialistischen Revolution als dem großen geistigen Umbruch unserer Zeit. Der CV will und muß Träger und Künder der Idee des Dritten Reiches sein . . . und deswegen wird der CV im Geiste des Nationalsozialismus geleitet werden . . . Nur der nationalsozialistische Staat, der machtvoll aus der Revolution herauswächst, kann uns die Wiederverchristlichung unserer Kultur bringen . . .

Es lebe der CV!

Es lebe das Großdeutsche Reich!

Heil unserem Führer Adolf Hitler!

Edmund Forschbach
Führer des CV

Aus: Müller, S. 168

Nr. 117   Aufruf des katholischen Jungmännerverbandes vom September 1933 (Auszüge)

Wir sind junge Deutsche

und glühen für unser Volk und Vaterland. Wir wissen: ob Kirche und Staat in Recht und Freiheit zusammenarbeiten, ob die Religion die rechte Stellung im Leben des Volkes hat und ihre Kräfte zum Segen des Volkes entfalten kann, davon hängt Heil und Unheil ab für unser deutsches Vaterland und damit für unsere deutsche Zukunft. Darum freuen wir uns über den Abschluß des Konkordats, das den Friedensschluß zwischen Staat und Kirche bedeutet, das erneut ein Bekenntnis zu den letzten Kräften des Lebens, zum letzten Sinn des Lebens und damit zu Gott ist.

Und wir sind junge Katholiken,

suchen das Reich Gottes und kämpfen dafür, um uns und in uns . . .

Wir wollen Glied sein im Volk, lebendig und wirksam für das Ganze. Wir waren und sind darum bereit zu einer Einordnung ins Ganze deutscher Jugend; einer Einordnung, die uns einerseits die Möglichkeit der Erfüllung unserer eigenen, besonderen Aufgabe beläßt, andererseits uns gleichberechtigt und gleich verpflichtet neben die anderen Gemeinschaften deutscher Jugend im deutschen Staate stellt.

Auch gleich verpflichtet!

Jawohl, liebe Freunde, darüber müssen wir uns klar sein, daß der Abschluß des Konkordats auch Pflichten auflegt. Indem die Kirche den neuen Staat anerkennt und durch einen feierlichen Vertrag sich mit ihm verbunden hat zum gemeinsamen Wirken im Volke der Deutschen, hat sie auch uns als Jugend der Kirche verpflichtet für den neuen Staat. Und nicht nur in dem Sinn, daß wir als Katholiken selbstverständlich um des Gewissens willen dem Staate geben, was des Staates ist, seine rechtmäßige Obrigkeit anerkennen, seine Autorität und seine Gesetze achten und befolgen; sondern in dem weiteren Sinne,

daß wir den deutschen Staat nationalsozialistischer Prägung, seine Idee, seine Führung, seine Formen anerkennen und ihm uns mit ganzer Bereitschaft und ganzer Treue zur Verfügung stellen.

Das muß uns klar sein: Kein Staat verwirklicht in sich das Ideal des Gottesstaates, wie auch kein Mensch das Ideal des Gotteskindes ganz in sich verwirklicht. Dies Ideal war nicht der deutsche Staat der Vorkriegszeit, erst recht nicht der der Nachkriegszeit; das ist nicht der faschistische Staat Italiens und das ist auch nicht der nationalsozialistische Staat des heutigen Deutschlands. Aber das kann und muß gesagt werden: Der neue deutsche Staat trägt etwas von der Idee des Gottesstaates in sich, in der Anerkennung des Christentums als Fundament des Staates . . .

Der Reichsregierung ist es gelungen, in kurzer Zeit und in einem unerhörten Krafterweis grundlegende Probleme des neuen Staates der Lösung näherzuführen, was nichts anderes bedeutet als Erfüllung eines göttlichen Willens. Die Reichsregierung geht in der Erfüllung, man kann sagen, naturgesetzlicher Forderungen für die Nation, für deren Leben und deren Wirtschaft Schritt für Schritt planmäßig voran. Forderung des Naturgesetzes aber ist primär der Wille Gottes. Wenn wir andererseits Kräfte am Werke sehen, die nicht in dieser Richtung arbeiten, die von unten her da und dort, wissentlich oder unwissentlich, solche geistige Fundamentierung des neuen Reichs untergraben und hemmen – das kann unser Gesamturteil nicht ändern, desto stärker nur werden wir jungen Katholiken uns mitten hineinstellen in den Staat und ihm unter der neuen Führung dienen . . .

,,Für Christi Reich im neuen Deutschland!"

Treu-Heil! Euer Generalpräses

Vollständiger Text in: Müller, S. 190–193

Nr. 118   Konkordat zwischen dem Heiligen Stuhl und dem Deutschen Reich

(Abgeschlossen in der Vatikanstadt am 20. Juli 1933. Bevollmächtigte für den Heiligen Stuhl: Eugen Kardinal Pacelli, für Deutschland: Franz von Papen; Auszüge)

Seine Heiligkeit Papst Pius XI. und der Deutsche Reichspräsident, von dem gemeinsamen Wunsche geleitet, die zwischen dem Heiligen Stuhl und dem Deutschen Reich bestehenden freundschaftlichen Beziehungen zu festigen und zu fördern,

gewillt, das Verhältnis zwischen der katholischen Kirche und dem Staat für den Gesamtbereich des Deutschen Reiches in einer beide Teile befriedigenden Weise dauernd zu regeln,

haben beschlossen, eine feierliche Übereinkunft zu treffen, welche die mit einzelnen deutschen Ländern abgeschlossenen Konkordate ergänzen und auch für die übrigen Länder eine in den Grundsätzen einheitliche Behandlung der einschlägigen Fragen sichern soll.

(Namen der Bevollmächtigten.)

Artikel 1: Das Deutsche Reich gewährleistet die Freiheit des Bekenntnisses und der öffentlichen Ausübung der katholischen Religion . . .

Artikel 4: . . . Anweisungen, Verordnungen, Hirtenbriefe, amtliche Diözesanblätter und sonstige die geistliche Leitung der Gläubigen betreffende Verfügungen, die von den kirchlichen Behörden im Rahmen ihrer Zuständigkeit (Art. 1, Abs. 2) erlassen werden, können ungehindert veröffentlicht und in den bisher üblichen Formen zur Kenntnis der Gläubigen gebracht werden . . .

Artikel 16: Bevor die Bischöfe von ihrer Diözese Besitz ergreifen, leisten sie in die Hand des Reichsstatthalters in dem zuständigen Lande bzw. des Reichspräsidenten einen Treueid nach folgender Formel:

,,Vor Gott und auf die heiligen Evangelien schwöre und verspreche ich, so wie es einem Bischof geziemt, dem Deutschen Reich und dem Lande . . . Treue. Ich schwöre und verspreche, die verfassungsmäßig gebildete Regierung zu achten und von meinem Klerus achten zu lassen. In der pflichtmäßigen Sorge um das Wohl und das Interesse des deutschen Staatswesens werde ich in Ausübung des mir übertragenen geistlichen Amtes jeden Schaden zu verhüten trachten, der es bedrohen könnte." . . .

Artikel 21: Der katholische Religionsunterricht in den Volksschulen, Berufsschulen, Mittelschulen und höheren Lehranstalten ist ordentliches Lehrfach und wird in Übereinstimmung mit den Grundsätzen der katholischen Kirche erteilt. Im Religionsunterricht wird die Erziehung zu vaterländischem, staatsbürgerlichem und sozialem Pflichtbewußtsein aus dem Geiste des christlichen Glaubens- und Sittengesetzes mit besonderem Nachdruck gepflegt werden, ebenso wie es im gesamten übrigen Unterricht geschieht . . .

Artikel 27: Der Deutschen Reichswehr wird für die zu ihr gehörenden katholischen Offiziere, Beamten und Mannschaften sowie deren Familien eine exemte Seelsorge zugestanden.

Die Leitung der Militärseelsorge obliegt dem Armeebischof. Seine kirchliche Ernennung erfolgt durch den Heiligen Stuhl, nachdem letzterer sich mit der Reichsregierung in Verbindung gesetzt hat, um im Einvernehmen mit ihr eine geeignete Persönlichkeit zu bestimmen . . .

Artikel 30: An den Sonntagen und den gebotenen Feiertagen wird in den Bischofskirchen sowie in den Pfarr-, Filial- und Klosterkirchen des Deutschen Reiches im Anschluß an den Hauptgottesdienst, entsprechend den Vorschriften der kirchlichen Liturgie, ein Gebet für das Wohlergehen des Deutschen Reiches und Volkes eingelegt.

Artikel 31: Diejenigen katholischen Organisationen und Verbände, die ausschließlich religiösen, rein kulturellen und karitativen Zwecken dienen und als solche der kirchlichen Behörde unterstellt sind, werden in ihren Einrichtungen und in ihrer Tätigkeit geschützt.

Diejenigen katholischen Organisationen, die außer religiösen, kulturellen oder karitativen Zwecken auch anderen, darunter auch sozialen oder berufsständischen Aufgaben dienen, sollen, unbeschadet einer etwaigen Einordnung in staatliche Verbände, den Schutz des Artikels 31, Absatz 1 genießen, sofern sie Gewähr dafür bieten, ihre Tätigkeit außerhalb jeder politischen Partei zu entfalten . . .

Vollständiger Text in: Von Versailles zum Zweiten Weltkrieg. Verträge zur Zeitgeschichte 1918–1939, hg. E. Klöss, München 1965, dtv 334, S. 199–208

Nr. 119   Predigt des evangelischen Bischofs Dibelius bei der Eröff-
nung des Reichstags am 21. 3. 1933 in der Potsdamer Garnisons-
kirche (Auszug)

,,Ein neuer Anfang staatlicher Geschichte steht immer irgendwie im Zeichen der Gewalt. Denn der Staat ist Macht. Neue Entscheidungen, neue Orientierungen, Wandlungen und Umwälzungen bedeuten immer den Sieg des einen über den anderen. Und wenn es um Leben und um Sterben der Nation geht, dann muß die staatliche Macht kraftvoll und durchgreifend eingesetzt werden, es sei nach außen oder nach innen.

Wir haben von Dr. Martin Luther gelernt, daß die Kirche der rechtmäßigen staatlichen Gewalt nicht in den Arm fallen darf, wenn sie tut, wozu sie berufen ist. Auch dann nicht, wenn sie hart und rücksichtslos schaltet. Wir kennen die furchtbaren Worte, mit denen Luther im Bauernkrieg die Obrigkeit aufgerufen hat, schonungslos vorzugehen, damit wieder Ordnung in Deutschland werde. Aber wir wissen auch, daß Luther mit demselben Ernst die christliche Obrigkeit aufgerufen hat, ihr gottgewolltes Amt nicht zu verfälschen durch Rachsucht und Dünkel, daß er Gerechtigkeit und Barmherzigkeit gefordert hat, sobald die Ordnung wiederhergestellt war. Das muß die doppelte Aufgabe der evangelischen Kirche auch in dieser Stunde sein. Wenn der Staat seines Amtes waltet gegen die, die die Grundlagen der staatlichen Ordnung untergraben, gegen die vor allem, die mit ätzendem und gemeinem Wort die Ehe zerstören, den Glauben verächtlich machen, den Tod für das Vaterland begeifern – dann walte er seines Amtes in Gottes Namen! Aber wir wären nicht wert, eine evangelische Kirche zu heißen, wenn wir nicht mit dem Freimut, mit dem Luther es getan hat, hinzufügen wollten: staatliches Amt darf sich nicht mit persönlicher Willkür vermengen! Ist die Ordnung hergestellt, so müssen Gerechtigkeit und Liebe wieder walten, damit jeder, der ehrlichen Willens ist, seines Volkes froh sein kann.''

Aus: H. Grabert, Die Kirche im Jahre der deutschen Erhebung, Stuttgart 1934, S. 2

Nr. 120   Berufsverbot und Arierparagraph in der Evangelischen Kirche im Gesetz über die Rechtsverhältnisse der Geistlichen und Kirchenbeamten (Auszüge)

Die Einführung des Arierparagraphen (und des Berufsverbots gegen politisch mißliebige Personen; R. K.) in der Kirche erfolgte in Übereinstimmung mit dem Gesetz zur Wiederherstellung des Berufsbeamtentums vom 7. April 1933 (RGBL. I, Nr. 34, S. 175 ff.) durch „das Gesetz über die Rechtsverhältnisse der Geistlichen und Kirchenbeamten". Dieses Gesetz wurde von der Generalsynode der Evangelischen Kirche der altpreußischen Union sowie von den Landessynoden einzelner anderer deutscher Landeskirchen angenommen, der Deutschen Evangelischen Nationalsynode vorgelegt und für die ganze Deutsche Evangelische Kirche ebenfalls beschlossen. Es enthält folgende aus dem neuen Reichsbeamtenrecht übertragene grundsätzliche Bestimmungen:

§ 1. (1) Als Geistlicher oder Beamter der allgemeinen kirchlichen Verwaltung darf nur berufen werden, wer die für seine Laufbahn vorgeschriebene Vorbildung besitzt und rückhaltlos für den nationalen Staat und die Deutsche Evangelische Kirche eintritt.

(2) Wer nicht arischer Abstammung oder mit einer Person nicht arischer Abstammung verheiratet ist, darf nicht als Geistlicher oder Beamter der allgemeinen kirchlichen Verwaltung berufen werden. Geistliche oder Beamte arischer Abstammung, die mit einer Person nichtarischer Abstammung die Ehe eingehen, sind zu entlassen. Wer als Person nichtarischer Abstammung zu gelten hat, bestimmt sich nach den Vorschriften der Reichsgesetze . . .

§ 3. (1) Geistliche oder Beamte, die nach ihrer bisherigen Betätigung nicht die Gewähr dafür bieten, daß sie jederzeit rückhaltlos für den nationalen Staat und die Deutsche Evangelische Kirche eintreten, können in den Ruhestand versetzt werden.

(2) Geistliche oder Beamte, die nichtarischer Abstammung oder mit einer Person nichtarischer Abstammung verheiratet sind, sind in den Ruhestand zu versetzen.

Aus: Die Evangelische Kirche in Deutschland und die Judenfrage, Genf 1945, S. 35 f.

Nr. 121   Memorandum des Kirchenbundesamts über die gegenwär-
tige Lage in Deutschland, insbesondere über die Judenfrage v. 7. Juni
1933 (Auszüge)

Was sich in den letzten Monaten in Deutschland vollzogen hat und noch vollzieht, ist eine Revolution oder besser noch eine nationale Regeneration von tiefster und weitester innerer Auswirkung. Die Bildung der Regierung und der Ausbau ihrer Machtstellung haben sich freilich nicht im Wege der Gewalt, sondern im Rahmen der Verfassung und mit den Mitteln der Mehrheitsentscheidung, der Wahl und Abstimmung vollzogen. Die Gesetze werden auf Grund einer Ermächtigung erlassen, die eine 2/3-Mehrheit des verfassungsmäßig gewählten Reichstages der Regierung auf 4 Jahre erteilt hat. Aber auf Grund dieser Ermächtigung will die Regierung an die Stelle des Alten in Staat und Wirtschaft etwas in vieler Hinsicht grundsätzlich Neues setzen. Wie jede politische Umwälzung, so formt auch die deutsche Revolution von 1933 auf vielen Gebieten neue Vorstellungen von dem, was für das Wohl des Volkes und für die Erhaltung seines Lebens notwendig und gut ist. So tritt, vielfältig in der Stille vorbereitet durch eine geistige Wandlung, eine Neubewertung vieler Kulturgüter ein, die umso tiefgreifender ist, je tiefer die geistigen Wurzeln der Revolution reichen. Welches diese sind, kann hier und heute nicht mit wenigen Strichen gezeichnet werden, zumal ein solcher Versuch, mit unzureichenden Mitteln unternommen, die Gefahr verhängnisvoller Mißverständnisse heraufbeschwören würde. Dies schon deshalb, weil die angewandten geistesgeschichtlichen Begriffe bei aller Ähnlichkeit der Kulturen der weißen Völker der Erde in den verschiedenen Kulturen doch verschiedene Bedeutung haben. Es sei daher nur angedeutet, daß bestimmte Ideen des 18. und 19. Jahrhunderts, besonders der ,,liberale" Gedanke, dessen wertvolle Anregungen und Auswirkungen nicht bestritten werden, in ihrer unglücklichen und für Deutschland charakteristischen Verbindung mit den Ideen des Marxismus letzten Endes im Nationalsozialismus ihre notwendige Gegenwirkung und – wie die große Mehrheit des Volkes hofft – ihren Meister gefunden haben. Die Mischung der liberalen und marxistischen Ideen, die der Verfassung des Nachkriegs-Deutschlands ihren Stempel aufgedrückt hat, hat sich für das

Verfassungs- und Volksleben nicht als fruchtbar erwiesen. Sie hat es vor allem nicht vermocht, die gefährlichen sozialen und politischen Gegensätze, die im deutschen Volk seit langer Zeit vorhanden waren, auszugleichen. Diese Not ist die letzte Ursache der nationalsozialistischen Bewegung einerseits, und andererseits erwächst aus ihr ihre Aufgabe. Dies ist der Angelpunkt für das Verständnis des heutigen Geschehens in Deutschland. Von hier aus müssen daher auch die Einzelheiten bewertet werden. Sie können nicht oder nur sehr schwer nach Maßstäben beurteilt werden, die von außen, aus ganz anderen und hier nicht gültigen Verhältnissen herangetragen werden . . .

Welcher Mißbrauch kann z. B. mit den Begriffen ,,Freiheit'', ,,freiheitliche Verfassung'' gemacht werden, wenn man sich nicht vorher über die Frage einigt, was man als das Wesen der (politischen) Freiheit ansieht, und wenn man übersieht, wie die ,,Freiheit'' sich im einzelnen Volk auswirkt! Dies hat das Ausland, besonders in seiner Einstellung zu der neuen Regierung – unzulänglich, ja z. T. bewußt falsch unterrichtet – nicht gewürdigt und z. T. vielleicht auch nicht würdigen können. Beispiele gerade auch aus der kirchlichen Presse des Auslandes könnten hierfür angeführt werden.

Das deutsche Volk kämpft seit jetzt beinahe 2 Jahrzehnten um sein Leben. Die Regierung will in einer großen organisatorischen und geistigen Anstrengung in Staat, Wirtschaft und Kultur die verfallende Ordnung unseres Volkslebens wieder zu einem kraftvollen Organismus gestalten. Zucht und Ordnung, Sparsamkeit und Fleiß, sozialer Frieden und Pflege der nationalen Kulturgüter des deutschen Volkes sind Mittel und Ziel dieses Weges zugleich. Die erhoffte endliche Konsolidierung der Verhältnisse in Deutschland wird auch für die Weltpolitik, für die Erhaltung des Friedens – freilich nicht ohne kluge und im Geiste der Gerechtigkeit betätigte Handhabung der internationalen Probleme durch das Ausland – von großer und positiver Bedeutung werden. Bekanntlich ist eine starke Regierung meist eine bessere Garantie für den Frieden als eine schwache, die allen möglichen unkontrollierbaren Einflüssen ausgesetzt ist. Die Stellung des Kanzlers Adolf Hitler zu den *internationalen Problemen* ist aus folgenden Sätzen seiner großen Reichstagsrede vom 23. März 1933 zu ersehen:

„Das deutsche Volk will mit der Welt in Frieden leben . . .

Einen ersten Beweis für die Aufrichtigkeit seiner Worte hat der Reichskanzler in seiner großen Rede zur Abrüstungsfrage am 17. Mai geliefert, deren Inhalt wohl als bekannt vorausgesetzt werden darf. Als eine ihrer *Hauptaufgaben im Innern* hat die Regierung naturgemäß die geistige und politische Überwindung des Marxismus besonders in der Form des Kommunismus erkannt, der in Deutschland – wie übrigens auch in anderen Ländern – eine unmittelbare, den Staat und die Kirchen bedrohende Stärke erreicht hatte. Dabei sind selbstverständlich einzelne von der Staatsgewalt ergriffene Maßregeln nicht frei von Härten . . .

Der Versuch einer gewaltsamen Aufrichtung der kommunistischen Diktatur schien auf dem Wege der Verwirklichung. Es braucht nicht ausführlich dargelegt zu werden, welches Schicksal die Kirche bei dem fanatischen Haß des Kommunismus gegen Religion und Kirche im Falle eines Sieges des Kommunismus gefunden haben würde. Der Standpunkt der Reichsregierung, daß sie durch Übernahme der Regierung am 30. Januar 1933 eine in sicherer Aussicht stehende Katastrophe verhindert habe, wird auch von den Kirchen geteilt.

Für einen so machtvollen Umschwung der Dinge, wie wir ihn erlebt haben, wird das Gesamturteil eines disziplinierten Verlaufs geschichtlich bestehen. Wie bei der Wucht dieser Revolution und der tiefgehenden Erregung der Bevölkerung aber nur natürlich ist, sind einzelne Gewaltakte – auch gegen Juden, aber nicht allein oder vorzugsweise gegen diese – vorgekommen, die nicht nur von den Kirchen, sondern auch von der Regierung mißbilligt und bedauert werden. Doch stehen sie in keinem Verhältnis zu den grausamen und schmachvollen Vorgängen der Revolution von 1918 . . .

Vollständiger Text in: A. Boyens, Kirchenkampf und Ökumene 1933–1939. Darstellung und Dokumentation, München 1969, S. 299–308

II. Die bürgerlichen Parteien

Nr. 122   Die Auflösung der Deutschnationalen Front am 27. 6. 1933

Die Reichspressestelle der NSDAP teilt mit: „In vollem Einvernehmen mit dem Reichskanzler und in Erkenntnis der Tatsache, daß der Parteienstaat überwunden ist, hat die Deutschnationale Front heute ihre Auflösung beschlossen. Sie wird bei den nötigen Maßnahmen zur Abwicklung nicht behindert werden.

Die ehemaligen Angehörigen der Deutschnationalen Front werden vom Reichskanzler als volle und gleichberechtigte Mitkämpfer des nationalen Deutschland anerkannt und vor jeder Kränkung und Zurücksetzung beschützt. Das gilt insbesondere für alle Beamten und Angestellten. Die wegen politischer Vergehen in Haft befindlichen ehemaligen Mitglieder der Deutschnationalen Front werden unverzüglich in Freiheit gesetzt und unterliegen keinerlei nachträglicher Verfolgung.

Die Fraktionen des Reichstages und der Landtage der NSDAP und der bisherigen DNF sichern eine einheitliche Stellungnahme durch Abordnung von einem oder mehreren Mitgliedern der ehemaligen DNF in die Vorstände der Fraktionen der NSDAP (Reichstag und preußischer Landtag je zwei). Sinngemäß wird in den gemeindlichen Selbstverwaltungskörpern verfahren."

Aus: E. Matthias u. R. Morsey (Hg.), Das Ende der Parteien 1933, Düsseldorf 1960, S. 652

Nr. 123   Auflösungsbeschluß der Reichsleitung des Zentrums am 5. 7. 1933

Die politische Umwälzung hat das deutsche Staatsleben auf eine völlig neue Grundlage gestellt, die für eine bis vor kurzem mögliche parteipolitische Betätigung keinen Raum mehr läßt. Die Deutsche Zentrumspartei löst sich daher im Einvernehmen mit dem Herrn Reichskanzler Hitler mit sofortiger Wirkung auf.

Mit dieser Auflösung gibt sie ihren Anhängern die Möglichkeit, ihre Kräfte und Erfahrungen der unter Führung des Herrn Reichskanzlers stehenden nationalen Front *zur positiven Mitarbeit* im Sinne der Festigung unserer nationalen, sozialen, wirtschaftlichen und kulturellen Verhältnisse und zur Mitwirkung am Neuaufbau einer rechtsstaatlichen Ordnung *rückhaltlos zur Verfügung zu stellen.*

Die Zentrumspartei vollzieht den notwendigen organisatorischen Abbau mit tunlichster Beschleunigung. Sie darf hierbei loyalerweise damit rechnen, daß die Abwicklungsarbeiten nicht *gestört* werden, daß Beschlagnahme von bisherigem Parteigut, wie politisch bedingte Verhaftungen von ehemaligen Parteiangehörigen in Zukunft unterbleiben und bereits Verhaftete wieder *freigelassen* werden, soweit nicht Verdacht strafbarer Handlungen vorliegt.

Sie gibt ferner der berechtigten Hoffnung Ausdruck, daß die bisherigen Anhänger der Zentrumspartei durch den Führer der nationalsozialistischen Bewegung in Zukunft vor *Diffamierung und Zurücksetzung geschützt werden,* und daß die katholische, zum nationalen Staat positiv eingestellte *Presse* die gleiche Behandlung erfährt wie die übrige nationale Presse.

Den Mandatsträgern im Reichstag, den Landtagen und in den kommunalen Körperschaften ist hinsichtlich der Beibehaltung ihrer Mandate völlige *Entschlußfreiheit* anheimgegeben.

Die Mitglieder der bisherigen Zentrumsfraktionen treten also nicht geschlossen als Hospitanten in die Fraktionen der NSDAP über, sondern bleiben vorerst fraktionslos und lediglich durch *Verbindungsmänner* mit den Fraktionen der NSDAP in Fühlung.

Die Bestellung dieser Verbindungsmänner erfolgt in unmittelbarer Verständigung mit den zuständigen Fraktionsvorsitzenden der NSDAP.

In Einvernehmen mit Herrn Reichskanzler Hitler und dem zuständigen Fraktionsvorsitzenden der NSDAP wird als Verbindungsmann der bisherigen Reichstagsfraktion des Zentrums Herr Dr. *Hackelsberger* bei der Reichstagsfraktion der NSDAP bestimmt.

Aus: Matthias/Morsey, S. 439 f.

Nr. 124   Die Auflösung der Bayerischen Volkspartei am 4. 7. 1933

Es ist jedermann verboten, sich weiterhin unter der Bezeichnung Bayerische Volkspartei oder im Sinne des Programms derselben, soweit dieses mit dem Programm der NSDAP im Widerspruch steht, irgendwie politisch zu betätigen.

Die Partei ist damit *praktisch aufgelöst.*

Durch die nationalsozialistische Revolution gibt es außerhalb der NSDAP *keine politische Wirkungsmöglichkeit* mehr. Es ist deshalb für jeden bisherigen Angehörigen der Bayerischen Volkspartei der Weg frei, unter der unmittelbaren Führung Adolf Hitlers am Aufbau des neuen Deutschland mitzuarbeiten.

München, 4. Juli 1933.

Für die Landesparteileitung der Bayerischen Volkspartei:

gez. Eugen *Graf v. Quadt-Isny*

Aus: Matthias/Morsey, S. 516

Nr. 125   Zur Auflösung der Deutschen Staatspartei (ehem. Deutsche Demokratische Partei)

Entschließung des Gesamtvorstandes vom 14. 5. 1933

Die Deutsche Staatspartei wird ihre Arbeit fortführen. Sie ist sich durchaus bewußt, daß die gegenwärtige Zeitlage einem aktiven politischen Einsatz ihrer Kräfte entgegensteht, aber sie glaubt, daß die Gesinnungen, mit denen sie ihre Arbeit für Deutschland leistete, auch im neuen Deutschland gebraucht werden. Sie bittet ihre Freunde, in diesen Zeiten rascher geschichtlicher Entwicklung ihr die Treue zu bewahren, dem Staat, wo immer sie ihre Kräfte ansetzen können, um des Vaterlandes willen, wie bisher, treu zu dienen und dessen eingedenk zu bleiben, was die bürgerliche Freiheit für den Aufbau des deutschen Nationalbewußtseins bedeutet hat und bedeuten wird.

Sehr geehrter Herr Reichsminister!

Nach amtlicher Verlautbarung sollen in Verfolg des Betätigungsverbots für die sozialdemokratische Partei Deutschlands auch die Reichstagsmandate der Deutschen Staatspartei für erloschen erklärt werden.

Die Deutsche Staatspartei hat sich im Rahmen der politischen Gesamtentwicklung am 28. Juni 1933 aufgelöst und an diesem Tag sofort den Herrn Abgeordneten Landahl, Hamburg, beauftragt, mit dem Herrn Reichstagspräsidenten und Preuß. Ministerpräsidenten Göring und mit dem Herrn Reichsminister Dr. Frick eine Besprechung herbeizuführen, in der unsere Auffassung über die Rechtslage dargestellt und die Voraussetzungen weiterer parlamentarischer Mitarbeit geklärt werden sollten, wie das bei den übrigen Gruppen, die seinerzeit für das Ermächtigungsgesetz gestimmt hatten und jetzt als Fraktionslose oder Hospitanten der NSDAP in der Volksvertretung sitzen, geschehen ist . . .

Das Betätigungsverbot gegen die sozialdemokratische Partei wurde in dem Beschluß des Kabinetts begründet mit dem Hinweis auf die Bildung einer sozialdemokratischen Parteivorstandschaft in Prag und auf illegale Vorgänge bei der sozialdemokratischen Partei Hamburgs. Wir empfinden es als ein menschliches und sachliches Unrecht, daß von einer Aktion, die aus diesen Anlässen beschlossen wurde, auch die parlamentarischen Mitglieder der staatsparteilichen Gruppe getroffen werden sollen, die personell und ideell diesen Dingen so fern stehen, wie das Mitglied irgendeiner anderen Partei.

Aus: Matthias/Morsey, S. 95 f.

3. Erste Reaktionen der Arbeiterbewegung

Nr. 126   Aufruf der KPD zum Generalstreik vom 30. Januar 1933 (Auszug)

Hitler Reichskanzler – Papen Vizekanzler – Hugenberg Wirtschaftsdiktator – die Frick und Göring an der Spitze der Polizei – Stahlhelm-Seldte Arbeitsminister! Dies neue Kabinett der offenen, faschistischen Diktatur ist die brutalste, unverhüllteste Kriegserklärung an die Werktätigen, die deutsche Arbeiterklasse!

Die Betrugsmanöver des ,,sozialen" Generals sind zu Ende. Die Zuspitzung der Krise, der machtvolle revolutionäre Aufschwung der Massen zwingt die Bourgeoisie, das nackte Gesicht ihrer Diktatur in äußerster Brutalität zu enthüllen. An die Stelle der ,,sozialen" Phrasen treten die Bajonette der Reichswehr und die Revolver der mordenden SA- und SS-Kolonnen. Schamloser Raub der Löhne, schrankenloser Terror der braunen Mordpest, Zertrampelung der letzten spärlichen Überreste der Rechte der Arbeiterklasse, hemmungsloser Kurs auf den imperialistischen Krieg – das alles steht unmittelbar bevor.

Die Partei der deutschen Arbeiter, die Partei der Streiks gegen Lohnraub, der Verteidigung der Interessen aller Werktätigen, des Kampfes für die Freiheit der Arbeiterklasse und für den Sozialismus – die KPD will man verbieten!

Die Kampforganisation der proletarischen Jugend, der KJVD, die Massenkampforganisation, die den Kampf gegen Lohnraub und Unternehmerwillkür führt, die RGO, sollen verboten werden. Diese faschistischen Anschläge sollen den Kurs auf die volle Zerschlagung aller Arbeiterorganisationen Deutschlands einleiten.

Das blutige, barbarische Terrorregime des Faschismus wird über Deutschland aufgerichtet. Massen, laßt nicht zu, daß die Todfeinde des deutschen Volkes, die Todfeinde der Arbeiter und armen Bauern, der Werktätigen in Stadt und Land ihr Verbrechen durchführen! Setzt euch zur Wehr gegen die Anschläge und den Terror der faschistischen Konterrevolution! Verteidigt euch gegen die schrankenlose soziale Reaktion der faschistischen Diktatur!

Heraus auf die Straße!

Legt die Betriebe still!

Antwortet sofort auf den Anschlag der faschistischen Bluthunde mit Streik, mit dem Massenstreik, mit dem Generalstreik!

Arbeiter, Arbeiterinnen, Jungarbeiter, nehmt in allen Betrieben, in allen Gewerkschaften, in allen Arbeiterorganisationen, auf allen Stempelstellen sofort Stellung für den Generalstreik gegen die faschistische Diktatur!

Beschließt die Arbeitsniederlegung! Beschließt Massendemonstrationen! Wählt Einheitskomitees und Streikleitungen! Organisiert den Kampf!

Aus: Geschichte der deutschen Arbeiterbewegung, Bd. 5, S. 441 f.

Nr. 127   Aufruf des Vorstandes der SPD und der sozialdemokratischen Reichstagsfraktion vom 31. Januar 1933

Arbeitendes Volk! Republikaner!

Im Kabinett Hitler-Papen-Hugenberg ist die Harzburger Front wieder auferstanden.

Die Feinde der Arbeiterklasse, die einander bis vor wenigen Tagen auf das heftigste befehdeten, haben sich zusammengeschlossen zum gemeinsamen Kampf gegen die Arbeiterklasse, zu einer reaktionären großkapitalistischen und großagrarischen Konzentration.

Die Stunde fordert die Einigkeit des ganzen arbeitenden Volkes zum Kampf gegen die vereinigten Gegner. Sie fordert Bereitschaft zum Einsatz der letzten und äußersten Kräfte.

Wir führen unseren Kampf auf dem Boden der Verfassung. Die politischen und sozialen Rechte des Volkes, die in Verfassung und Gesetz verankert sind, werden wir gegen jeden Angriff mit allen Mitteln verteidigen. Jeder Versuch der Regierung, ihre Macht gegen die Verfassung anzuwenden oder zu behaupten, wird auf den äußersten Widerstand der Arbeiterklasse und aller freiheitlich gesinnten Volkskreise stoßen. Zu diesem entscheidenden Kampf sind alle Kräfte bereitzuhalten.

Undiszipliniertes Vorgehen einzelner Organisationen oder

Gruppen auf eigene Faust würde der gesamten Arbeiterklasse zum schwersten Schaden gereichen.

Darum her zur Eisernen Front! Nur ihrer Parole ist Folge zu leisten! Kaltblütigkeit, Entschlossenheit, Disziplin, Einigkeit und nochmals Einigkeit ist das Gebot der Stunde!

Vorwärts (Berlin), 31. Januar 1933, Morgenausgabe, abgedruckt in: Geschichte der deutschen Arbeiterbewegung, Bd. 5, S. 442

Nr. 127 a „An die sozialdemokratischen und christlichen Arbeiter Deutschlands! An die Kollegen der freien Gewerkschaften und die Reichsbannerkameraden!" Offener Brief Ernst Thälmanns vom 27. Februar 1933 (Auszug)

Klassengenossen! Genossinnen!

Die offene faschistische Diktatur ist über Deutschland aufgerichtet. Der Reichspräsident von Hindenburg, für den ihr auf Geheiß eurer Führer vor einem knappen Jahr mit dem Aufgebot aller eurer Kräfte den Wahlkampf führtet, weil man euch sagte, Hindenburgs Wahl sei ein Schutz vor dem Hitlerfaschismus, hat Adolf Hitler, Frick und Göring, Papen, Hugenberg und Seldte die Macht übergeben. Mit Terror und Verfolgung versucht die Bourgeoisie die Arbeiterklasse und ihre Organisationen niederzuwerfen. Faschistische Banditen verüben eine Kette von Meuchelmorden an sozialdemokratischen, parteilosen und kommunistischen Arbeitern.

Immer wieder hat die Kommunistische Partei ihre feste, unverbrüchliche Bereitschaft ausgesprochen, gemeinsam mit allen Arbeitern und jeder Organisation den Kampf gegen den Faschismus zu führen, die ihrerseits zum Kampf bereit sind.

Wie am 20. Juli des vergangenen Jahres, so richtete am 30. Januar dieses Jahres anläßlich der Machtergreifung Hitlers die KPD erneut ihr Angebot zum gemeinsamen Kampf an die Sozialdemokratie, an den ADGB und Afa-Bund, an die christlichen Gewerkschaften. Eure Führer sind auf diese Einheitsfrontvorschläge nicht eingegangen.

Im Namen der hunderttausenden Mitglieder der Kommunistischen Partei, im Namen der mehr als 6 Millionen Arbeiter, Arbeiterinnen und Jungarbeiter, die bei der letzten Reichstagswahl ihr Vertrauen zur Kommunistischen Partei bekundeten, reiche ich euch, den Mitgliedern und Funktionären der SPD, der freien Gewerkschaften und darüber hinaus den Millionenmassen parteiloser Arbeiter, die Bruderhand zum gemeinsamen Kampfbündnis gegen den Faschismus.

Die faschistischen Meuchelmörder, die mit Dolchen, Revolvern und Bomben gegen Arbeiter wüten, machen keinen Unterschied, ob ihr das Mitgliedsbuch der KPD, der SPD oder der christlichen Gewerkschaften in der Tasche tragt. So darf auch im Freiheitskampf aller Antifaschisten die Parteizugehörigkeit kein Hindernis sein, gemeinsam zu marschieren, gemeinsam zu kämpfen.

Aus: Laschitza/Vietzke, Deutschland und die deutsche Arbeiterbewegung 1933–1945, Berlin 1964, S. 288 f.

Nr. 128   Stellungnahme des Abg. Wels für die SPD zum Ermächtigungsgesetz am 23. 3. 1933 (Auszüge)

. . . Nach den Verfolgungen, die die Sozialdemokratische Partei in der letzten Zeit erfahren hat, wird billigerweise niemand von ihr verlangen oder erwarten können, daß sie für das hier eingebrachte Ermächtigungsgesetz stimmt. Die Wahlen vom 5. März haben den Regierungsparteien die Mehrheit gebracht und damit die Möglichkeit gegeben, streng nach Wortlaut und Sinn der Verfassung zu regieren. Wo diese Möglichkeit besteht, besteht auch die Pflicht. Kritik ist heilsam und notwendig. Noch niemals, seit es einen Deutschen Reichstag gibt, ist die Kontrolle der öffentlichen Angelegenheiten durch die gewählten Vertreter des Volkes in solchem Maße ausgeschaltet worden, wie es jetzt geschieht, und wie es durch das neue Ermächtigungsgesetz noch mehr geschehen soll. Eine solche Allmacht der Regierung muß sich um so schwerer auswirken, als auch die Presse jeder Bewegungsfreiheit entbehrt.

Meine Damen und Herren! Die Zustände, die heute in Deutschland herrschen, werden vielfach in krassen Farben geschildert. Wie immer in solchen Fällen fehlt es auch nicht an Übertreibungen. Was meine Partei betrifft, so erkläre ich hier: wir haben weder in Paris um

Intervention gebeten, noch Millionen nach Prag verschoben, noch übertreibende Nachrichten ins Ausland gebracht. Solchen Übertreibungen entgegenzutreten wäre leichter, wenn im Inlande eine Berichterstattung möglich wäre, die Wahres vom Falschen unterscheidet. Noch besser wäre es, wenn wir mit gutem Gewissen bezeugen könnten, daß die volle Rechtssicherheit für alle wiederhergestellt sei. Das, meine Herren, liegt bei Ihnen.

Die Herren von der Nationalsozialistischen Partei nennen die von ihnen entfesselte Bewegung eine nationale Revolution, nicht eine nationalsozialistische. Das Verhältnis ihrer Revolution zum Sozialismus beschränkt sich bisher auf den Versuch, die sozialdemokratische Bewegung zu vernichten, die seit mehr als zwei Menschenaltern die Trägerin sozialistischen Gedankengutes gewesen ist und auch bleiben wird . . .

Wir haben gleiches Recht für alle und ein soziales Arbeitsrecht geschaffen. Wir haben geholfen, ein Deutschland zu schaffen, in dem nicht nur Fürsten und Baronen, sondern auch Männern aus der Arbeiterklasse der Weg zur Führung des Staates offen steht. Davon können Sie nicht zurück, ohne Ihren eigenen Führer preiszugeben. Vergeblich wird der Versuch bleiben, das Rad der Geschichte zurückzudrehen. Wir Sozialdemokraten wissen, daß man machtpolitische Tatsachen durch bloße Rechtsverwahrungen nicht beseitigen kann. Wir sehen die machtpolitische Tatsache Ihrer augenblicklichen Herrschaft. Aber auch das Rechtsbewußtsein des Volkes ist eine politische Macht, und wir werden nicht aufhören, an dieses Rechtsbewußtsein zu appellieren.

Die Verfassung von Weimar ist keine sozialistische Verfassung. Aber wir stehen zu den Grundsätzen des Rechtsstaates, der Gleichberechtigung, des sozialen Rechtes, die in ihr festgelegt sind. Wir deutschen Sozialdemokraten bekennen uns in dieser geschichtlichen Stunde feierlich zu den Grundsätzen der Menschlichkeit und der Gerechtigkeit, der Freiheit und des Sozialismus. Kein Ermächtigungsgesetz gibt Ihnen die Macht, Ideen, die ewig und unzerstörbar sind, zu vernichten. Sie selbst haben sich ja zum Sozialismus bekannt. Das Sozialistengesetz hat die Sozialdemokratie nicht vernichtet. Auch aus neuen Verfolgungen kann die deutsche Sozialdemokratie neue Kraft schöpfen.

Wir grüßen die Verfolgten und Bedrängten. Wir grüßen unsere Freunde im Reich. Ihre Standhaftigkeit und Treue verdienen Bewunderung. Ihr Bekennermut, ihre ungebrochene Zuversicht verbürgen eine hellere Zukunft.

Vollständiger Text in: Hohlfeld, Bd. IV, S. 38–40

Nr. 129 Beschluß des Bundesausschusses des Allgemeinen Deutschen Gewerkschaftsbundes vom 19. April 1933

Der Bundesausschuß des Allgemeinen Deutschen Gewerkschaftsbundes begrüßt den 1. Mai 1933 als gesetzlichen Feiertag der nationalen Arbeit und fordert die Mitglieder der Gewerkschaften auf, im vollen Bewußtsein ihrer Pionierdienste für den Maigedanken, für die Ehrung der schaffenden Arbeit und für die vollberechtigte Eingliederung der Arbeiterschaft in den Staat sich allerorts an der von der Regierung veranlaßten Feier festlich zu beteiligen.

Der Bundesausschuß erinnert in diesem Zusammenhang die Regierung und die gesamte Öffentlichkeit erneut an die Notlage der arbeitslosen Massen und spricht die Erwartung aus, daß die Regierung die gesetzliche Verkürzung der Arbeitszeit auf 40 Wochenstunden ohne Verdienstschmälerung für die Arbeiter baldigst durchführen möge.

Ebenso dringlich ist es, daß die Bemühungen der Regierung um Arbeitsbeschaffung und Siedlung mit allem Nachdruck weiter gefördert werden. Die Gewerkschaften sind nach wie vor bereit, diese Bemühungen mit allen Kräften zu unterstützen.

Gewerkschaftszeitung, Berlin, 22. April 1933; abgedruckt in: Geschichte der deutschen Arbeiterbewegung, Bd. 5, S. 449 f.

Kapitel IV

Die Wirklichkeit
des faschistischen Systems

Einleitung

Die Vernichtung der Arbeiterbewegung hatte die Voraussetzungen dafür geschaffen, daß der Kampf der abhängig Arbeitenden um bessere Lebensbedingungen unterdrückt, der „Klassenkampf" also scheinbar „abgeschafft" und die „Volksgemeinschaft" hergestellt werden konnte. Der Staatsaufbau wurde entsprechend gestaltet (Nr. 130–131). Nach der Niederwerfung des Hauptfeindes aber zeigte sich, daß immer noch ein beachtliches Konfliktpotential vorhanden war: Die Mittelschichten, die dem Faschismus die Massenbasis geliefert hatten und nicht nur mit antikommunistischen, sondern auch mit antikapitalistischen Parolen gewonnen worden waren, erwarteten nun auch Maßnahmen gegen das große Kapital, die großen Unternehmungen und Warenhäuser, überhaupt gegen die privilegierten Führungsschichten, um ihre eigene soziale Stellung sichern zu können. Als militanter Sprecher dieser Bestrebungen fungierte die SA (Nr. 132), die bei der terroristischen „Zerschlagung des Marxismus" die Hauptarbeit geleistet hatte und nun gesicherte Positionen im Staatsdienst und in der Gesellschaft verlangte – auf Kosten der bisher in Militär, Staatsapparat und Wirtschaft dominierenden

Gruppen. Gedrängt von Reichswehr und großem Kapital entschloß sich Hitler im Sommer 1934, das Verlangen nach der ,,zweiten Revolution'' auf faschistische Weise zu beenden: durch Ermordung der SA-Führungskader (vgl. Nr. 133 und 134).

Damit war die Vorbedingung dafür geschaffen, daß nicht nur die abhängig Arbeitenden, sondern auch die Mittelschichten aus dem politischen Entscheidungsprozeß ausgeschaltet werden konnten. Die Illusion, der Faschismus werde die Position des Mittelstandes festigen und eine ständische Wirtschafts- und Gesellschaftsordnung herstellen, wurden nun rasch zerstört. Die einzige noch bestehende und jetzt absolut herrschende gesellschaftliche Macht war nun das große Kapital, dessen Vertreter zusammen mit den Führern der faschistischen Partei die Machtzentren besetzt hielten und den politischen Kurs des Systems festlegten.

Der soziale Inhalt der faschistischen Politik wurde von hier aus eindeutig bestimmt (Nr. 136–165). Er zeigte sich in der Organisation der gesellschaftlichen Arbeit und in der Führerstellung des Unternehmers gegenüber seinen Arbeitern und Angestellten ebenso wie in der Bevorzugung der Produktionsmittelherstellung bei gleichzeitiger Vernachlässigung der Konsumgüter und des Wohnungsbaus. Er zeigte sich in der enormen Steigerung der Profite auf Kosten der Löhne und schließlich in den gewaltigen Rüstungsausgaben, die nicht nur direkt hohe Profite ermöglichten, sondern auf Krieg, Expansion und Ausbeutung fremder Länder und Völker abzielten. Aus den abhängig Arbeitenden wurden erhöhte Leistungen herausgepreßt, so daß sich die Arbeitsunfälle und überhaupt der Verschleiß der Arbeitskräfte stark erhöhten. Der Prozeß der Proletarisierung der selbständigen Mittelschichten setzte sich fort. Die großen Konzerne aber erzielten Profite, wie sie nicht einmal das Kaiserreich ermöglicht hatte.

Ein solches Maß an Ausbeutung und Vernachlässigung der elementarsten Lebensinteressen der großen Mehrheit der Bevölkerung erforderte natürlich ein umfangreiches und wirksames Terrorsystem (Nr. 166–169). Zugleich wurde die Diskriminierung der Juden schrittweise verstärkt (Nr. 170–179). Sie fungierten nun offiziell als die Sündenböcke der Nation, die für alle Übel verantwortlich waren und deshalb eine entsprechende Behandlung verdienten. Deutsche

Professoren lieferten die ideologische Rechtfertigung für die Judenverfolgung (Nr. 170), und die deutsche Industrie fand in der „Arisierung" jüdischen Vermögens eine willkommene Gelegenheit, sich zusätzlich zu bereichern (Nr. 175–177).

So waren schon vor Kriegsbeginn alle Merkmale der faschistischen Diktatur deutlich ausgeprägt und alle ihre Konsequenzen klar erkennbar. Daß dennoch ein beträchtlicher Teil der Bevölkerung, insbesondere im Bürgertum, aber teilweise auch in der Arbeiterschaft, das System aktiv unterstützte oder wenigstens mit einer gewissen Sympathie betrachtete, lag hauptsächlich darin begründet, daß der Staat über das Informations- und Propagandamonopol verfügte und jede oppositionelle Regung mit äußerster Brutalität zu unterdrücken versuchte. Zweifellos aber wirkte in die gleiche Richtung, daß infolge der gewaltigen Staats-, besonders Rüstungsinvestitionen die Arbeitslosigkeit allmählich überwunden und so das Lebenshaltungsniveau vieler Familien angehoben werden konnte. Schließlich blieb auch die enorme nationalistische Propaganda, die durch augenscheinliche außenpolitische Erfolge (Besetzung des Rheinlandes, Rückgliederung des Saargebietes, Angliederung Österreichs und des Sudetenlandes) unterstützt wurde, nicht ohne Wirkung. So demonstrierte das faschistische System, daß die Unterdrückung von Freiheit, Recht und der elementarsten materiellen Interessen der Massen durch ideologische Mittel vorübergehend kompensiert werden konnte – sofern zugleich oppositionelle Kräfte durch staatliche Repression ausgeschaltet waren.

1. Die Organisation des Staates

*Nr. 130   Gesetz zur „Sicherung der Einheit von Partei und Staat"
vom 1. 12. 1933 (Auszug)*

§ 1. Nach dem Sieg der nationalsozialistischen Revolution ist die nationalsozialistische Deutsche Arbeiterpartei die Trägerin des deutschen Staatsgedankens und mit dem Staate unlöslich verbunden.

Sie ist eine Körperschaft des öffentlichen Rechts.

§ 2. Zur Gewährleistung engster Zusammenarbeit der Dienststellen der Partei und der SA. mit den öffentlichen Behörden werden der Stellvertreter des Führers und der Chef des Stabes der SA. Mitglied der Reichsregierung.

§ 3. Den Mitgliedern der Nationalsozialistischen Deutschen Arbeiterpartei und der SA. (einschließlich der ihr unterstellten Gliederungen) als der führenden und bewegenden Kraft des nationalsozialistischen Staates obliegen erhöhte Pflichten gegenüber Führer, Volk und Staat.

Sie unterstehen wegen Verletzung dieser Pflichten einer besonderen Partei- und SA.-Gerichtsbarkeit.

Der Führer kann diese Bestimmungen auf die Mitglieder anderer Organisationen erstrecken . . .

Vollständiger Text in: Hohlfeld, Bd. IV, S. 112 f.

*Nr. 131   Gesetz über den „Neubau des Reiches" vom 30. Januar
1934 (Auszug)*

Die Volksabstimmung und die Reichstagswahl vom 12. November 1933 haben bewiesen, daß das deutsche Volk über alle innenpolitischen Grenzen und Gegensätze hinweg zu einer unlöslichen, inneren Einheit verschmolzen ist.

Der Reichstag hat daher einstimmig das folgende Gesetz beschlossen, das mit einmütiger Zustimmung des Reichsrates hiermit verkündet wird, nachdem festgestellt ist, daß die Erfordernisse verfassungsändernder Gesetzgebung erfüllt sind:

Artikel 1

Die Volksvertretungen der Länder werden aufgehoben.

Artikel 2

(1) Die Hoheitsrechte der Länder gehen auf das Reich über.

(2) Die Landesregierungen unterstehen der Reichsregierung.

Artikel 3

Die Reichsstatthalter unterstehen der Dienstaufsicht des Reichsministers des Innern.

Artikel 4

Die Reichsregierung kann neues Verfassungsrecht setzen.

Text in: Hohlfeld, Bd. IV, S. 135

Nr. 132   Rede des obersten SA-Führers Röhm vor dem diplomatischen Korps und der Auslandspresse vom 18. 4. 1934 (Auszug)

Wir haben keine nationale, sondern eine nationalsozialistische Revolution gemacht, wobei wir besonderes Gewicht auf das Wort ‚sozialistisch' legen! Wo diese Kräfte inzwischen zu ihrem nationalen Denken noch den Sozialismus hinzugelernt haben und praktisch betätigen, mögen sie weiter mit uns marschieren! Wo sie aber meinen, wir würden ihnen zuliebe auch nur die geringsten Abstriche von unserem konsequent sozialistischen Wollen machen, irren sie gewaltig! Reaktion und Revolution sind natürlich Todfeinde.

Es führen keine Brücken hinüber und herüber, weil eines das andere ausschließt.

In einer unbegreiflichen Milde hat das neue Regiment in Deutschland bei der Machtübernahme mit den Trägern und Handlangern des alten und noch älteren Systems nicht rücksichtslos aufgeräumt. Heute noch sitzen in beamteten Stellen Menschen, die des Geistes der nationalsozialistischen Revolution noch keinen Hauch verspürt haben. Wir nehmen es ihnen nicht übel, daß sie eine durch die Entwicklung überholte Gesinnung haben, obwohl wir es nicht für glücklich halten, daß man sie gleich- statt ausgeschaltet hat. Wir brechen ihnen aber bestimmt und erbarmungslos das Genick, wenn sie diese reaktionäre Gesinnung zu betätigen wagen.

Da mitten in dem gewaltigen Geschehen der nationalsozialistischen Revolution die Kräfte der Reaktion sich nicht offen zur Geltung bringen können, ohne zermalmt zu werden, kämpfen sie – wohl gar als Nationalsozialisten getarnt! – insgeheim und deswegen umso hinterhältiger.

Nur mit äußerster Vorsicht gehen sie zu Werke bei ihrem Bemühen, das rollende Rad der Revolution rückwärts zu drehen.

,Ruhe und Ordnung' ist ihr Feldgeschrei. Und in diesem treffen sie sich mit allen Schichten und Lagern des Mucker- und Spießertums.

Reaktionären, Muckern und Spießern *muß* ihrer ganzen Geisteshaltung nach der Begriff der Revolution ein Greuel sein, genauso wie umgekehrt uns schlecht wird, wenn wir nur an sie denken.

Als unerschütterliches Bollwerk gegen Reaktion, Spießer- und Muckertum steht die SA, – denn in ihr verkörpert sich alles, was den Begriff der Revolution ausmacht!

Aus: Ch. Bloch, Die SA und die Krise des NS-Regimes 1934, Frankfurt 1970, S. 80 f.

Nr. 133   Tagesbefehl Hitlers an den neuen SA-Führer Lutze vom 1. 7. 1934 (Auszüge)

Ich verlange vom SA-Führer genau so wie er vom SA-Mann blinden Gehorsam und unbedingte Disziplin . . .

Ich verlange vor allem von jedem SA-Führer, daß er in bedingungsloser Offenheit, Loyalität und Treue sein Benehmen gegenüber der Wehrmacht des Reiches einrichtet.

Vollständiger Text in: Bloch, S. 105–107

Nr. 134   Proklamation Hitlers auf dem Reichsparteitag der NSDAP in Nürnberg am 5. 8. 1934 (Auszüge)

Die nationalsozialistische Revolution ist als revolutionärer, machtmäßiger Vorgang *abgeschlossen!* Sie hat als Revolution restlos erfüllt, was von ihr erhofft werden konnte . . .

. . . Revolutionen sind Vorgänge, die nur entscheiden: Wer

pflanzt, was gepflanzt wird, und bedingt noch, wie es gepflanzt wird.

Säen und reifen aber überlassen sie stets der Evolution, daß heißt der Zeit . . .

Durch die Stellung der Wehrmacht aber als einzigen Waffenträger der Nation in diesem neuen Staat ist die letzte, auf unabsehbare Zeit wirkende Sicherung des neuen Staates erfolgt . . .

Daher werden wir auch jeden Versuch, gegen die Führung der nationalsozialistischen Bewegung und des Reiches einen Akt der Gewalttätigkeit anzuzetteln, niederschlagen und im Keime ersticken, er mag kommen, von wem er will!

Wir alle wissen, wen die Nation beauftragt hat! Wehe dem, der dies nicht weiß oder wer es vergißt! Im deutschen Volke sind Revolutionen stets selten gewesen.

Das nervöse Zeitalter des 19. Jahrhunderts hat bei uns endgültig seinen Abschluß gefunden.

In den nächsten tausend Jahren findet in Deutschland keine Revolution mehr statt . . .

Längere Auszüge in: Hohlfeld, Bd. IV, S. 183–185

Nr. 135 *Der Richter im nationalsozialistischen Staat. Leitsätze des „Reichsrechtsführers" Frank vom 14. Januar 1936*

1. Der Richter ist nicht als Hoheitsträger des Staates über den Staatsbürger gesetzt, sondern er steht als Glied in der lebendigen Gemeinschaft des deutschen Volkes. Es ist nicht seine Aufgabe, einer über der Volksgemeinschaft stehenden Rechtsordnung zur Anwendung zu verhelfen oder allgemeine Wertvorstellungen durchzusetzen, vielmehr hat er die konkrete völkische Gemeinschaftsordnung zu wahren, Schädlinge auszumerzen, gemeinschaftswidriges Verhalten zu ahnden und Streit unter Gemeinschaftsgliedern zu schlichten.

2. Grundlage der Auslegung aller Rechtsquellen ist die nationalsozialistische Weltanschauung, wie sie insbesondere in dem Parteiprogramm und den Äußerungen unseres Führers ihren Ausdruck findet.

3. Gegenüber Führerentscheidungen, die in die Form eines Ge-

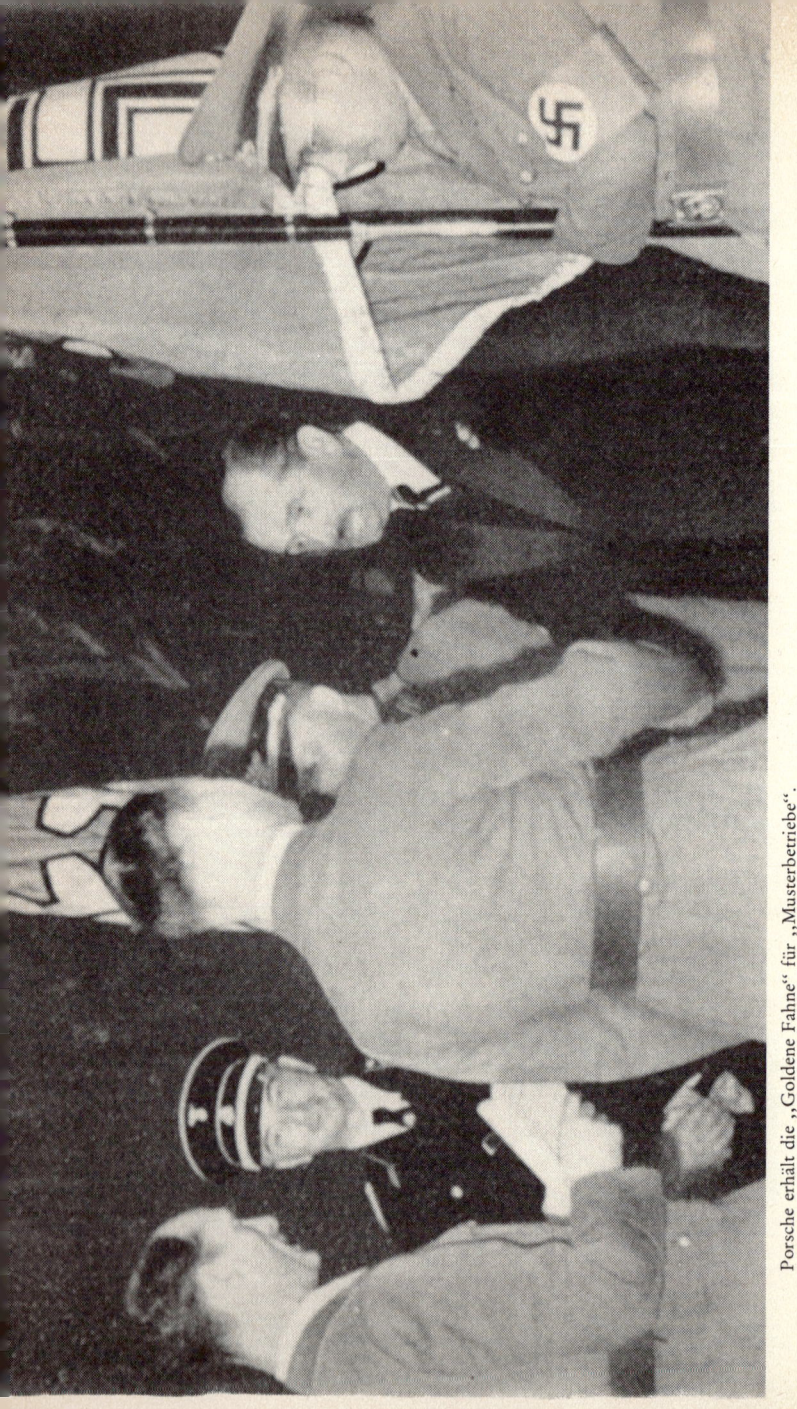

Porsche erhält die „Goldene Fahne" für „Musterbetriebe".

setzes oder einer Verordnung gekleidet sind, steht dem Richter kein Prüfungsrecht zu. Auch an sonstige Entscheidungen des Führers ist der Richter gebunden, sofern in ihnen der Wille, Recht zu setzen, unzweideutig zum Ausdruck kommt.

4. Gesetzliche Bestimmungen, die vor der nationalsozialistischen Revolution erlassen worden sind, dürfen nicht angewendet werden, wenn ihre Anwendung dem heutigen gesunden Volksempfinden ins Gesicht schlagen würde. Für die Fälle, in denen der Richter mit dieser Begründung eine gesetzliche Bestimmung nicht anwendet, ist die Möglichkeit geschaffen, höchstrichterliche Entscheidung herbeizuführen.

5. Zur Erfüllung seiner Aufgaben in der Volksgemeinschaft muß der Richter unabhängig sein. Er ist nicht an Weisungen gebunden. Unabhängigkeit und Würde des Richters machen geeignete Sicherungen gegen Beeinflussungsversuche und ungerechtfertigte Angriffe erforderlich.

Aus: Deutsches Recht, Jg. 6, 1936, S. 10; abgedruckt in: Hohlfeld, Bd. IV, S. 266

2. Die Organisation von Wirtschaft und Arbeit

Nr. 136   Gesetz über „Treuhänder der Arbeit" vom 19. Mai 1933 (Auszüge)

§ 1. Der Reichskanzler ernennt auf Vorschlag der zuständigen Landesregierungen und im Einvernehmen mit ihnen für größere Wirtschaftsgebiete Treuhänder der Arbeit. Der Reichsarbeitsminister soll die Treuhänder im Einvernehmen mit den beteiligten Landesregierungen einer von diesen oder einer Landesbehörde zuteilen.

§ 2. Bis zur Neuordnung der Sozialverfassung regeln die Treuhänder an Stelle der Vereinigungen von Arbeitnehmern, einzelner Arbeitgeber oder der Vereinigungen von Arbeitgebern rechtsverbindlich für die beteiligten Personen die Bedingungen für den Abschluß von Arbeitsverträgen . . . Auch im übrigen sorgen die Treuhänder für die Aufrechterhaltung des Arbeitsfriedens. Sie sind ferner zur Mitarbeit bei der Vorbereitung der neuen Sozialverfassung berufen.

§ 3. Die Treuhänder können die zuständigen Reichs- und Landesbehörden um die Durchführung ihrer Anordnungen und Verfügungen ersuchen. Sie sollen sich vor ihren Maßnahmen mit der Landesregierung oder einer von ihr bezeichneten Behörde in Verbindung setzen, es sei denn, daß Gefahr im Verzuge besteht.

§ 4. Die Treuhänder der Arbeit sind an Richtlinien und Weisungen der Reichsregierung gebunden.

Aus: Hohlfeld, Bd. IV, S. 64 f.

Nr. 137 Memorandum und Gesetzentwurf von Carl Goerdeler, Reichskommissar für die Preisüberwachung und Oberbürgermeister von Leipzig, für das Reichswirtschaftsministerium vom 7. September 1933 über die endgültige Beseitigung des Betriebsrätegesetzes und dessen Ersetzung durch ein neues Arbeitsgesetz (Auszüge)

Was kann zur Förderung des Umsatzes weiter geschehen?

Nichts, als daß besonders die Wirtschaft von den Fesseln sinnloser Tarifverträge ebenso frei gemacht wird wie von den Einbildungen aller möglichen Stellen, man könne die Wirtschaft gängeln. Das kann man nicht, man kann ihr nur einen großen Wirkungsraum und gesunde Rechtsgrundlagen verschaffen. Dann muß jeder einzelne nach seinen Fähigkeiten in diesem Raume arbeiten. Die schwerste Fessel für eine natürliche Wiederbelebung der Wirtschaft sehe ich in der Wahnsinnsvorstellung, daß zu allen Zeiten unter allen Umständen mehr als 8 Stunden nicht gearbeitet zu werden braucht, um existieren zu können. Die notwendige Arbeitsleistung des einzelnen und des Volkes richtet sich nach den natürlichen Verhältnissen, in denen es lebt. Diese sind augenblicklich für Deutschland, was Absatzmöglichkeit nach dem Ausland und was erarbeitetes Kapital betrifft, außerordentlich schmal, also muß viel gearbeitet werden . . .

Man kann auch gleich zupacken, indem man an das Tarifvertragswesen grundsätzlich herangeht. Es gibt begrifflich und wirtschaftlich nur folgende Möglichkeiten: a) Kollektive Arbeitsverträge, b) vom Reich festgesetzte, c) Möglichkeit a und b vermischt, d) Betriebsregelung, e) Betriebsregelung mit Reichseingriffen.

Aus psychologischen und wirtschaftsorganischen Gründen erscheint mir eine vollkommene Abkehr von dem Bisherigen erforderlich. Je rücksichtsloser und je entschlossener die Abkehr erfolgt, um so wunderbarer wird die Wirkung sein. So ist es nicht, daß im Volk dafür kein Verständnis ist, im Gegenteil, das einfache Volksempfinden ist viel stärker als alle Überlegung, und der einzelne empfindet sehr wohl, daß letzten Endes das Arbeiten und die Leistung in der Arbeit entscheidend ist und nichts anderes. Ich schlage also vor, die Verordnung über das Tarifvertragswesen laut Anlage zu ändern. Der einzelne Unternehmer erhält freie Hand, mit seiner Belegschaft die Arbeitsbedingungen festzusetzen. Schon dadurch wird er gezwungen, den nationalsozialistischen Gedanken zu verwirklichen und seiner Belegschaft vollkommenen Einblick in Zweck, Stand und Möglichkeiten des Unternehmens zu gewähren. Hier beginnt die gleichzeitige Erziehungsarbeit der Deutschen Arbeitsfront. Der einzelne Mensch soll sich wieder als lebendiges Glied seines Unternehmens fühlen. Selbstverständlich wird dadurch ein Wettbewerb ausgelöst . . .

Entwurf für ein Gesetz zur Erhaltung von Arbeitsstellen, zur Förderung der Arbeitsbeschaffung und zur weiteren Belebung der Wirtschaft. Vom . . .

Die Reichsregierung hat das folgende Gesetz beschlossen, das hiermit verkündet wird.

§ 1. Die Tarifvertragsverordnung vom 23. 12. 1918 in der Fassung der Bekanntmachung vom 1. 3. 1928 wird aufgehoben.

§ 2. Die Regelung der Arbeitsbedingungen erfolgt durch den verantwortlichen Betriebsleiter nach Anhörung der Vertrauensmänner des Betriebes . . .

§ 4. Der Betriebsleiter ist verpflichtet, den Betrieb wirtschaftlich zu führen, wie es dem Gesamtinteresse der Volkswirtschaft am besten entspricht, und in diesem Rahmen die wirtschaftlichen und sozialen Belange der Betriebsangehörigen zu pflegen und zu fördern.

Die Betriebsangehörigen sind verpflichtet, die Belange des Betriebes wahrzunehmen, dem Betriebsleiter Treue zu halten und die Erhaltung der Betriebsstätte allen Sonderwünschen voranzustellen.

Aus: Anatomie des Krieges, S. 118–120

Nr. 138   „Reichserbhofgesetz" vom 29. September 1933 (Auszüge)

Die Reichsregierung will unter Sicherung alter deutscher Erbsitte das Bauerntum als Blutquelle des deutschen Volkes erhalten.

Die Bauernhöfe sollen vor Überschuldung und Zersplitterung im Erbgang geschützt werden, damit sie dauernd als Erbe der Sippe in der Hand freier Bauern verbleiben.

Es soll auf eine gesunde Verteilung der landwirtschaftlichen Besitzgrößen hingewirkt werden, da eine große Anzahl lebensfähiger, kleiner und mittlerer Bauernhöfe, möglichst gleichmäßig über das ganze Land verteilt, die beste Gewähr für die Gesunderhaltung von Volk und Staat bildet.

Die Reichsregierung hat daher das folgende Gesetz beschlossen. Die Grundgedanken des Gesetzes sind:

Land- und forstwirtschaftlicher Besitz in der Größe von mindestens einer Ackernahrung und von höchstens 125 Hektar ist Erbhof, wenn er einer bauernfähigen Person gehört.

Der Eigentümer des Erbhofs heißt Bauer.

Bauer kann nur sein, wer deutscher Staatsbürger, deutschen oder stammesgleichen Blutes und ehrbar ist.

Der Erbhof geht ungeteilt auf den Anerben über.

Die Rechte der Miterben beschränken sich auf das übrige Vermögen des Bauern. Nicht als Anerben berufene Abkömmlinge erhalten eine den Kräften des Hofes entsprechende Berufsausbildung und Ausstattung; geraten sie unverschuldet in Not, so wird ihnen die Heimatzuflucht gewährt.

Das Anerbenrecht kann durch Verfügung von Todes wegen nicht ausgeschlossen oder beschränkt werden.

Der Erbhof ist grundsätzlich unveräußerlich und unbelastbar.

Aus: Hohlfeld, Bd. IV, S. 97 f.

Erster Abschnitt
Führer des Betriebes und Vertrauensrat
§ 1

Im Betriebe arbeiten der Unternehmer als Führer des Betriebes, die Angestellten und Arbeiter als Gefolgschaft gemeinsam zur Förderung der Betriebszwecke und zum gemeinen Nutzen von Volk und Staat.

§ 2

(1) Der Führer des Betriebes entscheidet der Gefolgschaft gegenüber in allen betrieblichen Angelegenheiten, soweit sie durch dieses Gesetz geregelt werden.

(2) Er hat für das Wohl der Gefolgschaft zu sorgen. Diese hat ihm die in der Betriebsgemeinschaft begründete Treue zu halten . . .

§ 5

(1) Dem Führer des Betriebes mit in der Regel mindestens 20 Beschäftigten treten aus der Gefolgschaft Vertrauensmänner beratend zur Seite. Sie bilden mit ihm und unter seiner Leitung den Vertrauensrat des Betriebes.

(2) Zur Gefolgschaft im Sinne der Bestimmungen über den Vertrauensrat gehören auch die Hausgewerbetreibenden, die in der Hauptsache für den gleichen Betrieb allein oder mit ihren Familienangehörigen arbeiten.

§ 6

(1) Der Vertrauensrat hat die Pflicht, das gegenseitige Vertrauen innerhalb der Betriebsgemeinschaft zu vertiefen.

(2) Der Vertrauensrat hat die Aufgabe, alle Maßnahmen zu beraten, die der Verbesserung der Arbeitsleistung, der Gestaltung und Durchführung der allgemeinen Arbeitsbedingungen, insbesondere der Betriebsordnung, der Durchführung und Verbesserung des Betriebsschutzes, der Stärkung der Verbundenheit aller Betriebsangehörigen untereinander und mit dem Betriebe und dem Wohle aller Glieder der Gemeinschaft dienen. Er hat ferner auf eine Beilegung aller Streitigkeiten innerhalb der Betriebsgemeinschaft hinzuwirken. Er ist vor der Festsetzung von Bußen auf Grund der Betriebsordnung zu hören.

§ 12

Der Vertrauensrat ist nach Bedarf von dem Führer des Betriebes einzuberufen. Die Einberufung muß erfolgen, wenn die Hälfte der Vertrauensmänner es beantragt.

§ 16

Gegen Entscheidungen des Führers des Betriebes über die Gestaltung der allgemeinen Arbeitsbedingungen, insbesondere der Betriebsordnung (§ 6, Abs. 2) kann die Mehrzahl des Vertrauensrates des Betriebes den Treuhänder der Arbeit unverzüglich schriftlich anrufen, wenn die Entscheidungen mit den wirtschaftlichen oder sozialen Verhältnissen des Betriebes nicht vereinbar erscheinen. Die Wirksamkeit der von dem Führer des Betriebes getroffenen Entscheidung wird durch die Anrufung nicht gehemmt . . .

Zweiter Abschnitt
Treuhänder der Arbeit
§ 18

(1) Für größere Wirtschaftsgebiete, deren Abgrenzung der Reichsarbeitsminister im Einvernehmen mit dem Reichswirtschaftsminister und dem Reichsminister des Innern bestimmt, werden Treuhänder der Arbeit ernannt. Sie sind Reichsbeamte und unterstehen der Dienstaufsicht des Reichsarbeitsministers. Ihren Sitz bestimmt der Reichsarbeitsminister im Einvernehmen mit dem Reichswirtschaftsminister.

(2) Die Treuhänder der Arbeit sind an Richtlinien und Weisungen der Reichsregierung gebunden.

(1) Die Treuhänder der Arbeit haben für die Erhaltung des Arbeitsfriedens zu sorgen . . .

§ 36

(1) Gröbliche Verletzungen der durch die Betriebsgemeinschaft begründeten sozialen Pflichten werden als Verstöße gegen die soziale Ehre von den Ehrengerichten gesühnt. Derartige Verstöße liegen vor, wenn

1. Unternehmer, Führer des Betriebes oder sonstige Aufsichtspersonen unter Mißbrauch ihrer Machtstellung im Betriebe böswillig die Arbeitskraft der Angehörigen der Gefolgschaft ausnutzen oder ihre Ehre kränken;

2. Angehörige der Gefolgschaft den Arbeitsfrieden im Betriebe durch böswillige Verhetzung der Gefolgschaft gefährden, sich insbesondere als Vertrauensmänner bewußt unzulässige Eingriffe in die Betriebsführung anmaßen oder den Gemeinschaftsgeist innerhalb der Betriebsgemeinschaft fortgesetzt böswillig stören;

3. Angehörige der Betriebsgemeinschaft wiederholt leichtfertig unbegründete Beschwerden oder Anträge an den Treuhänder der Arbeit richten oder seinen schriftlichen Anordnungen hartnäckig zuwiderhandeln; . . .

Längere Auszüge in: Hohlfeld, Bd. IV, S. 125–130; vollständiger Text: Reichsgesetzblatt 1934, Teil I, Nr. 7

Nr. 140 „Geschäftliche Mitteilungen" des Reichsstandes der deutschen Industrie für seine Mitglieder vom 26. Januar 1934 über das „Gesetz zur Ordnung der nationalen Arbeit" (Auszug)

Der 1. Abschnitt des Gesetzes enthält die Vorschriften über „Führer des Betriebes und Vertrauensrat". Der § 1 enthält die für die Grundidee der neuen Sozialordnung programmatische Bestimmung: „Im Betriebe arbeiten der Unternehmer als Führer des Betriebes, die Angestellten und Arbeiter als Gefolgschaft gemeinsam zur Förderung der Betriebszwecke und zum gemeinen Nutzen von Volk und Staat."

Damit ist im Gegensatz zu der Grundidee des bisherigen deutschen Sozialrechts und im Gegensatz zu den einleitenden Bestimmungen des Betriebsrätegesetzes (Interessenwahrnehmung der Arbeitnehmer gegenüber dem Arbeitgeber, § 1 BRG) die Idee der Betriebsgemeinschaft an Stelle des wirtschaftlichen und sozialen Interessengegensatzes zum Ausdruck gebracht.

Aus: Anatomie des Krieges, S. 121

Nr. 141 Entwurf der Denkschrift des Reichsstandes der deutschen Industrie vom 13. 2. 1934 (Auszug)

. . . 2. Industrielle Zwangsorganisation oder Beibehaltung des freiwilligen Zusammenschlusses.

Gewisse Entwicklungstendenzen steuern auf die öffentliche Zwangsorganisation im wirtschaftlichen Verbandsleben hin, um zu einer totalen verbandsmäßigen Erfassung aller Angehörigen eines Wirtschaftszweiges zu gelangen und den Gefahren einer möglichen einseitigen Interessenpolitik zu begegnen. Dies ist auch unser Ziel, das wir jedoch unter Vermeidung der mit jedem Zwang verbundenen Nachteile zu erreichen suchen . . .

Einen den Notwendigkeiten der Staatsführung und den Bedürfnissen der Wirtschaft entsprechenden Ausgleich zwischen Zwangsorganisation und Freiwilligkeit sehen wir in folgenden Erwägungen, die aus dem Bewußtsein der Verantwortung für die bestehenden und zu übernehmenden Aufgaben entspringen:

a) Einführung des Führerprinzips

Der Reichsstand der deutschen Industrie hat bereits das Führerprinzip für seine Organisation übernommen. Er erachtet es mit diesem Führerprinzip als notwendig verbunden, daß der Führer des Reichsstandes in Zukunft von der Reichsregierung bestätigt wird. Die vom Reichswirtschaftsministerium geplante Ausdehnung der Stellung des Verbandsführers auf den gesamten Wirtschaftszweig ist geeignet, eine unmittelbare und ausreichende Einflußnahme auf die gesamte Industrie sicherzustellen.

b) Anerkennung des Reichsstandes der deutschen Industrie und seiner Unterverbände

Der Reichsstand der deutschen Industrie und die nach der Durchführung der Reorganisation bestehenden Unterverbände werden vom Reichswirtschaftsministerium anerkannt. Diese behördliche Anerkennung verpflichtet und berechtigt den Verband, den Industriezweig bei der Regierung zu vertreten. Er wird für die Erfüllung bestimmter Aufgaben der staatlichen Verwaltung herangezogen und hat das alleinige Recht, Eingaben zu machen und bei Entscheidungen, die den Industriezweig angehen, gehört zu werden. Sämtliche dem Industriezweig angehörenden Firmen, unabhängig von der Zugehörigkeit zum Verband, sind gehalten, ihre Angelegenheiten durch Vermittlung des zuständigen Verbandes beim Reichswirtschaftsministerium vorzubringen.

c) Stärkung des hierarchischen Aufbaus des Reichsstandes der deutschen Industrie

Die Verbandsdisziplin muß sowohl gegenüber den Unterverbänden wie gegenüber den Mitgliedsfirmen gestärkt werden. Die Unterordnung der Fachgruppen und landschaftlichen Verbände kommt darin genügend zum Ausdruck, daß die Führer dieser Verbände vom Führer des Reichsstandes der deutschen Industrie bestätigt werden und ihm verantwortlich sind, wobei insbesondere für die Anfangszeit gewisse Kontrollrechte des Reichswirtschaftsministeriums eingeschaltet werden könnten. Es würde also der Vorsitzende des Reichsstandes der deutschen Industrie vom Reichswirtschaftsminister als Führer zu bestätigen sein, während die Führer der Fachgruppen und der landschaftlichen Verbände durch den Führer des Reichsstandes der deutschen Industrie zu bestätigen sind und wiederum die Bestätigung der Führer der Fachverbände den zuständigen Fachgruppen obliegt . . .

Längere Auszüge in: Anatomie des Krieges, S. 123–128

Nr. 142   Verordnung Adolf Hitlers über die Deutsche Arbeitsfront vom 24. Oktober 1934 (Auszüge)

Wesen und Ziel

§ 1. Die Deutsche Arbeitsfront ist die Organisation der schaffenden Deutschen der Stirn und der Faust.

In ihr sind insbesondere die Angehörigen der ehemaligen Gewerkschaften, der ehemaligen Angestelltenverbände und der ehemaligen Unternehmer-Vereinigungen als gleichberechtigte Mitglieder zusammengeschlossen . . .

§ 2. Das Ziel der Deutschen Arbeitsfront ist die Bildung einer wirklichen Volks- und Leistungsgemeinschaft aller Deutschen . . .

§ 7. Die Deutsche Arbeitsfront hat den Arbeitsfrieden dadurch zu sichern, daß bei den Betriebsführern das Verständnis für die berechtigten Ansprüche ihrer Gefolgschaft, bei den Gefolgschaften das Verständnis für die Lage und die Möglichkeiten ihres Betriebes geschaffen wird . . .

Die für diesen Ausgleich notwendige Vertretung aller Beteiligten ist ausschließlich Sache der Deutschen Arbeitsfront. Die Bildung anderer Organisationen oder ihre Betätigung auf diesem Gebiet ist unzulässig.

Vögler, Thyssen und Borbet inspizieren mit Hitler das Ruhrgebiet im Jahre 1935.

§ 8. Die Deutsche Arbeitsfront ist die Trägerin der Nationalsozialistischen Gemeinschaft „Kraft durch Freude" . . .

§ 9. Das Vermögen der in § 1 dieser Verordnung genannten früheren Organisationen einschließlich ihrer Hilfs- und Ersatzorganisationen, Vermögensverwaltungen und wirtschaftlichen Unternehmungen bildet das Vermögen der Deutschen Arbeitsfront. Dieses Vermögen ist der Grundstock für die Selbsthilfe-Einrichtung der Deutschen Arbeitsfront.

Durch die Selbsthilfe-Einrichtung der Deutschen Arbeitsfront soll jedem ihrer Mitglieder die Erhaltung seiner Existenz im Falle der Not gewährleistet werden, um den befähigtsten Volksgenossen den Aufstieg zu ebnen oder ihnen zu einer selbständigen Existenz, wenn möglich auch auf eigenem Grund und Boden, zu verhelfen.

Völkischer Beobachter vom 25. 10. 1934; abgedruckt in: Hohlfeld, Bd. IV, S. 187–189

Nr. 143 Reichsarbeitsdienstgesetz vom 26. Juni 1935 (Auszug)

§ 1. Der Reichsarbeitsdienst ist Ehrendienst am deutschen Volke.

Alle jungen Deutschen beiderlei Geschlechts sind verpflichtet, ihrem Volk im Reichsarbeitsdienst zu dienen.

Der Reichsarbeitsdienst soll die deutsche Jugend im Geiste des Nationalsozialismus zur Volksgemeinschaft und zur wahren Arbeitsauffassung, vor allem zur gebührenden Achtung der Handarbeit erziehen.

Der Reichsarbeitsdienst ist zur Durchführung gemeinnütziger Arbeiten bestimmt.

Aus: Hohlfeld, Bd. IV, S. 248

Nr. 144 Stellungnahme der Reichsgruppe Industrie zu dem „Vorläufigen Referentenentwurf zum Gesetz über Kinderarbeit und über die Arbeitszeit der Jugendlichen" vom 5. Mai 1936 (Auszug)

Grundsätzlich begrüßt die Reichsgruppe Industrie die im Vorspruch des Referentenentwurfs enthaltenen Grundgedanken. Es wird nicht verkannt, daß aus vielfachen Erwägungen heraus weitere Schutzbestimmungen für die noch in der Entwicklung begriffenen und deshalb noch nicht volleistungsfähigen Jahresklassen der Jugendlichen geboten sind. Bei der Schaffung dieser Schutzbestimmungen muß demzufolge auch die Rücksicht auf die Jugendlichen an erster Stelle stehen. Dem Jugendlichen muß ein bestimmtes Maß von Freizeit zu seiner körperlichen und beruflichen Ertüchtigung ebenso wie zu seiner staatspolitischen Erziehung selbstverständlich zugestanden werden.

Auf der anderen Seite muß jedoch die Gewähr gegeben sein, daß im Interesse der Jugendlichen geschaffene Bestimmungen sich nicht in ihrer letzten Auswirkung gegen die Jugendlichen wenden, und es muß weiter Bedacht genommen werden, jegliche durch eine Überspannung der Schutzbestimmungen eintretende übermäßige Behinderung der Betriebe zu vermeiden.

Die aus diesen Erwägungen gegen den Entwurf zu erhebenden Bedenken richten sich insbesondere gegen die Heraufsetzung des Schutzalters auf 18 Jahre, die Einrechnung der Berufsschulzeit in die tägliche bzw. Wochenarbeitszeit, die Höchstgrenze für Arbeitszeitverlängerung, die Ruhepausen, den Arbeitsschluß vor Sonn- und Feiertagen und die Sonntagsar(beitsruhe).

Aus: Anatomie des Krieges, S. 136

Nr. 145   Verordnung des Beauftragten für den Vierjahresplan Göring zur ,,Sicherstellung des Kräftebedarfs für Aufgaben von besonderer staatspolitischer Bedeutung" vom 22. Juni 1938 (Auszug)

Damit für besonders bedeutsame Aufgaben, deren Durchführung aus staatspolitischen Gründen keinen Aufschub duldet, rechtzeitig die benötigten Arbeitskräfte bereitgestellt werden können, muß die Möglichkeit geschaffen werden, vorübergehend auch auf anderweit gebundene Arbeitskräfte zurückzugreifen.

. . . § 1. Deutsche Staatsangehörige können vom Präsidenten der Reichsanstalt für Arbeitsvermittlung und Arbeitslosenversicherung für eine begrenzte Zeit verpflichtet werden, auf einem ihnen zugewiesenen Arbeitsplatz Dienste zu leisten oder sich einer bestimmten beruflichen Ausbildung zu unterziehen . . .

Aus: Hohlfeld, Bd. IV., S. 435

256

3. Die Entwicklung der Wirtschaft

Nr. 146   Entwicklung der Industrieproduktion
(1929 = 100)

	Deutschland	USA	Großbrit.	Frankr.
1932	53	54	83	72
1936	103	88	116	78
1938	126	72	115	76

Aus: Mammach, S. 134

Nr. 147   Entwicklung der Arbeitslosigkeit 1933 bis 1939
(Jahresdurchschnitt)

Jahr	Arbeitslose
1933	4 804 428
1934	2 718 309
1935	2 151 039
1936	1 592 655
1937	912 312
1938	429 461
1939	118 915

Aus: Statistisches Jahrbuch für das Deutsche Reich 1939/40, Berlin 1940, S. 389

Nr. 148   Rüstungsausgaben des Deutschen Reiches von 1932–1943

	1932	1934	1936	1938	1940	1943
in Mrd. RM	0,6	4,2	10,3	17,2	58,1	117,9
in % d. Reichsausgaben	8,2	39,3	59,2	61,0	78	81
in % d. Bruttosoz.prod.	1,1	5,0	11,2	15,7	40	70

Aus: Ch. Bettelheim, Die deutsche Wirtschaft unter dem Nationalsozialismus, München 1974, S. 327

Nr. 149   Notenumlauf der Reichsbank von 1932–1943
(in Mill. RM)

Ende 1932	3 560
Ende Oktober 1936	4 713
Ende Oktober 1939	11 000
Ende April 1941	14 046
Ende Dezember 1943	33 683

Aus: Bettelheim, S. 292

Nr. 150   Indizes der industriellen Produktion von 1932–1939
(Basis 100 für das Jahr 1928)

	Gesamt-index	Produktions-güter*	Konsum-güter
1932	59	46	78
1933	66	54	83
1934	83	77	85
1935	96	99	91
1936	107	113	98
1937	117	126	103
1938	125	136	107
Juni 1939	133	147	113

* Rohstoffe, Maschinen, Werkzeuge usw.

Aus: Bettelheim, S. 225

Nr. 151   Verhältnis der Rüstungsausgaben zu den Gesamtausgaben Deutschlands von 1932–1937
(in Mrd. RM)

Geschäftsjahr	Gesamtausgaben	Rüstungsausgaben
1932–33	6,7	3,0
1933–34	9,7	5,5
1934–35	12,2	6,0
1935–36	16,7	–
1936–37	18,8	12,6

Übersicht über die Sozialausgaben von 1932–1937 (in Mrd. RM)

1932	2,8	1934	1,4	1936	0,9
1933	2,3	1935	1,3	1937	0,4

Beide Tabellen aus: Bettelheim, S. 221 u. 245

Nr. 152   Zahl der im Rahmen des Arbeitsbeschaffungsprogrammes instand gesetzten oder ausgebauten Wohnhäuser:

1933	1934	1935	1936
69 240	129 180	50 500	35 100

Regierungsmittel für Wohnungsbaufinanzierung (Mill. RM)

1928	1340	1935	225
1933	185	1936	165
1934	300		

Beide Tabellen aus: A. Schweitzer, Die Nazifizierung des Mittelstandes, Stuttgart 1970, S. 68 u. 116

Nr. 153   Index der Produktion von Produktionsmitteln, von Kriegsmaterial und von Konsumtionsmitteln in Deutschland 1939–1945 (1928 = 100)

(1940 = 100)

Jahr	Produktionsmittel	Kriegsproduktion	Konsumtionsmittel
1939	etwa 150	–	etwa 110
1940	155–165	100	100–110
1941	175–190	ca. 100	100–110
1942	185–200	ca. 150	90–100
1943	215–230	ca. 230	85–95
1944	220–240	ca. 285	80–90
1945	40–60	–	20–30

Aus: Laschitza/Vietzke, Geschichte Deutschlands und der deutschen Arbeiterbewegung 1933–1945, S. 234

4. Die soziale Lage der Hauptklassen und -schichten: Löhne, Profite, Lage der Mittelschichten

Nr. 154   Anteile der einzelnen sozialen Klassen an der Gesamtbevölkerung von 1925–1939

	Absolute Zahlen	1939	1933	1925
		in % der Gesamtbevölkerung		
Selbständige	9 612 00	16,2	19,8	20,9
Mithilfe im Familienbetrieb	5 837 000	9,8	9,6	9,8
Angestellte und Beamte	12 095 000	20,4	18,5	19,1
Arbeiter	33 742 000	53,6	52,1	50,2

Aus: Bettelheim, S. 47

Nr. 155   Entwicklung der Arbeitsproduktivität und Anteil der Profite an der industriellen Nettoproduktion von 1925–1937 bzw. 1929–1937

	Produktion pro Arbeitsstunde in der Industrie (1928 = 100)	Anteil der Profite an der Netto-Industrieproduktion (in %)
1925	90	
1929	105	61,8
1932	114	69,9
1933	115	67,5
1934	110	68,0
1936	115	69,11
1937	114	69,5

Profite der Industrie und des Handels von 1933–1938

(in Mrd. RM)

1933	6,6	1936	12,2
1934	7,9	1937	14,2
1935	9,2	1938	15

Beide Tabellen aus: Bettelheim, S. 232

Nr. 156   Index der Lebenshaltungskosten von 1932–1938

(Basis 100 für 1913–1914)

1932	120,6	1936	124,5
1933	118,0	1937	125,0
1934	121,1	1938	125,6
1935	123,0		

Aus: Bettelheim, S. 246

Nr. 157   Index der Reallöhne (1936 = 100)

1933	105,1
1937	100,1
1938	99,3

Aus: E. Hennig, Thesen zur deutschen Sozial- und Wirtschaftsgeschichte 1933 bis 1938, Frankfurt 1973, S. 210

1928	62
1932	64
1933	63
1934	62
1935	61
1936	59
1937	58
1938	57

Aus: Hennig, S. 227

Nr. 159   Anwachsen der Arbeitsunfälle und Berufserkrankungen 1933 bis 1939

Jahr	Zahl der angezeigten Verletzungen und Berufserkrankungen
1933	929 592
1934	1 173 594
1935	1 354 315
1936	1 527 344
1937	1 799 512
1938	2 006 574
1939	2 253 749

Aus: Statistisches Jahrbuch des Deutschen Reiches, Bände 1935–1941/42; abgedruckt in: Laschitza/Vietzke, S. 228

*Nr. 160   Verdienste großer Aktiengesellschaften (= 1420 Aktienge-
sellschaften mit zus. 8,5 Mrd. RM Nominalkapital) 1932–1936 (in
Mill. RM)*

1932	– 390
1933	120
1934	370
1935	460
1936	520

Aus: A. Schweitzer, Labour in Organized Capitalism, Schweizerische Zeitschrift für
Volkswirtschaft und Statistik, 95 (1959), S. 497

*Nr. 161   Entwicklung der unverteilten Gewinne der Kapitalgesell-
schaften von 1933–1938*

	unverteilte Gewinne (in Mill. RM)
1933	175
1934	680
1935	1 200
1936	1 900
1937	2 480
1938	3 420

Aus: D. Swatek, Unternehmenskonzentration als Ergebnis und Mittel nationalsozialistischer Wirtschaftspolitik, Berlin 1972, S. 68

Nr. 162   Gewinne und Umsätze deutscher Konzerne

Reingewinne des Krupp-Konzerns

Jahr	Reingewinn in Mill. RM
1933/34	6,65
1934/35	10,34
1935/36	14,39
1936/37	17,22
1938/39	21,11

Rohgewinne verschiedener Konzerne der Schwerindustrie

	Jahr	Rohgewinn in Mill. RM	Steigerung in Prozent
Vereinigte Stahlwerke:	1934	120,53	100
	1935	225,83	187
	1936	248,59	206
	1937	257,08	213
Klöckner AG:	1936/37	106,90	100
	1938/39	135,58	127
Hoesch AG:	1936/37	119,91	100
	1938/39	139,82	117
Gute Hoffnungs-Hütte:	1936/37	123,11	100
	1938/39	148,29	120

Entwicklung der Umsätze des Siemens-Konzerns (in Mill. RM)

Jahr	„Siemens & Halske"	„Siemens-Schuckert"	„Siemens-Konzern"
1933/34	185,0	226,0	411,0
1936/37	474,7	378,9	853,6
1937/38	480,0	427,2	907,2
1938/39	559,6	532,0	1 091,6

Aus: Laschitza/Vietzke, S. 223 f.

Nr. 163   Siedlungspolitik des Deutschen Reiches 1927–1938

	Weimarer Republik Neu-ansiedl.	Hektar		Faschist. System Neu-ansiedl.	Hektar
1927	3,372	36,704	1933	4,914	60,297
1928	4,253	50,616	1934	4,827	72,969
1929	5,545	61,213	1935	3,905	68,338
1930	7,441	79,833	1936	3,308	60,358
1931	9,283	99,642	1937	1,900	37,000
1932	8,877	101,926	1938	1,894	26,649
insges.	38,771	429,934		20,748	325,611

Aus: Schweitzer, Nazifizierung, S. 106

Nr. 164   Zwangsversteigerungen land- und forstwirtschaftlicher Grundstücke 1933 bis 1939

Jahr	Fälle von Versteigerungen insgesamt	Fälle von Versteigerungen nach Größenklassen in ha						
		bis 2	2–5	5–20	20–50	50 b. 100	100 b. 200	200 u. mehr
1933	1662	622	321	433	143	46	33	24
1934	1518	834	346	214	46	17	14	47
1935	2270	1261	457	407	68	24	15	38
1936	1972	1075	395	377	71	12	15	27
1937	1882	1033	388	379	53	7	12	10
1938	1711	968	283	367	60	ab 50 ha insges. 33		
1939	827	428	160	190	32	ab 50 ha insges. 17		

Aus: Laschitza/Vietzke, S. 231

	Zuwachs	Abgang	Rückgang (Netto)
1936	104 234	132 109	27 875
1937	75 153	137 726	62 573
1938	59 700	122 642	62 942
	239 087	392 477	153 390

Aus: Schweitzer, Nazifizierung, S. 130

5. Das Terrorsystem

Nr. 166   Gesetz „gegen heimtückische Angriffe auf Staat und Partei und zum Schutz der Parteiuniform" vom 20. Dezember 1934 (Auszug)

Artikel 1

§ 1. (1) Wer vorsätzlich eine unwahre oder gröblich entstellte Behauptung tatsächlicher Art aufstellt oder verbreitet, die geeignet ist, das Wohl des Reiches oder das Ansehen der Reichsregierung oder das der Nationalsozialistischen Deutschen Arbeiterpartei oder ihrer Gliederungen schwer zu schädigen, wird, soweit nicht in anderen Vorschriften eine schwerere Strafe angedroht ist, mit Gefängnis bis zu zwei Jahren und, wenn er die Behauptung öffentlich aufstellt oder verbreitet, mit Gefängnis nicht unter drei Monaten bestraft.

(2) Wer die Tat grob fahrlässig begeht, wird mit Gefängnis bis zu drei Monaten oder mit Geldstrafe bestraft.

(3) Richtet sich die Tat ausschließlich gegen das Ansehen der NSDAP oder ihrer Gliederungen, so wird sie nur mit Zustimmung des Stellvertreters des Führers oder der von ihm bestimmten Stelle verfolgt.

§ 2. (1) Wer öffentlich gehässige, hetzerische oder von niedriger Gesinnung zeugende Äußerungen über leitende Persönlichkeiten des Staates oder der NSDAP, über ihre Anordnungen oder die von ihnen geschaffenen Einrichtungen macht, die geeignet sind, das Vertrauen des Volkes zur politischen Führung zu untergraben, wird mit Gefängnis bestraft.

(2) Den öffentlichen Äußerungen stehen nichtöffentliche böswillige Äußerungen gleich, wenn der Täter damit rechnet oder damit rechnen muß, daß die Äußerung in die Öffentlichkeit dringen werde.

Aus: Hohlfeld, Bd. IV, S. 198

Nr. 167   Richtlinien für die Verfolgung von Straftaten gegen das Reich oder die Besatzungsmacht in den besetzten Gebieten vom 7. 12. 1941 (Auszug)

In den besetzten Gebieten haben mit Beginn des russischen Feldzuges kommunistische Elemente und andere deutschfeindliche Kreise ihre Angriffe gegen das Reich und die Besatzungsmacht verstärkt. Der Umfang und die Gefährlichkeit dieser Umtriebe zwingen aus Abschreckungsgründen zu schärfsten Maßnahmen gegen die Täter. Zunächst ist nach folgenden Richtlinien zu verfahren:

I.

In den besetzten Gebieten ist bei Straftaten von nichtdeutschen Zivilpersonen, die sich gegen das Reich oder die Besatzungsmacht richten, und deren Sicherheit oder Schlagfertigkeit gefährden, grundsätzlich die Todesstrafe angebracht.

Aus: Der Prozeß gegen die Hauptkriegsverbrecher, Bd. XXXVII, S. 572 f.

Nr. 168   Hinrichtungen in Brandenburg 1940–1945

Vom 22. 8. 1940 bis 20. 4. 1945 wurden insgesamt hingerichtet: 2042. Davon waren Opfer ihrer politischen oder religiösen Überzeugung 1807.

A. Im eigentlichen Sinn Politische   1056
   davon Hochverrat   498
   Wehrkraftzersetzung   558

B. Militärische Delikte   654
   hierunter Kriegsdienstverweigerung, ideeller
   Landesverrat, Feindbegünstigung u. dgl.

C. Halbpolitische   97
   davon kraft nationalsozialistischer Ausnahmegesetze   27
   unbekannt und wie etwa „Ehebruch"
   schwer zu klassifizieren   8

D. Kriminelle   235

Berufliche Gliederung der 1807 politischen Opfer

I. Arbeiter und Handwerker   775
II. Techniker, Ingenieure, Architekten, Baumeister   363
III. Angestellte und Beamte   234
IV. Unternehmer, Industrielle und Kaufleute   97
V. Bauern und Gärtner   79
VI. Forscher und Gelehrte   51
    davon 6 Universitätsprofessoren, 23 Ärzte und
    Apotheker, je 8 Chemiker und Studienräte
VII. Künstler   49
VIII. Berufssoldaten und Offiziere   35
IX. Hohe Beamte, Parlamentarier   38
X. Geistliche   21
   davon 19 katholisch
XI. Schüler und Studenten   22
XII. Redakteure und Journalisten   12
XIII. Unbestimmte Berufsangabe   31

(Ein knappes Drittel davon waren Ausländer)

Aus: G. Weisenborn (Hg.), Der lautlose Aufstand. Bericht über die Widerstandsbewegung des deutschen Volkes 1933–1945, Hamburg 1962, S. 239

1937	86	1941	1146
1938	99	1942	3393
1939	143	1943	5684
1940	306	1944	5764

Aus dem Jahre 1945 liegen keine genauen Ziffern vor. Die Zahl wird
auf rund 800 geschätzt. Die Zahl der militärgerichtlich Hingerichte-
ten wird auf etwa 20 000 geschätzt.

Aus: Weisenborn, S. 240 f.

6. Die Behandlung der Juden bis zum Beginn der Massenmorde

Nr. 170   Prof. Dr. Ernst Forsthoff 1933 über die Judenfrage

. . . Volk ist eine Gemeinschaft, die auf einer seinsmäßigen, artmä-
ßigen Gleichartigkeit beruht. Die Gleichartigkeit geht hervor aus
der Gleichheit der Rasse und des volklichen Schicksals. Das politische Volk bildet sich in der letzten Einheit des Willens, die aus dem
Bewußtsein seinsmäßiger Gleichartigkeit erwächst. Das Bewußtsein
der Artgleichheit und volklichen Zusammengehörigkeit aktualisiert
sich vor allem in der Fähigkeit, die Artverschiedenheit zu erkennen
und den Freund vom Feind zu unterscheiden. Und zwar kommt es
darauf an, die Artverschiedenheit dort zu erkennen, wo sie nicht
durch die Zugehörigkeit zu einer fremden Nation ohne weiteres
sichtbar ist, etwa in dem Juden, der durch eine aktive Beteiligung an
dem kulturellen und wirtschaftlichen Leben die Illusion einer Artgleichheit und einer Zugehörigkeit zum Volke zu erwecken suchte
und zu erwecken verstand. Die Wiedergeburt eines politischen deut-

schen Volkes mußte dieser Täuschung ein Ende machen und dem Juden die letzte Hoffnung nehmen, in Deutschland anders denn im Bewußtsein der Artverschiedenheit, also in dem Bewußtsein, Jude zu sein, leben zu können.

Die Menschheit gliedert sich in eine große Zahl artverschiedener Völker. Zwischen den Völkern gibt es Freundschaften und Feindschaften. Die Artverschiedenheit bedeutet darum noch nicht Feindschaft – sie wird erst zur Feindschaft, wenn Artverschiedene von ihrem Anderssein her den territorialen Lebensraum oder das Volkstum, den geistigen Lebensraum eines Volkes antasten. Darum wurde der Jude, ohne Rücksicht auf guten oder schlechten Glauben und wohlmeinende oder böswillige Gesinnung, zum Feind und mußte als solcher unschädlich gemacht werden.

E. Forsthoff, Der totale Staat, S. 37 ff.

Nr. 171   Gesetz „zum Schutze des deutschen Blutes und der deutschen Ehre" vom 15. September 1935 (Auszug)

Durchdrungen von der Erkenntnis, daß die Reinheit des deutschen Blutes die Voraussetzung für den Fortbestand des deutschen Volkes ist, und beseelt von dem unbeugsamen Willen, die deutsche Nation für alle Zukunft zu sichern, hat der Reichstag einstimmig das folgende Gesetz beschlossen, das hiermit verkündet wird.

§ 1

1. Eheschließungen zwischen Juden und Staatsangehörigen deutschen oder artverwandten Blutes sind verboten. Trotzdem geschlossene Ehen sind nichtig, auch wenn sie zur Umgehung dieses Gesetzes im Auslande geschlossen sind.

2. Die Nichtigkeitsklage kann nur der Staatsanwalt erheben.

§ 2

Außerehelicher Verkehr zwischen Juden und Staatsangehörigen deutschen oder artverwandten Blutes ist verboten.

§ 3

Juden dürfen weibliche Staatsangehörige deutschen oder artverwandten Blutes unter 45 Jahren nicht in ihrem Haushalt beschäftigen.

Plakat zur Ausstellung „Der ewige Jude" 1937.

§ 4

1. Juden ist das Hissen der Reichs- und Nationalflagge und das Zeigen der Reichsfarben verboten.

2. Dagegen ist ihnen das Zeigen der jüdischen Farben gestattet. Die Ausübung dieser Befugnis steht unter staatlichem Schutz.

§ 5

1. Wer dem Verbot des § 1 zuwiderhandelt, wird mit Zuchthaus bestraft.

2. Der Mann, der dem Verbot des § 2 zuwiderhandelt, wird mit Gefängnis oder mit Zuchthaus bestraft.

3. Wer den Bestimmungen der §§ 3 oder 4 zuwiderhandelt, wird mit Gefängnis bis zu einem Jahr und mit Geldstrafe oder mit einer dieser Strafen bestraft.

Vollständiger Text in: Hohlfeld, Bd. IV, S. 255 f.

Nr. 172 Reichsbürgergesetz vom 15. September 1935 (Auszug)

§ 1

1. Staatsangehöriger ist, wer dem Schutzverband des Deutschen Reiches angehört und ihm dafür besonders verpflichtet ist.

2. Die Staatsangehörigkeit wird nach den Vorschriften des Reichs- und Staatsangehörigkeitsgesetzes erworben.

§ 2

1. Reichsbürger ist nur der Staatsangehörige deutschen oder artverwandten Blutes, der durch sein Verhalten beweist, daß er gewillt und geeignet ist, in Treue dem deutschen Volk und Reich zu dienen.

2. Das Reichsbürgerrecht wird durch Verleihung des Reichsbürgerbriefes erworben.

3. Der Reichsbürger ist der alleinige Träger der vollen politischen Rechte nach Maßgabe der Gesetze.

Aus: Hohlfeld, Bd. IV, S. 256

Nr. 173   Verordnungen zur Diskriminierung der Juden (Auszüge)

Verordnung des Beauftragten für den Vierjahresplan Göring über eine „Sühneleistung der Juden deutscher Staatsangehörigkeit" vom 12. Nov. 1938

Die feindliche Haltung des Judentums gegenüber dem deutschen Volk und Reich, die auch vor feigen Mordtaten nicht zurückschreckt, erfordert entschiedene Abwehr und harte Sühne. Ich bestimme daher auf Grund der Verordnung zur Durchführung des Vierjahresplans vom 18. Oktober 1936 das Folgende:

§ 1. Den Juden deutscher Staatsangehörigkeit in ihrer Gesamtheit wird die Zahlung einer Kontribution von 1 000 000 000 Reichsmark an das Deutsche Reich auferlegt . . .

Verordnung desselben zur Ausschaltung der Juden aus dem deutschen Wirtschaftsleben vom 12. November 1938

§ 1. (1) Juden ist vom 1. Januar 1939 ab der Betrieb von Einzelhandelsverkaufsstellen, Versandgeschäften oder Bestellkontoren sowie der selbständige Betrieb eines Handwerks untersagt.

(2) Ferner ist Ihnen mit Wirkung vom gleichen Tage verboten, auf Märkten aller Art, Messen oder Ausstellungen Waren oder gewerbliche Leistungen anzubieten, dafür zu werben oder Bestellungen darauf anzunehmen.

(3) Jüdische Gewerbebetriebe, die entgegen diesem Verbot geführt werden, sind polizeilich zu schließen.

§ 2. (1) Ein Jude kann vom 1. Januar 1939 ab nicht mehr Betriebsführer im Sinne des Gesetzes zur Ordnung der nationalen Arbeit vom 20. Januar 1934 sein.

(2) Ist ein Jude als leitender Angestellter in einem Wirtschaftsunternehmen tätig, so kann ihm mit einer Frist von sechs Wochen gekündigt werden. Mit Ablauf der Kündigungsfrist erlöschen alle Ansprüche des Dienstverpflichteten aus dem gekündigten Vertrage, insbesondere auch alle Ansprüche auf Versorgungsbezüge und Abfindungen.

§ 3. (1) Ein Jude kann nicht Mitglied einer Genossenschaft sein.

(2) Jüdische Mitglieder von Genossenschaften scheiden zum 31. Dezember 1938 aus. Eine besondere Kündigung ist nicht erforderlich . . .

Anordnung des Präsidenten der Reichskulturkammer Dr. Goebbels vom 12. November 1938

Nachdem der nationalsozialistische Staat es den Juden bereits seit über 5 Jahren ermöglicht hat, innerhalb besonderer jüdischer Organisationen ein eigenes Kulturleben zu schaffen und zu pflegen, ist es nicht mehr angängig, sie an Darbietungen der deutschen Kultur teilnehmen zu lassen. Den Juden ist daher der Zutritt zu solchen Veranstaltungen, insbesondere zu Theatern, Lichtspielunternehmungen, Konzerten, Vorträgen, artistischen Unternehmen (Varietés, Kabaretts, Zirkusveranstaltungen usw.), Tanzvorführungen und Ausstellungen kultureller Art, mit sofortiger Wirkung nicht mehr zu gestatten.

Anordnung des Reichserziehungsministers Dr. Rust über die sofortige Entlassung jüdischer Schüler von deutschen Schulen vom 14. November 1938

Nach der ruchlosen Mordtat von Paris kann es keinem deutschen Lehrer und keiner deutschen Lehrerin mehr zugemutet werden, an jüdische Schulkinder Unterricht zu erteilen. Auch versteht es sich von selbst, daß es für deutsche Schüler und Schülerinnen unerträglich ist, mit Juden in einem Klassenraum zu sitzen. Die Rassentrennung im Schulwesen ist zwar in den letzten Jahren im allgemeinen bereits durchgeführt, doch ist ein Restbestand jüdischer Schüler übriggeblieben, dem der allgemeine Schulbesuch mit deutschen Jungen und Mädeln nunmehr nicht weiter gestattet werden kann.

Vorbehaltlich weiterer gesetzlicher Regelung ordne ich daher mit sofortiger Wirkung an:

1. Juden ist der Besuch deutscher Schulen nicht gestattet. Sie dürfen nur jüdische Schulen besuchen. Soweit es nicht geschehen sein sollte, sind alle zur Zeit eine deutsche Schule besuchenden jüdischen Schüler und Schülerinnen sofort zu entlassen . . .

Polizeiverordnung über das Auftreten der Juden in der Öffentlichkeit vom 28. November 1938

§ 1. Die Regierungspräsidenten . . . können Juden deutscher Staatsangehörigkeit und staatenlosen Juden räumliche und zeitliche Beschränkungen des Inhalts auferlegen, daß sie bestimmte Bezirke nicht betreten oder sich zu bestimmten Zeiten in der Öffentlichkeit nicht zeigen dürfen . . .

Anordnung des Chefs der Deutschen Polizei Himmler über die Entziehung der Führerscheine vom 3. Dezember 1938

. . . 1. Aus allgemeinen sicherheitspolizeilichen Gründen und zum Schutze der Allgemeinheit untersage ich mit sofortiger Wirkung sämtlichen in Deutschland wohnenden Juden deutscher Staatsangehörigkeit das Führen von Kraftfahrzeugen aller Art und entziehe ihnen hiermit die Fahrerlaubnis.

2. Den in Deutschland wohnenden Juden deutscher Staatsangehörigkeit ist das Halten von Personenkraftwagen und Krafträdern (mit und ohne Beiwagen) verboten . . .

Verordnung über den Einsatz des jüdischen Vermögens vom 3. Dezember 1938

§ 6. Einem Juden kann aufgegeben werden, seinen land- und forstwirtschaftlichen Betrieb, sein anderes land- und forstwirtschaftliches Vermögen, sein sonstiges Grundeigentum oder andere Vermögensteile ganz oder teilweise binnen einer bestimmten Frist zu veräußern. Mit der Anordnung können Auflagen verbunden werden.

§ 11. (1) Juden haben binnen einer Woche nach Inkrafttreten dieser Verordnung ihre gesamten Aktien, Kuxe, festverzinslichen Werte und ähnliche Wertpapiere in ein Depot bei einer Devisenbank einzulegen . . .

§ 14. (1) Juden ist es verboten, Gegenstände aus Gold, Platin oder Silber sowie Edelsteine und Perlen zu erwerben, zu verpfänden oder freihändig zu veräußern.

Aus: Hohlfeld, Bd. IV, S. 501–505

Nr. 174   *Bericht des Chefs der Sicherheitspolizei, Heydrich, an den preußischen Ministerpräsidenten Göring vom 11. 11. 1938 über die Gewaltmaßnahmen gegen das Judentum am 9./10. 11. 1938*

Die bis jetzt eingegangenen Meldungen der Staatspolizeistellen haben bis zum 11. 11. 1938 folgendes Gesamtbild ergeben:

In zahlreichen Städten haben sich Plünderungen jüdischer Läden und Geschäftshäuser ereignet. Es wurde, um weitere Plünderungen zu vermeiden, in allen Fällen scharf durchgegriffen. Wegen Plünderns wurden dabei 174 Personen festgenommen.

Der Umfang der Zerstörungen jüdischer Geschäfte und Wohnungen läßt sich bisher ziffernmäßig noch nicht belegen. Die in den Berichten aufgeführten Zahlen: 815 zerstörte Geschäfte, 29 in Brand gesteckte oder sonst zerstörte Wohnhäuser, geben, soweit es sich nicht um Brandlegungen handelt, nur einen Teil der wirklich vorliegenden Zerstörungen wieder. Wegen der Dringlichkeit der Berichterstattung mußten sich die bisher eingegangenen Meldungen lediglich auf allgemeinere Angaben, wie „zahlreiche" oder „die meisten Geschäfte zerstört" beschränken. Die angegebenen Ziffern dürften daher um ein Vielfaches überstiegen werden.

An Synagogen wurden 191 in Brand gesteckt, weitere 76 vollständig demoliert. Ferner wurden 11 Gemeindehäuser, Friedhofskapellen und dergleichen in Brand gesetzt und weitere 3 völlig zerstört.

Festgenommen wurden rund 20 000 Juden, ferner 7 Arier und 3 Ausländer. Letztere wurden zur eigenen Sicherheit in Haft genommen.

An Todesfällen wurden 36, an Schwerverletzten ebenfalls 36 gemeldet. Die Getöteten bzw. Verletzten sind Juden. Ein Jude wird noch vermißt. Unter den getöteten Juden befindet sich ein, unter den Verletzten 2 polnische Staatsangehörige.

Aus: Hohlfeld, Bd. IV, S. 505 f.

Nr. 175   Schreiben von Karl Albrecht, Geschäftsführer der Wirtschaftsgruppe Feinmechanik und Optik, an die Reichsgruppe Industrie vom 30. Oktober 1937 über die „Entjudung" der Auslandsvertretungen (Auszug)

Wir haben wiederholt Veranlassung genommen, unsere Mitgliedsfirmen darauf hinzuweisen, daß wir es als ganz selbstverständlich betrachten, daß sie sich bemühen, nichtarische Vertreter im Ausland durch arische zu ersetzen, sobald Gelegenheit gegeben ist und entsprechende arische Vertreter gefunden werden. Wir haben darüber hinaus niemals im Zweifel gelassen, daß wir es als gegen die primitivsten Anforderungen des Nationalsozialismus verstoßend betrachten, wenn eine Firma neuerdings ihre Vertretung im Auslande an jüdische Vertreter geben würde.

Aus: Anatomie des Krieges, S. 157

Nr. 176   Exposé des Konzernführers Friedrich Flick für Vortrag und
Besprechung bei Hermann Göring vom 19. Januar 1938 über die ge-
plante „Arisierung" des Petschek-Konzerns (Auszug)

. . . Die Gruppe Julius Petschek ist grundsätzlich bereit, ihren Besitz abzugeben. Die inneren Beweggründe liegen meines Erachtens darin, daß man an eine bevorstehende Katastrophe glaubt, an Krieg oder ähnliche Dinge mit ungewissem Ausgang, und daß man es infolgedessen wohl vorzieht, freiwillig auszusteigen, allerdings, das muß ich ausdrücklich hervorheben, unter Bedingungen und Voraussetzungen.

Ich würde empfehlen, daß Sie mich ermächtigen, diese ersten unverbindlichen Vorverhandlungen zu führen. In diesen Besprechungen wird man das Terrain so weit klären können, um einen Überblick zu gewinnen darüber, ob die Sache freiwillig geht oder nicht. Ich würde Ihnen dann baldmöglichst berichten und auch für einen Bericht der von Ihnen eingesetzten Kommission zur Verfügung stehen, gegebenenfalls dann auch konkretere Vorschläge machen können.

Ich könnte ja normalerweise ohne besonderen Auftrag private Verhandlungen zwecks privaten Erwerbs von Aktien aus der Petschek-Gruppe führen. Das könnte aber auch gleichzeitig eine Anzahl anderer Personen tun, und es steht zu befürchten, daß sich auch eine ganze Reihe von Interessenten finden werden, die alle als Reflektanten auftreten. Hierdurch würde ein gegenseitiges Herauftreiben des Preises entstehen. Letzten Endes würden auch die staatlichen Stellen keinen Überblick über die tatsächliche Lage erhalten. (Worauf es infolgedessen ankommt, ist, daß mir der Auftrag erteilt wird, daß ich vorläufig allein verhandele.)

(Schon am 21. Januar 1938 erhielt Flick von Göring eine entsprechende Bevollmächtigung, die später noch mehrfach bestätigt wurde.)

Vollständiger Text in: Anatomie des Krieges, S. 162–164

Nr. 177   Dringendes Telegramm von Fritz Sauckel, Gauleiter der NSDAP von Thüringen und „Stiftungsführer" der Wilhelm-Gustloff-Werke, an Hermann Göring vom 24. März 1938 über die „Arisierung" eines österreichischen Rüstungsbetriebes

Auf ursprüngliche Empfehlung von Pg. Keppler beabsichtige ich, für die Wilhelm-Gustloff-Stiftung die Hirtenberger Patronenfabrik zu erwerben. Diese Produktion ist für unsere nationalsozialistischen Wilhelm-Gustloff-Werke dringend notwendig. Ich bitte daher, da sich unter anderen für diese ehemals jüdische Fabrik in Österreich auch die IG Farben sehr stark interessieren, meiner Bitte zu entsprechen und der Erwerbung dieser Fabrik durch die Wilhelm-Gustloff-Stiftung Ihrerseits zuzustimmen. Ich bin der Meinung, daß die IG Farben nicht alles haben müssen. Nähere Auskunft vermag Staatssekretär Keppler Ihnen morgen zu geben. Ich bitte im Interesse unseres nationalsozialistischen Werkes noch einmal herzlich um Ihre Unterstützung.

Aus: Anatomie des Krieges, S. 170 f.

Nr. 178   Aktennotiz aus den Handakten von Karl Kimmich, Vorstandsmitglied der Deutschen Bank, vom 25. Juli 1938 über das „Arisierungs"-Geschäft der Deutschen Bank

Von 700 in der Zentrale[1] erfaßten jüdischen Unternehmungen sind (bis 25. 7. 1938) ca. 200 arisiert. Für zahlreiche weitere schweben noch Verhandlungen. Es laufen jetzt täglich Mitteilungen ein, daß Objekte arisiert sind.

In einigen Branchen läßt das Angebot an wirklich guten Objekten stark nach. Die Nachfrage ist hier weitaus größer, z. B. in der Metall- und Chemie-Branche. Es ist nicht immer möglich, diese Interessenten auf andere Branchen hinzulenken.

Eine weitere Beschleunigung der Arisierung kann dann erwartet werden, wenn die Genehmigungen schneller erteilt werden. Es dauert häufig 2 Monate, bis alle Instanzen ihr placet gegeben haben.

1 Gemeint ist die Zentrale der Deutschen Bank
Aus: Anatomie des Krieges, S. 188

Nr. 179 Schreiben der Ehrich & Graetz AG an die Kreisverwaltung Berlin-Neukölln der Deutschen Arbeitsfront vom 10. Juli 1941 über die Kennzeichnung jüdischer Zwangsarbeiter (Auszug)

Die bei uns beschäftigten Juden haben auf Anregung des Kreisobmannes Pg. Hesse als äußeres Kennzeichen Armbinden bekommen.[1] Anfangs haben einige dieser Juden diese Armbinde nicht am Ärmel des Arbeitsanzuges getragen, sondern sie irgendwie als Krawatte oder als Achselklappe angesteckt und auch wie ein Kavaliertuch in die obere Jackentasche gesteckt. Wir haben selbstverständlich energisch durchgreifen müssen, um dieses disziplinlose Verhalten zu unterbinden und ein wirklich von allen Seiten sichtbares Kennzeichen zu haben.

1 Die Brandmarkung jüdischer Bürger in Deutschland erfolgte offiziell erst am 19. September 1941.

Aus: Anatomie des Krieges, S. 344

Nr. 180 Einführung des Judensterns. Polizeiverordnung vom 9. Januar 1941 (Auszug)

§ 1

(1) Juden (§ 5 der Ersten Verordnung zum Reichsbürgergesetz vom 14. November 1935 – Reichsgesetzblatt I, S. 1333), die das sechste Lebensjahr vollendet haben, ist es verboten, sich in der Öffentlichkeit ohne einen Judenstern zu zeigen.

(2) Der Judenstern besteht aus einem handtellergroßen, schwarz ausgezogenen Sechsstern aus gelbem Stoff mit der schwarzen Aufschrift „Jude". Er ist sichtbar auf der linken Brustseite des Kleidungsstücks fest aufgenäht zu tragen.

§ 2

Juden ist es verboten,

a) den Bereich ihrer Wohngemeinde zu verlassen, ohne eine schriftliche Erlaubnis der Ortspolizeibehörde bei sich zu führen;

b) Orden, Ehrenzeichen und sonstige Abzeichen zu tragen.

Aus: Hohlfeld, Bd. V, S. 271

Kapitel V

Krieg und Massenmord

Einleitung

Das faschistische System arbeitete von Anfang an mit aller Konsequenz auf einen Krieg hin. Die Führung der NSDAP hatte schon lange vor der Übernahme der politischen Macht immer wieder betont, daß sie fest entschlossen sei, Krieg zu führen, um die Fesseln des Versailler Vertrages zu sprengen, die östlichen Länder zu unterwerfen und auszubeuten und für das Deutsche Reich wieder eine Weltmachtstellung zu erobern. Dies war genau das Programm, das die Bundesgenossen der faschistischen Partei, die Führungsgruppen aus Wirtschaft und Militär, anstrebten. Es entsprach ihren Interessen, die sie schon im Ersten Weltkrieg verfolgt hatten. Meinungsverschiedenheiten gab es allenfalls über die Frage, wann, mit welchen Bündnispartnern und mit welchem Risiko der Krieg begonnen und geführt werden sollte.

So setzten sogleich nach der Errichtung der faschistischen Diktatur die Vorbereitungen ein. Der Vierjahresplan von 1936, der alle ökonomischen Kräfte für die Kriegsvorbereitungen zusammenfaßte, sollte Wirtschaft und Militär bis 1940 kriegsbereit machen. Bereits am 1. September 1939 schlug das Deutsche Reich dann los. Nr. 181–192 zeigen die zielbewußte wirtschaftliche, politische und militärische Vorbereitung der Aggression, an der auch die Industrie (Nr. 181) und das Militär (Nr. 184) wesentlich beteiligt waren. Nr. 193–214 veranschaulichen, mit welchen ieologischen Mitteln der Krieg und seine Vorbereitung unterstützt wurden. Die politische Führung war dabei genötigt, zunächst jede Vorbereitungsmaßnahme als Schritt zur Friedenssicherung auszugeben – vor allem gegenüber der internationalen Öffentlichkeit –, und doch zugleich die deutsche Bevölkerung ideologisch auf den Krieg einzustellen. So kam es in der Vorbereitungsphase zu einer merkwürdigen Mischung aus Tarnung, Friedensbeteuerungen und Kriegspropaganda.

Neben der faschistischen Regierung und ihren Massenorganisationen, dem Militär und der Wirtschaft (und natürlich der Intelligenz, den Lehrern, Professoren und Journalisten, deren Anteil hier nicht dokumentiert werden kann), hatten die Kirchen einen wesentlichen Anteil daran, Militarismus und Kampfentschlossenheit in der Bevölkerung zu erzeugen und während des Krieges aufrechtzuerhalten. Das Verhalten der Kirchen wird hier relativ ausführlich dokumentiert (Nr. 197–214), weil darüber nach 1945 von den Kirchen irreführende Darstellungen verbreitet worden sind, die heute noch die öffentliche Meinung weitgehend beherrschen. Die Gründe für die nachhaltige Unterstützung des faschistischen Krieges durch die Kirchen werden von diesen selbst in den abgedruckten Dokumenten deutlich ausgesprochen: Neben allgemeinen autoritären und vaterländischen Motiven ging es primär um die erhoffte Vernichtung des Kommunismus und damit der politischen Bastion des Atheismus. Daß die zahllosen Predigten, Hirtenbriefe und sonstigen Anfeuerungen der Kirche an die deutsche Bevölkerung und die deutschen Soldaten einen enorm wichtigen Faktor für die Schaffung der erforderlichen Kriegs- und Kampfbereitschaft darstellten und ganz allgemein zur Stabilisierung der faschistischen Herrschaft und zur Rechtfertigung ihrer Politik wesentlich beigetragen haben, kann danach nicht bezweifelt werden.

Wozu der Krieg tatsächlich geführt wurde, geht aus Nr. 215–230 hervor. Auch bei den Expansions- und Europakonzeptionen zeigt sich, daß die faschistische Regierung mit dem großen Kapital aufs engste zusammenarbeitete und daß die Wirtschaft selbst sehr weitreichende Expansionskonzepte entwickelte. In der Tat stimmen die

Kriegsziele des faschistischen Systems mit denen des Kaiserreichs im Ersten Weltkrieg im Prinzip so klar überein, daß dies nur von der Kontinuität der sozialökonomischen Interessen und Herrschaftsgruppen her erklärt werden kann. Hier wird auch erkennbar, wie differenziert das Instrumentarium ökonomischer Herrschaft und Ausbeutung sein kann (vgl. bes. Nr. 217, 218 und 222). Höchst aufschlußreich sind auch die Versuche, angesichts der sich verschlechternden Kriegslage 1943 die Europapropaganda so umzustellen, daß der Herrschafts- und Ausbeutungscharakter nicht mehr sichtbar war und statt dessen das gemeinsame Interesse aller europäischen Völker am Kampf gegen den Bolschewismus zur Rettung der abendländischen Kultur betont wurde (Nr. 224–227). Daß die herrschende Klasse des Deutschen Reiches ihre Ziele auch nach der militärischen Niederlage beibehalten könnte, befürchteten damals auch die westlichen Alliierten (Nr. 229).

Nr. 232–237 vermitteln dann einen Eindruck davon, welche direkten ökonomischen Interessen der deutschen Wirtschaft schon in der ersten Phase des Krieges am Werk waren, wie heftig der Konkurrenzkampf um die Aufteilung der Beute zwischen den einzelnen Unternehmen und Kapitalgruppen war und wie stark das Verlangen nach mehr Beute, also nach Fortsetzung der Aggression. Dieser Ausbeutungsdrang kam voll zum Zuge nach dem Angriff gegen die Sowjetunion, als das Deutsche Reich beinahe ganz Europa und vor allem die slawischen Völker bis nach Rußland hinein beherrschte, die als Untermenschen und willkommene Sklavenarbeiter betrachtet wurden. Die politische Führung und das Militär schufen durch die barbarischen, alle Grundsätze der Menschlichkeit und des Völkerrechts negierende Kriegsführung und Unterdrückungspolitik die Voraussetzung dafür (Nr. 238–243). Nr. 245–257 geben dann eine Anschauung davon, wie dieses System der Ausplünderung beschaffen war – von der Überzeugung der Regierenden, daß dabei natürlich „-zig Millionen" sterben würden (Nr. 247), bis zu den Tributen, die aus den unterworfenen Völkern herausgepreßt wurden (Nr. 257); von der Kinderarbeit und dem Einsatz weiblicher Häftlinge in den deutschen Industriebetrieben (Nr. 254 und 256) bis zum Verlangen deutscher Betriebe nach mehr Zwangsarbeitern (Nr. 249) und deren Beschwerden, daß die Geheime Staatspolizei (Gestapo) gegenüber solchen Arbeitskräften zu schlapp und nachsichtig sei und nicht genügend durchgreife (Nr. 255).

Nr. 258–267 dokumentieren die Verhältnisse in den Konzentrationslagern und die industrielle Verwertung der Häftlinge. Hier wird die enge Kooperation zwischen der SS und der Industrie deutlich, die aus diesen Häftlingen enorme Profite herausholte. Die Arbeitsbedingungen für die Häftlinge in den Betrieben waren so beschaffen, daß die Sterbequote sehr hoch war, also das faschistische Prinzip der „Vernichtung durch Arbeit" auch auf diese Weise realisiert wurde. So wurden eben mit diesem Hinweis auf das rasche Sterben der Häftlinge von der Industrie immer neue Häftlinge bei der SS angefordert (Nr. 261 und 262), die möglichst kräftig sein sollten (Nr. 260), um dann erneut verschlissen zu werden. In den Konzentrationslagern selbst waren die Bedingungen so, daß die Häftlinge – meist politische Oppositionelle und Juden – als Persönlichkeiten gebrochen wurden, bevor sie auch physisch zugrunde gingen (Nr. 259). Die sadistischen Bedürfnisse der SS-Wachmannschaften konnten sich dabei hemmungslos entladen. Diese sadistischen Quälereien sind aus den Prozessen gegen Angehörige der Wachmannschaften der Öffentlichkeit bekannt und werden deshalb hier im einzelnen nicht dokumentiert.

Mit den Massenmorden an Juden und Russen befassen sich Nr. 267a–273. Diese Dokumente machen sowohl Organisation und Ausmaß dieser Mordaktionen deutlich (Nr. 267a und b, 268, 269 und 271), wie auch die Mentalität derer, die sie angeordnet und durchgeführt haben (Nr. 267a–270); sie zeigen aber auch, daß selbst daraus noch ein maximaler Profit geschlagen wurde: Durch die Verwendung der Häftlinge als Objekte für medizinische Versuche (Nr. 271a), durch Verwertung der Leichen und der Vermögen der Ermordeten (Nr. 273) und durch die Geschäfte mit dem Giftgas, das chemische Firmen an die SS lieferten (Nr. 272). Die Mordmaschinerie zeigt das faschistische System in seinen letzten Konsequenzen. Sie zeigt, wohin ein System gelangen kann, das das „Lebensrecht" der eigenen Nation ohne Rücksicht auf die gleichen Rechte anderer Völker proklamiert, den „Kampf ums Dasein" und „das Recht des Stärkeren" zur Grundlage seiner Politik macht und Herrenmenschenideologie und Profit- und Verwertungsprinzip gegenüber der Mehrheit der eigenen Bevölkerung und gegenüber anderen Völkern durchzusetzen trachtet. Und sie zeigt zugleich, welche Bestien aus Menschen, aus bürgerlichen Familienvätern, ordentlichen Beamten und gehorsamen Soldaten werden können, wenn sie nach solchen Grundsätzen erzogen werden und solchen Ideologien folgen.

1. Die Vorbereitung der Aggression

a) *Die ökonomische, politische und militärische Vorbereitung*

Nr. 181 Denkschrift der IG Farbenindustrie AG für den Rüstungsbeirat[1] des Reichswehrministeriums vom März 1935 über die Militarisierung der Wirtschaft zur Vorbereitung der Industrie auf den Krieg (Auszüge)

Der Gedanke, die Außenorganisation des RMW unter Einschluß des RLM zur Vorbereitung der Industrie auf den Krieg zu erweitern, bedeutet letzten Endes, sich mit den Problemen über den Aufbau einer alle Kräfte des Volkes zusammenschließenden Wirtschaftsorganisation zu befassen.

Wenn man sich nicht nur an die im Kriege[2] unter dem Zwange der Not entstandene Organisationsform anlehnen will, sondern wenn man darauf ausgeht, die gesamten produktiven Kräfte auf weite Sicht vorbereitend einem einheitlichen Zweck unterzuordnen, so heißt dies – naturgemäß unter Benutzung der im Kriege gesammelten Erfahrungen – eine wehrwirtschaftliche Neuorganisation zu schaffen, die den letzten Mann und die letzte Frau, die letzte Produktionseinrichtung und Maschine sowie den letzten Rohstoff der Erzeugung von kriegswichtigen Produkten zuführt und alle Arbeitskräfte, Produktionseinrichtungen und Rohstoffe in einem militärisch straff geführten wirtschaftlichen Organismus eingliedert. Die gesamte Erzeugung der Industrie, des Handwerks und Gewerbes sowie der Landwirtschaft gilt in diesem Sinne als kriegswichtig und muß daher in den Rahmen einer umfassenden Wehrwirtschaft einbezogen werden . . .

---

[1] In diesem Gremium zur Beratung des Reichswehrministeriums, das meistens unter dem Vorsitz des Reichswehrministers Werner von Blomberg tagte, saßen als ständige Vertreter der Reichswehr die Generale Walther von Reichenau und Wilhelm Keitel. Die wichtigsten Konzerne waren durch Robert Bosch, Konrad von Borsig, Wilhelm Keppler, Carl Krauch, Paul Reusch, Hermann Röchling, Carl Friedrich von Siemens, Fritz Springorum, Fritz Thyssen und Albert Vögler vertreten.

[2] Hier ist der erste Weltkrieg gemeint.

Die für den Frontdienst benötigten Kräfte ordnen sich nach dem rein militärischen Mobilmachungsplan in den Rahmen der Wehrmacht ein, auf sie hat nach ihrem Übertritt zur Truppe die Wehrwirtschaft keinen Einfluß mehr.

Die Erfassung der freibleibenden Kräfte muß naturgemäß in planvoller Zusammenarbeit auf weite Sicht durch Wehrmacht und Wehrwirtschaft geschehen.

Die in Industrie, Gewerbe und Landwirtschaft verbleibenden Arbeitskräfte treten dann gemäß einem – dem militärischen Mobilmachungsplan entsprechenden – wehrwirtschaftlichen Mobilmachungsplan unter militärischem, wehrwirtschaftlichen Kommando in Tätigkeit. Es müssen also für die Industriewerke, für die lebenswichtigen Handwerks- und Gewerbebetriebe sowie für die in ihrer Gesamtheit ausnahmslos lebenswichtige Landwirtschaft eingehende Mobilisierungspläne aufgestellt werden . . .

Die Planung der Wehrwirtschaft bzw. die Aufstellung der wehrwirtschaftlichen Mobilisierungspläne muß unter Berücksichtigung der vorhandenen Friedenswirtschaft, d. h. unter Mitarbeit der bestehenden Fachorganisationen der Wirtschaft bzw. der Unternehmer selbst, erfolgen, um die Initiative, Anregung und Mitarbeit der freien Wirtschaft in den Dienst der Sache zu stellen. Diese gesamte Planung, sowohl was die Produktion kriegswichtiger Güter anlangt als auch die gesamte Planung über Rohstofffragen, muß dabei unter einheitlicher zentraler wehrwirtschaftlicher Leitung stehen . . .

Bezüglich der Arbeitskräfte erscheint die straffe wehrwirtschaftliche Vorbereitung aller Maßnahmen von außerordentlichem Wert, und es muß für die einzelnen in Frage kommenden Betriebe industrieller und landwirtschaftlicher Natur die Frage des Ersatzes zum Frontdienst tretender Arbeitskräfte durch freie Kräfte eingehend geregelt werden.

Einen letzten Schritt auf dem Wege der straffen militärischen Organisation der Wehrwirtschaft würde es bedeuten, auch alle in Frage kommenden Arbeitskräfte der Wehrwirtschaft im Kriegsfalle militärisch einzugliedern und den betreffenden Organen der Wehrwirtschaft (W[ehr]w[irtschafts]offiziere usw.) zu unterstellen. Die gesamte Organisation muß von dem Gedanken getragen werden, trotz einer straffen Zentralisation der Planung die private Entwicklungs-

freudigkeit zu fördern und vor allem die Organisation nicht büro-
kratisch erstarren zu lassen, sondern sie elastisch zu erhalten, damit
sie sich im Kriegsfalle plötzlich dem Auftreten neuer Erfordernisse
oder Verluste bzw. Ausfall von Erzeugungsstätten oder Rohstoffen
anpassen kann.

Aus: Anatomie des Krieges, S. 130–132.

Nr. 182   Denkschrift Hitlers zum Vierjahresplan vom August 1936 (Auszüge)

Europa hat zur Zeit nur zwei dem Bolschewismus gegenüber stand-
fest anzusehende Staaten: Deutschland und Italien. Die anderen
Länder sind entweder durch ihre demokratische Lebensform zer-
setzt, marxistisch infiziert und damit in absehbarer Zeit selbst dem
Zusammenbruch verfallen oder von autoritären Regierungen beherrscht, deren einzige Stärke die militärischen Machtmittel sind,
d. h. aber: sie sind infolge der Notwendigkeit, die Existenz ihrer
Führung den eigenen Völkern gegenüber durch die Brachialmittel
der Exekutive zu sichern, unfähig, diese Brachialgewalt zur Erhaltung der Staaten nach außen anzusetzen. Alle diese Länder wären
unfähig, jemals einen aussichtsvollen Krieg gegen Sowjetrußland zu
führen . . .

Das Ausmaß und das Tempo der militärischen Auswertung unserer Kräfte können nicht groß und schnell genug gewählt werden! Es
ist ein Kapitalirrtum, zu glauben, daß über diese Punkte irgendein
Verhandeln oder ein Abwägen stattfinden könnte mit anderen Le-
bensnotwendigkeiten . . .

Ähnlich der militärischen und politischen Aufrüstung bzw. Mobilmachung unseres Volkes hat auch eine wirtschaftliche zu erfolgen, und zwar im selben Tempo, mit der gleichen Entschlossenheit
und wenn nötig auch mit der gleichen Rücksichtslosigkeit . . .

Die endgültige Lösung liegt in einer Erweiterung des Lebensraumes bzw. der Rohstoff- und Ernährungsbasis unseres Volkes. Es ist
die Aufgabe der politischen Führung, diese Frage dereinst zu lösen . . .

Ich stelle damit folgende Aufgabe:

I. Die deutsche Armee muß in 4 Jahren einsatzfähig sein.
II. Die deutsche Wirtschaft muß in 4 Jahren kriegsfähig sein.

Vollständiger Text in: Vierteljahrshefte für Zeitgeschichte, 1955, H. 2.

Nr. 183   Die Ankündigung des Vierjahresplanes. Proklamation Adolf Hitlers bei der Eröffnung des 8. Reichsparteitages der NSDAP in Nürnberg am 9. September 1936 (Auszüge)

. . . Da nun der nationalsozialistische Staat unter keinen Umständen gewillt ist, eine Beschränkung seiner Volkszahl vorzunehmen, sondern im Gegenteil entschlossen ist, diese natürlichste Fruchtbarkeit der Nation zu steigern, sind wir gezwungen, die Folgen dieser Entwicklung für die Zukunft zu überlegen und zu bedenken. Eine wesentliche Steigerung des Bodenertrages ist nicht möglich, eine wesentliche Steigerung des Exports in absehbarer Zukunft kaum.

Es ist also die Aufgabe der nationalsozialistischen Staats- und Wirtschaftsführung, genauestens zu untersuchen, welche notwendigen Rohstoffe, Brennstoffe usw. in Deutschland selbst hergestellt werden können.

Die dann dadurch eingesparten Devisen sollen in der Zukunft als zusätzlich der Sicherung der Ernährung und zum Ankauf seiner Materialien dienen, die unter keinen Umständen bei uns beschafft werden können. Und ich stelle dies nun heute als das neue Vierjahresprogramm auf: In vier Jahren muß Deutschland in allen jenen Stoffen vom Ausland gänzlich unabhängig sein, die irgendwie durch die deutsche Fähigkeit, durch unsere Chemie und Maschinenindustrie sowie durch unseren Bergbau selbst beschafft werden können! . . .

Die nationalsozialistische Staatsführung ist eine so souveräne und eine so über allen wirtschaftlichen Bedingungen stehende, daß in ihren Augen die Kennzeichnung „Arbeitnehmer und Arbeitgeber" belanglose Begriffe sind. Es gibt keinen Arbeitgeber und es gibt keinen Arbietnehmer vor den höchsten Interessen der Nation, sondern nur Arbeitsbeauftragte des ganzen Volkes. Der soziale Friede schafft allein die Voraussetzungen, um die großen Aufgaben unserer nationalwirtschaftlichen Lage zu erfüllen. Wo wären wir heute hingekommen, wenn so wie in anderen Ländern Streiks und Aussperrungen ihren gegenseitigen Wahnsinn trieben? Wo würde Deutschland heute sein, wenn jeder glauben dürfte, sich seinen Lohn und seinen Gewinn nach eigenem Ermessen bestimmen zu können? Je mehr wir die Größe der Aufgaben, die uns gestellt sind, erkennen und erfassen, um so klarer wird uns die Notwendigkeit des restlosen und geschlossenen Einsatzes aller schaffenden deutschen Menschen zur Erfüllung dieser Aufgabe . . .

Aus: Völkischer Beobachter vom 10. September 1936; längere Auszüge in: Hohlfeld, Bd. IV, S. 303–305.

Nr. 184 Denkschrift des Oberbefahlshabers des Heeres (Gen.oberst v. Fritsch) an den Oberbefehlshaber der Wehrmacht (Gen.feldmarschall v. Blomberg) vom August 1937 (Auszüge)

Für *Deutschland* kann ehrlich nicht bezweifelt werden, daß ein Sieg letzten Endes auf dem *Heere* beruht, so unerläßlich ein erfolgreicher Kampf der Luftwaffe wie der Flotte für den Enderfolg auch bleibt.

Das Heer allein kann einen Gegner endgültig niederzwingen, indem es sein Land erobert und damit feindliche Staatsmacht ausschaltet. Als Kontinentalmacht werden wir letzten Endes unsere Siege auf der *Erde* gewinnen müssen. Und solange die Ziele eines deutschen Sieges nur in Ost-Eroberungen liegen können, wird auch nur das Heer, durch Eroberungen im Osten, durch Halten im Westen, die letzte Entscheidung bringen, weil kein Oststaat, sei es in der Luft, sei es auf dem Wasser, tödlich zu treffen ist.

Aus: W. Görlitz (Hg.), Generalfeldmarschall Keitel, Göttingen, Berlin, Frankfurt 1961, S. 127 f.

Nr. 185 Niederschrift über die Besprechung in der Reichskanzlei am 5. November 1937 (Hoßbach-Protokoll; Auszüge)

Anwesend:
Der Führer und Reichskanzler,
der Oberkriegsminister Generalfeldmarschall v. Blomberg,
der Oberbefehlshaber des Heeres Generaloberst Freiherr v. Fritsch,

der Oberbefehlshaber der Kriegsmarine Generaladmiral Dr. h. c. Raeder,

der Oberbefehlshaber der Luftwaffe Generaloberst Göring,

der Reichsminister des Auswärtigen Freiherr von Neurath, Oberst Hoßbach.

. . . Der Führer führte sodann aus:

Das Ziel der deutschen Politik sei die Sicherung und Erhaltung der Volksmasse und deren Vermehrung, somit handle es sich um das Problem des Raumes.

Die deutsche Volksmasse verfüge über 85 Millionen Menschen, die nach der Anzahl der Menschen und der Geschlossenheit des Siedlungsraumes in Europa einen in sich so fest geschlossenen Rassekern darstelle, wie er in keinem anderen Land wieder anzutreffen sei, wie er andererseits das Anrecht auf größeren Lebensraum mehr als bei anderen Völkern in sich schlösse . . .

Bevor er sich der Frage der Behebung der Raumnot zuwende, sei die Überlegung anzustellen, ob im Wege der Autarkie oder einer gesteigerten Beteiligung an der Weltwirtschaft eine zukunftsreiche Lösung der deutschen Lage zu erreichen sei.

Autarkie: Durchführung nur möglich bei straffer nationalsozialistischer Staatsführung, welche die Voraussetzung sei; als Resultat der Verwirklichungsmöglichkeit sei festzustellen:

Auf dem Gebiet der Rohstoffe nur bedingte, nicht aber totale Autarkie . . .

Auf dem Gebiet der Lebensmittel sei die Frage der Autarkie mit einem glatten ,,Nein" zu beantworten . . .

Beteiligung an der Weltwirtschaft: Ihr seien Grenzen gezogen, die wir nicht zu beheben vermöchten. Einer sicheren Fundierung der deutschen Lage ständen die Konjunkturschwankungen entgegen, die Handelsverträge böten keine Gewähr für die praktische Durchführung. Insbesondere sei grundsätzlich zu bedenken, daß seit dem Weltkriege eine Industrialisierung gerade früherer Ernährungsausfuhrländer stattgefunden habe. Wir lebten im Zeitalter wirtschaflicher Imperien, in welchem der Trieb zur Kolonisierung sich wieder dem Urzustand nähere; bei Japan und Italien lägen dem Ausdehnungsdrang wirtschaftliche Motive zu Grunde, ebenso wie auch für Deutschland die wirtschaftliche Not den Antrieb bilden würde . . .

Wenn die Sicherheit unserer Ernährungslage im Vordergrunde stände, so könne der hierfür notwendige Raum nur in Europa gesucht werden, nicht aber ausgehend von liberalistisch-kapitalistischen Auffassungen in der Ausbeutung von Kolonien. Es handle sich nicht um die Gewinnung von Menschen, sondern von landwirtschaftlich nutzbarem Raum. Auch die Rohstoffgebiete seien zweckmäßiger im unmittelbaren Anschluß an das Reich in Europa und nicht in Übersee zu suchen, wobei die Lösung sich für ein bis zwei Generationen auswirken müsse. Was darüber hinaus in späteren Zeiten notwendig werden sollte, müsse nachfolgenden Geschlechtern überlassen bleiben. Die Entwicklung großer Weltgebilde gehe nun einmal langsam vor sich, das deutsche Volk mit seinem starken Rassekern finde hierfür die günstigsten Voraussetzungen inmitten des europäischen Kontinents. Daß jede Raumerweiterung nur durch Brechen von Widerstand und unter Risiko vor sich gehen könne, habe die Geschichte aller Zeiten – Römisches Weltreich, Englisches Empire – bewiesen. Auch Rückschläge seien unvermeidbar. Weder früher noch heute habe es herrenlosen Raum gegeben, der Angreifer stoße stets auf den Besitzer.

Für Deutschland laute die Frage, wo größter Gewinn unter geringstem Einsatz zu erreichen sei . . .

Stelle man an die Spitze der nachfolgenden Ausführungen den Entschluß zur Anwendung von Gewalt unter Risiko, dann bleibt noch die Beantwortung der Fragen ,,wann" und ,,wie". Hierbei seien drei Fälle zu entscheiden:

Fall 1: Zeitpunkt 1943–45.

Nach dieser Zeit sei nur noch eine Veränderung zu unseren Ungunsten zu erwarten.

Die Aufrüstung der Armee, Kriegsmarine, Luftwaffe sowie die Bildung des Offizierskorps seien annähernd beendet. Die materielle Ausstattung und Bewaffnung seien modern, bei weiterem Zuwarten läge die Gefahr ihrer Veraltung vor. Besonders der Geheimhaltungsschutz der ,,Sonderwaffen" ließe sich nicht immer aufrechterhalten. Die Gewinnung von Reserven beschränke sich auf die laufenden Rekrutenjahrgänge, ein Zusatz aus älteren unausgebildeten Jahrgängen sei nicht mehr verfügbar. Im Verhältnis zu der bis dahin durchgeführten Aufrüstung der Umwelt nähmen wir an relativer Stärke ab.

Wenn wir bis 1943/45 nicht handelten, könne infolge des Fehlens von Reserven jedes Jahr die Ernährungskrise bringen, zu deren Behebung ausreichende Devisen nicht verfügbar seien. Hierin sei ein „Schwächungsmoment des Regimes" zu erblicken. Zudem erwarte die Welt unseren Schlag und treffe ihre Gegenmaßnahmen von Jahr zu Jahr mehr. Während die Umwelt sich abriegele, seien wir zur Offensive gezwungen.

Wie die Lage in den Jahren 1943/45 tatsächlich sein würde, wisse heute niemand. Sicher ist nur, daß wir nicht länger warten können . . .

Die Notwendigkeit zum Handeln vor 1943/45 käme im Fall 2 und 3 in Betracht.

Fall 2:

Wenn die sozialen Spannungen in Frankreich sich zu einer derartigen innenpolitischen Krise auswachsen sollten, daß durch letztere die französische Armee absorbiert und für eine Kriegsverwendung gegen Deutschland ausgeschaltet würde, sei der Zeitpunkt zum Handeln gegen die Tschechei gekommen . . .

Fall 3:

Wenn Frankreich durch einen Krieg mit einem anderen Staat so gefesselt ist, daß es gegen Deutschland nicht „vorgehen" kann.

Zur Verbesserung unserer militärpolitischen Lage müsse in jedem Fall bei einer kriegerischen Verwicklung unser erstes Ziel sein, die Tschechei und gleichzeitig Österreich niederzuwerfen, um die Flankenbedrohung eines etwaigen Vorgehens nach Westen auszuschalten . . .

Wenn auch die Besiedlung insbesondere der Tschechei keine dünne sei, so könne die Einverleibung der Tschechei und Österreichs den Gewinn von Nahrungsmitteln für 5–6 Millionen Menschen bedeuten unter Zugrundelegung, daß eine zwangsweise Emigration aus der Tschechei von zwei, aus Österreich von einer Million Menschen zur Durchführung gelange. Die Angliederung der beiden Staaten an Deutschland bedeute militärpolitisch eine wesentliche Entlastung infolge kürzerer, besserer Grenzziehung, Freiwerdens von Streitkräften für andere Zwecke und der Möglichkeit der Neuaufstellung von Truppen bis in Höhe von etwa 12 Divisionen, wobei auf 1 Million Einwohner eine neue Division entfalle . . .

292

In gewissere Nähe sähe der Führer den Fall 3 gerückt, der sich aus den derzeitigen Spannungen im Mittelmeer entwicklen könne und den er eintretendenfalls zu jedem Zeitpunkt, auch bereits im Jahre 1938, auszunutzen entschlossen sei . . .

Feldmarschall von Blomberg und Generaloberst von Fritsch wiesen bei der Beurteilung der Lage wiederholt auf die Notwendigkeit hin, daß England und Frankreich nicht als unsere Gegner auftreten dürften und stellten fest, daß durch den Krieg gegen Italien das französische Heer nicht in dem Umfange gebunden sei, daß es nicht noch mit Überlegenheit an unserer Westgrenze auf den Plan treten könne . . .

Hinsichtlich unserer Offensive nach Südosten machte Feldmarschall von Blomberg nachdrücklich auf die Stärke der tschechischen Befestigungen aufmerksam, deren Ausbau den Charakter einer Maginot-Linie angenommen hätte und unseren Angriff aufs äußerste erschwere.

Generaloberst von Fritsch erwähnte, daß es gerade Zweck einer durch ihn angeordneten Studie dieses Winters sei, die Möglichkeiten der Führung der Operationen gegen die Tschechei unter besonderer Berücksichtigung der Überwindung des tschechischen Festungssystems zu untersuchen . . .

Zu den seitens des Feldmarschalls von Blomberg und des Generalobersten Fritsch hinsichtlich des Verhaltens Englands und Frankreichs angestellten Überlegungen äußerte der Führer in Wiederholung seiner bisherigen Ausführungen, daß er von der Nichtbeteiligung Englands überzeugt sei und daher an eine kriegerische Aktion Frankreichs gegen Deutschland nicht glaube. Sollte der in Rede stehende Mittelmeerkonflikt zu einer allgemeinen Mobilmachung in Europa führen, so sei unsererseits sofort gegen die Tschechei anzutreten, sollten dagegen die am Kriege nicht beteiligten Mächte ihr Desinteresse erklären, so habe sich Deutschland diesem Verhalten zunächst anzuschließen . . .

Aus: Der Prozeß gegen die Hauptkriegsverbrecher, Bd. XXV, S. 403 ff; auch abgedruckt in: Hohlfeld, Bd. IV, S. 366–375.

Nr. 186 *Protokoll über den Beitritt Italiens zum deutsch-japanischen Antikomintern-Abkommens vom 6. November 1937 (Auszug)*

Die Regierung des Deutschen Reiches,
Die Italienische Regierung und
Die Kaiserlich Japanische Regierung,
In der Erwägung, daß die Kommunistische Internationale ständig die zivilisierte Welt im Westen und im Osten weiter gefährdet, ihren Frieden und ihre Ordnung stört und vernichtet,
Überzeugt, daß nur eine enge Zusammenarbeit aller an der Aufrechterhaltung des Friedens und der Ordnung interessierten Staaten diese Gefahr vermindern und beseitigen kann,
In der Erwägung, daß Italien, das seit Beginn der Faschistischen Regierung diese Gefahr mit unbeugsamer Entschlossenheit bekämpfte und die Kommunistische Internationale in seinem Gebiet ausmerzte, entschieden hat, sich Seite an Seite mit Deutschland und Japan, die ihrerseits von dem gleichen Abwehrwillen gegen die Kommunistische Internationale beseelt sind, gegen den gemeinsamen Feind zu stellen,
Sind, in Übereinstimmung mit Artikel II des Abkommens gegen die Kommunistische Internationale, das am 25. November 1936 zu Berlin zwischen Deutschland und Japan abgeschlossen wurde, wie folgt übereingekommen:

Artikel I

Italien tritt dem als Anlage im Wortlaut beigefügten Abkommen gegen die Kommunistische Internationale nebst Zusatzprotokoll, das am 25. November 1936 zwischen Deutschland und Japan abgeschlossen worden ist, bei.

Vollständiger Text in: Hohlfeld, Bd. IV, S. 375 f.

Nr. 187 *Freundschafts- und Bündnispakt zwischen Deutschland und Italien vom 22. Mai 1939 (Auszüge)*

Durch die innere Verwandtschaft ihrer Weltanschauung und die umfassende Solidarität ihrer Interessen fest miteinander verbunden, sind das deutsche und italienische Volk entschlossen, auch in Zukunft Seite an Seite und mit vereinten Kräften für die Sicherung ihres Lebensraums und für die Aufrechterhaltung des Friedens einzutreten.

Auf diesem ihnen von der Geschichte vorgezeichneten Wege wollen Deutschland und Italien inmitten einer Welt der Unruhe und Zersetzung der Aufgabe dienen, die Grundlage der europäischen Welt zu sichern.

Artikel III.

Wenn es entgegen den Wünschen und Hoffnungen der Vertragschließenden Teile dazu kommen sollte, daß einer von ihnen in kriegerische Verwicklungen mit einer anderen Macht oder mit anderen Mächten gerät, wird ihm der andere Vertragschließende Teil sofort als Bundesgenosse zur Seite treten und ihn mit allen seinen militärischen Kräften zu Lande, zur See und in der Luft unterstützen.

Denkschrift Mussolinis vom 30. Mai 1939

I.

Der Krieg zwischen den plutokratischen und deshalb selbstsüchtig konservativen und den stark bevölkerten und armen Nationen ist unvermeidlich. Dieser Sachlage nach muß man sich entsprechend vorbereiten.

II.

Durch die in Böhmen und Albanien erreichten strategischen Stellungen haben die Achsenmächte in ihrer Hand einen grundsätzlichen Faktor des Erfolges.

III.

. . . Die zwei europäischen Achsenmächte benötigen eine Friedenszeit von nicht weniger als drei Jahren. Erst vom Jahre 1943 an wird eine kriegerische Anstrengung die größten Aussichten auf Erfolg haben.

Vollständiger Text beider Dokumente in: Hohlfeld, Bd. V, S. 59–62.

(Aufzeichnung des Generaladmirals Boehm)

. . . Absicht noch im Frühjahr war, die Lösung der polnischen Frage hinauszuschieben, sozusagen auf Eis zu legen, um erst die nach seiner Ansicht unvermeidbare Auseinandersetzung im Westen auszutragen. Jedoch darf man sich als Politiker hinsichtlich einer Zeitfolge nicht festlegen, müsse elastisch sein. Die Voraussetzungen für seine ursprünglichen Absichten hätten sich geändert, im übrigen habe er nie geglaubt, daß Polen sich an den Nichtangriffspakt gehalten hätte, wenn Deutschland irgendwie sonst gebunden wäre. Das zeige schon die Landkarte, besonders aber die Presse der letzten Zeiten, die das tiefste Denken der Polen enthüllt . . .

Es erscheint auch vom Standpunkt einer späteren großen Auseinandersetzung im Westen, die er für unvermeidlich halte, militärisch richtig, die Wehrmacht in einer einzelnen Aufgabe zu erproben . . .

Die Wahrscheinlichkeit eines Eingriffes der Westmächte in einen Konflikt ist nach Ansicht des Führers nicht groß . . .

Nun bestand bei den Westmächten die Hoffnung auf das Mitmachen von Rußland, was neben der materiellen Unterstützung auch ein wichtiges psychologisches Moment war. Der Entschluß, Blut einzusetzen, ist schwer. Man fragt dann leicht: Warum gerade ich? So richtete sich die Hoffnung Englands auf Rußland. Aber nur ein blinder Optimist konnte glauben, Stalin würde so wahnsinnig sein, den Gedanken Englands nicht zu durchschauen: nämlich wie im Weltkrieg im Westen eine Art Stellungskrieg zu führen und im Osten Rußland die Blutlast des Krieges tragen zu lassen. Daher wollten auch die Westmächte keine positiven Verpflichtungen eingehen, und jedesmal, wenn bei den Verhandlungen die konkrete Frage danach auftauchte, kamen die Verhandlungen zum Stocken, da keine positive Anwort erfolgte . . .

Wir müssen unser Herz verschließen und hart machen. Wer über diese Weltordnung nachgedacht hat, ist sich klar, daß ihr Sinn im kämpferischen Durchsetzen des Besten liegt. Das deutsche Volk aber gehört zu den besten Völkern der Erde. Uns hat die Vorsehung zu Führern dieses Volkes gemacht, wir haben damit die Aufgabe, dem deutschen Volke, das mit 140 Menschen auf den Quadratkilometer zusammengedrängt ist, den nötigen Lebensraum zu geben. Größte Härte kann bei Durchführung einer solchen Aufgabe größte Milde sein.

Vollständiger Text in: Hohlfeld, Bd. V, S. 74–80.

Nr. 189   Bericht des Oberstleutnants i. G. Schmundt über die militärische Lagebesprechung in der Neuen Reichskanzlei am 23. August 1939 (Auszüge)

Nachstehend werden die Ausführungen des Führer sinngemäß wiedergegeben: . . .

Die 80 Millionen-Masse hat die ideellen Probleme gelöst. Die wirtschaftlichen Probleme müssen gelöst werden. Um die Schaffung der wirtschaftlichen Voraussetzungen hierzu kommt kein Deutscher herum . . .

Z. Zt. befinden wir uns im Zustand nationalen Hochgefühls in gleicher Gesinnung mit 2 anderen Staaten: Italien und Japan. Die zurückliegende Zeit ist wohl ausgenutzt worden. Alle Schritte waren folgerichtig auf das Ziel ausgerichtet . . .

Es handelt sich für uns um Arrondierung des Lebensraumes im Osten und Sicherstellung der Ernährung. Aufrollen des Ostsee- und Baltikum-Problems. Lebensmittelversorgung nur von dort möglich, wo geringe Besiedlung. Neben der Fruchtbarkeit wird die deutsche gründliche Bewirtschaftung die Überschüsse um ein mehrfaches steigern.

In Europa ist keine andere Möglichkeit zu sehen.

Kolonien: Warnung vor Schenkung kolonialen Besitzes. Es ist keine Lösung des Ernährungsproblems. Blockade!

Zwingt uns das Schicksal zur Auseinandersetzung mit dem Westen, ist es gut, einen größeren Ostraum zu besitzen. Im Krieg werden wir noch weniger wie im Frieden mit Rekordernten rechnen können.

Die Bevölkerung nichtdeutscher Gebiete tut keinen Waffendienst und steht zur Arbeitsleistung zur Verfügung . . .

Grundsatz: Auseinandersetzung mit Polen – beginnend mit Angriff gegen Polen – ist nur dann von Erfolg, wenn der Westen aus dem Spiel bleibt. Ist das nicht möglich, dann ist es besser, den Westen anzufallen und dabei Polen zu erledigen.

Es ist Sache geschickter Politik, Polen zu isolieren . . .

Vollständiger Text in: Hohlfeld, Bd. V, S. 83 f.

Nr. 190   Deutsch-sowjetischer Nichtangriffspakt vom 23. August 1939

Der Vertrag vom 23. August 1939

Die Deutsche Reichsregierung und die Regierung der Union der Sozialistischen Sowjetrepubliken, geleitet von dem Wunsche, die Sache des Friedens zwischen Deutschland und der UdSSR zu festigen, und ausgehend von den grundlegenden Bestimmungen des Neutralitätsvertrages, der im April 1926 zwischen Deutschland und der UdSSR geschlossen wurde, sind zu nachstehender Vereinbarung gelangt:

Artikel I. Die beiden Vertragschließenden Teile verpflichten sich, sich jeden Gewaltaktes, jeder aggressiven Handlung und jeden Angriffs gegeneinander, und zwar sowohl einzeln als auch gemeinsam mit anderen Mächten, zu enthalten.

Artikel II. Falls einer der Vertragschließenden Teile Gegenstand kriegerischer Handlungen seitens einer dritten Macht werden sollte, wird der andere Vertragschließende Teil in keiner Form diese dritte Macht unterstüzen.

Artikel III. Die Regierungen der beiden Vertragschließenden Teile werden künftig fortlaufend zwecks Konsultation in Fühlung miteinander bleiben, um sich gegenseitig über Fragen zu informieren, die ihre gemeinsamen Interessen berühren.

Artikel IV. Keiner der beiden Vertragschließenden Teile wird sich an irgend einer Mächtegruppierung beteiligen, die sich mittelbar oder unmittelbar gegen den anderen Teil richtet.

Artikel V. Falls Streitigkeiten oder Konflikte zwischen den Vertragschließenden Teilen über Fragen dieser oder jener Art entstehen sollten, werden beide Teile diese Streitigkeiten oder Konflikte ausschließlich auf dem Wege freundschaftlichen Meinungsaustausches oder nötigenfalls durch Einsetzung von Schlichtungskommissionen bereinigen.

Artikel VI. Der gegenwärtige Vertrag wird auf die Dauer von zehn Jahren abgeschlossen mit der Maßgabe, daß, soweit nicht einer der Vertragschließenden Teile ein Jahr vor Ablauf dieser Frist kündigt, die Dauer der Wirksamkeit dieses Vertrages automatisch für weitere fünf Jahre als verlängert gilt.

Artikel VII. Der gegenwärtige Vertrag soll innerhalb möglichst kurzer Frist ratifiziert werden. Die Ratifizierungsurkunden sollen in Berlin ausgetauscht werden. Der Vertrag tritt sofort mit seiner Unterzeichnung in Kraft.

Moskau, am 23. August 1939.

Für die Deutsche Reichsregierung: von Ribbentrop.

In Vollmacht der Regierung der UdSSR: W. Molotow.

Geheimes Zusatzprotokoll

Aus Anlaß der Unterzeichnung des Nichtangriffsvertrages zwischen dem Deutschen Reich und der Union der Sozialistischen Sowjetrepubliken haben die unterzeichneten Bevollmächtigten der beiden Teile in streng vertraulicher Aussprache die Frage der Abgrenzung der beiderseitigen Interessensphären in Osteuropa erörtert. Diese Aussprache hat zu folgendem Ergebnis geführt:

1. Für den Fall einer territorial-politischen Umgestaltung in den zu den baltischen Staaten (Finnland, Estland, Lettland, Litauen) gehörenden Gebieten bildet die nördliche Grenze Litauens zugleich die Grenze der Interessensphäre Deutschlands und der UdSSR. Hierbei wird das Interesse Litauens am Wilnaer Gebiet beiderseits anerkannt.

2. Für den Fall einer territorial-politischen Umgestaltung der zum polnischen Staate gehörenden Gebiete werden die Interessensphären Deutschlands und der UdSSR ungefähr durch die Linie der Flüsse Narew, Weichsel und San abgegrenzt.

Die Frage, ob die beiderseitigen Interessen die Erhaltung eines unabhängigen polnischen Staates erwünscht erscheinen lassen, und wie dieser Staat abzugrenzen wäre, kann endgültig erst im Laufe der weiteren politischen Entwicklung geklärt werden.

In jedem Falle werden beide Regierungen diese Frage im Wege einer freundschaftlichen Verständigung lösen.

3. Hinsichtlich des Südostens Europas wird von sowjetischer Seite das Interesse an Bessarabien betont. Von deutscher Seite wird das völlige politische Desinteressement an diesen Gebieten erklärt.

4. Dieses Protokoll wird von beiden Seiten streng geheim behandelt werden.

Erklärung Molotows auf der außerordentlichen Tagung des Obersten Sowjets in Moskau am 31. August 1939

Der Entschluß, zwischen Sowjetrußland und Deutschland einen Nichtangriffspakt abzuschließen, wurde gefaßt, nachdem die militärischen Verhandlungen mit England und Frankreich infolge der unübersteiglichen Meinungsverschiedenheiten in einen Engpaß gerieten. Unter der Berücksichtigung, daß wir auf den Abschluß eines gegenseitigen Beistandpaktes nicht rechnen konnten, mußten wir uns die Frage nach anderen Möglichkeiten stellen, um den Frieden zu garantieren und die Drohung eines Krieges zwischen Deutschland und Sowjetrußland auszuschalten.

Aus: Hohlfeld, Bd. V, S. 89–91.

Nr. 191 Ansprache Hitlers vor den Oberbefehlshabern über künftige Kriegspläne vom 23. November 1939 (Auszüge)

. . . Ich habe lange gezweifelt, ob ich erst im Osten und dann im Westen losschlagen sollte. Grundsätzlich habe ich die Wehrmacht nicht aufgestellt, um nicht zu schlagen. Der Entschluß zum Schlagen war immer in mir. Früher oder später wollte ich das Problem lösen.

Mein Entschluß ist unabänderlich. Ich werde Frankreich und England angreifen zum günstigsten und schnellsten Zeitpunkt. Verletzung der Neutralität Belgiens und Hollands ist bedeutungslos. Kein Mensch fragt danach, wenn wir gesiegt haben. Wir werden die Verletzung der Neutralität nicht so idiotisch begründen wie 1914. Wenn wir die Neutralität nicht verletzen, so tun es England und Frankreich.

Längere Auszüge in: Laschitza/Vietzke, S. 254.

Plakat zur Ausstellung „Der Bolschewismus" 1936.

Nr. 192   Die Vorbereitung des Feldzuges gegen die Sowjetunion.
Hitlers Weisung Nr. 21 „Fall Barbarossa" vom 18. Dezember 1940
(Auszüge)

Die deutsche Wehrmacht muß darauf vorbereitet sein, auch vor Beendigung des Krieges gegen England Sowjetrußland in einem schnellen Feldzug niederzuwerfen („Fall Barbarossa").

Das Heer wird hierzu alle verfügbaren Verbände einzusetzen haben mit der Einschränkung, daß die besetzten Gebiete gegen Überraschungen gesichert sein müssen.

Die im westlichen Rußland stehende Masse des russischen Heeres soll in kühnen Operationen unter weitem Vortreiben von Panzerkeilen vernichtet, der Abzug kampffähiger Teile in die Weite des russischen Raumes verhindert werden.

In rascher Verfolgung ist dann eine Linie zu erreichen, aus der die russische Luftwaffe reichsdeutsches Gebiet nicht mehr angreifen kann. Das Endziel der Operation ist die Abschirmung gegen das asiatische Rußland aus der allgemeinen Linie Wolga–Archangelsk. So kann erforderlichenfalls das letzte Rußland verbleibende Industriegebiet am Ural durch die Luftwaffe ausgeschaltet werden.

Vollständiger Text in: Hohlfeld, Bd. V, S. 264 f.

b) Die ideologische Absicherung: Tarnung und Rechtfertigung

Nr. 193   Proklamation der Reichsregierung an das deutsche Volk
von 16. März 1935 (Auszug)

. . . Was die deutsche Regierung als Wahrerin der Ehre und der Interessen der deutschen Nation wünscht, ist, das Ausmaß jener Machtmittel sicherzustellen, die nicht nur für die Erhaltung der Integrität des Deutschen Reiches, sondern auch für die internationale Respektierung und Bewertung Deutschlands als ein Mitgarant des allgemeinen Friedens erforderlich sind.

Geheime Kommandos...   ... 2647/40

er Führer und Oberste Befehlshaber   F.H.Qu., den 18.12.40
        der Wehrmacht
KW/WFSt/Abt. L(I) Nr. 33 408/40 gK Chefs.

Chef Sache
Nur durch Offizier   2 Ausfertigungen
                                 . Ausfertigung

Weisung Nr. 21

Fall Barbarossa.

Die deutsche Wehrmacht muss darauf vorbereitet sein, auch
vor Beendigung des Krieges gegen England Sowjetrussland
in einem schnellen Feldzug niederzuwerfen (Fall Barbarossa).

Das Heer wird hierzu alle verfügbaren Verbände einzusetzen
haben mit der Einschränkung, dass die besetzten Gebiete
gegen Überraschungen gesichert sein müssen.

Für die Luftwaffe wird es darauf ankommen, für den
Ostfeldzug so starke Kräfte zur Unterstützung des Heeres
freizumachen, dass mit einem raschen Ablauf der Erdopera-
tionen gerechnet werden kann und die Schädigung des ost-
deutschen Raumes durch feindliche Luftangriffe so gering

Hitlers Weisung Nr. 21: Dieses Dokument leitete die koordinierte politische, ökonomische und militärische Vorbereitung des Überfalls auf die Sowjetunion ein.

Denn in dieser Stunde erneuert die deutsche Regierung vor dem deutschen Volk und vor der ganzen Welt die Versicherung ihrer Entschlossenheit, über die Wahrung der deutschen Ehre und der Freiheit des Reiches nie hinauszugehen, und insbesondere in der nationalen deutschen Rüstung kein Instrument kriegerischen Angriffs, als vielmehr ausschließlich der Verteidigung und damit der Erhaltung des Friedens bilden zu wollen . . .

Aus: Hohlfeld, Bd. IV, S. 218.

Nr. 194   Reichstagsrede Hitlers vom 30. Januar 1939 (Auszüge)

Der Nationalsozialismus kennt nun das Wort Kapitulation weder innen- noch außenpolitisch. Er ist von der brutalen Entschlußkraft erfüllt, Probleme, die gelöst werden müssen, anzufassen und so oder so auch zu lösen. Und wir müssen dabei, wie die Dinge liegen, das, was uns an materiellen Mitteln fehlt, ersetzen durch äußersten Fleiß und durch die äußerste Konzentration unserer Arbeitskraft . . .

Die Völker werden in kurzer Zeit erkennen, daß das nationalsozialistische Deutschland keine Feindschaft mit anderen Völkern will, daß alle die Behauptungen über Angriffsabsichten unseres Volkes auf fremde Völker entweder aus krankhafter Hysterie geborene oder aus der persönlichen Selbsterhaltungssucht einzelner Politiker entstandene Lügen sind . . .

Ich will heute wieder ein Prophet sein: Wenn es dem internationalen Finanzjudentum in- und außerhalb Europas gelingen sollte, die Völker noch einmal in einen Weltkrieg zu stürzen, dann würde das Ergebnis nicht die Bolschewierung der Erde und damit der Sieg des Judentums sein, sondern die Vernichtung der jüdischen Rasse in Europa . . .

Die Völker wollen nicht mehr auf den Schlachtfeldern sterben, damit diese wurzellose internationale Rasse an den Geschäften des Krieges verdient und ihre alttestamentarische Rachsucht befriedigt. Über die jüdische Parole ,,Proletarier aller Länder, vereinigt euch'' wird eine höhere Erkenntnis siegen, nämlich: ,,Schaffende Angehörige aller Nationen, erkennt euren gemeinsamen Feind!'' . . .

Angesichts der uns umdrohenden Gefahren empfinde ich es nun als ein großes Glück, in Europa und außerhalb Europas Staaten gefunden zu haben, die, ähnlich wie das deutsche Volk, um die Behauptung ihrer Existenz schwerste Kämpfe führen müssen: Italien und Japan . . .

Das bedeutet nun nicht, daß wir Deutsche – wie es in einer verantwortungslosen Presse jeden Tag geschrieben steht – einen Krieg wünschen, sondern es bedeutet nur, daß wir

1. das Verständnis dafür haben, daß sich auch andere Völker ihren Anteil an den Gütern der Welt sichern wollen, der ihnen kraft ihrer Zahl, ihres Mutes und ihres Wertes zukommt, und daß wir

2. in Anerkennung dieser Rechte entschlossen sind, gemeinsame Interessen auch gemeinsam zu vertreten . . .

Längere Auszüge in: Hohlfeld, Bd. V, S. 6–9.

Nr. 195 Denkschrift des Oberkommandos der Wehrmacht (OKW) über ,,Die Kriegführung als Problem der Organisation`` vom 7. März 1938 (Auszüge)

Was ist der Krieg der Zukunft?
Der Krieg in seiner absoluten Form ist die gewaltsame Auseinandersetzung zweier oder mehrerer Staaten mit allen Mitteln.

Trotz aller Versuche, den Krieg zu ächten, bleibt er ein Naturgesetz, das sich eindämmen, aber nicht beseitigen läßt und der Erhaltung von Volk und Staat oder der Sicherung seiner geschichtlichen Zukunft dient.

Dieser hohe sittliche Zweck gibt dem Kriege sein totales Gepräge und seine ethische Berechtigung.

Er hebt ihn hinaus über einen rein politischen Akt oder über einen militärischen Zweikampf um eines wirtschaftlichen Vorteils willen.

Einsatz, Gewinn und Verlust steigen zu bisher ungeahnter Höhe.
Am Ende eines verlorenen Krieges droht nicht nur die Schädigung, sondern die Vernichtung von Staat und Volk.

Damit wird der heutige Krieg zu einem Staatsnotstand und zu einem Existenzkampf jedes einzelnen.

Da jeder alles zu gewinnen und alles zu verlieren hat, muß jeder alles einsetzen.

Damit erweitert sich die allgemeine Wehrpflicht zur Kriegsdienstpflicht aller.

Sie bedeutet das Ende jeder nur privaten Tätigkeit für die Dauer des Krieges und zwingt alle Erscheinungsformen des staatlichen und privaten Lebens unter ein leitendes Prinzip: ,,Die Erringung des Sieges.'' . . .

Der Krieg wird mit allen Mitteln geführt; nicht nur mit der Waffe, sondern auch mit den Mitteln der Propaganda und der Wirtschaft.

Er richtet sich gegen die feindliche Wehrmacht, gegen die materiellen Kraftquellen des Feindes und die seelischen Kräfte seines Volkes. Das Leitmotiv seiner Führung muß sein: ,,Not kennt kein Gebot''. . .

Staat, Wehrmacht und Volk werden auf eine möglichst hohe Kriegsbereitschaft gebracht, bevor der öffentliche Mobilmachungsbefehl erlassen wird.

Die Überraschung als Voraussetzung für schnelle und große Anfangserfolge wird oft dazu zwingen, die Feindseligkeiten zu beginnen, bevor die Mobilmachung oder gar der Aufmarsch des Heeres beendet ist.

Die Kriegserklärung steht nicht mehr in jedem Fall am Anfang eines Krieges.

Je nachdem ob der Eintritt der kriegsrechtlichen Normen mehr Vorteile oder Nachteile für die Kriegführenden bringt, werden diese sich den neutralen Staaten gegenüber als im Kriege oder nicht im Kriege befindlich betrachten . . .

Vollständiger Text in: Der Prozeß gegen die Hauptkriegsverbrecher, Bd. XXXVIII, S. 48–50.

Nr. 196 Rede des Geheimrats Dr. Bücher, Generaldirektor der AEG, auf der Fabrikdirektorensitzung der AEG vom 5. November 1942 (Auszüge)

. . . Die Situation ist so, daß wir in einem Kriege stehen, der um Sein oder Nichtsein – nicht nur der Partei, sondern jedes einzelnen von uns geht. Wer sich darüber nicht klar ist, der sollte sich besinnen. Es ist auch ganz klar, daß, wenn der einzelne seine Pflicht nicht tut, das Ganze nicht gehen kann, denn die Zahl unserer Feinde ist größer als die Zahl unserer Freunde . . .

Aber die oberste Direktive lautet: Aufrechterhaltung der Armee und Versorgung der Armee mit den besten Waffen! Die Verpflichtung der Wirtschaft dem Staate gegenüber läßt sich in einem einzigen Satz fassen:

,,Der Mann, der hier arbeitet, hat dieselbe Verpflichtung wie der Mann an der Front!"

Wenn er versagt, dann muß die Front versagen, und wenn die Front versagt, nützt ihm die Arbeit nichts. Das ist eine naturgegebene Kupplung. Und dasselbe ist mit unserem Unternehmen der Fall. Wir stellen in der AEG mit Tochtergesellschaften 1 % der deutschen Wirtschaft dar. Wir haben einen Produktionswert von 1½ Milliarden. Wenn wir den mit 100 multiplizieren, kommen wir auf die Produktion des Deutschen Reiches. Wir tragen die Verantwortung für ein Hundertstel der deutschen Wirtschaft. Wir tragen sie aber in weit größerem Maße, denn Sie wissen, daß wir an Kriegswichtigkeit über dem Durchschnitt liegen. Also, wenn unser Unternehmen versagt, und das Unternehmen kann dann versagen, wenn wir alle zusammen unsere Pflicht nicht tun, dann sind die Interessen der Allgemeinheit auf das schärfste berührt. Nun ist ja die Situation so, daß das Reich und die Regierung heute ganz andere Mittel haben und auch zur Anwendung bringen, um die Interessen der Allgemeinheit zu wahren. Unsere Regierung ist darin nicht zimperlich und sie wird denjenigen, der versagt, zur Rechenschaft ziehen, und zwar mit aller Schärfe. Und das ist nach meinem Dafürhalten auch richtig.

Längere Auszüge in: Laschitza/Vietzke, S. 269 f.

Nr. 197   Der katholische Feldbischof Rarkowski in einem Artikel vom 13. Juni 1937 (Auszüge)

Dem deutschen Volke ist die Wehrhaftigkeit durch eine seit Jahrtausenden kampferfüllte Geschichte zur zweiten Natur geworden . . . Wenn christliche Orientierung die Schlagkraft des deutschen Volksheeres lähmen würde, dann hätte Deutschland unmöglich während des Weltkrieges vier Jahre hindurch einer gewaltigen Übermacht . . . standhalten . . . können. Der Christusglauben hat – das ist tausendfach erwiesen – die schlichten und todgeweihten Kämpfer des Weltkrieges seelisch gestärkt undd immer wieder aufgerichtet. Opferbereitschaft und zähes Durchhalten der Frontsoldaten, die euch jungen Menschen in erschütternder Form jedes Jahr am Heldengedenktag wie ein Mahnmal vor die Seele gestellt werden, wuchsen in den meisten Fällen auf dem Boden christlichen Glaubens und wurden genährt vom Opfer des Krieges.

Aus: Bayerische Katholische Kirchenzeitung vom 13. Juni 1937.

Nr. 198   Der katholische Feldbischof Rarkowski am 1. September 1939 zum Angriff gegen Polen (Auszüge)

In ernster Stunde, da unser deutsches Volk die Feuerprobe der Bewährung zu bestehen hat und zum Kampfe um seine natürlichen und gottgewollten Lebensrechte angetreten ist, wende ich mich . . . an euch Soldaten, die ihr in diesem Kampf in der vordersten Front steht und die große und ehrenvolle Aufgabe habt, die Sicherheit und das Leben der deutschen Nation mit dem Schwerte zu schützen und zu verteidigen . . . Jeder von euch weiß, worum es in diesen Sturmestagen unseres Volkes geht, und jeder sieht bei diesem Einsatz vor sich das leuchtende Vorbild eines wahrhaften Kämpfers, unseres Führers und Obersten Befehlshabers, des ersten und tapfersten Soldaten des Großdeutschen Reiches, der sich nunmehr bei euch an der Kampffront befindet.

Aus: Verordnungsblatt des katholischen Feldbischofs der Wehrmacht, 3. Jg. (1939), S. 5.

Nr. 199   Das vom katholischen Feldbischof Rarkowski angeordnete „Gebet für Führer, Volk und Vaterland“, das ab 1. Dezember 1939 bei Truppengottesdiensten gesprochen werden mußte (Auszug)

. . . Segne unser deutsches Volk in deiner Güte und Kraft und senke uns tief ins Herz die Liebe zu unserem Vaterlande. Laß uns ein heldenhaftes Geschlecht sein und unserer Ahnen würdig werden. Laß uns den Glauben unserer Väter hüten wie ein heiliges Erbe. – Segne die deutsche Wehrmacht, welche dazu berufen ist, den Frieden zu wahren und den heimischen Herd zu schützen, und gib ihren Angehörigen die Kraft zum höchsten Opfer für Führer, Volk und Vaterland. – Segne besonders unsern Führer und Obersten Befehlshaber in allen Aufgaben, die ihm gestellt sind. Laß uns alle unter seiner Führung in der Hingabe an Volk und Vaterland eine heilige Aufgabe sehen, damit wir durch Glauben, Gehorsam und Treue die ewige Heimat erlangen im Reiche deines Lichtes und deines Friedens. Amen.

Aus: Seelsorge und kirchliche Verwaltung im Krieg, hg. von K. Hofmann, Freiburg i. Br. 1940, S. 33.

Nr. 200 Gebet, das die Geistlichen auf Anweisung des katholischen Bischofs Galen von Münster vom Herbst 1939 im Anschluß an die Messe zu sprechen hatten (Auszug)

Allmächtiger ewiger Gott! Wir bitten dich, nimm unser Vaterland in deinen beständigen Schutz: Erleuchte seine Lenker mit dem Lichte deiner Weisheit, damit sie erkennen, was zur wahren Wohlfahrt des Volkes dient, und das, was recht ist, in deiner Kraft vollbringen. Schütze alle Angehörigen unserer Wehrmacht und erhalte sie in deiner Gnade, stärke die Kämpfenden . . .

Aus: Kirchliches Amtsblatt für die Diözese Münster, Jg. 73, Nr. 25.

Nr. 201 Hirtenbrief des katholischen Feldbischofs Rarkowski vom 16. Januar 1940

Meine lieben Kameraden. Ich habe es mir zur Aufgabe gemacht, in eines der tiefsten und fruchtbarsten Worte Jesu Christi hineinzuhorchen und euch seinen verpflichtenden und wegweisenden Inhalt zu verkünden: „Wer mein Jünger sein will, der verleugne sich selbst, täglich nehme er sein Kreuz auf sich und folge mir!" Die deutsche Seele ist von jeher der Schauplatz ewigen Karfreitags selbstloser

Hingabe der Kräfte für alle und zugleich der Schauplatz ewigen Ostersonntags kraftvoller Auferstehung gewesen. Es ist mein Osterwunsch an euch, Kameraden, daß euch aus den Urkräften eures Glaubens die Reichtümer wahrer Opfergesinnung und Opferkraft zuströmen und daß euch Christus der Herr voranschreitet auf dem Wege des Kampfes und Sieges. Dann werdet ihr, jeder an seinem Platze, mitwirken, damit sich die deutsche Seele in diesem ihr aufgezwungenen Kampfe sieghaft bewährt und einen Frieden erringt, der dem müden Europa ein neues Antlitz gibt und unserem Volke Ruhe, Sicherheit und Aufstieg gewährleistet.

Aus: M. Messerschmidt, Zur Militärseelsorgepolitik im Zweiten Weltkreig, in: Militärgeschichtliche Mitteilungen, hg. vom Militärgeschichtlichen Forschungsamt Freiburg i. Br., H. 1/1969, S. 66 f.

Nr. 202 Aus dem katholischen Militär-Gebet- und -Gesangbuch, das 1940 vom Feldbischof zusammengestellt wurde

O segne uns im Streite, Maria, unsre Königin, Du Hochgebenedeite, Maria, unsre Königin! Du thronest in des Sieges Glanz, erbitt' uns Sieg im Streit! Im Leben einen Lorbeerkranz, im Tod die Seligkeit! Im Donner der Kanonen, Maria unsre Königin, erbitt' uns Siegeskronen . . .

Wehrpflicht ist Ehrpflicht. Was Deutschland groß gemacht hat, ist nicht zuletzt dem Soldatenstande zu danken. Er ist eine Schule der Tapferkeit, die Geburtsstätte großer Helden, ein Schauplatz der Ehre und des Ruhmes! . . . Halte dich an die Parole: ,Mit Gott für Führer, Volk und Vaterland!' . . . Lasset uns beten! . . . Laß uns ein heldenhaftes Geschlecht sein . . . Segne besonders unseren Führer und Obersten Befehlshaber der Wehrmacht in allen Aufgaben, die ihm gestellt sind. Laß uns alle unter seiner Führung in der Hingabe an Volk und Vaterland eine heilige Aufgabe sehen . . .

Zit. nach: K. Deschner, Mit Gott und den Faschisten. Der Vatikan im Bunde mit Mussolini, Franco, Hitler und Pavelić, Stuttgart 1965, S. 160 f.

*Nr. 203   Hirtenbrief aller deutschen Bischöfe vom 26. Juni 1941,
vier Tage nach dem Beginn des Angriffs auf die Sowjetunion (Auszug)*

Bei der Erfüllung der schweren Pflichten dieser Zeit, bei den harten
Heimsuchungen, die im Gefolge des Krieges über euch kommen,
möge die trostvolle Gewißheit euch stärken, daß ihr damit nicht nur
dem Vaterlande dient, sondern zugleich dem heiligen Willen Gottes
folgt.

Zit. nach Deschner, S. 162.

Nr. 204   Hirtenbrief aller katholischen Bischöfe vom 10. Dezember 1941 (Auszug)

Wir begleiten unsere Soldaten mit unseren Gebeten und gedenken in
dankbarer Liebe der Toten, die ihr Leben für ihr Volk hingaben. Wir
haben immer wieder und noch im Hirtenbrief des Sommers unsere
Gläubigen zu treuer Pflichterfüllung, zu tapferem Ausharren, opferbereitem Arbeiten und Kämpfen im Dienste unseres Volkes in
schwerster Kriegszeit eindringlichst aufgerufen. Mit Genugtuung
verfolgen wir den Kampf gegen die Macht des Bolschewismus, vor
dem wir deutschen Bischöfe in zahlreichen Hirtenbriefen vom Jahre
1921 bis 1936 die Katholiken Deutschlands gewarnt und zur Wachsamkeit aufgerufen haben, wie der Reichsregierung bekannt ist.

Zit. nach Deschner, S. 162 f.

*Nr. 205   Hirtenbrief der bayerischen katholischen Bischöfe 1941
(Auszüge)*

Wir haben eine ähnliche Zeit schon durchlebt im Weltkrieg und wissen daher aus einer harten und bitteren Erfahrung, wie notwendig
und wichtig es ist, daß in solcher Lage jedermann ganz und gern und
treu seine Pflicht erfüllt, ruhige Besonnenheit und festes Gottvertrauen bewahrt und nicht anfängt zu zagen und zu klagen. Darum
richten wir heute an euch, liebe Diözesanen, in väterlicher Liebe und

Sorge ein Wort der Ermahnung, das euch ermuntern möchte, in gewissenhafter Pflichterfüllung und ernster Berufsauffassung die ganze Kraft einzusetzen im Dienst des Vaterlandes und der teueren Heimat . . . Wir haben in den ersten Jahren des Weltkrieges mit Freude und Stolz gesehen, was die Einigkeit Großes vollbringt, wir haben am Ende des Weltkrieges aber auch erfahren müssen, wie die Uneinigkeit alles Große wieder zerstört. Einig wollen wir sein in der Liebe und im Dienst des Vaterlandes, wollen zum Schutz der Heimat eine einzige Opfer- und Arbeitsgemeinschaft bilden . . .

Aus: Amtsblatt für die Erzdiözese Bamberg, Nr. 4, 64. Jg., 24. Februar 1941, S. 21 ff; zit. bei Deschner, S. 162.

Nr. 206 Katholische Kirchenzeitung der Erzdiözese Köln vom 20. April 1941 zum Geburtstag Hitlers (Auszug)

Es gibt nur wenige Männer . . . und zu diesen großen Männern gehört unstreitig der Mann, der heute seinen 52. Geburtstag feiert – Adolf Hitler –. Am heutigen Tag versprechen wir ihm, daß wir alle Kräfte zur Verfügung stellen, damit unser Volk den Platz in der Welt gewinnt, der ihm gebürt . . .

Zit. bei Deschner, S. 173.

Nr. 207 Predigt des Erzbischofs Constantini, Sekretär der Kongregation der Propaganda Fide beim Vatikan, im August 1941 (Auszug)

Gestern auf spanischem Boden, heute im bolschewistischen Rußland selbst, in jenem unermeßlichen Land, wo Satan in den Oberhäuptern der Republiken seine Stellvertreter und besten Mitarbeiter gefunden zu haben schien, schlagen jetzt tapfere Soldaten auch unseres Vaterlandes die größte Schlacht. Wir wünschen von ganzem Herzen, daß diese Schlacht uns den abschließenden Sieg und den Untergang des auf Verneinung und Umsturz gerichteten Bolschewismus bringen möge.

Zit. bei Deschner, S. 209.

Nr. 208 Hirtenwort des katholischen Feldbischofs Rarkowski an die deutschen Soldaten nach dem Beginn des Angriffs auf die Sowjetunion (Auszüge)

Wie schon oft in der Geschichte ist Deutschland in der Gegenwart zum Retter und Vorkämpfer Europas geworden . . . Viele europäische Staaten . . . wissen es, daß der Krieg gegen Rußland ein europäischer Kreuzzug ist . . . Dieses starke und verpflichtende Erlebnis eures Einsatzes im Osten wird euch zu Bewußtsein bringen, wie unsagbar groß das Glück ist, daß wir Deutsche sein dürfen.

Zit. nach Deschner, S. 161.

Nr. 209 Der katholische Feldbischof Rarkowski an die deutschen Soldaten zu Weihnachten 1939 (Auszug)

Das Bewußtsein, daß der Heiland in erschütternder Not und primitivster Einfachheit zu uns gekommen ist, stählt den Willen und läßt uns die Härte des eigenen Daseins leichter ertragen. Die Anstrengungen, aus denen der Sieg erwächst, werden von uns allen viel Kraft und Hingabe verlangen. Unser Führer und Oberster Befehlshaber steht uns hier als leuchtendes Vorbild vor Augen. Er fordert von uns an Anstrengung und Einsatzbereitschaft nicht mehr, als er selbst zu geben bereit war und ist. In unerschütterlichem Vertrauen auf ihn werden wir das Ziel erreichen, um das gekämpft wird. Es ist das höchste und edelste, was er geben kann: Heimat, Freiheit, Vaterland und Lebensraum für unser Volk. Niemand weiß, wie lange es noch dauern wird, bis wir als deutsches Volk das Tor erreichen, hinter dem eine schmerzlose Zeit liegt.

Aus: G. C. Zahn, Die deutschen Katholiken und Hitlers Kriege, Wien 1965, S. 214 f.

Nr. 209a Rechenschaftsbericht des Vorsitzenden der ersten vorläufigen Leitung der Bekennenden Kirche, des hannoverschen Landesbischofs, vom Februar 1936 (Auszug)

Wir wiederholen es an dieser Stelle ausdrücklich, was wir unzählige Male seit dem Anbruch unseres nationalsozialistischen Staates öffentlich und feierlich erklärt haben: daß wir in Opferbereitschaft und Treue für diesen Staat einzutreten bereit sind. Die Glieder der Bekennenden Kirche haben es nicht an Bezeugungen in Wort und Tat fehlen lassen, daß sie diesem Staate kraft des ihm verliehenen Amtes der Obrigkeit mit Ehrerbietung und Einsatzbereitschaft unerbittlich in der Wahrheit gegenüberzutreten ehrlich gewillt sind und für selbstverständlich halten. Es ist also bis auf diese Stunde die Verdächtigung politischer Unzuverlässigkeit unbegründet und, von wo aus sie auch versucht werden sollte, nachdrücklich und feierlich abzuweisen.

Aus: W. Niemöller, Die evangelische Kirche im Dritten Reich. Handbuch des Kirchenkampfes, Bielefeld 1956, S. 48.

Nr. 210 Die evangelischen Landesbischöfe am 20. November 1936 (Auszüge)

Wir stehen mit dem Reichskirchenausschuß hinter dem Führer im Lebenskampf des deutschen Volkes gegen den Bolschewismus . . . Wir werden unsere Gemeinden unermüdlich aufrufen zum vollen Einsatz der christlichen Kräfte in diesem Kampf in der Gewißheit, daß damit dem deutschen Volk der wertvollste Dienst geleistet wird.

Zit. nach Deschner, S. 176.

Nr. 211 Aufruf der Deutschen Evangelischen Kirche vom 2. September 1939

Seit dem gestrigen Tage steht unser deutsches Volk im Kampf für das Land seiner Väter, damit deutsches Blut zu deutschem Blut heimkehren darf. Die deutsche evangelische Kirche stand immer in treuer Verbundenheit zum Schicksal des deutschen Volkes. Zu den Waffen aus Stahl hat sie unüberwindliche Kräfte aus dem Worte Gottes gereicht: die Zuversicht des Glaubens, daß unser Volk und jeder einzelne in Gottes Hand steht, und die Kraft des Gebetes, die uns in guten und bösen Tagen stark macht. So vereinigen wir uns auch in dieser Stunde mit unserem Volk in der Fürbitte für Führer und Reich,

für die gesamte Wehrmacht und alle, die in der Heimat ihren Dienst
für das Vaterland tun. Gott helfe uns, daß wir treu erfunden werden,
und schenke uns einen Frieden der Gerechtigkeit!

Aus: Niemöller, S. 391.

Nr. 212 Aufruf des Reichsbundesführers der Deutschen Evangelischen Pfarrervereine, Klingler, vom 8. September 1939

Großdeutschland ruft zum Dienst. Es ruft jedermann, Alt und Jung,
Mann und Weib – es ruft auch uns. Die einen zum Dienst draußen im
Feld, die anderen daheim als Diener dessen, der gesagt hat: „Kommet
her zu mir alle, die ihr mühselig und beladen seid; ich will euch
erquicken". Laßt uns, liebe Brüder, wo wir auch stehen, diesen
Dienst tun in heiliger Verantwortung als treue Haushalter über dem
Reichtum des göttlichen Lichts, das mit seinem getrosten Schein die
müden Seelen erquickt! Es ist Kampf. Im Kampf verstummt jeder
Mißklang im eigenen Lager. Jetzt stehen wir alle in einer Reihe und
tragen alle dieselbe Rüstung: „Ist Gott für uns, wer mag wider uns
sein?" Gott segne uns in dieser Verbundenheit des Glaubens zu
Dienst und Kampf für unser deutsches Volk und Vaterland!

Aus: Niemöller, S. 391.

Nr. 213 Kanzelabkündigung der Deutschen Evangelischen Kirche zum Erntedankfest am 28. September 1939 (Auszug)

Aber der Gott, der die Geschicke der Völker lenkt, hat unser deutsches
Volk in diesem Jahr noch mit einer anderen, nicht weniger reichen
Ernte gesegnet. Der Kampf auf den polnischen Schlachtfeldern
ist, wie unsere Heeresberichte in diesen Tagen mit Stolz feststellen
konnten, beendet; unsere deutschen Brüder und Schwestern in Polen
sind von allen Schrecken und Bedrängnissen des Leibes und der
Seele erlöst, die sie lange Jahre hindurch und besonders in den letzten
Monaten ertragen mußten. Wie könnten wir Gott genugsam dafür
danken! Wir danken Ihm, daß er unsern Waffen einen schnellen
Sieg gegeben hat. Wir danken Ihm, daß uralter deutscher Boden zum

Vaterland heimkehren durfte und unsere deutschen Brüder nunmehr frei und in ihrer Zunge Gott im Himmel Lieder singen können. Wir danken Ihm, in dem die Völker in Frieden und Eintracht nebeneinander leben können. Ebenso wird im Inneren schon der soziale Aufbau in der kommenden Friedenszeit großzügig vorbereitet. Vom Gedanken des Friedens her und immer im Blick auf den zu erkämpfenden Frieden wird der Kampf geführt, nur wo kein anderer Weg bleibt, sprechen die Waffen.

Große Männer sind Geschenke Gottes an ein Volk. Das Volk soll sich aber auch dieser Gaben wert erweisen. So muß neben dem Dank gegen Gott, der uns diesen Mann in größter deutscher Notzeit erweckt hat, und neben der Bitte, daß Gott ihn auch weiterhin erhalten und sein Tun segnen möge, als drittes das Gelöbnis stehen, ihm zu folgen in Treue und Gehorsam, mit ihm fest zusammenzustehen, was auch kommen möge.

Gott segne den Führer!

Gott schenke uns allen feste Herzen und einen einigen Mut, mit ihm zusammenzustehen, bis Gott uns den Sieg in diesem Lebenskampfe unseres Volkes schenkt.

Aus: Niemöller, S. 391 f.

Nr. 214   Telegramm des Geistlichen Vertrauensrats der Deutschen Evangelischen Kirche an den Führer vom 30. Juni 1941

Der Geistliche Vertrauensrat der Deutschen Evangelischen Kirche, erstmalig seit Beginn des Entscheidungskampfes im Osten versammelt, versichert Ihnen, mein Führer, in diesen hinreißend bewegten Stunden aufs neue die unwandelbare Treue und Einsatzbereitschaft der gesamten evangelischen Christenheit des Reiches. Sie haben, mein Führer, die bolschewistische Gefahr im eigenen Lande gebannt und rufen nun unser Volk und die Völker Europas zum entscheidenden Waffengange gegen den Todfeind aller Ordnung und aller abendländisch-christlichen Kultur auf. Das deutsche Volk und mit ihm alle seine christlichen Glieder danken Ihnen für diese Tat. Daß sich die britische Politik nun auch offen des Bolschewismus als Helfershelfer gegen das Reich bedient, macht endgültig klar, daß es ihr nicht um das Christentum, sondern allein um die Vernichtung des deutschen Volkes geht. Der allmächtige Gott wolle Ihnen und unserem Volke beistehen, daß wir gegen den doppelten Feind den Sieg gewinnen, dem all unser Wollen und Handeln gelten muß. Die Deutsche Evangelische Kirche gedenkt in dieser Stunde der baltischen evangelischen Märtyrer vom Jahre 1918, sie gedenkt des namenlosen Leids, das der Bolschewismus, wie er es den Völkern seines Machtbereichs zugefügt hat, so allen anderen Nationen bereiten wollte, und sie ist mit allen ihren Gebeten bei Ihnen und bei unseren unvergleichlichen Soldaten, die nun mit so gewaltigen Schlägen daran gehen, den Pestherd zu beseitigen, damit in ganz Europa unter Ihrer Führung eine neue Ordnung erstehe und aller inneren Zersetzung, aller Beschmutzung des Heiligsten, aller Schändung der Gewissensfreiheit ein Ende gemacht werde.

Aus: Niemöller, S. 393.

2. Kriegsziele

a) *Expansions- und Europakonzeptionen der politischen Führung und der Wirtschaft*

Nr. 215   Aufzeichnung von Karl Ritter vom 1. Juni 1940 (Auszüge)

I. Großwirtschaftsraum
Jetzt zeichnet sich für die Zukunft die Möglichkeit eines Großwirtschaftsraumes unter deutscher Führung ab.

Diesem Raum gehören an:

1. Großdeutschland (mit Böhmen und Mähren und Polen) als wirtschaftliches und politisches Zentrum.

2. Ihm sind einzugliedern Holland, Belgien, Luxemburg, Dänemark, Norwegen in einer wirtschaftspolitischen Form, die noch zu

entscheiden ist. Es kommen dafür in Betracht Zollpräferenzen, Zollunion, Zoll- und Währungsunion, Wirtschaftsunion . . .

3. Dem Großwirtschaftsraum sind bereits angegliedert, wenn auch nicht in einer besonderen wirtschaftspolitischen Form, so doch tatsächlich, die Länder im Donauraum. Schon Großdeutschland hatte eine wirtschaftliche Vormachtstellung in der Einfuhr und Ausfuhr dieser Länder von durchschnittlich 50 % . . .

4. Die übrigen Staaten im nordischen Raum: Schweden, Finnland, Litauen, Lettland, Estland sind in einer ähnlichen tatsächlichen Weise wie der Donauraum stärker anzugliedern . . .

Mit Schweden und Finnland stehen wir eben am Beginn von Wirtschaftsverhandlungen. Das Hauptziel dieser Verhandlungen ist, jetzt den Grund dafür zu legen, daß diese zwei Staaten sich von Weltmarkt und Übersee wegorientieren nach dem europäischen Großwirtschaftsraum und nach der Ostsee. Zu diesem Zweck werden einerseits die gegenwärtigen starken Druckmittel ausgenutzt, andererseits muß man diesen zwei Staaten aber auch durch Entgegenkommen, vielleicht sogar durch Opfer auf einzelnen Gebieten, einen positiven Anreiz für eine solche Neuorientierung geben.

Ein solcher Großwirtschaftsraum umfaßt rund 200 Millionen Menschen. Diese Menschen haben zum großen Teil eine überdurchschnittliche Konsum- und Produktionskraft.

Dieser Großwirtschaftsraum wird sich im großen und ganzen selbst ernähren bei durchschnittlichen Ernten und unter der Voraussetzung der ohnehin notwendigen landwirtschaftlichen Umstellung in einigen Ländern und unter der Voraussetzung einer aufbauenden Preispolitik.

Ein allgemeines Manko besteht bei tropischen und subtropischen pflanzlichen Rohstoffen und bei einigen Metallen (vgl. dazu die Aufzeichnungen II „Künftige Ausfuhr" und III „Kolonialreich").

In diesem Zusammenhang sind zwei Bedingungen für die Friedensverträge in Erwägung zu ziehen. Die eine ist, anstelle von finanziellen Entschädigungen in bar die Gratislieferung der notwendigen Einfuhrmengen an Lebensmitteln und Rohstoffen für 3, 4 oder 5 Jahre zu verlangen. (Jährlich für etwa 3–4 Milliarden Reichsmark.) Die zweite ist die Abtretung der Rechte und Interessen (Eigentum, Aktien, Obligationen) an den im Großwirtschaftsraum liegenden industriellen und Verkehrsunternehmen, die den Feindmächten oder ihren Staatsangehörigen gehören, z. B. die französischen Kupferminen in Jugoslawien, die englisch-kanadischen Nickelminen in Finnland, die englisch-französischen Erdölinteressen in Rumänien. Dies würde zugleich ein starkes wirtschaftliches Bindemittel innerhalb des Großwirtschaftsraumes sein.

III. Kolonialreich

Ein Kolonialreich, bestehend aus den deutschen Kolonien in Afrika, Belgisch-Kongo, Französisch-Äquatorialafrika (vielleicht auch Britisch-Nigeria), kann nach einer längeren Periode intensiver Entwicklung den Bedarf Großdeutschlands und des Großwirtschaftsraumes an tropischen und subtropischen pflanzlichen Rohstoffen und Genußmitteln weitgehend decken. Darüber hinaus auch zu einem großen Teil den Bedarf an Kupfer. Vielleicht werden auch noch andere mineralische Rohstoffe gefunden. In zehn bis fünfzehn Jahren kann es den Bedarf an pflanzlichen Speisefetten ganz decken, was wichtig ist, da bei Speisefetten die größte Lücke im Großwirtschaftsraum besteht. Ferner ganz oder zum Teil den Bedarf an Kakao, Kaffee, Tee, Tabak, Baumwolle, Kautschuk, Spezialhölzern, Gerbstoffen und anderem.

Karl Ritter war Botschafter zur besonderen Verwendung; vollständiger Text in: Anatomie der Aggression, S. 49–54 und: Akten zur Deutschen Auswärtigen Politik 1918–1945, Serie D, Bd. IX, 2. Bd., S. 407 ff.

Nr. 216   Streng vertrauliche Denkschrift der Reichsgruppe Industrie vom 1. August 1940 (Auszüge)

Die nach dem siegreichen Kriege zu erwartende europäische Großraumwirtschaft unter Führung des Großdeutschen Reiches in Zusammenhang mit der künftigen Orientierung der Weltwirtschaft wirft schwerwiegende Probleme politischer, wirtschaftlicher und sozialer Art auf, deren Lösung alsbald in Angriff zu nehmen ist . . .

Künftige Stellung des Unternehmers

Bei der zu erwartenden wirtschaftlichen und sozialen Neuordnung, die zweifellos von der Politik bestimmt werden muß, wird die Stellung des Unternehmers von Bedeutung sein; auch für die Zukunft ist es unerläßlich, den großen Strom der Privatinitiative entscheidend in den Aufbau- und Ausbauwillen des Nationalsozialismus einzuspannen. Aufgabe des Unternehmers ist es, den Güterbedarf zu decken, d. h. den Konsum des einzelnen im Volke wie auch den Gemeinschaftsbedarf des Volkes. Wie die Ergebnisse der Wehrwirtschaft, des Vierjahresplanes und der Kriegswirtschaft beweisen, ist es dem deutschen Unternehmertum in gemeinschaftlicher Betriebsarbeit mit seinen Gefolgschaften gelungen, diesen gigantischen Produktionsaufgaben gerecht zu werden . . .

Gerade für die Zukunft gilt es, die kommenden großen Aufgaben tatkräftig und zielklar als Dienst am Volke und am Staat, d. h. ohne jeden inneren Vorbehalt, im nationalsozialistischen Sinne in Angriff zu nehmen. Der Staat kann auf die Führung nicht verzichten. Er wird aber um so weniger in die Wirtschaft selbst eingreifen zu brauchen, je besser die Unternehmer wie auch die Organe der wirtschaftlichen Selbstverwaltung die Bedürfnisse der nationalsozialistischen Staatsführung erkennen und erfüllen . . .

Arbeitspolitische Grundfragen

Der Wirtschaft im kommenden europäischen Großraum wird, wie schon einleitend betont, von der politischen Führung eine große Fülle von Aufgaben gestellt werden, die u. E. nur durch eine entsprechend große Zahl von Arbeitskräften zu bewältigen ist. Es ist der Gedanke ausgesprochen worden, für die Vielzahl der einfachen, untergeordneten und primitiv erscheinenden Arbeiten nicht-volksdeutsche Arbeitskräfte zu verwenden, vielmehr sollen solche Arbeiten ausschließlich von Angehörigen sogenannter Hilfsvölker (vorwiegend Slawen usw.) ausgeführt werden. Dem volksdeutschen Arbeiter soll eine gehobenere, qualitativ wertvollere Arbeitsleistung vorbehalten bleiben . . .

Arbeitszeit

Die Dauer der künftigen Arbeitszeit wird gleichfalls abhängen von den Aufgaben, die der Führer in Zukunft stellen wird, und von der Zahl der hierfür benötigten und verfügbaren Arbeitskräfte . . . Bei der Dauer der Arbeitszeit wird daher auf die unterschiedlichen Möglichkeiten und Notwendigkeiten Rücksicht zu nehmen sein, was für eine möglichst elastische Gestaltung der Arbeitszeitvorschriften, wie sie schon durch die Kriegserfordernisse angebahnt ist, spricht. Der Achtstundentag ist heute bei uns keine weltanschauliche Frage mehr . . .

Längere Auszüge in: Anatomie des Krieges, S. 272–74

Nr. 217   Aktenvermerk über eine Besprechung im Reichswirtschaftsministerium am 16. August 1940 (Auszüge)

Nach einer Entscheidung des Reichsmarschalls soll die Schaffung der Großraumwirtschaft auch mit Mitteln der Privatwirtschaft erreicht werden. Notwendig ist der Erwerb der franz[ösischen] und engl[ischen] Kapitalbeteiligungen in Rumänien (Mineralölunternehmen), in Jugoslawien (Bergbaubetriebe), in Ungarn sowie in den besetzten Gebieten, ferner aber auch in Spanien und in der Türkei . . .

Die erworbenen Beteiligungen sollen in Deutschland zentral aufgefangen werden, da zur Zeit noch keine Entscheidung darüber möglich ist, wem die Beteiligungen zufallen. Die spätere Verteilung der Beteiligungen soll sich in erster Linie nach privatwirtschaftlichen Gesichtspunkten richten. Der Erwerber hat gegen Übernahme der Beteiligung ein entsprechendes Entgelt zu zahlen. Für die Zwischenzeit erschien es am zweckmäßigsten, wenn die erworbenen Beteiligungen von einer Bank aufgefangen und für das Reich gehalten werden.

In der Sitzung wurde erwähnt, daß es bereits in einigen Fällen gelungen ist, über die Bestellung von Treuhändern in den besetzten Gebieten die tatsächliche Leitung von Unternehmen in den Niederlanden und in Südosteuropa (z. B. Mines de Bor in Jugoslawien) in deutsche Hand zu bringen.

Vollständiger Text in: Anatomie der Aggression, S. 87

Nr. 218   Protokoll der Sitzung des Großen Beirates der Reichsgruppe Industrie am 3. 10. 1940 (Auszüge)

Gustav Schlotterer: . . . Es ist also ganz klar, daß wir uns hier vor zwei Extremen hüten müssen, auf der einen Seite, daß wir nun alles schlucken und den anderen alles wegnehmen, und auf der anderen

Seite, daß wir sagen: wir sind ja gar nicht so, wir wollen überhaupt nichts. Selbstverständlich wollen wir etwas, selbstverständlich müssen wir etwas wollen, denn wenn wir schließlich die Führung in Europa haben, dann müssen wir auch Einfluß haben; und das setzt eben voraus, daß wir uns diejenigen Positionen in Europa verschaffen, die wir brauchen, um unsere führende Rolle spielen zu können . . . Wir sind nicht in der Lage, nun jeden Herzenswunsch, den der eine oder andere Unternehmer bezüglich Kapitalbeteiligung hat, zu erfüllen. Der eine möchte eine Brauerei kaufen, der andere eine Textilfabrik, der dritte eine Villa, der vierte an einem Bergbauunternehmen sich beteiligen, und oft soll noch der Militärbefehlshaber in Anspruch genommen werden. Das können wir nicht, und wir haben es auch gar nicht nötig. Es ist eine Selbstverständlichkeit, daß die deutschen Behörden hinter Ihnen stehen, wenn Sie sich im deutschen Interesse draußen betätigen. Der Erwerb von Kapitalbeteiligungen wird von uns dringend gewünscht. Es ist aber für uns nicht möglich, daß wir in dem Augenblick, in dem die Firma X in Belgien auftaucht und sich mit 50 % an der belgischen Firma Y beteiligen möchte, der belgischen Firma einfach den Befehl geben.

Wenn dann die Dinge nun eben nicht gleich in einem Monat alle so sind, wir wir das gern haben möchten, dann müssen wir uns eben etwas Zeit nehmen. Wir stehen auf dem Standpunkt, daß unsere wirtschaftliche Position in Europa im allgemeinen und die wirtschaftliche Position der einzelnen deutschen Wirtschaftsgruppen und der einzelnen deutschen Wirtschaftsunternehmungen so stark sind, daß sie in den nächsten Monaten und Jahren, wenn die europäische Großraumwirtschaft sich stärker herauskristallisiert, in geschickter Zusammenarbeit mit den deutschen Behörden, durchaus Mittel und Wege finden werden, um ihren Willen durchzusetzen . . .

Daß wir uns darüber hinaus selbstverständlich bemühen werden, in den kommenden Friedensverträgen uns diejenigen großen und wichtigen Dinge zu sichern, die wir brauchen, ist eine Selbstverständlichkeit. Aber ich möchte noch einmal betonen: wir wünschen, daß die deutschen Firmen von sich aus mit den richtigen Druckmitteln und mit den richtigen Möglichkeiten an die Dinge herangehen . . .

Da stehen uns im Grunde drei Mittel zur Verfügung:

Erstens die gegenseitige Kapitalverflechtung, insbesondere die Kapitalbeteiligungen an den Unternehmungen des Auslandes, an den Unternehmungen der europäischen Länder. Wenn man also schon eine unangenehme Konkurrenz draußen hat, dann fragt es sich, ob man nicht auf diese Konkurrenz dadurch Einfluß bekommt, daß man sich eine Kapitalbeteiligung geben läßt, mit eigenen Leuten hineingeht und sich dadurch die Möglichkeit schafft, die Leitung des Betriebes zu kontrollieren oder mindestens zu beeinflussen.

Es ist der Wunsch der höchsten Stellen, daß gerade die Methode der Kapitalbeteiligung von der deutschen Industrie auf das stärkste gepflegt wird. Ich bin mir durchaus im klaren darüber, daß das nicht immer einfach ist und daß man das nicht von heute auf morgen erreichen kann. Aber als Ziel für die nächsten Jahre sollten wir uns setzen, daß wir auf allen Gebieten kapitalmäßig möglichst tief in die Betriebe Europas, insbesondere Industriebetriebe, eindringen, damit wir die Dinge von dort aus steuern können. Dann wird statt einer Konkurrenz, einer wilden, ungeregelten Konkurrenz, mindestens ein geregelter Wettbewerb oder aber eine Zusammenarbeit entstehen.

Es wird Ihnen bekannt sein, meine Herren, daß wir für Kapitalbeteiligungen in Holland, Belgien, Frankreich und auch in Norwegen, in den nordischen Ländern und im Südosten die notwendigen Devisen bereitstellen. Sie können jeden Betrag haben. (Generaldirektor Zangen: Hört, hört!) Jawohl, dazu stehe ich, Sie können sich darauf verlassen. Wichtig ist für uns, daß Sie eindringen und daß wir auf diese Weise unseren Einfluß in den betreffenden Ländern geltend machen können.

Die zweite Methode besteht darin, meine Herren, daß man die Industrien dieser Länder in unsere Marktregelungen einbezieht . . .

Die dritte Methode: Wo Kartelle oder Verbände nicht zu bilden sind – die Dinge werden auf den verschiedenen Gebieten verschieden liegen – da erhebt sich dann die Frage, ob man nicht mit allgemeinen Marktabsprachen, Gebietsschutzabkommen usw. im Rahmen der Organisation der gewerblichen Wirtschaft arbeiten kann . . .

Meine Herren! Aus den Ausführungen, die ich über dieses Problem gemacht habe, mögen Sie ersehen, daß wir uns die europäische Großraumwirtschaft im wesentlichen als ein Ergebnis der Initiative der Wirtschaft selber vorstellen.

Wilhelm Zangen: . . . Wir begrüßen überhaupt die weitsichtige Politik, die Sie in den ganzen Fragen des europäischen Aufbaus hier eben geschildert haben und die Sie sich zur Grundlage machen, eine Politik, die, wenn wir Sie richtig verstanden haben, ausgerichtet ist nach den natürlichen wirtschaftlichen Gegebenheiten und natürlichen wirtschaftlichen Grundsätzen . . .

Und wenn Sie die Lenkung so auffassen, daß Sie sich des Wirtschaftens in den einzelnen Fragen enthalten, wie Sie es eben gesagt haben, dann werden Sie unsere ganze Unterstützung wie bisher auch in Zukunft finden.

Gustav Schlotterer war Leiter der Sonderabteilung ,,Vorbereitung und Ordnung" im Reichswirtschaftsministerium; Wilhelm Zangen war Leiter der Reichsgruppe Industrie, Chef des Mannesmann-Konzerns und Interessenvertreter der Deutschen Bank; längere Auszüge in: Anatomie des Krieges, S. 289–296

Nr. 219 Besprechung Hitlers mit den Oberbefehlshabern der Wehrmacht vom 9. 1. 1941 (Auszug aus dem Protokoll)

. . . Ziel der Operation müsse die Vernichtung des russischen Heeres, die Wegnahme der wichtigsten Industriegebiete und die Zerstörung der übrigen Industriegebiete, vor allem im Raume von Jekatarinburg, sein; außerdem müsse das Gebiet von Baku in Besitz genommen werden.

Die Zertrümmerung der Sowjetunion werde für Deutschland eine große Entlastung bedeuten. Im Osten brauchten dann nur 40 bis 50 Divisionen zu bleiben, das Heer könne verkleinert und die gesamte Rüstungsindustrie für die Luftwaffe und die Kriegsmarine eingesetzt werden. Alsdann müsse man einen voll ausreichenden Flakschutz aufbauen und die wichtigste Industrie in die ungefährdeten Gebiete verlegen. Deutschland würde dann unangreifbar sein. Der russische Riesenraum berge unermeßliche Reichtümer. Deutschland müsse ihn wirtschaftlich und politisch beherrschen, ohne ihn sich anzugliedern. Damit verfüge es über alle Möglichkeiten, um in Zukunft auch den Kampf gegen Kontinente zu führen, es könne dann von niemand mehr geschlagen werden. Wenn der Ostfeldzug durchgeführt werde, dann werde Europa den Atem anhalten.

Aus: Hohlfeld, Bd. V, S. 269 f.

Nr. 220   Aktennotiz von General Georg Thomas, Chef des Wehrwirtschafts- und Rüstungsamts des OKW, über seinen Vortrag bei Hermann Göring vom 26. Februar 1941 (Auszug)

Denkschrift über die Auswirkungen einer Ost-Operation
Der Reichsmarschall war mit mir der Auffassung, daß eine Besetzung der Ukraine allein keinen Wert habe, sondern daß das Erdölgebiet von Baku unter allen Umständen mit gewonnen werden muß. Er war ebenso wie der Führer der Auffassung, daß bei dem Einmarsch dt. Truppen in Rußland der ganze bolschewistische Staat zusammenbrechen würde und daß dadurch mit den von mir gefürchteten Zerstörungen und Vernichtung der Vorräte und Eisenbahn im großen Umfange nicht zu rechnen sei. Es käme darauf an, zunächst schnell die bolschewistischen Führer zu erledigen.

Aus: Anatomie des Krieges, S. 316 f.

Nr. 221   Niederschrift über die Besprechung zwischen Hitler, Rosenberg, Lammers, Keitel und Göring am 16. 7. 1941 (Auszüge)

. . . Wir werden also wieder betonen, daß wir gezwungen waren, ein Gebiet zu besetzen, zu ordnen und zu sichern; im Interesse der Landeseinwohner müßten wir für Ruhe, Ernährung, Verkehr usw. usw. sorgen; deshalb unsere Regelung. Es soll also nicht erkennbar sein, daß sich damit eine endgültige Regelung anbahnt! Alle notwendigen Maßnahmen – Erschießen, Aussiedeln etc. – tun wir trotzdem und können wir trotzdem tun.

Wir wollen uns aber nicht irgendwelche Leute vorzeitig und unnötig zu Feinden machen. Wir tun also lediglich so, als ob wir ein Mandat ausüben wollten. Uns muß aber dabei klar sein, daß wir aus diesen Gebieten nie wieder herauskommen.

Demgemäß handelt es sich darum:

1. Nichts für die endgültige Regelung zu verbauen, sondern diese unter der Hand vorzubereiten;

2. wir betonen, daß wir die Bringer der Freiheit wären.

Im einzelnen:

Die Krim muß von allen Fremden geräumt und deutsch besiedelt werden.

Ebenso wird das alt-österreichische Galizien Reichsgebiet . . .

Grundsätzlich kommt es also darauf an, den riesenhaften Kuchen handgerecht zu zerlegen, damit wir ihn erstens beherrschen, zweitens verwalten und drittens ausbeuten können.

Die Russen haben jetzt einen Befehl zum Partisanenkrieg hinter unserer Front gegeben. Dieser Partisanenkrieg hat auch wieder seinen Vorteil: er gibt uns die Möglichkeit auszurotten, was sich gegen uns stellt.

Grundsätzliches:

Die Bildung einer militärischen Macht westlich des Ural darf nie wieder in Frage kommen und wenn wir hundert Jahre darüber Krieg führen müßten. Alle Nachfolger des Führers müssen wissen: die Sicherheit des Reiches ist nur dann gegeben, wenn westlich des Ural kein fremdes Militär existiere; den Schutz dieses Raumes vor allen eventuellen Gefahren übernimmt Deutschland. Eiserner Grundsatz muß sein und bleiben: Nie darf erlaubt werden, daß ein anderer Waffen trägt, als der Deutsche!

Dies ist besonders wichtig; selbst wenn es zunächst leichter erscheint, irgendwelche fremden unterworfenen Völker zur Waffenhilfe heranzuziehen, ist es falsch! Es schlägt unbedingt und unweigerlich eines Tages gegen uns aus. Nur der Deutsche darf Waffen tragen, nicht der Slawe, nicht der Tscheche, nicht der Kosak oder der Ukrainer! . . .

Aus den neugewonnenen Ostgebieten müssen wir einen Garten Eden machen; sie sind für uns lebenswichtig; Kolonien spielen dagegen eine ganz untergeordnete Rolle.

Auch wenn wir einzelne Gebietsteile jetzt schon abteilen, immer müssen wir als Schützer des Rechts und der Bevölkerung vorgehen.

Der Reichsmarschall hält es für richtig, verschiedene Teile des Balten-Landes, z. B. Bialystoker Forsten, Ostpreußen zuzuteilen.

Der Führer betont, das gesamte Balten-Land müsse Reichsgebiet werden. Ebenso müsse die Krim mit einem erheblichen Hinterland (Gebiet nördlich der Krim) Reichsgebiet werden; das Hinterland müsse möglichst groß sein. Hiergegen hat Rosenberg Bedenken wegen der dort wohnenden Ukrainer. (Nebenbei: Es tritt mehrfach in Erscheinung, daß Rosenberg für die Ukrainer sehr viel übrig hat; er will die alte Ukraine auch erheblich vergrößern.)

Der Führer betont weiter, auch die Wolga-Kolonie müsse deutsches Reichsgebiet werden, ebenso das Gebiet um Baku; es müsse deutsche Konzession werden (Militär-Kolonie).

Die Finnen wollen Ost-Karelien, doch soll wegen der großen Nickel-Vorkommen die Halbinsel Kola zu Deutschland kommen. Mit aller Vorsicht müsse die Angliederung Finnlands als Bundesstaat vorbereitet werden. Das Gebiet um Leningrad wird von den Finnen beansprucht; der Führer will Leningrad dem Erdboden gleichmachen lassen, um es dann den Finnen zu geben . . .

Vollständiger Text in: Der Prozeß gegen die Hauptkriegsverbrecher, Bd. XXXVIII, S. 86 ff.

Nr. 222 Vortrag von Hermann J. Abs, Vorstandsmitglied der Deutschen Bank, vor dem Handelspolitischen Ausschuß der Reichswirtschaftskammer am 17. Juli 1941 (Auszüge)

. . . Auch die Perspektiven, die sich für die deutsche Wirtschaft nach dem Kriege stellen und die auf einen engeren Zusammenschluß aller kontinentaleuropäischen Volkswirtschaften hinauslaufen, rechtfertigen ja unter außenhandelsmäßigen Aspekten eine Betrachtung, die Kontinentaleuropa dem amerikanischen Kontinent gegenüberstellt. Dabei ist daran zu denken, daß der Begriff Kontinentaleuropa, unter dem man bisher die europäischen Staaten ohne Großbritannien und Rußland verstand, durch die kriegerischen Entwicklungen im Osten eine neue Prägung erhalten wird. Auch die Wirtschaft Rußlands wird zum mindesten in wesentlichen Teilen einem zukünftigen kontinentaleuropäischen Wirtschaftsraum zuzuzählen sein. Welchen Zuwachs dieser Raum dadurch an Erzeugungs- und auch an Verbrauchskraft erhält, ist naturgemäß im gegenwärtigen Stand der Entwicklung gar nicht abzuschätzen. Jedenfalls wird er auch unter dem Gesichtspunkt der Selbstversorgung mit wichtigen Gütern eine weitere Abrundung erfahren . . .

1. sei davon auszugehen, daß Deutschland nach dem Krieg Europa beherrscht,

2. auch Europa ist nach dem Krieg auf USA nicht angewiesen,

3. der Ferne Osten und Südamerika stehen dem europäischen Export offen . . .

Längere Auszüge in: Anatomie des Krieges, S. 345–348

Nr. 222a Himmlers Niederschrift über die Behandlung der Fremdvölkischen im Osten vom 15. Mai 1940

Einige Gedanken über die Behandlung der Fremdvölkischen im Osten.

Bei der Behandlung der Fremdvölkischen im Osten müssen wir darauf sehen, so viel wie möglich einzelne Völkerschaften anzuerkennen und zu pflegen, also neben den Polen und Juden die Ukrainer, die Weißrussen, die Goralen, die Lemken und die Kaschuben. Wenn sonst noch irgendwo Volkssplitter zu finden sind, auch diese.

Ich will damit sagen, daß wir nicht nur das größte Interesse daran haben, die Bevölkerung des Ostens nicht zu einen, sondern im Gegenteil in möglichst viele Teile und Splitter zu zergliedern.

Aber auch innerhalb der Völkerschaften selbst haben wir nicht das Interesse, diese zu Einheit und Größe zu führen, ihnen vielleicht allmählich Nationalbewußtsein und nationale Kultur beizubringen, sondern sie in unzählige kleine Splitter und Partikel aufzulösen.

Die Angehörigen aller dieser Völkerschaften, insbesondere der kleinen, wollen wir selbstverständlich in den Stellen von Polizeibeamten und Bürgermeistern verwenden.

Spitzen in solchen Völkerschaften dürfen nur die Bürgermeister und die örtlichen Polizeibehörden sein; bei den Goralen die einzelnen, sich ohnehin schon befehdenden Häuptlinge und Sippenältesten. Eine Zusammenfassung nach oben darf es nicht geben, denn nur dadurch, daß wir diesen ganzen Völkerbrei des Generalgouvernements von 15 Millionen und die 8 Millionen der Ostprovinzen auflösen, wird es uns möglich sein, die rassische Siebung durchzuführen, die das Fundament in unseren Erwägungen sein muß, die rassisch Wertvollen aus diesem Brei herauszufischen, nach Deutschland zu tun, um sie dort zu assimilieren.

Schon in ganz wenigen Jahren – ich stelle mir vor, in 4 bis 5 Jahren – muß beispielsweise der Begriff der Kaschuben unbekannt sein, da es dann ein kaschubisches Volk nicht mehr gibt (das trifft besonders auch für die Westpreußen zu). Den Begriff Juden hoffe ich, durch die Möglichkeit einer großen Auswanderung sämtlicher Juden nach Afrika oder sonst in eine Kolonie völlig auslöschen zu sehen. Es muß in einer etwas längeren Zeit auch möglich sein, in unserem Gebiet die Volksbegriffe der Ukrainer, Goralen und Lemken verschwinden zu lassen. Dasselbe, was für diese Splittervölker gesagt ist, gilt in dem entsprechend größeren Rahmen für die Polen.

Eine grundsätzliche Frage bei der Lösung aller dieser Probleme ist die Schulfrage und damit die Frage der Sichtung und Siebung der Jugend. Für die nichtdeutsche Bevölkerung des Ostens darf es keine höhere Schule geben als die vierklassige Volksschule. Das Ziel dieser Volksschule hat lediglich zu sein:

Einfaches Rechnen bis höchstens 500, Schreiben des Namens, eine Lehre, daß es ein göttliches Gebot ist, den Deutschen gehorsam zu sein und ehrlich, fleißig und brav zu sein. Lesen halte ich nicht für erforderlich.

Außer dieser Schule darf es im Osten überhaupt keine Schulen geben. Eltern, die ihren Kindern von vornherein eine bessere Schulbildung sowohl in der Volksschule als auch später an einer höheren Schule vermitteln wollen, müssen dazu einen Antrag bei den Höheren SS- und Polizeiführern stellen. Der Antrag wird in erster Linie danach entschieden, ob das Kind rassisch tadellos und unseren Bedingungen entsprechend ist. Erkennen wir ein solches Kind als unser Blut an, so wird den Eltern eröffnet, daß das Kind auf eine Schule nach Deutschland kommt und für Dauer in Deutschland bleibt.

So grausam und tragisch jeder einzelne Fall sein mag, so ist diese Methode, wenn man die bolschewistische Methode der physischen Ausrottung eines Volkes aus innerer Überzeugung als ungermanisch und unmöglich ablehnt, doch die mildeste und beste.

Die Eltern dieser Kinder guten Blutes werden vor die Wahl gestellt, entweder das Kind herzugeben – sie werden dann wahrscheinlich keine weiteren Kinder mehr erzeugen, sodaß die Gefahr, daß dieses Untermenschenvolk des Ostens durch solche Menschen guten Blutes eine für uns gefährliche, da ebenbürtige Führerschicht erhält, erlischt – oder die Eltern verpflichten sich, nach Deutschland zu gehen und dort loyale Staatsbürger zu werden. Eine starke Handhabe, die man ihnen gegenüber hat, ist die Liebe zu ihrem Kind, dessen Zukunft und dessen Ausbildung von der Loyalität der Eltern abhängt.

Abgesehen von der Prüfung der Gesuche, die die Eltern um eine bessere Schulbildung stellen, erfolgt jährlich insgesamt bei allen 6- bis 10 Jährigen eine Siebung aller Kinder des Generalgouvernements nach blutlich Wertvollen und Nichtwertvollen. Die als wertvoll Ausgesiebten werden in der gleichen Weise behandelt wie die Kinder, die auf Grund des genehmigten Gesuches ihrer Eltern zugelassen wurden.

Als gefühls- und verstandesmäßig selbstverständlich erachte ich es, daß die Kinder und die Eltern in dem Augenblick, wo sie nach Deutschland kommen, in den Schulen und im Leben nicht wie Aussätzige behandelt werden, sondern nach Änderung ihres Namens in das deutsche Leben – bei aller Aufmerksamkeit und Wachsamkeit, die man ihnen widmen muß, – vertrauensvoll eingebaut werden. Es darf nicht so sein, daß die Kinder sich wie ausgestoßen fühlen, denn wir glauben doch an dieses unser eigenes Blut, das durch die Irrtümer deutscher Geschichte in eine fremde Nationalität hineingeflossen ist, und sind überzeugt, daß unsere Weltanschauung und unsere Ideale in der rassisch gleichen Seele dieser Kinder Widerhall finden werden. Hier muß aber dann vor allem von den Lehrern und von den Führern in der HJ. ein ganzer Strich gezogen werden, und es darf niemals wie in der Vergangenheit bei den Elsaß-Lothringern der Fehler gemacht werden, daß man einesteils die Menschen als Deutsche gewinnen will und sie anderenteils bei jeder Gelegenheit durch Mißtrauen und Beschimpfung in ihrem menschlichen Wert, Stolz und Ehrgefühl kränkt und abstößt. Beschimpfungen wie ,,Polacke" oder ,,Ukrainer" oder ähnliches müssen unmöglich sein.

Die Erziehung hat in einer Vorschule zu erfolgen, nach deren 4 Klassen man dann entscheiden kann, ob man die Kinder weiter in die deutsche Volksschule gehen läßt oder ob man sie einer nationalpolitischen Erziehungsanstalt zuführt.

Die Bevölkerung des Generalgouvernements setzt sich dann zwangsläufig nach einer konsequenten Durchführung dieser Maßnahmen im Laufe der nächsten 10 Jahre aus einer verbleibenden minderwertigen Bevölkerung, die noch durch abgeschobene Bevölkerung der Ostprovinzen sowie all' der Teile des deutschen Reiches, die dieselbe rassische und menschliche Art haben (Teile, z. B. der Sorben und Wenden), zusammen.

Diese Bevölkerung wird als führerloses Arbeitsvolk zur Verfügung stehen und Deutschland jährlich Wanderarbeiter und Arbeiter für besondere Arbeitsvorkommen (Straßen, Steinbrüche, Bauten), stellen; sie wird selbst dabei mehr zu essen und zu leben haben als unter der polnischen Herrschaft und bei eigener Kulturlosigkeit unter der strengen, konsequenten und gerechten Leitung des deutschen Volkes berufen sein, an dessen ewigen Kulturtaten und Bauwerken mitzuarbeiten und diese, was die Menge der groben Arbeit anlangt, vielleicht erst ermöglichen.

Aus: O. Kraus und E. Kulka, Massenmord und Profit, Berlin 1963, S. 43–46

Nr. 223   *Hitler in seinen Tischgesprächen am 11. April 1942 und am 22. Juli 1942*

Es solle daher ja kein Lehrer daherkommen und plötzlich den Schulzwang für die unterworfenen Völker verkünden wollen. Kenntnisse der Russen, Ukrainer, Kirgisen und so weiter im Lesen und Schreiben könnten uns nur schaden. Denn sie ermöglichten es helleren Köpfen, sich ein gewisses Geschichtswissen zu erarbeiten und damit zu politischen Gedankengängen zu kommen, die irgendwie immer ihre Spitze gegen uns haben müßten.

Es sei viel besser, in jedem Dorf einen Radiolautsprecher aufzustellen, um den Menschen auf diese Weise Neuigkeiten zu erzählen und Unterhaltungsstoff zu bieten, als sie zur selbständigen Erlangung politischer, wissenschaftlicher und so weiter Erkenntnisse zu befähigen. Man solle es sich daher auch ja nicht einfallen lassen, den unterworfenen Völkern im Radio Dinge über ihre Vorgeschichte zu erzählen, man müsse ihnen vielmehr durch den Rundfunk Musik und noch einmal Musik vermitteln. Denn lustige Musik fördere die Arbeitsfreude. Und wenn die Leute viel tanzen könnten, so werde auch das nach unseren Erfahrungen in der Systemzeit allgemein begrüßt werden.

Das einzige, was in den besetzten russischen Gebieten organisiert werden müsse, sei der Verkehr. Denn die verkehrsmäßige Aufschließung des Landes sei eine der wesentlichsten Vorbedingungen zu seiner Beherrschung und wirtschaftlichen Ausnutzung. Das Verkehrspunkt-System müßten deshalb auch die Unterworfenen lernen. Das sei aber auch das einzige Gebiet, auf dem man sie von uns aus „bilden"müsse.

Was die Hygiene der unterworfenen Bevölkerung angehe, so könnten wir kein Interesse daran haben, ihnen unsere Erkenntnisse zu vermitteln und dadurch ihnen eine von ihnen absolut nicht gewünschte Basis für einen ungeheuren Bevölkerungszuwachs zu geben. Er verbiete deshalb, für diese Gebiete Sauberkeitsaktionen unserer Art durchzuführen.

Man müsse ihnen zwar Schulen geben, für die sie bezahlen müßten, wenn sie hineingingen. Man dürfe sie in ihnen aber nicht mehr lernen lassen als höchstens die Bedeutung der Verkehrszeichen. Inhalt des Geographieunterrichts dürfe im großen und ganzen nur sein, daß die Hauptstadt des Reiches Berlin heiße und jeder in seinem Leben einmal in Berlin gewesen sein müsse. Darüber hinaus genüge es vollkommen, wenn die nichtdeutsche Bevölkerung, zum Beispiel der Ukrainer, etwas Deutsch lesen und schreiben lerne; Unterricht im Rechnen und dergleichen sei überflüssig.

Auch in puncto Schulwesen der nichtdeutschen Bevölkerung dürfe man nie vergessen, daß man in den besetzten Ostgebieten dieselben Methoden anwenden müsse wie (die Engländer) in Kolonien.

Aus: H. Picker, Hitlers Tischgespräche im Führerhauptquartier 1941–1942, hg. v. A. Hillgruber, München 1968, S. 103 f. u. 248

Los Europy?

Pracuj niezmordowanie, nie słuchaj wszelkich naszeptywań, zachowuj spokój – a żołnierz niemiecki uchroni Cię od tego losu

Antisowjetisches Plakat für Polen aus dem Jahre 1943: ,,Europas Schicksal? – Arbeite unverdrossen, höre nicht auf Gerüchte, bewahre die Ruhe – der deutsche Soldat erspart Dir dieses Schicksal.''

2. Die gesamte Propagandaarbeit der NSDAP und des nationalsozialistischen Staates muß daher darauf ausgerichtet werden, nicht
nur dem deutschen Volk, sondern auch den übrigen europäischen
Völkern einschließlich der Völker in den besetzten Ostgebieten und
den noch bolschewistischer Herrschaft unterstehenden Ländern,
den Sieg Adolf Hitlers und der deutschen Waffen als in ihrem ureigensten Interesse liegend klarzumachen.

3. Es verträgt sich hiermit nicht, diese Völker, insbesondere die
Angehörigen der Ostvölker, direkt oder indirekt, vor allem in öffentlichen Reden oder Aufsätzen herabzusetzen und in ihrem inneren Wertbewußtsein zu kränken.

Man kann diese Menschen der Ostvölker, die von uns ihre Befreiung erhoffen, nicht als Bestien, Barbaren usw. bezeichnen und dann
von ihnen Interesse am deutschen Sieg erwarten . . .

4. Ebenso unangebracht ist eine Darstellung der künftigen
Neuordnung Europas, aus der die Angehörigen fremder Völker den
Eindruck gewinnen könnten, als ob die deutsche Führung sie in einem dauernden Unterwerfungsverhältnis zu halten beabsichtige.

Äußerungen, daß Deutschland im Osten Kolonien errichten und
Kolonialpolitik treiben werde, das Land und seine Bewohner als
Ausbeutungsobjekt betrachte, sind völlig verfehlt. Sie würden der
Sowjetpropaganda nur eine willkommene Gelegenheit zu der Behauptung bieten, daß Deutschland die Völker des Ostens auf eine
Stufe mit den Negern stelle. Dies würde bei der Bevölkerung wie bei
den Sowjettruppen nur eine Stärkung des Widerstandswillens gegen
die deutsche Wehrmacht und das Deutsche Reich zur Folge haben.

5. Ebenso abwegig ist es, von neuen deutschen Siedlungen oder
gar Großsiedlungen und Landenteignung zu sprechen oder theoretische Aufsätze über die Frage zu verfassen, ob man die Völker oder
den Boden germanisieren müsse . . .

Erst recht kann eine Verschickung der alteingesessenen Bevölkerung nicht erörtert werden.

6. Demgegenüber ist bei allen sich bietenden Gelegenheiten der
Freiheitswille, der Kampfwille gegen das bolschewistische Terror-

regiment, wie er die von den Sowjets unterdrückten Völker beseelt, ihr Soldatentum sowie ihre Arbeitswilligkeit hervorzuheben . . .

Längere Auszüge in: Anatomie der Aggression, S. 179–182

Nr. 225 Richtlinien des Reichsaußenministers J. v. Rippentrop vom 5. April 1943 für die Arbeit des „Europa-Ausschusses" (Auszüge)

1. Hauptaufgabe des Ausschusses ist in der gegenwärtigen Phase des Krieges die Sammlung von Material und die Vorbereitung von Unterlagen für die bei Kriegsende zu treffenden Regelungen der europäischen Neuordnung. Die Ausarbeitung bestimmter Pläne für die Gesamtgestaltung des künftigen Europa hat daher vorerst noch zu unterbleiben. Es ist davon auszugehen, daß in Zukunft zwischen dem Großdeutschen Reich und den einzelnen europäischen Ländern Bindungen teils engerer, teils loserer Art herzustellen sein werden, die sich einer schematischen Formel entziehen. Für jedes einzelne Land und Volk wird hier zu gegebener Zeit eine besondere Entscheidung zu treffen sein. Feststehend ist jedoch schon heute, daß das künftige Europa nur bei einer voll durchgesetzten Vormachtstellung des Großdeutschen Reiches Bestand haben kann. Die Sicherung dieser Vormachtstellung ist demnach als der Kern der künftigen Neuordnung anzusehen. Von besonderer Wichtigkeit ist ferner die Prüfung derjenigen Fragenkomplexe, die einer gesamteuropäischen Regelung zugeführt werden können.

2. Für die propagandistische Behandlung der Europa-Frage muß es vorerst noch sein Bewenden dabei haben, daß wir in allgemeiner Formulierung bei sich bietenden Anlässen zum Ausdruck bringen, unser Ziel sei die Schaffung einer gerechten Neuordnung, die den europäischen Völkern eine gesicherte Existenz in enger wirtschaftlicher und kultureller Verbundenheit und unter Ausschaltung fremder Bevormundung ermöglichen werde. Auf die politische Struktur des künftigen Europas näher einzugehen, kommt bis auf weiteres noch nicht in Frage . . .

3. Ein sehr wirksames Mittel, die europäischen Völker auf die Notwendigkeiten der künftigen Neuordnung vorzubereiten, besteht jetzt schon in der entsprechenden Auswertung der Besorgnis-

se, die in allen Ländern der Gedanke an ein Vordringen des Bolschewismus nach Europa hinein auslöst ...

Vollständiger Text in: Anatomie der Aggression, S. 183–185

Nr. 226   Notiz des Gesandten Cecil von Renthe-Fink vom 9. September 1943 (Auszug)

1. In dem gewaltigen Ringen um die Zukunft Europas erscheinen wir als Vorkämpfer einer neuen, besseren Ordnung, in der alle europäischen Völker einen gerechten und würdigen Platz finden werden. Bisher hatten wir es vermieden, in der europäischen Frage mit einem konkreten Vorschlag hervorzutreten. Es unterliegt aber keinem Zweifel, daß die Frage, was Deutschland in Europa vorhat, die europäischen Völker aufs stärkste bewegt und ihre Haltung entscheidend bestimmt. Zugleich verlangt die Lage gebieterisch die äußerste Anspannung aller Kräfte Europas für unseren Sieg. Es ergibt sich daraus die Notwendigkeit, für die Neuordnung Europas einen Plan zu entwickeln, der geeignet ist, den europäischen Völkern einen Ansporn zu geben, durch ihre Leistung zu unserem Sieg beizutragen. Ihre Befürchtung, daß nach dem Sieg Deutschland von seiner Macht rücksichtslosen Gebrauch machen würde, müßte zerstreut werden.

2. Wenn wir jetzt den Gedanken einer staatenbundlichen Lösung, beruhend auf freiwilliger Zusammenarbeit selbständiger Nationen, aufnehmen würden, so würde bestimmt das Vertrauen der europäischen Völker in unsere Politik gefestigt und ihre Bereitwilligkeit erhöht werden, unserer Führung zu folgen und für unseren Sieg zu schaffen. Diejenigen Kräfte in Europa, die den Bolschewismus fürchten, sich aber durch Deutschland bedroht fühlten, würden künftig weniger versucht sein, nach den mit den Bolschewisten verbündeten Angelsachsen zu schielen. In den besiegten Ländern würde es mit der klaren europäischen Parole, wie sie der europäische Staatenbund bedeutet, möglich sein, mehr Männer für die Waffen-SS zu rekrutieren, die dann zusätzlich für unseren Kampf zur Verfügung stehen. Wir hätten die Grundlage für einen konstruktiven Plan, der eine positive und wirkungsvolle Propaganda ermöglichen würde ...

Vollständiger Text in: Anatomie der Aggression, S. 198–203

a) Der Europäische Staatenbund ist eine Gemeinschaft souveräner Staaten, die sich gegenseitig ihre Freiheit und Unabhängigkeit gewährleisten.

b) Die Gestaltung ihrer innerstaatlichen Verhältnisse bleibt der souveränen Entschließung der einzelnen Staaten überlassen.

c) Die im Staatenbund vereinten Nationen werden die Interessen Europas nach außen hin gemeinsam wahren. Sie werden gemeinsam raumfremde Einflüsse abwehren und gemeinsam den Kampf gegen den Bolschewismus führen. Zur Verteidigung Europas gegen äußere Angriffe sollen Defensivabkommen geschlossen werden.

d) Die europäische Wirtschaft wird von den Giedern des Staatenbundes auf der Grundlage ihrer gemeinsamen und nationalen Interessen nach einheitlicher Planung gestaltet werden. Das Ziel soll sein, sowohl den materiellen Wohlstand wie die soziale Gerechtigkeit und soziale Sicherheit in den einzelnen Staaten zu erhöhen, die europäische Wirtschaft unter Entwicklung der Hilfsquellen und Arbeitsmöglichkeiten Europas und seines afrikanischen Ergänzungsraums vor Krisen und vor von außen kommender wirtschaftlicher Bedrohung zu schützen, sowie den europäischen Völkern den Zugang zu einem gerechten Anteil an den wirtschaftlichen Gütern der Welt zu schaffen.

e) Die der Belebung des innereuropäischen Güteraustausches entgegenstehenden Zoll- und anderen Schranken zwischen den einzelnen Gliedern des Staatenbundes sollen unter Schonung und Sicherung der lebensnotwendigen Wirtschaftszweige, insbesondere der kleineren Wirtschaftsgebiete, fortschreitend beseitigt werden.

Das innereuropäische Verkehrsnetz der Eisenbahnen, Autostraßen, Wasserstraßen und Fluglinien wird nach einheitlicher Planung ausgebaut werden.

f) Bei der Lösung der wirtschaftlichen Probleme der Übergangszeit von der Kriegs- zur Friedenswirtschaft werden sich die Glieder des Staatenbundes gegenseitig Hilfe und Unterstützung gewähren.

g) Die im Europäischen Staatenbund zusammengeschlossenen Staaten werden unter Wahrung ihrer völkischen Eigenart den kulturellen und geistigen Austausch weiter ausbauen und vertiefen.

h) Die an der Gründung des Staatenbundes nicht beteiligten europäischen Staaten werden eingeladen werden, dem „Europäischen Staatenbund" beizutreten.

i) Alle Einzelheiten der Organisierung des „Europäischen Staatenbundes" werden in einer Bundesakte festgelegt werden, zu deren Beratung Bevollmächtigte aller beteiligten Regierungen zusammentreten werden.

Aus: Anatomie der Aggression, S. 215 f.

Nr. 228 Rede Himmlers vor SS-Führern in Posen am 4. Oktober 1943 (Auszug)

Ein Grundsatz muß für den SS-Mann absolut gelten: ehrlich, anständig, treu und kameradschaftlich haben wir zu Angehörigen unseres eigenen Blutes zu sein und zu sonst niemandem. Wie es den Russen geht, wie es den Tschechen geht, ist mir total gleichgültig. Das, was in den Völkern an gutem Blut unserer Art vorhanden ist, werden wir uns holen, indem wir ihnen, wenn notwendig, die Kinder rauben und sie bei uns großziehen. Ob die anderen Völker in Wohlstand leben oder ob sie verrecken vor Hunger, das interessiert mich nur soweit, als wir sie als Sklaven für unsere Kultur brauchen, anders interessiert mich das nicht. Ob bei dem Bau eines Panzergrabens 10 000 russische Weiber an Entkräftung umfallen oder nicht, interessiert mich nur insoweit, als der Panzergraben für Deutschland fertig wird. Wir werden niemals roh und herzlos sein, wo es nicht sein muß; das ist klar. Wir Deutsche, die wir als einzige auf der Welt eine anständige Einstellung zum Tier haben, werden ja auch zu diesen Menschentieren eine anständige Einstellung einnehmen, aber es ist ein Verbrechen gegen unser eigenes Blut, uns um sie Sorge zu machen und ihnen Ideale zu bringen, damit unsere Söhne und Enkel es noch schwerer haben mit ihnen. Wenn mir einer kommt und sagt: „Ich kann mit den Kindern oder den Frauen den Panzergraben nicht bauen. Das ist unmenschlich, dann sterben sie daran", – dann muß ich sagen: „Du bist ein Mörder an Deinem eigenen Blut, denn, wenn der Panzergraben nicht gebaut wird, dann sterben deutsche Soldaten, und das sind Söhne deutscher Mütter. Das ist unser Blut."

Aus: Der Prozeß gegen die Hauptkriegsverbrecher, Bd. XXIX, S. 123

Nr. 229 Schreiben von Paul Henrichs, Geschäftsleiter von Carl Zeiss Jena, an H. E. Müncks, Geschäftsführer des Deutsch-Amerikanischen Wirtschaftsverbandes, vom 2. Dezember 1944 über die Orientierung auf die Nachkriegsbeziehungen zu Wirtschaftskreisen der USA (Auszüge)

. . . Sie sind also der Überzeugung, daß nach Beendigung des Krieges die Beziehungen zu den USA alsbald wieder aufgenommen werden, und ich will Ihnen offen gestehen, daß auch ich in meinen Gedankengängen für die Zukunft mich von der Überlegung leiten lasse, daß besonders die Amerikaner mit ihrer überwiegend wirtschaftlichen Einstellung wissen oder sehr bald zur Erkenntnis kommen werden, daß ein wirtschaftlich darniederliegendes Europa für sie von enormem wirtschaftlichen Schaden sein würde und umgekehrt ein gesundes Europa wesentlich zum Wohlstand Amerikas mit beitragen kann, daß ein gesundes Europa aber undenkbar ist ohne ein wirtschaftlich gesundes Deutschland . . .

Aus: Anatomie des Krieges, S. 466 f.

Nr. 229a Bulletin des USA-Außenministeriums vom 30. März 1945 über Nachkriegspläne der deutschen Imperialisten (Auszüge)

Zuverlässige Informationen, von den Alliierten Regierungen zusammengetragen, weisen deutlich darauf hin, daß die deutsche Nazi-Regierung wohldurchdachte Nachkriegspläne für das Weiterbestehen der nazistischen Ideologie und Herrschaft entwickelt hat. Einige dieser Pläne sind bereits in Kraft gesetzt worden, und andere liegen fertig vor, um sofort nach Beendigung der Feindseligkeiten in Europa in großem Maßstab durchgeführt zu werden.

Mitglieder der Nazi-Partei, deutsche Industrielle und deutsche Militärs, die erkannt haben, daß ein Sieg unerreichbar geworden ist, entwickeln jetzt geschäftliche Pläne für die Nachkriegszeit, bemühen sich, Freundschaften mit ausländischen Geschäftskreisen zu erneuern und zu festigen und arbeiten auf die Erneuerung der Vorkriegskartellvereinbarungen hin. Bald nach Kriegsende werden Strohmänner bei den Gerichtshöfen verschiedener Länder gegen die

„ungesetzliche" Beschlagnahme von Industriebetrieben und anderem von den Alliierten Regierungen bei Ausbruch des Krieges übernommenen Eigentum Berufung einlegen. Wo diese Methode versagt, wird die deutsche Seite sich um Rückkäufe über Tarnunternehmungen bemühen, die den notwendigen staatsbürgerlichen Anforderungen genügen . . .

Wenn diesen Plänen nicht Einhalt geboten wird, werden sie eine dauernde Bedrohung für den Frieden und die Sicherheit der Nachkriegswelt darstellen.

Aus: Anatomie des Krieges, S. 490 f.

Nr. 230 Schreiben von Martin Bormann, Leiter der Parteikanzlei und Sekretär Adolf Hitlers, an Karl Hermann Frank, Staatsminister im Protektorat Böhmen und Mähren, vom 23. April 1945 über die Aufnahme von Verbindungen mit amerikanischen Kreisen

Auf Anregung von Reichsminister Speer habe ich dem Führer den Vorschlag gemacht, namhafte tschechische Industrielle nach Frankreich fliegen zu lassen, um dort mit ihren amerikanischen Verbindungen Verhandlungen über den Schutz der Tschechoslowakei vor den Bolschewisten zu führen.

Der Führer hat seine Zustimmung hierfür gegeben.

Aus: Anatomie des Krieges, S. 491 f.

b) Unmittelbare ökonomische Interessen

Nr. 231 Protokoll der Österreich-Besprechung der IG Farbenindustrie AG vom 21. März 1938 (Auszüge)

Herr Dr. Ilgner berichtet zunächst kurz über die Bemerkung, die Herr Ministerpräsident Göring kürzlich Herrn Geheimrat Schmitz gegenüber gemacht hat: er hoffe, daß die großen reichsdeutschen Konzerne nicht nach Vollzug des Anschlusses über Deutsch-Österreich herfallen und die dortige Industrie aufsaugen würden. Soweit

Beteiligungspläne der I.G. in Österreich bestehen, ist dazu zu bemerken, daß die I.G. bereits seit Jahren bemüht ist, den Anschluß wirtschaftlich durch Zusammenarbeit und Einflußnahme auf Österreichs chemische Industrie zu untermauern. Insbesondere sind wegen der Skoda-Werke Wetzler A.G. (SWW) seit etwa 2 Jahren laufend Verhandlungen über eine Beteiligung der I.G. geführt worden . . .

Die Aussprache wendet sich daraufhin der Frage zu, welches Ziel sich die I.G. für die weiteren Verhandlungen in Österreich stellen muß. Die Aussprache ergibt Übereinstimmung darüber, daß es das Ziel der I.G. sein müsse, die bisher in Aussicht genommene Fusion von SWW mit den österreichischen DAG-Firmen in der Weise durchzuführen, daß die I.G. dabei eine Majorität von 75 % gegebenenfalls von 51 % mit einer Option auf die restlichen 24 % erhält . . .

Längere Auszüge in: Geschichte der deutschen Arbeiterbewegung, Bd. 5, S. 502 f.

Nr. 232   Vortrag von Wilhelm Zangen, Leiter der Reichsgruppe Industrie, auf der Tagung des Fachamtes Eisen und Metall der Deutschen Arbeitsfront (DAF) am 12. Mai 1939 (Auszüge)

Die große Politik unseres Führers hat Deutschland in der Welt eine Stellung eingeräumt, die nicht ohne günstige Auswirkung auch für Deutschlands Anteil an der Weltwirtschaft bleiben kann . . . Niemand darf aber nun glauben, daß der Zeitpunkt schon gekommen ist, langsamer zu treten oder gar die Hände in den Schoß zu legen. Ich will deshalb zunächst einmal hervorheben, warum unsere Anstrengungen fortgesetzt und, wenn möglich, gesteigert werden müssen . . .

Hier berühren sich Außenpolitik und Außenhandel besonders eng, und die großen Erfolge der deutschen Außenpolitik in den letzten Monaten eröffnen hier besonders aussichtsreiche Möglichkeiten. In diesem Zusammenhang darf ich Sie an den alten englischen Wahlspruch erinnern: ,,Der Handel folgt der Flagge''; ich möchte aber diesen Spruch noch erweitern und sagen: ,,Der Handel muß der

Flagge auf dem Fuße folgen"; denn wie die politische und militärische Macht eines Staates – wie die Geschichte und auch die jüngste Vergangenheit lehren – bei der Gestaltung der Wirtschaft eine wesentliche Rolle spielt, so andererseits gibt auch die wirtschaftliche Ergänzung für die politische und militärische Macht der Nation erst die gesunde und kraftvolle Basis. Deutschland hat bei der Regelung seiner weltwirtschaftlichen Beziehungen als Abnehmer eine gebietsmäßige Vergrößerung von 468 000km² auf 632 000 km² und einen Bevölkerungszuwachs um 18 Millionen, das sind nicht weniger als 27 Prozent, in die Waagschale zu werfen. Zweifellos hat diese Machtvergrößerung ihren Einfluß auf unsere wirtschaftlichen Möglichkeiten ausgeübt und wird es weiter tun. Wichtig ist aber, daß ein Industriestaat wie Deutschland, dessen Bevölkerung auch heute noch zu 39 Prozent zur Industrie und zum Handwerk, zu 17 Prozent zum Handel und Verkehr und zur Landwirtschaft nur mit 21 Prozent zählt, für seine industrielle Leistungsfähigkeit Ausgleichsmöglichkeiten in einem entsprechenden agrarischen Wirtschaftsraum findet . . .

In der Jubiläumsschrift einer großen rheinischen Industriegesellschaft vom Jahre 1914 vor Ausbruch des Krieges findet sich folgender Satz: ,,Es ist die gesündeste Politik, ein Volk in seiner Widerstandsfähigkeit zu heben; denn der Besitz von Macht ist wichtiger als der von Reichtum. Dem wohlverstandenen Ringen um Macht folgt das hohe Gut der Rassengesundheit. Selbst ein besiegtes Volk kann aus dem Kriege erstarkt hervorgehen, wenn es die Gründe seiner Niederlage erkennt und sich bemüht, ihnen zu begegnen." Die Entwicklung hat diesem Grundsatz recht gegeben. Wenn wir diese starke Kraft des Staates als notwendig auch für eine gesunde wirtschaftliche Grundlage erkennen und bejahen, dann müssen wir auch alles daran setzen, diese unsere Macht und deren wirtschaftliche Resultate zu sichern. Auch für diesen Zweck sind ungeheure Aufgaben zu erfüllen, die in der ständigen Förderung unserer Wehrmacht und ihren wirtschaftlichen Erfordernissen begründet sind.

Aus: Anatomie des Krieges, S. 214 f.

Nr. 233   Fernschreiben von Georg von Schnitzler, Mitglied des Vorstands und des Zentralausschusses der IG Farbenindustrie AG, an Kurt Krüger, Direktor der IG Farbenindustrie AG, vom 7. September 1939 über die Aneignung chemischer Fabriken in Polen (Auszüge)

Bitten schon jetzt RWiM von nachstehenden Zusammenhängen zu unterrichten: Im Laufe der nächsten Tage werden aller Voraussicht nach vier polnische Farbstoffabriken in deutsche Hände fallen . . . Auf den Fabriken befinden sich erhebliche und wertvolle Vorräte in Vor-, Zwischen- und Endproduktion, alle fast ausschließlich auf dem Gebiet der Teerfarbstoffe und der ihnen verwandten Hilfsprodukte. Ohne zu der Frage des Weiterbetriebes der Fabriken im gegenwärtigen Moment Stellung nehmen zu wollen, möchten wir es für unbedingt erforderlich halten, daß die Verwertung der vorgesagten Vorräte im Interesse der deutschen Volkswirtschaft durch Sachverständige erfolgt. Nur die IG ist in der Lage, diese Sachverständigen zu stellen. Haben hier vorgesehen, daß Herr Direktor Schwab, der Leiter unseres hiesigen osteuropäischen Farbstoffgeschäfts, für diese Aufgabe bereitgestellt werden soll . . . Sind Mitte nächster Woche persönlich in Berlin, um weitere Besprechungen mit zuständigen Stellen aufzunehmen, und bitten, solche Besprechungstermine vorzubereiten.

Aus: Anatomie des Krieges, S. 224

Nr. 234   Protokoll der 72. Sitzung des Chemikalienausschusses der IG Farbenindustrie AG am 28. Mai 1940 (Auszug)

Neben uns interessiert sich auch Krupp/Essen für die norwegischen und finnischen Nickelerz-Vorkommen, obwohl Krupp in seinen heutigen Anlagen, soweit wir unterrichtet sind, die skandinavischen sulfidischen kupferhaltigen Erze nicht aufarbeiten kann, sondern nur auf die Verarbeitung silikatischer kupferfreier Erze eingerichtet ist. Wir haben uns zwischenzeitlich mit Krupp in Verbindung gesetzt und um einen aufklärenden Bescheid gebeten.

Reichsgruppe Industrie

Fernruf: Ortsverkehr 21 83 21
Fernverkehr 21 46 83

Drahtanschrift:
Reichsindustrie

Berlin W 35, den 4.Juli 1940.
Tirpitzufer 56/58

Geb.-Nr. H IV/2870/40
Hi./Pl.

Eing. am: -5. JUL 1940
Aktenzeichen: ....
Sachbearbeiter: ....
3. B. R. 13:

An die

Wirtschaftsgruppen.

Betrifft: Aussenhandelsplanung.

Mit Rücksicht auf die grossen Schwierigkeiten, die sich bei der Anfertigung der Industrieanalyse durch die Wirtschaftsgruppen ergeben, haben wir das Reichswirtschaftsministerium noch einmal um eine Besprechung gebeten und folgende Vereinbarungen getroffen:

1. Die Industrieanalyse kann zunächst auf folgende Länder beschränkt werden: Dänemark, Schweden, Norwegen, Holland, Belgien, Luxemburg und Frankreich.

2. Es ist noch einmal ausdrücklich festgestellt worden, dass die Grundlage für die Arbeiten der Wirtschaftsgruppen die Berichte über die industriellen Verhältnisse in den einzelnen Ländern bilden müssen. Genau so notwendig ist aber eine scharfe Herausstellung der Interessenswünsche der Industrie. Es ist nicht erforderlich, dass bei der Vorbringung dieser Wünsche irgendwelche Rücksicht genommen wird auf die politische Entwicklung, möglicherweise eintretende Grenzverschiebungen usw. Es genügt, wenn die bisherige Lage als Ausgangspunkt genommen und angegeben wird, in welcher Beziehung Änderungen angestrebt werden müssen. Bedeutungsvoller als die Schilderung des Status selbst sind also die Schlussfolgerungen, die die Wirtschaftsgruppen ziehen und die die jeweiligen Wünsche deutlich erkennen lassen. Die wichtigsten Punkte in der Industrieanalyse werden daher die Bewertung der ausländischen Industrie und die Konkurrenzverhältnisse sein (Punkt 3 und 10 des Schemas), aus denen in erster Linie die Wünsche der deutschen Industrie abzuleiten sein werden.

2.

3. Mit Rücksicht auf die besondere Eilbedürftigkeit der Angelegenheit kann vorläufig auf die Erhebungen über Kapitalbeteiligungen (Punkt 6 des Schemas) und Löhne und Lebenshaltung (Punkt 11 des Schemas) verzichtet werden. Soweit Unterlagen hierfür schon vorliegen, ist jedoch eine
Verarbeitung erwünscht. Im übrigen werden wir einzelnen
Wirtschaftsgruppen Unterlagen zu diesen Punkten zur Verfügung stellen können.

4. Soweit es im Augenblick noch nicht möglich ist, die vorgebrachten Wünsche ganz konkret zu äussern und zu begründen, genügt es, dass uns die Wünsche zunächst als Voranmeldungen unterbreitet werden und wir sie als solche dem
Reichswirtschaftsministerium übermitteln. Das Reichswirtschaftsministerium kann später von sich aus direkt oder
über die Reichsgruppe Industrie an die Wirtschaftsgruppen
herantreten und die Wünsche gegebenenfalls im einzelnen
überprüfen.

5. Neuer Termin für die Ablieferung der Industrieanalysen
nebst ausdrücklichen Interessentenwünschen, die noch eine
spätere Berichtigung bezw. Ergänzung erfahren können, an
die Reichsgruppe Industrie:

<u>20. J u l i 1940.</u>

Wir bitten, mit den Arbeiten für die Länder Ungarn,
Schweiz, Finnland und England fortzufahren, damit die Ausarbeitungen zu einem späteren Termin ohne längere Anlaufszeit vorgelegt werden können.

Wir möchten noch einmal ausdrücklich darauf hinweisen, dass die Berichte bei uns in <u>fünffacher Ausfertigung</u>
eingereicht werden müssen. Trots ausdrücklichen Hinweises
auf die hierdurch entstehenden Schwierigkeiten bestand das
Reichswirtschaftsministerium auf seinem Wunsch, in dieser
Vielzahl unseren Bericht und die Darstellungen der Wirtschaftsgruppen zu bekommen.

H e i l   H i t l e r !
REICHSGRUPPE INDUSTRIE
Die Geschäftsführung:
1. A

W 54

Brief der Reichsgruppe Industrie vom 4. Juli 1940 an die Wirtschaftsgruppen, mit dem diese aufgefordert
werden, ihre imperialistischen „Interessenswünsche" zu äußern.

Auf Grund unserer Investitionen auf dem Nickel-Gebiet und unserer vertraglichen Beziehungen zur Inco halten wir uns für berechtigt, in erster Linie Ansprüche auf die skandinavischen Nickelerze erheben zu können. Wir werden versuchen, für einen Interessen-Ausgleich mit Krupp die Unterstützung des RMW zu erlangen.

Aus: Anatomie der Aggression, S. 42

Nr. 234a Rundschreiben der Reichsgruppe Industrie an die Wirtschaftsgruppen vom 4. Juli 1940 über die Vorbereitungen für die „Neuordnung Europas" (Auszüge)

1. Die Industrieanalyse kann zunächst auf folgende Länder beschränkt werden: Dänemark, Schweden, Norwegen, Holland, Belgien, Luxemburg und Frankreich.

2. Es ist noch einmal ausdrücklich festgestellt worden, daß die Grundlage für die Arbeiten der Wirtschaftsgruppen die Berichte über die industriellen Verhältnisse in den einzelnen Ländern bilden müssen. Genauso notwendig ist aber eine scharfe Herausstellung der Interessenwünsche der Industrie. Es ist nicht erforderlich, daß bei der Vorbringung dieser Wünsche irgendwelche Rücksicht genommen wird auf die politische Entwicklung, möglicherweise eintretende Grenzverschiebungen usw. . . .

4. Soweit es im Augenblick noch nicht möglich ist, die vorgebrachten Wünsche ganz konkret zu äußern und zu begründen, genügt es, daß uns die Wünsche zunächst als Voranmeldungen unterbreitet werden und wir sie als solche dem Reichswirtschaftsministerium übermitteln. Das Reichswirtschaftsministerium kann später von sich aus direkt oder über die Reichsgruppe Industrie an die Wirtschaftsgruppen herantreten und die Wünsche gegebenenfalls im einzelnen überprüfen . . .

Wir bitten, mit den Arbeiten für die Länder Ungarn, Schweiz, Finnland und England fortzufahren, damit die Ausarbeitungen zu einem späteren Termin ohne längere Anlaufzeit vorgelegt werden können . . .

Aus: Anatomie des Krieges, S. 261 f.

Nr. 235 Schreiben der Otavi Minen- und Eisenbahn-Gesellschaft vom 14. September 1940 an das Reichswirtschaftsministerium (Auszug)

Die deutsche Wirtschaft steht im Rahmen der Gestaltung des europäischen Wirtschaftsraumes sowohl wie der kolonialen Neuordnung vor gewaltigen Aufgaben.

Es ist der dringende Wunsch unserer Gesellschaft, an diesen Arbeiten in weitem Ausmaße beteiligt zu werden, und wir glauben, hierzu – soweit bergbauliche Belange in Frage kommen – ganz besonders qualifiziert zu sein.

Mit dem Namen unserer Gesellschaft verbindet sich ein Stück ruhmvoller deutscher Kolonialgeschichte, und es ist Ihnen bekannt, daß wir seit 40 Jahren in Afrika auf dem Gebiete des Kupfer-, Blei- und Zinkerzbergbaues sowie der Vanadium- und Cadmiumgewinnung unermüdlich tätig sind.

In Europa sind wir maßgeblich beteiligt an der Leitung der der Bauxit Trust AG, Zürich, gehörenden Bergwerksunternehmungen in Ungarn, Jugoslawien, Griechenland, Rumänien und Italien, die für die deutsche Aluminiumindustrie bekanntlich von ausschlaggebender Bedeutung sind, wobei der Linksunterzeichnete den Posten des Präsidenten dieser Gesellschaft bekleidet . . .

Vollständiger Text in: Anatomie der Aggression, S. 102

Nr. 236 Forderungen des Konzerns Carl Zeiss Jena zur „Neuordnung der europäischen Wirtschaft" vom 2. Oktober 1940 (Auszüge)

1. Frankreich.
Die Verwirklichung dieser Grundsätze in Frankreich erfordert

a) die Beschränkung der Herstellung von optischen Rüstungsgeräten – falls die Herstellung überhaupt gestattet werden soll – auf den zukünftigen Bedarf der eigenen Wehrmacht;

b) Verbot des Exports solcher Rüstungsgeräte;

c) Verbot des Exports von optischem Rohglas;

d) die Aufhebung von Zöllen, Einfuhrverboten, Kontingenten etc.

2. Belgien.

Unsere Information geht dahin, daß die beiden in Genf und Brüssel bestehenden optischen Firmen mit französischer Hilfe ins Leben gerufen worden sind und auch heute noch eine französische Beteiligung haben. Erwünscht wäre die Enteignung dieser französischen Beteiligung und nach Möglichkeit Stillegung der beiden Betriebe, welche unseres Wissens überwiegend, wenn nicht ausschließlich, Rüstungszwecken dienen und als solche wohl in Wegfall kommen dürften.

3. Holland.

Hier besteht nur eine Firma von Bedeutung, die Nedinsco in Venlo, welche der Firma Carl Zeiss nahesteht.

Die erst 1937/38 entstandenen beiden optischen Betriebe
Fräulein Dr. Bleeker in Utrecht und
Professor van Leer in Delft
sollten der Nedinsco angegliedert werden.

Diese Firma hat bisher Optik nicht hergestellt, ist aber im Begriffe, das zu tun und könnte dabei die genannten kleineren Firmen sehr gut in sich aufnehmen.

4. Protektorat Böhmen und Mähren.

Die beiden wesentlichsten Rüstungsfirmen unseres Gebietes
Optico-Techna, Prerau und
Srb & Styss, Prag,
sollten ausschließlich für deutsche Wehrmachtsaufträge beansprucht resp. reserviert bleiben.

5. In Norwegen, Schweden, Dänemark und Finnland haben wir keine nennenswerte Konkurrenz und deshalb auch keine Sonderwünsche.

6. Ungarn und Schweiz.

Frage: Ist hier eine staatliche Einflußnahme möglich?

Notizen für die Besprechung mit Ministerialrat Schlotterer am 2. Oktober 1940 in Berlin, aus: Geschichte der deutschen Arbeiterbewegung, Bd. 5, S. 541 f.

Nr. 237   Vorschläge des Zeiss-Konzerns vom 18. August 1941 an
die Wirtschaftsgruppe Feinmechanik und Optik (Auszüge)

1. Auszugehen ist davon, daß die aus russischem Staatsbesitz stammenden Werke Kriegsbeute und damit Eigentum des Deutschen Reiches werden. Sie stehen daher in unmittelbarer Verfügungsgewalt des Deutschen Reiches, so daß es der Vermittlung von Treuhändern bei der Verwaltung der Werke nicht bedarf.

2. Da das Reich die Inbetriebnahme der Werke in privatwirtschaftlicher Form wünscht, bietet sich als geeignetste Rechtsform für die Überlassung des Werkes an die beauftragte deutsche Fachfirma und den Betrieb in deren Hand der Pachtvertrag an . . .

Solange für das besetzte russische Gebiet keine neue selbständige Rechtsordnung besteht, kann die Pacht-GmbH nach deutschem Recht am Sitz der Mutterfirma gegründet werden und dort ihren Sitz behalten. Die Kapitalausstattung kann gering sein, da Anlagevermögen nicht in größerem Umfang notwendig ist . . .

10. Als Vergütung für die Leistung, die die Mutterfirmen durch die Inbetriebnahme der russischen Werke im Rüstungsinteresse des Reiches erbringen, und die weitgehende Betreuung und Fabrikationsunterstützung, die dafür notwenig ist, erhalten die Mutterfirmen eine angemessene, mit steigendem Umsatz verhältnismäßig fallende prozentuale Vergütung vom Umsatz der Pachtgesellschaften.

11. In den Pachtverträgen ist den Pachtgesellschaften und ihren Mutterfirmen vorzubehalten, daß sie das gepachtete Werk erwerben können, wenn die endgültige Gestaltung der politischen, staatsrechtlichen und wirtschaftlichen Verhältnisse im besetzten russischen Gebiet zu übersehen ist und das Deutsche Reich die Veräußerung der Werke beabsichtigt.

Vollständiger Text in: Anatomie der Aggression, S. 134 f.

3. Kriegführung

Nr. 238   Erlaß Hitlers über die Ausübung der Kriegsgerichtsbarkeit im Gebiet „Barbarossa" und über besondere Maßnahmen der Truppe vom 13. Mai 1941 (Auszüge)

. . . 2. Freischärler sind durch die Truppe im Kampf oder auf der Flucht schonungslos zu erledigen.

3. Auch alle anderen Angriffe feindlicher Zivilpersonen gegen die Wehrmacht, ihre Angehörigen und das Gefolge sind von der Truppe auf der Stelle mit den äußersten Mitteln bis zur Vernichtung des Angreifers niederzukämpfen.

4. Wo Maßnahmen dieser Art versäumt wurden oder zunächst nicht möglich waren, werden tatverdächtige Elemente sogleich einem Offizier vorgeführt. Dieser entscheidet, ob sie zu erschießen sind.

Gegen Ortschaften, aus denen die Wehrmacht hinterlistig oder heimtückisch angegriffen wurde, werden unverzüglich auf Anordnung eines Offiziers in der Dienststellung mindestens eines Bataillons- usw. Kommandeurs kollektive Gewaltmaßnahmen durchgeführt, wenn die Umstände eine rasche Feststellung einzelner Täter nicht gestatten.

5. Es wird ausdrücklich verboten, verdächtige Täter zu verwahren, um sie bei Wiedereinführung der Gerichtsbarkeit über Landeseinwohner an die Gerichte abzugeben . . .

Behandlung der Straftaten von Angehörigen der Wehrmacht und des Gefolges gegen Landeseinwohner.

1. Für Handlungen, die Angehörige der Wehrmacht und des Gefolges gegen feindliche Zivilpersonen begehen, besteht kein Verfolgungszwang, auch dann nicht, wenn die Tat zugleich ein militärisches Verbrechen oder Vergehen ist . . .

3. Der Gerichtsherr prüft daher, ob in solchen Fällen eine disziplinare Ahndung angezeigt oder ob ein gerichtliches Einschreiten notwendig ist. Der Gerichtsherr ordnet die Verfolgung von Taten gegen Landeseinwohner im kriegsgerichtlichen Verfahren nur dann

an, wenn es die Aufrechterhaltung der Manneszucht oder die Sicherung der Truppe erfordert. Das gilt z. B. für schwere Taten, die auf geschlechtlicher Hemmungslosigkeit beruhen, einer verbrecherischen Veranlagung entspringen oder ein Anzeichen dafür sind, daß die Truppe zu verwildern droht. Nicht milder sind in der Regel zu beurteilen Straftaten, durch die sinnlos Unterkünfte sowie Vorräte oder anderes Beutegut zum Nachteil der eigenen Truppe vernichtet wurden . . .

Vollständiger Text in: Der Prozeß gegen die Hauptkriegsverbrecher, Bd. XXXIV, S. 252 ff.

Nr. 239   „Richtlinien für die Behandlung politischer Kommissare" (Kommissarbefehl) vom 6. Juni 1941 (Auszüge)

Im Kampf gegen den Bolschewismus ist mit einem Verhalten des Feindes nach den Grundsätzen der Menschlichkeit oder des Völkerrechts *nicht* zu rechnen. Insbesondere ist von den *politischen Kommissaren aller Art* als den eigentlichen Trägern des Widerstandes eine haßerfüllte, grausame und unmenschliche Behandlung unserer Gefangenen zu erwarten.

Die Truppe hat sich bewußt zu sein:

1. In diesem Kampfe ist Schonung und völkerrechtliche Rücksichtnahme diesen Elementen gegenüber falsch. Sie sind eine Gefahr für die eigene Sicherheit und die schnelle Befriedung der eroberten Gebiete.

2. Die Urheber barbarisch asiatischer Kampfmethoden sind die politischen Kommissare. Gegen diese muß daher *sofort* und ohne weiteres mit aller Schärfe vorgegangen werden.

Sie sind daher, wenn im Kampf oder bei Widerstand ergriffen, grundsätzlich sofort mit der Waffe zu erledigen.

Im übrigen gelten folgende Bestimmungen:

I. Operationsgebiet

1. Politische Kommissare, die sich *gegen unsere Truppe* wenden, sind entsprechend dem Erlaß über Ausübung der Gerichtsbarkeit im Gebiet „Barbarossa" zu behandeln. Dies gilt für Kommissare jeder Art und Stellung, auch wenn sie nur des Widerstandes, der Sabotage oder der Anstiftung hierzu verdächtig sind.

Auf die Richtlinien über das Verhalten der Truppe in Rußland wird verwiesen.

2. Politische Kommissare *als Organe der feindlichen Truppe* sind kenntlich an besonderen Abzeichen – roter Stern mit goldenem eingewebtem Hammer und Sichel auf den Ärmeln – (Einzelheiten siehe Die Kriegswehrmacht der UdSSR. OKH/Gen dH O Qu IV Abt. Fremde Heere Ost (II) Nr. 100/41 g. vom 16. 1. 1941 unter Anlage 9 d). Sie sind aus den Kriegsgefangenen *sofort*, d. h. noch auf dem Gefechtsfelde, abzusondern. Dies ist notwendig, um ihnen jede Einflußnahme auf die gefangenen Soldaten zu nehmen. Diese Kommissare werden nicht als Soldaten anerkannt; der für Kriegsgefangene völkerrechtlich geltende Schutz findet auf sie keine Anwendung. Sie sind nach durchgeführter Absonderung zu erledigen.

3. *Politische Kommissare, die sich keiner feindlichen Handlung schuldig machen oder einer solchen verdächtig sind,* werden zunächst unbehelligt bleiben. Erst bei der weiteren Durchdringung des Landes wird es möglich sein, zu entscheiden, ob verbliebene Funktionäre an Ort und Stelle belassen werden können oder an die Sonderkommandos abzugeben sind. Es ist anzustreben, daß diese selbst die Überprüfung vornehmen.

Bei der Beurteilung der Frage, ob ,,schuldig oder nicht schuldig", hat grundsätzlich der persönliche Eindruck von der Gesinnung und Haltung des Kommissars höher zu gelten als der vielleicht nicht zu beweisende Tatbestand.

Aus: Laschitza/Vietzke, S. 258 f.

Nr. 240   Befehl des Armeeoberkommandos 6 über das ,,Verhalten der Truppe im Ostraum" vom 10. Oktober 1941 (Auszüge)

Geheim!
Hinsichtlich des Verhaltens der Truppe gegenüber dem bolschewistischen System bestehen vielfach noch unklare Vorstellungen.

Das wesentlichste Ziel des Feldzuges gegen das jüdisch-bolschewistische System ist die völlige Zerschlagung der Machtmittel und die Ausrottung des asiatischen Einflusses im europäischen Kulturkreis.

Hierdurch entstehen auch für die Truppe Aufgaben, die über das hergebrachte einseitige Soldatentum hinausgehen. Der Soldat ist im Ostraum nicht nur ein Kämpfer nach den Regeln der Kriegskunst, sondern auch Träger einer unerbittlichen völkischen Idee und der Rächer für alle Bestialitäten, die deutschem und artverwandtem Volkstum zugefügt wurden.

Deshalb muß der Soldat für die Notwendigkeit der harten, aber gerechten Sühne am jüdischen Untermenschentum *volles* Verständnis haben. Sie hat den weiteren Zweck, Erhebungen im Rücken der Wehrmacht, die erfahrungsgemäß stets von Juden angezettelt wurden, im Keime zu ersticken.

Der Kampf gegen den Feind hinter der Front wird noch nicht ernst genug genommen. Immer noch werden heimtückische, grausame *Partisanen* und entartete Weiber zu Kriegsgefangenen gemacht, immer noch werden halb uniformierte oder in Zivil gekleidete Heckenschützen und Herumtreiber wie anständige Soldaten behandelt und in die Gefangenenlager abgeführt.

Die Sowjets haben bei ihrem Rückzug häufig Gebäude in Brand gesteckt. Die Truppe hat nur soweit ein Interesse an Löscharbeiten, als notwendige Truppenunterkünfte erhalten werden müssen. Im übrigen liegt das Verschwinden der Symbole einstiger Bolschewistenherrschaft, auch in Gestalt von Gebäuden, im Rahmen des Vernichtungskampfes. Weder geschichtliche noch künstlerische Rücksichten spielen hierbei im Ostraum eine Rolle.

Wird im Rücken der Armee Waffengebrauch einzelner Partisanen festgestellt, so ist mit drakonischen Maßnahmen durchzugreifen. Diese sind auch auf die männliche Bevölkerung auszudehnen, die in der Lage gewesen wäre, Anschläge zu verhindern oder zu melden.

Fern von allen politischen Erwägungen der Zukunft hat der Soldat zweierlei zu erfüllen:

1. die völlige Vernichtung der bolschewistischen Irrlehre, des Sowjet-Staates und seiner Wehrmacht,

2. die erbarmungslose Ausrottung artfremder Heimtücke und Grausamkeit und damit die Sicherung des Lebens der deutschen Wehrmacht in Rußland.

Nur so werden wir unserer geschichtlichen Aufgabe gerecht, das deutsche Volk von der *asiatisch-jüdischen Gefahr ein für allemal zu befreien.*

Vollständiger Text in: Der Prozeß gegen die Hauptkriegsverbrecher, Bd. XXXV, S. 81–83

Nr. 241 Resultate der Vernichtungskommandos in der Sowjetunion

Aus den zahllosen ,,Ereignismeldungen UdSSR Nr. . . .'', die der Chef der Sicherheitspolizei und des SD, Gestapo-Abteilung Kommunismus, mit Beginn des Ostfeldzuges in über 50–60 Ausfertigungen anfertigen und verteilen ließ, ist ein umfassendes Bild von der Tätigkeit der deutschen Vernichtungskommandos in Rußland zu gewinnen. So meldete die Einsatzgruppe A am 15. Oktober 1941, sie habe bisher 125 000 Juden und 5000 andere ,,liquidiert'', die Einsatzgruppe B berichtete von 45 000 Opfern bis zum 14. November 1941, die Einsatzgruppe C von 75 000 Juden und 5000 ,,anderen'' (meist Kommissare, Funktionäre usw.), während das Einsatzkommando D am 12. Dezember 1941 von 55 000 sprach, die es beseitigt hatte . . .

Rassische und politische Motive zeigen sich in der Ereignismeldung Nr. 132 vom 11. Dezember 1941, in der es unter ,,Vollzugstätigkeit'' u. a. hieß:

,,In Borispol wurden auf Anforderung des Kommandanten der dortigen Kriegsgefangenenlager durch einen Zug des Sonderkommandos 4 am 14. 10. 41 752 und am 16. 10. 41 357 jüdische Kriegsgefangene, darunter einige Kommissare und 78 vom Lagerarzt übergebene jüdische Verwundete erschossen. Gleichzeitig exekutierte derselbe Zug 24 Partisanen und Kommunisten, die vom Ortskommandanten in Borispol festgenommen worden waren . . . Ein anderer Zug des Sonderkommandos 4a wurde in Lubny tätig und exekutierte störungslos 1865 Juden, Kommunisten und Partisanen, darunter 53 Kriegsgefangene und einige jüdische Flintenweiber.''

Aus: Anatomie des SS-Staates, Bd. II; Gutachten des Instituts für Zeitgeschichte, München 1967, S. 161 f.

Nr. 242   Befehl Adolf Hitlers vom 18. Oktober 1942 über die Vernichtung von Kommandotrupps und Fallschirmspringern (Kommandobefehl; Auszüge)

. . . 3. Ich befehle daher:

Von jetzt ab sind alle bei sogenannten Kommandounternehmungen in Europa oder in Afrika von deutschen Truppen gestellte Gegner, auch wenn es sich äußerlich um Soldaten in Uniform oder Zerstörungstrupps mit und ohne Waffen handelt, im Kampf oder auf der Flucht bis auf den letzten Mann niederzumachen. Es ist dabei ganz gleich, ob sie zu ihren Aktionen durch Schiffe oder Flugzeuge angelandet werden oder mittels Fallschirm abspringen. Selbst wenn diese Subjekte bei ihrer Auffindung scheinbar Anstalten machen sollten, sich gefangen zu geben, ist ihnen grundsätzlich jeder Pardon zu verweigern. Hierüber ist in jedem Einzelfall zur Bekanntgabe im Wehrmachtsbericht eine eingehende Meldung an das OKW zu erstatten . . .

5. Diese Anordnung gilt nicht für die Behandlung derjenigen feindlichen Soldaten, die im Rahmen normaler Kampfhandlungen (Großangriffe, Großlandungsoperationen und Großluftlandeunternehmen) im offenen Kampf gefangen genommen werden oder sich ergeben. Ebensowenig gilt diese Anordnung gegenüber den nach Kämpfen auf See in unsere Hand gefallenen oder nach Kämpfen in der Luft durch Fallschirmabsprung ihr Leben zu retten versuchenden feindlichen Soldaten . . .

Vollständiger Text in: Der Prozeß gegen die Hauptkriegsverbrecher, Bd. XXXVI, S. 100 f.

Nr. 243   Befehl des Oberbefehlshabers der Heeresgruppe Süd vom 11. September 1943 (Auszug)

. . . Bisherige Erfahrungen in Räumungsgebieten haben gezeigt, daß große Teile der Bevölkerung nicht freiwillig mit der Truppe zurückgehen. Dadurch fielen große Mengen von Arbeitskräften, Vieh, Lebensmitteln und Matrial in Feindeshand. Nur schärfstes Vorgehen der Truppe ermöglicht, Hunderttausende von Arbeitskräften, Vieh und Getreide zu bergen.

In Zusammenfassung bereits erlassener Befehle weise ich nochmals auf folgende Punkte besonders hin:

Die landwirtschaftliche Bevölkerung ist mit allen Mitteln zu veranlassen, mit Pferden und Großvieh nach Westen abzuwandern. Bei Weigerung sind Pferde und Vieh wegzutreiben, das Vieh der Truppenverpflegung nutzbar zu machen oder zu erschießen.

Die Wehrfähigen sind mit allen Mitteln zu sammeln und geschlossen abzubefördern unter dem Hinweis, daß sie von den Russen sofort in das Heer eingestellt werden würden. Anzustreben ist geschlossene Abbeförderung oder Abmarsch geschlossener Betriebsgemeinschaften unter Angabe, daß sie in Betriebe am Dnjepr verlegt werden. Abschub nach Möglichkeit, ehe die Zerstörungen beginnen. Angehörige können mitgenommen werden.

Vernichtung aller Wirtschaftsgüter, die nicht abbefördert werden können, ist mit allen Mitteln durchzuführen. In der Kampfzone kommt es darauf an, daß die noch vorhandenen Vorräte in größtmöglichem Umfang von der Truppe verbraucht werden . . .

Aus: Der Zweite Weltkrieg. Dokumente, ausgew. u. eingel. v. G. Förster u. O. Groehler, Berlin 1974, S. 223 f.

Nr. 244 Hitlers Zerstörungsbefehl vom 20. März 1945 (Auszüge)

Der Kampf um die Existenz unseres Volkes zwingt auch innerhalb des Reichsgebietes zur Ausnutzung aller Mittel, die die Kampfkraft unseres Feindes schwächen und sein weiteres Vordringen behindern. Alle Möglichkeiten, der Schlagkraft des Feindes unmittelbar oder mittelbar den nachhaltigsten Schaden zuzuführen, müssen ausgenutzt werden . . .

Ich befehle daher:

1. Alle militärischen, Verkehrs-, Nachrichten-, Industrie- und Versorgungsanlagen sowie Sachwerte innerhalb des Reichsgebietes, die sich der Feind für die Fortsetzung seines Kampfes irgendwie sofort oder in absehbarer Zeit nutzbar machen kann, sind zu zerstören . . .

Vollständiger Text in: Der Prozeß gegen die Hauptkriegsverbrecher, Bd. XLI, S. 430 f.

4. Kriegswirtschaft und Ausbeutung

a) Ausbeutung unterworfener Völker und Länder

Nr. 245 Protokoll der Sitzung der Metall-Unterkommission des Technischen Ausschusses der IG Farbenindustrie AG vom 16. April 1940 über die Zusammenarbeit mit der Friedrich Krupp AG bei der Ausbeutung der norwegischen Wirtschaft (Auszug)

In Norwegen werden alle in englisch-französischem Besitz befindlichen Fabriken und Grubenkonzessionen beschlagnahmt und die norwegische Wirtschaft für uns mobilisiert. Der Ausbau der norwegischen Molybdasen-Vorkommen soll sofort aufgenommen werden. Hierüber findet am Montag eine Aussprache mit Krupp statt.

Aus: Anatomie des Krieges, S. 254

Nr. 246 Richtlinien von Generalleutnant Georg Thomas, Chef des Wehrwirtschafts- und Rüstungamtes des OKW, vom 16. Juli 1940 über Rohstoffe und Maschinen in den besetzten Gebieten (Auszüge)

1. a) Rohstoffe, die entsprechend den Anweisungen für die Wi-Trupps erkundet und sichergestellt sind, sind nach dem Reich abzutranportieren.

b) Werkzeugmaschinen gemäß Anlage und Elektromotoren normaler Spannung sind rüstungswichtig und müssen daher ebenfalls in das Reich zurückgeführt werden . . .

2. Bei der Überführung sind zu unterscheiden:

a) Beute: Als Beute sind anzusehen alle Rohstoffe, Halb- und Fertigfabrikate, soweit sie in Besitz bzw. Eigentum der feindlichen Wehrmacht sind . . .

b) Beschlagnahmtes Gut: Als beschlagnahmtes Gut sind anzusehen Rohstoffe, Halb- und Fertigfabrikate, die nicht im Besitz oder Eigentum der feindlichen Wehrmacht sind, aber aus Bedarfsgründen der Industrie des Reichs zugeführt werden müssen.

Aus: Anatomie des Krieges, S. 271

Nr. 247 Aktennotiz über eine Besprechung der Staatssekretäre vom 2. Mai 1941 über die Ausplünderung der Sowjetunion (Auszug)

1. Der Krieg ist nur weiterzuführen, wenn die gesamte Wehrmacht im 3. Kriegsjahr aus Rußland ernährt wird.

2. Hierbei werden zweifellos zig Millionen Menschen verhungern, wenn von uns das für uns Notwenige aus dem Lande herausgeholt wird.

3. Am wichtigsten ist die Bergung und Abtransport von Ölsaaten, Ölkuchen, dann erst Getreide. Das vorhandene Fett und Fleisch wird voraussichtlich die Truppe verbrauchen.

Vollständiger Text in: Laschitza/Vietzke, S. 257 f.

Nr. 248 Aktenvermerk von Reichard, Leiter der Auslandsabteilung des Otto-Wolff-Konzerns, vom 25. Juni 1941 über Pläne zur Aneignung der sowjetischen Eisen- und Stahlindustrie (Auszug)

Mit der fortschreitenden militärischen Besetzung russischen Gebietes ist bekanntlich beabsichtigt, eine weitverzweigte wirtschaftliche Organisation aufzuziehen. Für den Bereich Eisen und Stahl sind für die im ganzen vorgesehenen vier Verwaltungsbezirke (Leningrad, Moskau, Kiew und Kaukasus) folgende leitende Persönlichkeiten vorgesehen:

1. für Leningrad, Herr Direktor Korschan (Krupp AG);

2. für Moskau, Herr Direktor Gärtner (Reichswerke Hermann Göring);

3. für Kiew, Herr Direktor Dr. vom Bruck (Hoesch AG);

4. für Kaukasus, noch unbesetzt.

Das weitaus wichtigste Gebiet stellt die Ukraine mit einer Erzförderung von 22 Millionen Tonnen Eisenerz, 1,8 Millionen Tonnen Manganerz, einer Stahlproduktion von 12 Millionen Tonnen und etwa 35 wichtigen Hochofen- und Walzwerken dar.

Heute besuchte ich den mir sehr gut bekannten für die südrussische Eisenindustrie vorgesehenen Bevollmächtigten, Herrn Dr. vom Bruck, dessen Stab vorläufig aus folgenden Herren besteht:

1. Dr. Faulhaber, bisher Wirtschaftsgruppe Eisenschaffende Industrie;
2. Bleckmann, aus Fa. Schoeller & Bleckmann;
3. Dr. Wesemann, Maxhütte;
4. Dr. Küttner, Fachgruppe Edelstahl;
5. Dr. Becker, Hoesch AG;
6. Ostermann, Werkstoffverfeinerung;
7. Dr. Bruhn, Gutehoffnungshütte.

Aus: Anatomie des Krieges, S. 338

Nr. 249   Schreiben der Sulzbach-Rosenberg-Hütte an das Arbeitsamt Amberg vom 9. Juli 1941 mit Forderungen nach ausländischen, darunter sowjetischen Zwangsarbeitern (Auszüge)

1. Grubenverwaltung Sulzbach-Rosenberg: Wir haben im März ds. Jahres einen Antrag auf Zuweisung von 30 polnischen Arbeitskräften gestellt, hiervon aber nur 5 Mann bekommen. Nachdem es unmöglich erscheint, daß wir die restlichen 25 Polen noch erhalten, haben wir auf Veranlassung des Herrn Oberinspektors Schön vom RAM unterm 23. 6. 41 einen Gesamtantrag auf Zuweisung von 50 ausländischen Zivilarbeitern herausgehen lassen, die wir zur Aufrechterhaltung unseres Grubenbetriebes dringendst benötigen. Dazu kommt noch unser Antrag vom 27. 6. 41 auf weitere 30 ausländische Zivilarbeiter . . .

Wir sind damit einverstanden, daß uns für sämtliche angeforderten Arbeitskräfte russische Kriegsgefangene zugewiesen werden, und möchten darum bitten, daß die Sache beschleunigt behandelt wird . . .

Die Sulzbach-Rosenberg-Hütte gehörte zum Flick-Konzern; aus: Anatomie des Krieges, S. 341

Nr. 250   Aktennotiz von Odilo Burkart, Generalbevollmächtigter des Flick-Konzerns, für Friedrich Flick vom 13. August 1941 über die Gründung einer Gesellschaft zur Aneignung sowjetischer Montanbetriebe (Auszüge)

In der heutigen Aussprache mit Herrn John kam ich zunächst auf die Gründung der Ostwerke GmbH zu sprechen. Herr John bestätigte mir, was wir auch bereits von Herrn Scheer gehört hatten, daß man mit der Gründung dieser Ost-GmbH einmal vermeiden wollte, daß nun ein großes Rennen der deutschen Industrie um die russischen Werke losgehen würde . . .

Interessant war nun noch die Angabe von Herrn John, daß der Reichsmarschall bei der Gründung der Ostwerke nochmals ausdrücklich erklärt habe, es liege ihm fern, den gesamten wirtschaftlichen Komplex in Rußland ständig im Staatsbesitz zu behalten, vielmehr habe er die Absicht, nach Kriegsschluß auch hier die privatwirtschaftlichen Belange zum Zuge kommen zu lassen, genauso wie er auch den Gedanken einer Reprivatisierung der Reichswerke nicht aufgegeben habe. Herr John fügte noch hinzu, daß sich in der Richtung der Reprivatisierung der großen Staatskonzerne (also nicht nur der Reichswerke) der Führer und der Reichsmarschall vollkommen einig seien.

Oberst John war im Amt des Beauftragten für den Vierjahresplan tätig; mit „Reichsmarschall" ist Göring gemeint; mit den „Reichswerken" sind die Reichswerke AG für Erzbergbau und Eisenhütten „Hermann Göring" gemeint; aus: Anatomie des Krieges, S 348 f.

Nr. 251   Vertrauliche „Sozialpolitische Information" der Reichsvereinigung Kohle vom 1. November 1941 über die Deportation sowjetischer Bergarbeiter (Auszug)

Auf Anregung der Reichsvereinigung Kohle befaßten sich in den letzten Wochen die verantwortlichen Stellen mit der Frage des Einsatzes von Bergarbeitern aus dem Erzgebiet von Kriwoj-Rog im Ruhrbergbau. Der Durchführung dieser Maßnahme standen nicht unerhebliche Bedenken in politischer Hinsicht und bezüglich der Überwachung dieser Arbeitskräfte entgegen.

Die Neue Maschinenfabrik Kramatorsk/Sowjetunion wird zur „Patenfirma" der Firma Friedrich Krupp AG, Essen, erklärt.

Nunmehr hat der Reichsmarschall dem Antrag der Reichsvereinigung Kohle zum Einsatz vom 10 000 bis 12 000 ukrainischen Bergarbeitern unter Einhaltung bestimmter Voraussetzungen zugestimmt. Er hat den Vorsitzer der Reichsvereinigung Kohle beauftragt, im Einvernehmen mit dem Reichsführer SS und Chef der Deutschen Polizei, dem OKW, dem Reichsernährungsministerium und dem Reichsarbeitsministerium umgehend das zum Einsatz dieser Arbeitskräfte Erforderliche in die Wege zu leiten. Da aus besonderen Gründen Eile geboten ist, kann mit der baldigen Überführung der ukrainischen Arbeiter gerechnet werden. Die näheren Einsatzbedingungen werden zur Zeit mit den vorerwähnten Stellen festgelegt . . .

Aus: Anatomie des Krieges, S. 359

Nr. 252 Bericht des Werkschutzes der Heinrich-Bierwes-Hütte vom 24. März 1942 über einen Streik sowjetischer Zwangsarbeiter (Auszüge)

Die Tagesrationen der Verpflegung sind von den deutschen Arbeitern grundverschieden. Sie sind u. E. in keiner Weise ausreichend, um so mehr nicht, als diese Fachkräfte zum größten Teil Schwer- und Schwerstarbeiter sind . . .

Der Aufforderung, die Baracken zu räumen und in Arbeitskolonnen auf dem Barackenhofe anzutreten, wurde keine Folge geleistet. Daraufhin wurde die Räumung der Baracke angeordnet. Das schlagartige und energische Eingreifen des Werkschutzes hatte vollen Erfolg. Die Arbeitsgruppen traten sofort an. Da inzwischen Schichtwechsel um 6.00 Uhr vollzogen war, wurden diese Leute, da sie vorher die Einnahme des Essens verweigert hatten, ohne die Einnahme des Tees an die Arbeit geführt . . .

Bezüglich der unzureichenden Verpflegung sei bemerkt, daß wir einen Rückgang der Arbeitskraft innerhalb der nächsten 4 Wochen fürchten. Die russischen Arbeiter würden dann nicht mehr voll einsatzfähig sein, was unserer deutschen Gefolgschaft nicht verheimlicht werden könnte. Es wird dann die Gefahr eintreten, daß deutsche Gefolgschaftsmitglieder, welche innerlich mit den Russen

sympathisieren, aus Mitleid den russischen Zivilarbeitern Lebensmittel zustecken. Auf diese Art und Weise würde eine Front aus
deutschen und russischen Arbeitern gegen unseren Staat entstehen,
was unter allen Umständen im Staatsinteresse vermieden werden
muß.

Die Hütte gehörte zum Mannesmann-Konzern; längere Auszüge in: Anatomie des
Krieges, S. 390–392

*Nr. 253 Programm von Fritz Sauckel, dem Gauleiter der NSDAP
in Thüringen und Generalbevollmächtigtem für den Arbeitseinsatz,
vom 20. April 1942 (Auszüge)*

Trotz der Tatsache, daß die meisten deutschen arbeitsfähigen Menschen in der anerkennenswertesten Weise ihre Kräfte für die
Kriegswirtschaft bereits eingesetzt haben, müssen unter allen Umständen noch erhebliche Reserven gefunden und freigemacht werden . . .

Es ist daher unumgänglich notwendig, die in den eroberten sowjetischen Gebieten vorhandenen Menschenreserven voll auszuschöp-
fen. Gelingt es nicht, die benötigten Arbeitskräfte auf freiwilliger
Grundlage zu gewinnen, so muß unverzüglich zur Aushebung derselben bzw. zur Zwangsverpflichtung geschritten werden.

Neben den schon vorhandenen, noch in den besetzten Gebieten
befindlichen Kriegsgefangenen gilt es also vor allem Zivil- und Facharbeiter und -arbeiterinnen aus den Sowjetgebieten vom 15. Lebensjahr ab für den deutschen Arbeitseinsatz zu mobilisieren.

Nach den vorhandenen Möglichkeiten kann dagegen aus den im
Westen von Deutschland besetzten Gebieten Europas ein Viertel des
Gesamtbedarfs an fremdländischen Arbeitskräften hereingenom-
men werden . . .

Alle diese Menschen müssen so ernährt, untergebracht und behandelt werden, daß sie bei denkbar sparsamstem Einsatz die
größtmögliche Leistung hervorbringen . . . Die Arbeitskraft dieser
Leute muß in größtem Maße ausgenutzt werden . . .

Ich bitte, dabei zu bedenken, daß auch eine Maschine nur das zu
leisten vermag, was ich ihr an Treibstoff, Schmieröl und Pflege zur

Verfügung stelle. Wieviel Voraussetzungen aber muß ich beim Menschen, auch wenn er primitiver Art und Rasse ist, gegenüber einer Maschine berücksichtigen . . .

Längere Auszüge in: Anatomie des Krieges, S. 393–395

Nr. 254   Aktennotiz der Personalabteilung des Kunstseidenwerkes Elsterberg der Vereinigte Glanzstoff-Fabriken AG Wuppertal-Elberfeld vom 31. August 1943 über Kinderarbeit

Das Kind Agathe Nowacke, Kontr.-Nr. 832, beschäftigt in der Konerei, wurde heute dem Lagerarzt vorgeführt. Nach Angabe von Herrn Dr. Römer leidet es an Körperschwäche und Unterernährung und ist künftig nicht mehr arbeitseinsatzfähig. Lt. Eintragung im Krankenbuch bedeutet ein weiterer Einsatz dieser 10jährigen Kindermord.

Aus: Anatomie des Krieges, S. 432

Nr. 255   Wochenbericht von Max Faust, Oberingenieur des Werkes Auschwitz der IG Farbenindustrie AG, für die Zeit vom 18. Oktober bis zum 31. Oktober 1943 über die Behandlung der KZ-Häftlinge und der anderen Arbeitskräfte (Auszüge)

Eine Sorge, die von Woche zu Woche brennender wird, bildet die ständig abnehmende Arbeitsmoral auf der Baustelle. Wenn ich auch bei meinem letzten Besuch in Ludwigshafen feststellen konnte, daß auch dort die Arbeitsmoral auf der Baustelle zu wünschen übrigläßt, so ist doch auf unserer Baustelle wegen der außerordentlich bunten Zusammensetzung der Belegschaft, wobei die Häftlinge und kriegsgefangenen Engländer eine besonders bedenkliche Rolle spielen, die Durchführung besonderer Maßnahmen notwendig.

Bedauerlich hierbei ist, daß die Gestapo bei der Behandlung von Fragen der Arbeitsbummelei nicht so prompt arbeitet, wie dies von uns gewünscht wird. So werden z. B. Reklamationen bei der Gestapo wegen Behandlung von uns gemeldeter Arbeitsbummelanten mit dem einfachen Hinweis beantwortet, daß sich die Gestapo nicht

Auszeichnung von Rüstungsindustriellen mit dem Kriegsverdienstkreuz am 5. Juni 1943. (1. Reihe links: Albin Sawatzki, leitender Ingenieur in den Henschel-Werken; 2. Reihe, 3. v. l.: Walter Rohland, Leiter des Hauptausschusses Panzererzeugung für die Rüstungsproduktion, stellvertretender Vorsitzender der Reichsvereinigung Eisen und des Industrierates beim Oberkommando des Heeres, Vorstandsmitglied der Vereinigten Stahlwerke AG; 3. Reihe v. l. n. r.: Carl Krauch, Aufsichtsratsvorsitzender der IG Farbenindustrie AG, Generalbevollmächtigter für Chemie und Leiter des Reichsamtes für Wirtschaftsaufbau; William Werner, Direktor [Fabrikation], stellvertretender Vorsitzender des Industrierates, Leiter des Industrierates für Luftwaffengeräte, Vorstandsmitglied der Auto-Union AG, Leiter des Hauptausschusses Triebwerke im Reichsministerium für Bewaffnung und Munition, Mitglied im Rüstungsrat; Karl Otto Saur, Chef des technischen Amtes im Reichsministerium für Bewaffnung und Munition).

drängeln ließe. Diese Tatsache allein zeigt, daß man dort noch nicht erkannt hat, um was es geht.

Bezüglich der Häftlinge habe ich zwar stets dagegen opponiert, daß Häftlinge auf der Baustelle erschossen oder halbtot geschlagen werden. Ich stehe jedoch auf dem Standpunkt, daß eine Züchtigung in gemäßigten Formen unbedingt notwendig ist, um die nötige Disziplin unter den Häftlingen zu wahren. Es geht nicht an, daß ein Häftling einem Meister nachruft: „Dich werden wir auch noch von Deinem Fahrrad herunterholen."

. . . Dasselbe gilt auch für einen Teil Polen und Ukrainer. Es war von jeher üblich, daß ein energischer und tatkräftiger deutscher Polier auf der Baustelle auch einmal handgreiflich wurde, und es hat Zeiten gegeben, in denen es der jugendliche Geselle dem Meister durchaus nicht übelnahm, wenn er für eine Dummheit, die er gemacht hatte, eine Backpfeife bekam . . .

Dasselbe gilt auch für die englischen Kriegsgefangenen. Die zur Verfügung stehenden Wachmannschaften sind so schlapp und teilweise von einer minderwertigen Moral, daß unter ihren Schützlingen einfach keine Arbeitsmoral und keine Disziplin herrschen kann . . .

Längere Auszüge in: Anatomie des Krieges, S. 439

Nr. 256 Die Arbeitsbedingungen weiblicher KZ-Häftlinge in Krupp-Betrieben

Angestellte von Krupp, darunter auch eine vom Arbeitseinsatz „A" und Werkmeister aus den Werkstätten, in denen die Konzentrationslagerhäftlinge angestellt werden sollten, gingen nach Gelsenberg und wählten von den 2000 Frauen, die für die Anstellung bei Krupp verfügbar waren, 520 aus. Die abschließenden Verhandlungen für die Zuweisung dieser Arbeitskräfte wurden vom Angeklagten Lehmann und seinen Untergebenen geführt.

Die 520 weiblichen Konzentrationslagerinsassen waren im Alter von 15 bis 25 Jahren. Einige unter ihnen waren Studentinnen. Sie waren jüdischen Glaubens und waren ihrer Religion wegen im Mai 1944 mit ihrer Familie ausgesondert und aus ihrer Heimat in der Tschechoslowakei, in Rumänien und Ungarn gewaltsam herausgerissen und in das berüchtigte Konzentrationslager nach Auschwitz gebracht worden. Die Tschechinnen, etwa 50% der 520 Frauen, hatten in dem Gebiet der Tschechoslowakei gelebt, das von Deutschland nach der Besetzung der Tschechoslowakei an Ungarn abgetreten worden war. In Auschwitz hatte man ihnen ihr ganzes Eigentum weggenommen, statt ihrer Kleider bekamen sie ein einziges sackartiges Gewand aus gröbstem Leinen und Holzpantinen, die oben Stoff hatten. Ihre Köpfe wurden teilweise rasiert.

Viele ihrer Familienangehörigen wurden in Auschwitz vergast. Die Frauen wurden von Auschwitz in das Gelsenberger Lager geschafft, das nicht weit von Essen entfernt war und dem Kommandanten des Konzentrationslagers Buchenwald unterstand. Hier wählten die Angestellten der Firma Krupp die 520 Insassen aus, die dann nach Essen gebracht wurden. Sie wurden „ungarische Jüdinnen" genannt.

Das Lager in der Humboldtstraße, in dem diese Konzentrationslagerinsassen untergebracht wurden, bestand aus vier Schlafbarakken und einem Gebäude, das als Küche bezeichnet wurde und in dem die Insassen ihr Essen bekamen und auch aßen. In dem Lager gab es auch einen Luftschutzgraben, der die Bewohner gegen Brokken und Splitter schützen sollte, aber bei schweren Bomben völlig wertlos war. Um das Lager herum war Stacheldraht gezogen, auf Wachtürmen waren Angehörige der SS als Wachen aufgestellt, die die Insassen an der Flucht hindern sollten.

Die Baracken verbrannten bei einem Luftangriff am 25. Oktober 1944. Das ehemalige Küchengebäude wurde zusammengeflickt, und die ganze Belegschaft wurde in diesem Gebäude zusammengepfercht, wo sie wohnen mußte, obwohl es regenundicht war. Die Insassen schliefen auf ein wenig Stroh auf dem Fußboden. Die Waschgelegenheiten waren zerstört und wurden nicht ersetzt. Bei einem weiteren Luftangriff am 21. Dezember 1944 wurde auch dieses Gebäude getroffen, und von da an lebte die ganze Belegschaft in dem Keller dieses ausgebombten Gebäudes, in dem es feucht und kalt war und nur unzureichende Lüftungsmöglichkeiten gab. Öfen konnten nicht benutzt werden . . .

Manche der Mädchen hatten Fetzen von Decken um ihre Beine und Füße gewickelt. Zu Zeiten mußten die Insassen barfuß laufen, da viele von ihnen weder Strümpfe noch Fußlappen besaßen. Viele hatten erfrorene Füße und Frostbeulen. Manche Mädchen mußten Ziegel und Metallplatten ohne Handschuhe oder sonstigen Schutz tragen . . .

Die meisten Mädchen arbeiteten im Walzwerk Nr. 2, das etwa 2¹/₂ km vom Lager entfernt war. Um 4 Uhr morgens wurden die Mädchen geweckt. Um 4.30 Uhr war Appell. Um 6 Uhr morgens begannen sie mit der Arbeit, und sowohl die Tages- wie auch die Nachtschicht hatte lange Arbeitsstunden. Am Sonntag waren die Arbeitsstunden kürzer.

Als durch die Luftangriffe die Produktion in vielen der Krupp'schen Fabriken in Essen stillag, wurden die weiblichen Häftlinge dazu abgestellt, Trümmer wegzuräumen und Baumaterial für den Aufbau der Fabrik zu tragen . . . Die weiblichen SS-Aufseher ohrfeigten und stießen die Mädchen, wenn sie langsam arbeiteten. Zur Strafe bekamen sie nichts zu essen und das Haar wurde ganz kurz geschnitten oder in Form eines Kreuzes rasiert. Die Firma Krupp bestimmte die Art und Menge der Arbeit und Überwachung . . . Die Aufseher von Krupp sorgten streng für Disziplin bei der Arbeit, sie gaben den SS-,,Aufsehern" Instruktionen bezüglich der Strafen. Daß die Mädchen mißhandelt wurden, war in der Firma allgemein bekannt . . .

Aus der Urteilsbegründung im Prozeß X, abgedruckt in: Buchenwald. Dokumente und Berichte, Frankfurt 1960, S. 265 f.

Nr. 257 Tribute der okkupierten Gebiete und deutsche Staatsausgaben 1940–1944 (in Mrd. Mark)

Jahr	Staatsausgaben	Kontributionen	Kontributionen in % der Gesamtausgaben
1940	62	8	11,4
1941	84	19	18,4
1942	100	28	21,9
1943	114	40	26,0
1944	134	48	26,4

Aus: J. Kuczynski, Die Geschichte der Lage der Arbeiter, Bd. II, Erster Teil, Berlin 1953, S. 110

b) Die Konzentrationslager und die industrielle Verwertung der Häftlinge

*Nr. 258   Aus dem geheimen Schreiben von Carl Krauch, General-
bevollmächtigter für Sonderfragen der chemischen Erzeugung und
Aufsichtsratsvorsitzender der IG Farbenindustrie AG, an Otto Ambros, Vorstandsmitglied der IG Farbenindustrie AG, vom 4. März
1941 über den Einsatz von KZ-Häftlingen beim Bau des Bunawerkes IV in Auschwitz*

Auf meinen Antrag und auf Weisung des Herrn Reichsmarschalls
hat der Reichsführer SS unter dem 26. Februar ds. Js. folgendes angeordnet:

1. Die Juden in Auschwitz sind raschestens auszusiedeln, ihre
Wohnungen sind frei zu machen und für die Unterbringung der
Bauarbeiterschaft des Bunawerkes sicherzustellen.

2. Aus der Gegend von Auschwitz dürfen keinerlei als Arbeiter
oder Bauarbeiter für das Bunawerk in Frage kommende Polen aus-
gewiesen werden.

3. Der Inspekteur der Konzentrationslager und der Chef des V-
und W-Hauptamtes ist angewiesen, an Ort und Stelle sofort mit dem
Bauleiter des Bunawerkes in Verbindung zu treten und das Bauvor-
haben durch die Gefangenen aus dem Konzentrationslager in jedem
nur möglichen Umfange zu unterstützen.

Aus: Anatomie des Krieges, S. 320

*Nr. 259   Der Weg in das Konzentrationslager. Bericht eines Häft-
lings (Auszüge)*

. . . Der Transportleiter übergibt uns einem SS-Scharführer. Wir
werden von den SS-Leuten umstellt . . .

Ich stehe mitten in der Kolonne. Ein Kommando erschallt:
„Rechts – – um!" Einen Augenblick später stößt mich mein Hin-
termann plötzlich mit voller Wucht in den Rücken und drängt mich
derart nach vorn, daß ich wieder auf meinen Vordermann falle. Da
sehe ich, daß die SS-Leute mit Gewehrkolben und Gummiknüppeln

wahllos auf uns einschlagen. Unsere Kolonne beginnt zu laufen, Schüsse knallen, Kugeln pfeifen. Wir laufen, eng aneinandergepreßt, stolpern übereinander. Wer hinfällt, wird von den Nachfolgenden niedergetrampelt. Die Schläge und Stöße hageln nur so auf uns herab. Wir laufen alle um unser Leben – ein einziger, wüster, turbulenter Haufen. Keiner weiß, wohin er laufen soll, jeder richtet sich nach seinen Vorder- und Nebenmännern, einer klammert sich an den andern, jeder versucht, in die Mitte der Kolonne zu kommen. Der Verstand setzt aus. Nur weg von den Schlägen und Stößen, weg von den pfeifenden Kugeln, weiter, weiter, immer weiter. Die Kolonne schwenkt nach rechts ab. Vor einer hölzernen Barackenwand kommen wir zum Stehen . . .

Die Niedergetrampelten kommen herbeigehumpelt, keuchend, blutig, die Kleider beschmutzt und zerfetzt, und werden eingereiht. Wer nicht schnell genug ist oder auch nicht mehr schnell sein kann, wird mit weiteren Kolbenstößen und Schlägen traktiert . . .

In Trupps von etwa zwanzig Mann werden wir jetzt in die Baracke gebracht, vor der wir stehen. Es ist die „Politische Abteilung" des Lagers. Fast durch die ganze Barackenlänge zieht sich ein breiter Gang, von dem aus verschiedene Türen in die einzelnen Geschäftszimmer führen.

Nach einiger Zeit kommt ein SS-Mann, stellt sich mit einem Zettel in der Hand lässig vor uns auf und hält etwa folgende Ansprache: „Ihr befindet euch hier nicht in einem Sanatorium. Das werdet ihr wohl eben schon begriffen haben. Wer es noch nicht begriffen hat, dem wird es schon noch beigebracht. Darauf könnt ihr euch verlassen. Wir werden jetzt eure genauen Personalien aufnehmen. Jeder hat laut und deutlich und bis auf den letzten I-Punkt wahrheitsgemäß seine Angaben zu machen. Das gilt überhaupt für alle Angaben, die ihr mündlich oder schriftlich zu machen habt. Wer es nicht tut, der kann was erleben . . . Wir werden euch hier wieder zu brauchbaren Menschen machen, oder ihr sterbt hier. Und das Sterben ist hier nicht so einfach, wie es sich anhört. Das werdet ihr bald begreifen . . . Ihr seid hier keine Strafgefangenen, ihr seid hier nur ‚Häftlinge', und was das bedeutet, werdet ihr, wenn ihr es noch nicht wißt, bald erfahren. Ihr seid ehrlos und wehrlos! Ihr seid rechtlos! Euer Los ist ein Knechtlos! Amen." . . .

Jetzt gehöre ich zu den vier Mann, die in das Geschäftszimmer eintreten müssen . . .

Ein Scharführer tritt zu dem Maschinenschreiber, der unsere Personalien aufnehmen will, nimmt eine Akte zur Hand, mustert uns und nennt dann einen Namen. Der Häftling vor mir meldet sich darauf mit: „Hier!" Der Scharführer sieht den Häftling mit einem stechenden Blick an, tritt dann auf ihn zu und schlägt ihm unvermittelt die geballte Pranke mit voller Wucht ins Gesicht, so daß der Geschlagene zur Seite wankt. Darüber ist der erste Mann in unserer Reihe derart erschreckt, daß er die an ihn gestellten Fragen des Maschinenschreibers nur leise beantwortet. Jetzt springt der Maschinenschreiber auf, nimmt eine biegsame Gerte, die er neben sich auf dem Tische liegen hat, schlägt den Häftling brutal rechts und links durch das Gesicht und brüllt ihn an: „Weißt du nicht, daß du hier laut und deutlich zu antworten hast?!"

. . . Die Aufnahme unserer Personalien ist beendet . . . Einer der SS-Männer sagt zu uns: „Seht ihr da unten das Tor?" Er weist auf das Lagertor, das wir schon oben vom Gittertor aus gesehen hatten. Es ist ein zweistöckiges Gebäude mit einem Wachturm und einer Hakenkreuzfahne darauf. Der breite Torgang in seiner Mitte ist mit einem dicken Eisengitter versperrt. Wir sehen, daß in dem Eisengitter eine kleine Tür geöffnet wird und den Blick auf einen großen Platz freigibt. Der SS-Mann fährt fort: „Seht ihr das, ja? – Jetzt geht's mit Karacho da hinein! Verstanden?! – – Rechts um! Laufschritt – marsch, marsch!!"

Und wir stürmen wie die Besessenen los, einer noch wilder als der andere. Wir sind bereits „dressiert" und merken gar nicht, daß wir diesmal nicht geschlagen und gestoßen werden, daß die SS-Leute ruhig stehen bleiben und sich gar nicht erst die Mühe zu machen brauchen, uns wie störrisches Vieh zu treiben.

Am engen Lagereingang gibt es ein wüstes Gedränge und Geschubse, als wäre der Teufel hinter uns. Es ist wie ein trauriger Witz: Keiner von uns wollte ins KZ, und jetzt will jeder zuerst ins Lager hinein . . .   Walter Poller

Aus: Poller, „Arztschreiber in Buchenwald". Hamburg 1947, S. 22–26; abgedruckt in: Buchenwald, S. 101 f.

Nr. 260 Protokoll von Walther Dürrfeld, Direktor des Werkes Auschwitz der IG Farbenindustrie AG, über die Besprechung mit SS-Sturmbannführer Rudolf Höß, Kommandant des KZ Auschwitz, am 14. Mai 1942 über den Arbeitseinsatz von KZ-Häftlingen (Auszug)

Der Kommandant betont seinen Auftrag, den er von dem Reichsführer SS bekommen hat, uns unter allen Umständen Häftlinge bis zur Zahl von 4500 Mann zur Verfügung zu stellen. Er wird diesen Auftrag bis zu dem geforderten Termin, Mitte Juni, auf jeden Fall durchführen, auch wenn die eigenen Arbeiten zurückstehen müßten; seine ganzen Dispositionen über die weiblichen jüdischen Häftlinge seien darauf zugeschnitten. Wir möchten die Kräfte daher nach Bedarf anfordern.

In einer eingehenden Unterhaltung über die Qualität der Häftlinge entwickelte ich folgende Bedingungen:

1. Kräftige und arbeitsfähige Häftlinge.
2. Täglich die gleichen Häftlinge zum gleichen Arbeitsplatz.
3. Größere Freizügigkeit im Einsatz der Häftlinge.
4. Ansporn der Häftlinge zu größerer Leistung . . .

Weitere Teilnehmer waren Otto Ambros, Vorstandsmitglied der IG-Farben, zwei andere Vertreter des Chemie-Konzerns und Regierungspräsident Springorum; aus: Anatomie des Krieges, S. 401 f.

Nr. 261 Eidesstattliche Erklärung des ehemaligen KZ-Häftlings Dr. Gustav Herzog über die Lage der Häftlinge bei IG-Farben und die Vergasung physisch erschöpfter Häftlinge (Auszüge)

Es ist die hundertprozentige Schuld der IG-Leitung, daß unzählige Tausend nicht mehr einsatzfähiger Häftlinge vergast worden sind. Ich habe viele Ansprachen mir unbekannter Ingenieure und Leiter der IG an Häftlinge gehört, bei denen ausdrücklich gesagt wurde, daß man an Menschen, die nicht voll arbeiten können oder wollen, kein Interesse habe.

5. Eines Tages im Winter 1942/43, als der Lagerstand von Buna (Monowitz) etwa 3000–3500 Häftlinge war, ließ Hauptsturmführer Schwarz, der in Begleitung von Walther Dürrfeld und einiger SS-Leute der Lagerführung war, sämtliche Häftlinge in 5er Reihen an-

treten und an sich vorbeimarschieren. Hauptsturmführer Schwarz hat alle Häftlinge, die nur irgendwie nicht ganz kräftig schienen, heraustreten lassen. Sie wurden von SS-Leuten umstellt, und ihre Nummern wurden notiert. Walther Dürrfeld fragte hie und da nach besonderen Berufen, wie Elektriker oder Schleifer. Damals wurden etwa 1000–2000 Häftlinge ausgewählt und kamen sofort in die Gaskammern. Ich weiß es daher, da die Häftlingsschreibstube, in der ich zu dieser Zeit arbeitete, 2 oder 3 Tage später die Listen erhielt mit der Bemerkung, diese Häftlinge seien vom Stand abzusetzen. Das wurde offiziell SB (Sonderbehandlung) genannt . . .

11. Die Methode der IG Farben, nur voll Arbeitsfähige in Buna zu belassen, hat weitaus mehr Todesopfer gekostet als die individuellen Morde in anderen KZ. An dieser Generallinie kann auch nichts dadurch geändert werden, daß die IG an die bei ihr arbeitenden Häftlinge eine ,,Werksuppe", d. h. warmes Wasser mit ein wenig Kraut oder Rüben, abgab, oder daß sie z. B. anordnete, daß die in ihren Büros arbeitenden Häftlinge (als Buchhalter z. B.) öfters frische Wäsche und Seife erhalten müßten.

12. Wenn in den Wintermonaten die Kälte besonders stark war, mußten erst Dutzende von Häftlingen erfroren umfallen und tot hereingebracht werden, bis sich die IG entschloß, die Arbeit für den betreffenden Tag einzustellen.

13. Von Monowitz, das später Hauptlager war, wurden unzählige Tausende von Häftlingen in die am Schluß meines Wissens 28 Nebenkonzentrationslager gebracht. Die Gesamtziffer sämtlicher Nebenlager war, soweit ich mit erinnere, ungefähr 35 000 insgesamt. Buna-Monowitz selbst hatte etwa 10 000 Häftlinge. In der Schreibstube von Monowitz war eine Kartei sämtlicher Häftlinge, die während der Zeit vom Oktober 1942 bis zur Auflösung des Lagers im Januar 1945 durch Monowitz oder seine Nebenlager gegangen sind. Die Kartei der Toten war ungleich größer als die der Lebenden. Ich schätze – ich wiederhole, daß ich lange Zeit Leiter der Schreibstube war –, daß dem Lebensstand von Buna (Monowitz) mit ca. 10 000 Häftlingen am Schluß ein Totenstand von rd. 120 000 Häftlingen gegenüberstand und der Gesamtziffer der Nebenlager von 35 000 ein ungefährer Totenstand von 250 000.

Aus: SS im Einsatz, Berlin 1957, S. 468 f.

Nr. 262   Schreiben der Phrix Werke AG an SS-Brigadeführer Georg Lörner, Chef der Amtsgruppe B des Wirtschafts-Verwaltungshauptamtes der SS, vom 29. September 1942 über die Behandlung jüdischer Zwangsarbeiter (Auszug)

Auf Veranlassung von Herrn Kammler wurden uns vom Gebietsbeauftragten für den Wehrkreis III des Generalbevollmächtigten für die Regelung der Bauwirtschaft, Herrn Präsident Usinger, 400 polnische Juden und von Herrn Dr. Kammler selbst eine größere Anzahl Baufacharbeiter aus den KZ-Häftlingen in Aussicht gestellt. Gegen die Zuteilung erhob seinerseits das Landeswirtschaftsamt Brandenburg Einspruch. Dank nochmaliger Vermittlung des Herrn Dr. Kammler wurden uns sodann wenigstens 300 Kräfte zugewiesen. Infolge ungenügender Verpflegungssätze schwand die Arbeitskraft dieser Gruppe in rascher Folge so beträchtlich, daß bis Ende August 123 Juden, und diese auch nur beschränkt, einsatzfähig waren. In der Zwischenzeit sind weitere Schwächungen dieses Kontingentes eingetreten. Ursachen dafür sind, daß die Juden an Fleckfieber erkrankt waren, daher nunmehr außerordentlich anfällig sind und laut amtsärztlicher Feststellung Herzschwäche zurückbehalten haben, wodurch die Einsatzfähigkeit und die Arbeitsleistung außerordentlich stark gemindert sind.

Kammler war SS-Brigadeführer, Chef der Amtsgruppe C des Wirtschafts- und Verwaltungshauptamtes der SS; aus: Anatomie des Krieges, S. 407

Nr. 262a   Bericht eines Häftlings über Solidaritätsaktionen im KZ Buchenwald (Auszug)

. . . Von einigen Kameraden, die über die beruflichen Qualitäten verfügten und in der Galvanoabteilung beschäftigt waren, wurden regelmäßig ärztliche Instrumente für das Häftlingsrevier angefertigt. Jedes Außenkommando, welches von dem KZ Buchenwald in Marsch gesetzt wurde, bekam seinen Häftlingssanitäter mit. Da die Instrumentenbestecks dieser Sanitätskameraden immer sehr mangelhaft waren, wurde vom illegalen Lagerkomitee angeordnet, daß jedem Transport ausreichend Instrumente und Medikamente zu übergeben sind. Die Galvanoabteilung mußte dann jedesmal sehr kurzfristig eine Menge Instrumente, sogar Sterilisatoren, für die größeren Außenkommandos anfertigen. Da in dieser galvanischen Abteilung Kupfer- und Nickelbäder zur Verfügung standen, konnten diese Instrumente jeder Kritik standhalten, denn die Kameraden legten persönlich Wert darauf, für uns Häftlinge nur das Beste zu liefern. So wurde ein Kamerad mit einem kompletten zahnärztlichen Instrumentarium ausgerüstet, welches zum großen Teil illegal hergestellt wurde. Diese Arbeiten bedingten wieder, daß neben unserem Arbeitspensum, das täglich dem Werkmeister gemeldet werden mußte und bestimmt nicht klein war, eine zusätzliche Arbeit geleistet wurde, die uns sehr oft nicht gestattete, die schon kurz bemessenen Mittagspausen einzuhalten. Unser organisierter Widerstand sollte ja nicht nur für den Augenblick, sondern für die Weiterentwicklung in der Zukunft gedacht sein . . .

Heinz Gronau

Aus: Buchenwald, S. 347 f.

Nr. 263   Bericht des Chefs des SS-Wirtschafts-Verwaltungshauptamtes, Pohl, über den Einsatz von KZ-Häftlingen in der Rüstungsindustrie vom 30. April 1942 an Himmler (Auszug)

Reichsführer!
Ich berichte Ihnen heute über die augenblickliche Lage der Konzentrationslager und über Maßnahmen, welche ich getroffen habe, um Ihren Befehl vom 3. März 1942 durchzuführen.

1. Bei Kriegsausbruch waren folgende Konzentrationslager vorhanden:

a) Dachau	1939	4000,	heute	8000	Häftlinge
b) Sachsenhausen	1939	6500,	heute	10000	Häftlinge
c) Buchenwald	1939	5300,	heute	9000	Häftlinge
d) Mauthausen	1939	1500,	heute	5500	Häftlinge
e) Flossenburg	1939	1600,	heute	4700	Häftlinge
f) Ravensbrück	1939	2500,	heute	7500	Häftlinge

2. In den Jahren 1940–1942 wurden neun weitere Lager errichtet, und zwar:

a) Auschwitz,

b) Neuengamme,

c) Gusen,

d) Natzweiler,

e) Groß-Rosen

f) Lublin,

g) Niederhagen,

h) Stutthof,

i) Arbeitsdorf.

3. Außer diesen 15 Lagern, welche aufgaben- und arbeitsmäßig in der Zusammensetzung ihrer Kommandanturstäbe und ihres Schutzhaftlagerdienstes sich vollkommen mit der Organisation der alten Konzentrationslager decken, wurden folgende weitere Aufgaben erteilt:

a) SS-Sonderlager Hinzert: Kommandanturstab und Wachmannschaften unterstehen mir. Das Schutzhaftlager untersteht dem Reichssicherheitshauptamt. Keine Betriebe, keine Arbeitsmöglichkeit.

b) Jugendschutzlager Moringen: keine Betriebe.

c) Jugendschutzlager Uckermark: in Bau.

d) Jugendschutzlager Litzmannstadt: in Planung. . . .

Der Krieg hat eine sichtbare Strukturänderung der Konzentrationslager gebracht und ihre Aufgaben hinsichtlich des Häftlingseinsatzes grundlegend geändert.

Die Verwahrung von Häftlingen nur aus Sicherheits-, erzieherischen oder vorbeugenden Gründen allein steht nicht mehr im Vordergrund. Das Schwergewicht hat sich nach der wirtschaftlichen Seite hin verlagert. Die Mobilisierung aller Häftlingsarbeitskräfte zunächst für Kriegsaufgaben (Rüstungssteigerung) und später für Friedensaufgaben schiebt sich immer mehr in den Vordergrund . . .

Aus: SS im Einsatz, S. 405–407

Nr. 264   Erklärungen unter Eid von Rudolf Höß, Kommandant
des KZ Auschwitz, im Nürnberger Pohl-Prozeß 1946 und 1947
(Auszüge)

. . . Nach meiner Kenntnis begann die massenhafte Verwendung von KZ-Häftlingen in der deutschen Privatindustrie im Jahre 1940/41. Diese Verwendung steigerte sich fortlaufend bis zum Ende des Krieges. Gegen Ende 1944 waren ungefähr 400 000 Konzentrationslagerhäftlinge in der privaten Rüstungsindustrie und rüstungswichtigen Betrieben beschäftigt. Wie viele Häftlinge schon vorher oder nachher eingesetzt waren, kann ich nicht sagen. Nach meiner Schätzung sind in den Betrieben mit besonders schweren Arbeitsbedingungen, z. B. Bergwerken, jeden Monat ein Fünftel gestorben oder wurden wegen Arbeitsunfähigkeit zur Vernichtung von den Betrieben an die Lager zurückgeschickt.

Die Konzentrationslager haben niemals Arbeitskräfte der Industrie angeboten. Vielmehr wurden Häftlinge nur dann in die Betriebe entsandt, wenn die Betriebe vorerst um Konzentrationslagerhäftlinge angesucht hatten . . .

Die Betriebe mußten keine Berichte über Todesursachen usw. abgeben. Auf Grund der Berichte, die wir in den Lagern von der SS-Wachmannschaft und den Arbeitskommandoführern über Verminderung der Zahl der in den betreffenden Betrieben arbeitenden Häftlinge erhielten, wurden die Zahlen der Todesfälle und der Arbeitsunfähigen mitgeteilt, und sodann wurden fortlaufend neue Häftlinge als Nachschub an die betreffenden Betriebe gesandt.

Während meiner Dienstreisen wurde mir fortgesetzt von leitenden Persönlichkeiten der Betriebe gesagt, daß sie mehr Häftlinge haben wollen.

Anfang des Krieges bezahlten die Unternehmungen wenig für diese Arbeitskräfte – etwa Mk. 1,–, Mk. 1,20. Später zahlten sie bis zu Mk. 5,00 für gelernte Arbeiter. Unter den zum Arbeitseinsatz gesandten Häftlingen befanden sich

1. nicht-jüdische Häftlinge, die auf Grund ihrer Berufsschulung ausgesucht wurden, und

2. Juden, die nur auf Grund ihrer Arbeitsfähigkeit ausgesucht wurden.

Das Alter der zum Arbeitseinsatz verwendeten Häftlinge war von ungefähr 13 Jahren aufwärts. Häftlinge über 50 Jahre wurden nur selten zum Arbeitseinsatz verwendet, wenn sie besonders kräftig oder besonders geschult waren; sonst wurden sie sofort vernichtet.

Diejenigen Arbeitseinsatzhäftlinge, die jeden Abend von dem Betrieb in die Konzentrationslager zurückkehrten, mußten am selben Abend im Konzentrationslager arbeiten, wenn Kollektiv- oder Einzelstrafen dieser Art verhängt wurden. Solche Kollektiv- oder Einzelstrafarbeit wurde wegen kleinerer Disziplinarvergehen, z. B. vorschriftswidriges Grüßen, verhängt. Die Häftlinge mußten dann so lange arbeiten, als es das Tageslicht erlaubte, im Sommer 2 bis 3 Stunden. Außerdem wurden die üblichen Strafen verhängt.

Aus: Anatomie des Krieges, S. 478 f.

Nr. 265   Róza Baumingers Memoiren über den Arbeitseinsatz der Juden in einem Betrieb des Hugo Schneider A.G.-Konzerns (HASAG) in Skarzysko-Kamienna, Werk C (Auszüge)

Es ist das berüchtigste von allen Werken, tief im Wald verborgen.

Die Furcht bemächtigt jeden neuen Ankömmling, wenn er nur das Lagertor durchschreitet. Der erste Eindruck: Gelbe Menschen in Papier gekleidet, das mit Strippen und Drähten zusammengehalten ist.

Alles im Wald ist gelb: Gelbe Baracken, Bäume und Blätter; so wirken die giftigen Substanzen, die aus den Werkhallen strömen. Ein vergifteter Wald. Menschen, gespensterhafte gelbe Erscheinungen, wandeln zwischen den Bäumen. Die Frauen sind rothaarig (Einwirkung des *Pikrins* aufs Haar), haben rote Nägel, sogar ihre Augen im gelben Gesicht scheinen gelb zu sein . . .

. . . In der Halle befinden sich zwei riesige Kessel, in welche der Trotyl hineingeschüttet wird. Die Luft ist voller Trotylstaub, der Tränen aus den Augen preßt, den Atem beraubt und Husten hervorruft. In sehr hoher Temperatur sieden in glühenden Kesseln Salpeter und *Trotyl*, denen ein dichter Dampf entströmt. Indem der *Kesselbedienende* den Inhalt des Kessels mischt, atmet er den aufsteigenden Dampf des *Trotyls* ein, der auf den Organismus genau so tödlich wirkt wie Pikrin.

Es wird ohne Schutzkleidung, Masken, Brillen und Handschuhe gearbeitet. Die Kessel sind ohne Deckel, es entströmen ihnen also die Gase des siedenden Trotyls. Die Arbeit des *Kesselbedienenden* ist besonders gefährlich, nicht nur, weil er ununterbrochen die giftigen Gase aus dem Kessel einatmet, sondern auch, weil die kleinste Unvorsichtigkeit, z. B. ein Stoß mit dem Rührstock gegen die Kesselwand, eine Explosion bewirken kann.

Vor dem Krieg mußte der *Kesselbedienende* ein erstklassiger Fachmann mit langjähriger Praxis sein. Im Lager übten diese Tätigkeit übermüdete, ausgehungerte Häftlinge aus, die von dieser Arbeit keine Ahnung hatten. Jetzt mußte der *Kesselbedienende* die Tätigkeit eines Elektrotechnikers und Monteurs verrichten. Bei dieser tödlichen Arbeit starben 17 von 26 *Kesselbedienenden* im Laufe einiger Monate. Darunter gab es einige Unglücksfälle in der Halle selbst. Es geschah, daß der Kesselbedienende, sich über den Kessel beugend, um mit letzten Kräften den Trotyl zu mischen, plötzlich mit Schaum auf den Lippen und starren Augen neben dem Kessel zusammenbrach. Die wenigen, die aus dem Lager und von der Arbeit mit dem Trotyl lebend davonkamen, hatten Tuberkulose. Aber es gab ihrer nur sehr wenige . . .

Wenn die Männer ausstarben, mußten Frauen sie bei den schwersten Arbeiten ersetzen. Besonders gefährlich war die Arbeit bei der Stampfe, d. h. dem Zerstoßen von Trotyl, da der aufsteigende Trotylstaub in die Lungen drang und tödlich aufs Herz und andere Organe wirkte. Bei dieser Arbeit beschäftigte Frauen lebten durchschnittlich nicht länger als zwei Monate.

Die Fürchterlichkeit all dessen wurde noch durch unmenschliche Behandlung erhöht. Die Werkmeister warfen Handgranaten auf die Häftlinge. Ein Deutscher schlug auf deutsche Art mit der Faust auf den Kopf, mit dem Gummiknüppel ins Gesicht und auf den Rükken . . .

Nach eintägigem Aufenthalt in der Halle konnte man die Arbeiter nicht wiedererkennen. Ihre Haare wurden grünlich-gelb, das Gesicht mit gelben Flecken gesprenkelt, die Handflächen waren verbrannt, rot, in Wunden. Die Haut wurde trocken und runzlig. Die

Werkzeuge waren mit Öl beschmiert, das in Verbindung mit dem Pikrin die Haut verbrannte, so daß Wunden an den Händen entstanden . . .

Der Werkmeister kam selbst nie in die Halle hinein. Er stand an der Schwelle, hielt sich den Mund zu und erteilte seine Anweisungen nicht in der Halle selbst, sondern von der Tür aus . . .

Vor dem Krieg betrug das Leistungssoll 3 Kisten, d. h. 450 Stück. Im Lager aber wurde 11 Stunden gearbeitet, und das Leistungssoll betrug anfangs 7 Kisten. Nach Erfüllung des Solls versprach man Feierabend. Es herrschte also eine große Hast, einer spornte den anderen an, um möglichst schnell fertig zu werden und in die Baracke zurückzugelangen, denn es nahm viel Zeit in Anspruch, sich von dem Pikrin zu waschen und zu säubern. Die Deutschen nutzten die Häftlinge bis zum äußersten aus, sie setzten ein Tagessoll von 8, 9 und 11 Kisten, d. h. 1650 Würfel Pikrin fest. Die Häftlinge wurden von den Meistern so geschlagen, daß buchstäblich jedes Stückchen Halle mit Blut begossen war. Sie schlugen mit dem Hammer auf den Kopf . . .

Róza Bauminger, Bei Pikrin und Trotyl, hg. v. d. Zentralen Jüdischen Kommission, Lódz 1946, S. 21–24, 28 f, in deutscher Übersetzung in: Faschismus – Getto – Massenmord, Fankfurt, o. J., S. 463 f.

Nr. 266   Erklärungen unter Eid von Karl Sommer, seinerzeit stellvertretender Amtschef im Wirtschafts-Verwaltungshauptamt der SS, vor dem Nürnberger Militärgerichtshof (1947) über den Einsatz von KZ-Häftlingen in der Industrie (Auszüge)

Der Einsatz von KZ-Häftlingen in der deutschen Industrie begann in den Monaten August–September 1942. Der erfolgte auf Drängen des Rüstungsministeriums, das damit die industriellen Betriebe imstande setzen wollte, die ihnen gegebenen Produktionsaufträge zu erfüllen. Meiner Erinnerung nach waren KZ-Häftlinge bei fast allen deutschen Industriefirmen, für die ein Masseneinsatz an KZ-Häftlingen in Betracht kam, eingesetzt. Die Zahl der bei den einzelnen Firmen eingesetzten KZ-Häftlinge war verschieden groß. Ein Einsatz erfolgte nicht, wenn nicht mindestens etwa 500 KZ-Insassen in einem Betrieb beschäftigt werden konnten. Die Höchstzahl der in einem Betrieb beschäftigten KZ-Häftlinge betrug zwischen 40 000 und 50 000. Insgesamt waren in der gesamten deutschen Industrie zur Zeit des Höhepunktes des Einsatzes etwa 500 000 KZ-Insassen eingesetzt.

Die von einem Konzentrationslager einem Industrieunternehmen zur Verfügung gestellten KZ-Häftlinge wurden in eigens errichteten Lagern am Sitz des Betriebes untergebracht. Solche Lager wurden als Arbeitslager bezeichnet . . .

Die Auswahl von KZ-Häftlingen als Industriearbeiter erfolgte allein nach den Gesichtspunkten manueller und handwerklicher Fähigkeiten. Zu diesem Zweck wurde häufig vor einem Arbeitseinsatz eine Kommission aus dem Betrieb in das Konzentrationslager geholt, die die einzelnen Insassen auf die im speziellen Falle besonders erwünschten Fähigkeiten und Fertigkeiten überprüfte. Stellte sich im Laufe des Einsatzes heraus, daß einzelne nicht den erhobenen handwerklichen Ansprüchen genügten, so wurden sie vom Konzentrationslager gegen andere Arbeitskräfte ausgetauscht. . . .

Eine Firma zahlte um diese Zeit (etwa seit Frühjahr 43) einen festgelegten Satz von RM 4 für Hilfsarbeiter und RM 6 für Facharbeiter pro Tag an die Reichskasse. Die Häftlinge hatten aber von diesen höheren Sätzen keinen Vorteil, da dieser sogenannte Arbeitslohn über das WVHA an das Reich abgeführt wurde. Betriebe der Privatwirtschaft wandten sich an uns, wenn sie Arbeiter brauchten, und wir wiesen die jeweiligen Konzentrationslager an, ihnen so und so viele Häftlinge zur Verfügung zu stellen, vorausgesetzt, daß das Ministerium Speer die Dringlichkeit bestätigt hatte . . .

Verschiedene Betriebe von Privat-Unternehmungen waren direkt in Konzentrationslagern oder direkt außerhalb der Konzentrationslager gelegen, so z. B.: Krupp in Auschwitz, wo unter Aufsicht von Krupp-Ingenieuren und Meistern Zünder gemacht wurden. Der Siemens-Konzern hatte einen Betrieb im KL-Lager Ravensbrück und einen anderen innerhalb des KL-Lagers Auschwitz. Die Walther-Waffenwerke Zella-Mehlis betrieben im KZ-Lager Buchenwald einen Karabinermontagebetrieb. Die Gustloff-Werke AG hatten einen Betrieb neben dem KZ-Lager Buchenwald. Zeppelin-Luftschiffbau erzeugte Fesselballons in einem Werk bei Sachsenhausen. Die Metallwerke Neuengamme (Walther, Zella-Mehlis) betrieben ein Werk beim Konzentrationslager Neuengamme . . .

Der IG-Farben wurde in Buna Priorität für die Gestellung von KZ-Insassen eingeräumt, vor allen anderen Rüstungsbetrieben. Maurer hatte mir von der Anweisung Kenntnis gegeben, erst dann anderen Betrieben Insassen zuzuteilen, wenn der Bedarf von Buna gedeckt war . . .

Die betreffenden Firmen wurden aufgefordert, von dem vorhandenen Material in dem betreffenden KZ-Lager oder, wenn nötig, aus mehreren KZ-Lagern die für sie am besten geeigneten Arbeitskräfte herauszunehmen.

Die Vertreter derselben betraten zu diesem Zweck das Innere des Lagers, bzw. das Lager in Begleitung des Lagerkommandanten oder seines Beauftragten und hatten dadurch Einblick in die Bedingungen, die in dem betreffenden KZ-Lager herrschten.

Im ganzen waren ungefähr 500 000–600 000 Insassen von KZ-Lagern durch das WVHA für den Arbeitseinsatz zur Verfügung gestellt . . .

Längere Auszüge in: Anatomie des Krieges, S. 471–477

Nr. 267   Eidesstattliche Erklärung Christian Schneiders über die Lage von ausländischen Arbeitern, von Kriegsgefangenen und KZ-Häftlingen bei IG-Farben (Auszüge)

. . . 7. Nach 1941 war es nichts Außergewöhnliches für die IG, KZ-Häftlinge zu beschäftigen, da andere Arbeitskräfte nicht vorhanden waren. Meiner Erinnerung nach haben bereits andere deutsche Werke – an bestimmte Firmen kann ich mich nicht entsinnen – zu dieser Zeit KZ-Häftlinge beschäftigt.

Weder TEA noch Vorstand erhoben einen Einwand dagegen, daß das vierte Bunawerk mit Hilfe von KZ-Häftlingen aufgebaut wird. Meiner Erinnerung nach ist das das erste IG-Werk, das KZ-Häftlinge beschäftigt. Wegen der Einstellung von KZ-Häftlingen für die IG Auschwitz soll Heinrich Bütefisch mit der SS verhandeln . . .

10. Ich war als Hauptbetriebsführer auch verantwortlich für die Belegschaft der IG Auschwitz.

11. Ich war mir bei der Einstellung von KZ-Häftlingen bewußt, daß diese Menschen, die aus allen sozialen Schichten stammten, aus politischen und rassischen Gründen im KZ waren. Diese Tatsache war dem Vorstand der IG bekannt . . .

15. Es sind Vergleiche gemacht worden über die Arbeitsleistung von KZ-Häftlingen und Fremdarbeitern im Vergleich zu deutschen Arbeitern.

Wenn Häftlinge auf der IG Baustelle nicht genug gearbeitet hatten, ging ein Bericht an die SS . . .

18. In IG Auschwitz sind russische und englische Kriegsgefangene beschäftigt worden.

Mir ist nicht erinnerlich, daß im Vorstand der IG darüber gesprochen worden ist, daß laut Genfer bzw. Haager Konvention Kriegsgefangene nicht in Rüstungsbetrieben eingesetzt werden dürfen.

19. Der Betriebsführer bestrafte ausländische Arbeiter wie folgt: Zuerst erfolgte eine Verwarnung, dann wurde eine Geldstrafe auferlegt. Im Wiederholungsfall wurde der Betreffende dem Arbeitsamt gemeldet. Ein Beamter vom Arbeitsamt pflegte den Mann persönlich zu verwarnen. Half das auch nichts, wurde der Mann von der IG der Gestapo gemeldet. Die Gestapo mußte außerdem bei irgendwelchen politischen Delikten benachrichtigt werden . . .

21. Die Verbrennungsschlote vom KZ Auschwitz konnte man von der IG Auschwitz aus sehen. Ich habe gehört, daß IG-Leute, die in Auschwitz waren, den Verbrennungsgeruch selbst gespürt haben, und zwar Walther Dürrfeld und andere Auschwitz besuchende Ingenieure. Die genannten Herren erzählten mir, daß es ein furchtbarer Geruch war.

Aus: SS im Einsatz, S. 446–449.

5. Massenmord

Nr. 267 a   Protokoll der Wannseekonferenz vom 20. 1. 1942 über die „Endlösung" der Judenfrage (Auszug)

Unter entsprechender Leitung sollen im Zuge der Endlösung die Juden in geeigneter Weise im Osten zum Arbeitseinsatz kommen. In großen Arbeitskolonnen, unter Trennung der Geschlechter, werden die arbeitsfähigen Juden straßenbauend in diese Gebiete geführt, wobei zweifellos ein Großteil durch natürliche Verminderung ausfallen wird.

Der allfällig endlich verbleibende Restbestand wird, da es sich bei diesem zweifellos um den widerstandsfähigsten Teil handelt, entsprechend behandelt werden müssen, da dieses, eine natürliche Auslese darstellend, bei Freilassung als Keimzelle eines neuen jüdischen Aufbaues anzusprechen ist. (Siehe die Erfahrung der Geschichte.)

Aus: Nürnberger Dokumente NG-2586, abgedruckt in: Anatomie des SS-Staates, Bd. 2, S. 323 f.

Nr. 267 b   Die Zerstörung des Warschauer Gettos. Bericht des SS- und Polizeiführers im Distrikt Warschau, Stroop, vom 16. 5. 1943 (Auszüge)

Der so gebildete jüdische Wohnbezirk in der Stadt Warschau wurde von etwa 400 000 Juden bewohnt. Es befanden sich in ihm 27 000 Wohnungen mit einem Zimmerdurchschnitt von zweieinhalb Zimmern. Er war von dem übrigen Stadtgebiet durch Brand- und Trennmauern und durch Vermauerung von Straßenzügen, Fenstern, Türen, Baulücken abgetrennt . . .

Im Januar 1943 wurde vom Reichsführer-SS anläßlich eines Besuches in Warschau dem SS- und Polizeiführer im Distrikt Warschau der Befehl erteilt, die im Getto untergebrachten Rüstungs- und wehrwirtschaftlichen Betriebe mit Arbeitskräften und Maschinen nach Lublin zu verlagern. Die Durchführung dieses Befehls gestaltete sich recht schwierig, da sowohl die Betriebsführer als auch die Juden dieser Verlagerung sich in jeder denkbaren Weise widersetz-

Drei Juden, denen die SS den Judenstern in die Kopfhaut geschnitten hat.

ten. Der SS- und Polizeiführer entschloß sich deshalb, durch eine für 3 Tage vorgesehene Großaktion die Verlagerung der Betriebe zwangsweise durchzuführen . . .

Schon nach den ersten Tagen stand fest, daß die Juden keinesfalls mehr an eine freiwillige Umsiedlung dachten, sondern gewillt waren, sich mit allen Möglichkeiten und den ihnen zur Verfügung stehenden Waffen zur Wehr zu setzen. Es hatten sich unter polnisch-bolschewistischer Führung sogen. Kampfgruppen gebildet, die bewaffnet waren und für die ihnen greifbaren Waffen jeden geforderten Preis zahlten . . .

Der von den Juden und Banditen geleistete Widerstand konnte nur durch energischen unermüdlichen Tag- und Nachteinsatz der Stoßtrupps gebrochen werden. Am 23. 4. 1943 erging vom Reichsführer-SS über den Höheren SS- und Polizeiführer Ost in Krakau der Befehl, die Durchkämmung des Gettos in Warschau mit größter Härte und unnachsichtlicher Zähigkeit zu vollziehen. Ich entschloß mich deshalb, nunmehr die totale Vernichtung des jüdischen Wohnbezirks durch Abbrennen sämtlicher Wohnblocks, auch der Wohnblocks bei den Rüstungsbetrieben, vorzunehmen. Es wurde systematisch ein Betrieb nach dem anderen geräumt und anschließend durch Feuer vernichtet. Fast immer kamen dann die Juden aus ihren Verstecken und Bunkern heraus. Es war nicht selten, daß die Juden in den brennenden Häusern sich so lange aufhielten, bis sie es wegen der Hitze und aus Angst vor dem Verbrennungstod vorzogen, aus den Stockwerken herauszuspringen, nachdem sie vorher Matratzen und andere Polstersachen aus den brennenden Häusern auf die Straße geworfen hatten. Mit gebrochenen Knochen versuchten sie dann noch über die Straße in Häuserblocks zu kriechen, die noch nicht oder nur teilweise in Flammen standen. Oft wechselten die Juden auch ihre Verstecke während der Nacht, indem sie sich in bereits abgebrannte Ruinen verzogen und dort so lange Unterschlupf fanden, bis sie von den einzelnen Stoßtrupps aufgefunden wurden. Auch der Aufenthalt in den Kanälen war schon nach den ersten 8 Tagen kein angenehmer mehr. Häufig konnten auf der Straße durch die Schächte laute Stimmen aus den Kanälen herausgehört werden. Mutig kletterten dann die Männer der Waffen-SS oder der Polizei oder Pioniere der Wehrmacht in die Schächte hinein, um die Juden her-

auszuholen und nicht selten stolperten sie dann über bereits veren-
dete Juden oder wurden beschossen. Immer mußten Nebelkerzen in
Anwendung gebracht werden, um die Juden herauszutreiben. So
wurden an einem Tage 183 Kanaleinstieglöcher geöffnet und in diese
zu einer festgelegten X-Zeit Nebelkerzen herabgelassen mit dem Erfolg, daß die Banditen vor dem angeblichen Gas flüchtend im Zentrum des ehemaligen jüdischen Wohnbezirks zusammenliefen und
aus den dort befindlichen Kanalöffnungen herausgeholt werden
konnten. Zahlreiche Juden, die nicht gezählt werden konnten, wurden in Kanälen und Bunkern durch Sprengungen erledigt . . .

Nur durch den ununterbrochenen und unermüdlichen Einsatz
sämtlicher Kräfte ist es gelungen, insgesamt 56 065 Juden zu erfassen bzw. nachweislich zu vernichten. Dieser Zahl hinzuzusetzen
sind noch die Juden, die durch Sprengungen, Brände usw. ums Leben gekommen, aber zahlenmäßig nicht erfaßt werden konnten . . .

Aus: Der Prozeß gegen die Hauptkriegsverbrecher, Bd. XXVI, S. 632 ff.

*Nr. 268   Eidesstattliche Erklärung des Chefs des Sicherheitsdienstes
(SD), Otto Ohlendorf, über die Massenmorde an Juden und kommunistischen Funktionären in den besetzten Gebieten der Sowjetunion (Auszüge)*

Ich war Chef des Sicherheitsdienstes (SD), Amt III des Hauptamtes
der Sicherheitspolizei und des SD (RSHA), von 1939 bis 1945. Im
Juni 1941 wurde ich von Himmler bestimmt, eine der Einsatzgruppen zu führen, die damals gebildet wurden, um der deutschen Armee im russischen Feldzug zu folgen . . .

Himmler erklärte, daß ein wichtiger Teil unserer Aufgabe in der
Beseitigung von Juden, Frauen, Männer und Kindern, und kommunistischen Funktionären bestünde. Ich wurde etwa vier Wochen
vorher über den Angriff auf Rußland benachrichtigt.

Nach einem Abkommen mit dem OKW und dem OKH wurden
die Einsatzkommandos von der Heeresgruppe oder der Armee bestimmten Korps und Divisionen des Heeres zugeteilt. Das Heer bestimmte, in welchem Gebiet die Einsatzkommandos zu operieren
hatten. Alle Führungsanweisungen und Befehle für die Ausführung

Frau und Kind vor der Exekution.

von Hinrichtungen kamen über den Chef der SIPO und des SD (RSHA) in Berlin. Regelmäßiger Kurierdienst und Radioverbindung bestanden zwischen den Einsatzgruppen und dem Chef der SIPO und des SD. Die Einsatzgruppen und Einsatzkommandos wurden von Personal der Gestapo, des SD oder der Kriminalpolizei geführt. Zusätzliche Mannschaften wurden von der Ordnungspolizei und von der Waffen-SS gestellt. Die Einsatzgruppe D bestand aus ungefähr 400 bis 500 Mann und verfügte über annähernd 170 Fahrzeuge. Als die deutsche Armee in Rußland einmarschierte, war ich Führer der Einsatzgruppe D im südlichen Sektor, und im Laufe des Jahres, während dessen ich Führer der Einsatzgruppe D war, liquidierte sie ungefähr 90 000 Männer, Frauen und Kinder. Die Mehrzahl der Liquidierten waren Juden, aber es waren unter ihnen auch einige kommunistische Funktionäre . . .

Die dazu ausersehene Einheit pflegte in ein Dorf oder in eine Stadt zu kommen und den führenden jüdischen Bewohnern den Befehl zu erteilen, alle Juden zwecks Umsiedlung zusammenzurufen. Sie wurden aufgefordert, ihre Wertgegenstände den Führern der Einheit zu übergeben, und kurz vor der Hinrichtung ihre Oberbekleidung auszuhändigen. Die Männer, Frauen und Kinder wurden zu einem Hinrichtungsort geführt, der sich meist neben einem vertieften Panzerabwehrgraben befand. Dann wurden sie erschossen, kniend oder stehend, und die Leichen wurden in den Graben geworfen. Ich habe in der Gruppe D das Erschießen durch Einzelpersonen nie genehmigt, sondern befohlen, daß mehrere Leute gleichzeitig schießen sollten, um direkte, persönliche Verantwortung zu vermeiden. Der Führer der Einheiten oder besonders bestimmte Personen mußten jedoch den letzten Schuß auf solche Opfer abfeuern, die nicht sofort tot waren. Ich erfuhr aus Gesprächen mit anderen Gruppenführern, daß manche von ihnen verlangten, daß die Opfer sich flach auf den Boden legten, um dann durch den Nacken geschossen zu werden. Ich billigte diese Methoden nicht.

Im Frühjahr 1942 wurde uns vom Chef der Sicherheitspolizei und des SD in Berlin Gaswagen geschickt. Diese Wagen wurden vom Amt II des RSHA beigestellt. Der Mann, der für die Wagen meiner Einsatzgruppe verantwortlich war, war *Becker*. Wir hatten Befehl erhalten, die Wagen für die Tötung von Frauen und Kindern zu benutzen. Jedes Mal, wenn eine Einheit eine genügende Anzahl von Opfern angesammelt hatte, wurde ein Wagen für die Liquidierung gesandt. Wir hatten auch diese Gaswagen in der Nähe der Durchgangslager stationiert, in die die Opfer gebracht wurden. Den Opfern wurde gesagt, daß sie umgesiedelt werden würden und zu diesem Zweck in die Wagen steigen müßten. Danach wurden die Türen geschlossen, und durch das Ingangsetzen der Wagen strömte das Gas ein. Die Opfer starben in 10 bis 15 Minuten. Die Wagen wurden dann zum Begräbnisplatz gefahren, wo die Leichen herausgenommen und begraben wurden.

Ich habe den Bericht von Stahlecker . . . über Einsatzgruppe A gesehen, in welchem Stahlecker behauptet, daß seine Gruppe 135 000 Juden und Kommunisten in den ersten vier Monaten der Aktion getötet hat. Ich kannte Stahlecker persönlich, und ich bin der Ansicht, daß das Dokument authentisch ist . . .

Aus: Laschitza/Vietzke, S. 260 f.

Nr. 269 Erklärungen unter Eid von Rudolf Höß, seinerzeit Kommandant des KZ Auschwitz, im Nürnberger Pohl-Prozeß (1946/47) über die Massenmorde in Auschwitz (Auszüge)

Ich befehligte Auschwitz bis zum 1. Dezember 1943 und schätze, daß mindestens 2 500 000 Opfer dort durch Vergasung und Verbrennen hingerichtet und ausgerottet wurden; mindestens eine weitere halbe Million starben durch Hunger und Krankheit, was eine Gesamtzahl von ungefähr 3 000 000 Toten ausmacht. Diese Zahl stellt ungefähr 70 oder 80 % aller Personen dar, die als Gefangene nach Auschwitz geschickt wurden, die übrigen wurden ausgesucht und für Sklavenarbeit in den Industrien im und um das Konzentrationslager verwendet . . .

Das Konzentrationslager in Dachau wurde des öfteren von Außenseitern besucht. Dr. Ley führte mehrere Inspektionstouren in 1935, an denen, wie mir vom Leiter des Schutzhaftlagers Dachau, d'Angelo, gesagt wurde, Vertreter von großen Industriekonzernen, unter anderem von der IG-Farben-Industrie und der Kohlenindustrie, teilnahmen. Die Besuchs-Gruppe, die im Beginn des Jahres 1935 nach Dachau kam, bestand aus 10 bis 15 Herren, auch von der

Nackte Frauen, die im Laufschritt an Wachsoldaten vorbei zur Exekution getrieben werden.

IG-Farben-Industrie, sie besuchten die Werkstätten sowohl wie die restlichen Einrichtungen des Konzentrationslagers.

Massenhinrichtungen durch Vergasung begannen im Laufe des Sommers 1941 und dauerten bis zum Herbst 1944. Ich beaufsichtigte persönlich die Hinrichtungen in Auschwitz bis zum 1. Dezember 1943. Nachdem ich das Vernichtungsgebäude in Auschwitz errichtet hatte, verwandte ich Zyklon B, eine kristallisierte Blausäure, das durch eine kleine Öffnung in die Todeskammern eingeworfen wurde. Die älteren Vernichtungslager Belzec, Treblinka und Wolzek hatten Monoxydgas verwendet.

Aus: Anatomie des Krieges, S. 477

Nr. 270   Bericht des Reichsjustizministers Thierack über eine Besprechung mit Himmler am 18. September 1942 (Auszüge)

. . . 2. Auslieferung asozialer Elemente aus dem Strafvollzug an den Reichsführer SS zur Vernichtung durch Arbeit. Es werden restlos ausgeliefert die Sicherungsverwahrten, Juden, Zigeuner, Russen und Ukrainer, Polen über 3 Jahre Strafe, Tschechen oder Deutsche über 8 Jahre Strafe nach Entscheidung des Reichsjustizministers . . .

6. Der von mir geplanten Regelung der vom Führer angeordneten Prügelstrafe stimmt Reichsführer SS in vollem Umfange zu . . .

Aus: Der Prozeß gegen die Hauptkriegsverbrecher, Bd. XXVI, S. 201–203

Nr. 271   Die Toten von Buchenwald

1. Im Lager Verstorbene oder Ermordete vom Juli 1937 bis 31. März 1945 (lt. Veränderungsmeldungen der Schreibstube und Reviermeldungen. In dieser Zahl sind die Toten der Außenkommandos, mit Ausnahme der Frauen, enthalten.) 33 462
2. Exekutionen
   Im Pferdestall ermordete sowjetische Kriegsgefangene 8 483
   Gehängte (nach unvollständig vorliegenden Meldungen) 1 100
3. Tote der Evakuierungstransporte März/April 1945 13 500
   (geschätzt auf 12 000 bis 15 000)
   _____
   56 545

I. G. FARBENINDUSTRIE AKTIENGESELLSCHAFT

POSTANSCHR BEHRINGWERKE Marburg L GESCHÄFTSZEIT 7 30-17 10 Uhr Samstags 7 30-13 Uhr
ANTWORT BEHRINGWERKE Marburg L zu den schr: Zeiten bei besonderem
FERNRUF Sammelnummer 9331 POSTSCHECKO Frankfurt am Main 396 63

BEHRINGWERKE
MARBURG · LAHN
GEGRÜNDET VON E v BEHRING

An den

Standortarzt der Waffen-SS
Herrn Dr. H o v e n ,
SS-Hauptsturmführer d.R.

Weimar - Buchenwald

IHRE ZEICHEN IHRE NACHRICHT VOM UNSERE ZEICHEN (Bei Antwort angeben) MARBURG-LAHN
Ef. 8414 den 18.2.43

Sehr geehrter Herr Dr.Hoven !

Wie mit der Heeres-Sanitätsinspektion verein=
bart, sollen am Donnerstag, den 25.Februar
weitere 10 Operations-Nummern unseres Gelb=
fieber-Impfstoffs in Buchenwald geprüft werden.
Wir werden, wie üblich, unseren Boten so ent=
senden, daß er mit dem Zug 12,53 Uhr in Weimar
eintrifft und wir bitten Sie, zu diesem Zeitpunkt
den Impfstoff auf dem Bahnhof in Weimar abholen
zu lassen. Das Transportgefäss wollen Sie bitte
unserem Boten so rechtzeitig wieder zusenden
lassen, damit dieser die Rückfahrt nach Marburg
um 20,15 Uhr antreten kann.

Heil Hitler !
I.G.Farbenindustrie Aktiengesellschaft
Abt. Behringwerke Marburg

---

rief der I. G. Farbenindustrie AG, Abteilung Behringwerke Marburg, an den SS-Arzt des Konzentra-
onslagers Buchenwald über die Lieferung von Impfstoff.

Als Liquidierungstransporte gingen in andere Lager:
(diese Zahlen sind nicht in der obigen Aufstellung enthalten)

Transport zur Vergasung nach Sonnenstein 1941	187
Transport zur Vergasung nach Bernburg	285
Transport von jüdischen Häftlingen nach Dachau 1942	351
Transport von holländischen jüdischen Häftlingen nach Mauthausen 1942	341
Juden und Zigeuner nach Auschwitz 1942	363
Tote in Dora, als Transport nach Auschwitz getarnt	3 000
Transporte nach Auschwitz 1943	1 180
Kinder nach Auschwitz 1943	200
Jüdische Häftlinge nach Auschwitz 1944	1 188
Kinder nach Bergen-Belsen 1944	600
Transporte nach Bergen-Belsen 1944	2 438
Transporte aus Ohrdruf nach Bergen-Belsen	2 884
	13 017

Aus: Buchenwald, S. 87

Nr. 271 a   Schreiben der Behringwerke an den SS-Arzt des KZ Buchenwald vom 14. Januar 1942 über Zusendung von Sera für die Erprobung an KZ-Häftlingen

Unter Bezugnahme auf verschiedene Unterhaltungen unserer Herren mit den Herren des Hyg[iene] Institutes der Waffen-SS, Berlin, Knesebeckstraße 43/44, gestatten wir uns, Ihnen gratis per Expreß für 50 Personen 7 × 25 ccm Fleckfieberimpfstoff zuzusenden.

Dieser Impfstoff ist konzentriert und ist mindestens doppelt so stark wie der Fleckfieberimpfstoff, den das Hyg. Institut der Waffen-SS durch den Linksunterzeichneten bereits erhalten hat.

Bekanntlich sollen neben dem konzentrierten Impfstoff, der Ihnen heute zugeht, und dem früher von uns hergestellten Impfstoff noch Versuche mit anderen Impfstoffen durchgeführt werden.

Die Behringwerke gehörten zu den IG Farben; aus: Anatomie des Krieges, S. 376

GEGR. **TOPF** 1878

GELDVERKEHR
REICHSBANK
GIROKONTO
POSTSCHECKKONTO
ERFURT

DRAHTWORT:
TOPFWERKE ERFURT

Eingang:
1 2. APR. 1943 26959/43

An die

Zentral-Bauleitung der Waffen-SS
und Polizei,

Auschwitz /Ost-Oberschl.

ERFURT, den 10. 4. 1943
POSTFACH 562
FABRIK UND VERWALTUNG
DREYSESTRASSE 7/9
schr.

BETRIFFT: Kla. Krematorium IV KGL 30 b,
Ihr Schreiben vom 3.4.43

IHR ZEICHEN
Bftgb.Nr.
26419/43/Jä/Ln.

UNSERE ABTEILUNG **D** IV
Prü

In Erledigung Ihres oben angeführten Schreibens teilen
wir Ihnen mit, daß wir unseren Polier, Herrn Koch, aufgefordert haben, die angeblich in letzter Zeit entstandenen
Risse am 8-Muffel-Ofen im Krematorium IV zu beseitigen.
Gleichzeitig nahmen wir von der zwischen Ihrem sehr geehr-
ten Herrn Bauleiter Sturmbannführer B i s c h o f f und
unserem Herrn Oberingenieur P r ü f e r getroffenen Vereinbarung Kenntnis, nach welcher wir die auftretenden
Mängel an den von uns errichteten Einäscherungsöfen, die
innerhalb 2 Monaten nach Inbetriebnahme der Öfen auftreten,
ohne Kosten für Sie beseitigen. Hierbei ist selbstverständlich Voraussetzung, daß dieevtl. auftretenden Mängel
infolge fehlerhafter Ausführung entstanden sind und nicht
etwa durch Überhitzung der Öfen bezw. durch Anstoßen der
inneren Ausmauerung durch die Schürgeräte usw.

Wie bereits eingangs erwähnt, haben wir unserem Polier
Koch Anweisung gegeben, die jetzt eingetretenen Schäden
zu beseitigen, was in der Zwischenzeit wohl erfolgt sein wird.

Stets gern für Sie beschäftigt, empfehlen wir uns Ihnen
bestens.

H e i l   H i t l e r !

Unterschrift Topf&Söhne

Anlage:
2 weitere Ausfertigungen dieses Schreibens.

Erledigt durch Schreiben
vom ___ 134 Tftgb. Nr.

ZWEIGSTELLEN IN BERLIN, DRESDEN, MÜNCHEN, ULM

Brief der Firma Topf & Söhne an das Konzentrationslager Auschwitz über die Reparatur von gelieferten
Öfen für das Krematorium.

Nr. 272   Eidesstattliche Erklärung von Alfred Zaun über die Liefe-
rung des Gases Zyklon B durch die Firma TESTA (Auszüge)

... (3) Aus den Geschäftsbüchern, den Bilanzen und Gewinn- und
Verlustrechnungen ist mir wohl bekannt, daß der Reingewinn der
Firma TESTA sich 1941 und 1942 sprunghaft vergrößerte ...

(4) Aus den Büchern ist mir bekannt, daß DEGESCH durch die
Firma TESTA in 1942 und 1943 Zyklon an die SS und Konzentrationslager geliefert hat. Insbesondere gaben wir der DEGESCH in
diesen Jahren Riesenaufträge für das Konzentrationslager Auschwitz ...

Aus: SS im Einsatz, S. 468 f.

Nr. 273   Aussage des Kommandanten des Konzentrationslagers in
Auschwitz, R. Höß, über den Raub und die Verwertung des Vermö-
gens der jüdischen Bevölkerung, die in Auschwitz ermordet wurde
(Auszüge)

... Aktion Reinhard war die Deckbezeichnung für die Erfassung,
Sortierung und Verwertung aller Dinge, die durch die Judentrans-
porte und deren Vernichtung anfielen ...

Nach Sortierung nach Abschluß größerer Aktionen wurden die
Wertsachen und das Geld in Koffern gepackt mit Lastwagen nach
Berlin zum Wirtschaftsverwaltungshauptamt gebracht, von da zur
Reichsbank. Eine besondere Abteilung der Reichsbank befaßte sich
nur mit diesen Sachen aus den Juden-Aktionen. Wie ich einmal von
Eichmann hörte, wurden die Pretiosen und Devisen in der Schweiz
verhandelt, ja, man beherrschte damit den gesamten Schweizer Pre-
tiosenmarkt ...

Während der ersten Transporte schon brachte Eichmann einen
Befehl des Reichsführers SS, wonach den Leichen die Goldzähne
auszuziehen und bei den Frauen die Haare abzuschneiden seien.
Diese Arbeit wurde ebenfalls von dem Sonderkommando durchgeführt. Die Aufsicht bei der Vernichtung hatte zu der Zeit jeweils der
Schutzhaftlagerführer, bzw. der Rapportführer. Kranke Personen,
die man nicht in die Gasräume bringen konnte, wurden durch Ge-
nickschuß mit dem Kleinkalibergewehr getötet. Ein SS-Arzt mußte

ebenfalls zugegen sein. Das Einwerfen des Gases erfolgte durch die ausgebildeten Desinfektoren – SDG's.

Während es sich im Frühjahr 1942 noch um kleinere Aktionen handelte, verdichteten sich die Transporte während des Sommers, und wir waren gezwungen, noch eine weitere Vernichtungsanlage zu schaffen . . .

Aus: Faschismus – Getto – Massenmord, S. 428

Kapitel VI

Widerstand

Einleitung

Weder der Terror noch der gewaltige Propagandaapparat des Faschismus konnten den Widerstand gegen das System und seine Politik vollständig brechen. Einen allgemeinen Einblick in Ausmaß und politische Struktur der Widerstandsbewegung geben Nr. 273a–275. Allerdings waren der Umfang der Widerstandsaktivitäten, die Motivation und die Zielsetzung bei den verschiedenen Kräften sehr unterschiedlich. Das drückte sich auch im Zeitpunkt aus, in dem sie den Widerstand begannen, und in der Entschiedenheit, mit dem sie den Faschismus – oder nur einige seiner „Auswüchse" – bekämpften.

Das politische Hauptziel des Faschismus war, wie er vor 1933 immer wieder proklamiert und nach dem 30. Januar 1933 durch seine politische Praxis bewiesen hatte, die Vernichtung des „Marxismus", also der Arbeiterbewegung als Organisation und als politische und geistige Macht. Von hier aus ist es selbstverständlich, daß sich der faschistische Terror hauptsächlich und mit besonderer Wucht gegen die Kommunisten und Sozialisten richtete und daß auch von diesen Kräften am frühesten der Widerstand organisiert wurde, nämlich von der Kommunistischen Partei und verschiedenen kleineren kommunistischen und sozialistischen Gruppen praktisch vom ersten Tag der faschistischen Diktatur an, und von Sozialdemokraten einige Monate später, als ihnen klar wurde, daß auch sie vom Faschismus nicht verschont wurden.

Dieser Widerstand aus der Arbeiterklasse blieb bis zur Niederwerfung des faschistischen Systems 1945 der umfangreichste, der opferreichste und der konsequenteste, weil er sich nicht nur gegen diese oder jene Erscheinungsform, nicht nur gegen ,,Auswüchse" des faschistischen Systems richtete, sondern gegen dieses prinzipiell, gegen seine Grundlagen und die Hauptziele seiner Politik. Die Widerstandsarbeit mußte den konkreten Bedingungen der Diktatur angepaßt werden. Darüber lagen zunächst kaum Erfahrungen vor. Angesichts der Kombination von brutalstem Terror und geschickter Massenpropaganda des Staates erwies es sich als unmöglich, eine antifaschistische Massenbewegung zu organisieren. Viele ehemalige Anhänger der Arbeiterparteien konnten durch diese Herrschaftsmethoden und durch die ,,Erfolge" des Systems (Beseitigung der Arbeitslosigkeit, außenpolitische Expansion) vom Faschismus mindestens neutralisiert werden. Auch viele ehemals politisch aktive Arbeiter wurden durch den Terror abgeschreckt und verhielten sich passiv. Zehntausende Widerstandskämpfer fielen dem Terror zum Opfer. Und trotz alledem vermochte das System den Widerstand aus der Arbeiterschaft nicht zu brechen. Die Wirkungen dieses Widerstandskampfes waren nicht so spektakulär wie die Attentate auf Hitler, sollten aber nicht unterschätzt werden: solidarische Hilfe für die Familien der Verhafteten oder Ermordeten; Aufrechterhaltung eines Minimums an kritischem Bewußtsein durch interne Diskussionen und durch Information der übrigen Bevölkerung in Flugblättern, Zeitungen, getarnten Schriften usw.; Verminderung der militärischen Schlagkraft des Systems durch Sabotage in den Rüstungsbetrieben, systematisches Langsamarbeiten usw.; Beschleunigung der faschistischen Niederlage durch Kontakte mit den Alliierten, besonders der Sowjetunion, Spionagetätigkeit im Militär- und im Rüstungssektor usw. Die Haltung der Arbeiterbewegung gegenüber dem faschistischen System und ihr Widerstandskampf werden in Nr. 276–294 dokumentiert.

Die relevanten bürgerlichen Kräfte hatten sich, wie gezeigt, spätestens 1933 und meist mit großer Begeisterung auf die Seite des Faschismus gestellt. Dies galt für die Mittelschichten ebenso wie für die Intelligenz und die Kirchen. Und was Industrie, Banken, Militär und hohes Beamtentum betrifft, so fungierten sie von Anfang an als Bundesgenossen der faschistischen Partei und machtpolitische Stützen und Triebkräfte des Systems. Die Gründe dafür wurden dargestellt. Aus dieser Position konnte sich keine antifaschistische Widerstandtätigkeit entwickeln – jedenfalls solange nicht, als die faschistische Diktatur genau das tat, was man von ihr erwartete: die Wirtschaft stabilisierte, die Arbeiterbewegung niederhielt, die Militärkraft stärkte, die Fesseln des Versailler Vertrages zerbrach und eine machtvolle Expansionspolitik in die Wege leitete. Solange der Faschismus dies erfolgreich tat, gab es zwar die eine oder andere Meinungsverschiedenheit innerhalb der Herrschenden über den besten Weg und die effektivsten Mittel zu diesem Ziel, oft auch Konkurrenzkämpfe um hohe Ämter, Staatsaufträge und Profite, teilweise auch um die Hauptstoßrichtung der Expansion (z. B. zwischen Kolonialinteressen in Afrika und Interessen in Ost- und Südosteuropa) und natürlich auch Antipathien gegen den plebejischen Charakter der NSDAP und ihrer Führer und ihre für den Geschmack dieser Kreise oft allzu vulgären Verhaltensformen; doch es gab keinen wirklichen Widerstand von der Seite des Militärs, der Wirtschaft und der hohen Bürokratie. Etwas weiter gingen die Kirchen, die besonders in den Jahren 1934 bis 1937 beträchtlichen Repressionen ausgesetzt waren. Doch sie beschränkten sich im Prinzip darauf, die antichristliche Propaganda, die von einem Teil der NSDAP betrieben wurde, zurückzuweisen und die Eingriffe des Staates in den innerkirchlichen Bereich, die Maßnahmen gegen kirchliche Presse und Jugendorganisationen zu kritisieren (vgl. u. a. Nr. 304, 307 und 308; die Argumentation der päpstlichen Enzyklika ,,Mit brennender Sorge" von 1937 stimmt im Grundsätzlichen mit der Denkschrift der deutschen Bischöfe von 1935 überein, die in Nr. 307 in längeren Auszügen abgedruckt wird). An ihrer grundsätzlichen Unterstützung des faschistischen Systems und seiner Politik änderte dies, wie sie selbst immer wieder beteuerten, überhaupt nichts. Stimmen aus dem Bürgertum, die über diese Grenzen hinausgingen und sich einer grundsätzlichen Kritik des Systems näherten – aus christlichen oder humanistischen Motiven – blieben sehr vereinzelt und ohne politische Wirkung.

Dies änderte sich für Militär, hohes Beamtentum und Wirtschaft teilweise, als erkennbar wurde, daß die Politik des Systems mit ziemlicher Wahrscheinlichkeit in die Katastrophe führte. Nun gab es eine Reihe von Versuchen, eine realistischere, sachgemäßere und deshalb effektivere Politik durchzusetzen – durch Einflußnahme auf die Regierung Hitler und schließlich, als alle anderen Methoden versagten und der militärische Zusammenbruch näherrückte, durch Ermordung Hitlers und Sturz seiner Regierung (Nr. 295–301, 303). Diese Tendenzen setzten schon 1937/38 ein, als Hitler ökonomisch und militärisch eine auf sofortigen Krieg gerichtete Vabanque-Politik betrieb, verschwanden wieder, als der Anschluß von Österreich und des Sudetenlandes, die Besetzung der Tschechoslowakei und der Sieg gegen Polen 1938/39 den Erfolg der Politik Hitlers zu beweisen schienen, erwachten erneut im Winter 1939/40, als Hitler den Krieg gegen das von manchen Generälen als sehr starke Militärmacht betrachtete Frankreich angeordnet hatte, verschwanden nach dem raschen Sieg gegen Frankreich wieder und gewannen erst wieder Bedeutung nach den großen und kriegsentscheidenden Niederlagen in der Sowjetunion, besonders nach Stalingrad im Winter 1942/43.

Aus diesen Tendenzen entwickelte sich die Hauptströmung innerhalb der Bewegung, die zum 20. Juli 1944 führte. Ihre Kritik bezog sich, wie die Argumentation der Generäle Fritsch und Beck 1937/38 (Nr. 295 und 296) und die der Denkschriften Carl Goerdelers 1941 und 1943 (Nr. 299–301) zeigt, primär darum, daß der Erfolg der imperialistischen Politik durch eine unsachgemäße und allzu abenteuerliche politische und militärische Führung gefährdet wurde. Insbesondere Goerdeler, die einflußreichste Persönlichkeit in der Bewegung des 20. Juli, der nach 1934 dem faschistischen System als Reichspreiskommissar gedient hatte und 1944 als Reichskanzler der neuen Regierung vorgesehen war, erweist sich als ein geradezu klassischer Vertreter des deutschen Imperialismus: Seine Politik zielte darauf ab, durch den Sturz der Hitlerregierung und Friedensverhandlungen mit den Westmächten den Krieg gegen die Sowjetunion weiterzuführen, möglichst viel von den faschistischen Eroberungen für das Deutsche Reich zu retten und im Innern ein konservativ-autoritäres Regime zu errichten. Einen etwas anderen Charakter hatte die zweite wesentliche Gruppe innerhalb der Bewegung des 20. Juli, der „Kreisauer Kreis" (Nr. 302). Hier bestanden auch Kontakte zu Sozialdemokraten und Gewerkschaftern, wenn dieser Kreis auch insgesamt ebenfalls eindeutig konservativ geprägt war und gegenüber Demokratie und Arbeiterbewegung großes Mißtrauen hatte. Ihrer Hauptströmung nach war also die Bewegung des 20. Juli ein Versuch von Teilen derjenigen Kräfte, die den Faschismus bei der Errichtung seiner Diktatur und der Durchführung seiner Politik unterstützt hatten, angesichts der bevorstehenden Katastrophe die Regierung Hitler zu stürzen, um möglichst viel von den Interessen des deutschen Imperialismus retten zu können – sowohl in Hinsicht auf Eroberungen wie in Hinsicht auf die innenpolitischen Herrschaftsverhältnisse.

Für das Verhalten der Kirchen ergaben sich neue Aspekte, als der Faschismus zum Massenmord an den europäischen Juden und zur Vernichtung sogenannten „lebensunwerten Lebens" überging. Angesichts dieser Erscheinungen fanden sich einige zum Teil sehr prominente Kirchenführer, die Protest erhoben (Nr. 305–306, 309–311). An der grundsätzlichen Unterstützung des faschistischen Systems und seines Krieges änderte dies jedoch nichts (vgl. die Dokumente in Kap. V). Im Laufe des Krieges, insbesondere angesichts des nahen Zusammenbruchs, entwickelten sich auch andere Widerstandsaktivitäten aus dem Bürgertum. Sie werden hier am Beispiel des Widerstands der Intelligenz, der „Weißen Rose", dokumentiert (Nr. 312). Sie entsprangen meist christlichen, pazifistischen oder allgemein humanitären Motiven. Der faschistische Terror verfolgte alle diese Aktivitäten mit der gleichen Brutalität wie die kommunistischen und sozialistischen Gruppen. Eine Zwischenstellung zwischen proletarischem und bürgerlichem Widerstand nimmt das Nationalkomitee Freies Deutschland ein, das aus kriegsgefangenen deutschen Soldaten und Offizieren in der Sowjetunion hervorging und enge Verbindung zu emigrierten deutschen Kommunisten hatte (Nr. 313).

1. Allgemeine Angaben

Nr. 273 a   Gestapo-Lagebericht über die Ereignisse in Berlin im Januar 1936 (Auszüge)

Die Entwicklung der allgemeinen Stimmung innerhalb der Bevölkerung der Reichshauptstadt ist im Laufe des Monats Januar Gegenstand umfangreicher und eingehender Erhebungen in allen Stadtteilen gewesen. Dabei mußte festgestellt werden, daß eine weitere Verschlechterung eingetreten ist. Ein wachsender Pessimismus und Mißmut, der auf die verschiedensten Gründe zurückzuführen ist, macht sich von Woche zu Woche stärker bemerkbar. Soweit nicht, was für einen erschreckend hohen Prozentsatz der Bevölkerung gilt, eine direkt negative Einstellung zu Staat und Bewegung im Laufe der letzten Monate Platz gegriffen hat, herrscht eine große Gleichgültigkeit und Müdigkeit dem politischen Geschehen gegenüber . . .

Viele Volksgenossen, die, ohne sich zum Nationalsozialismus zu bekennen, nach der Machtübernahme eine loyal abwartende Haltung gegenüber dem Dritten Reich einnahmen, haben inzwischen den Glauben an die Verwirklichung gerade der sozialistischen Punkte des Parteiprogramms verloren. Das Sinken des Ansehens der NSDAP in der Bevölkerung kann nicht mehr übersehen werden . . .

Aus den dargestellten Übelständen und ihrer Aufnahme in der Allgemeinheit schöpft die kommunistische Propaganda, besonders in Berlin, mit Eifer und großem Geschick . . .

In den letzten Wochen haben sich in auffälligem Maße die Anzeichen für Erfolge der Wühlereien der Dimitroffschen „Antinationalsozialistischen Volksfront" gemehrt. Dies zeigt sich auch bei der Arbeit der Staatspolizeibeamten, die in den Arbeiterbezirken Berlins, wenn sie sich als Polizeibeamte zu erkennen geben, Auskünfte entweder gar nicht oder nur widerstrebend erlangen können. Die offene und freudige Mitarbeit der Allgemeinheit bei der Bekämpfung des Kommunismus, wie sie bis ins Jahr 1935 hinein deutlich festgestellt werden konnte, hat erheblich nachgelassen. Von einer Immunität gegen das Gift des Marxismus kann in weiten Kreisen der Berliner Bevölkerung keine Rede mehr sein. Bezeichnend ist die vorläufig noch vereinzelte Feststellung, daß sich alte SA-Männer mit fanatischen Kommunisten zusammenfinden und politische Debatten führen . . .

Allgemein kann zwar gesagt werden, daß der Kommunismus vor allem wegen der starken Bekämpfung, die er durch die Staatsorgane erfährt, und der damit verbundenen ständigen Aufreibung seiner Organisation und Festnahme seiner führenden Männer eine augenblickliche Gefahr für den Bestand des Staates nicht bedeutet. Es muß aber ernsthaft darauf hingewiesen werden, daß trotz aller Erfolge gegen den organisierten Kommunismus das Heer der durch kommunistische Ideen wieder oder neu Verseuchten im stetigen Wachsen begriffen ist . . .

Das im Lagebericht des Vormonats berichtete Einheitsfrontabkommen zwischen dem Bezirksvorstand der SPD von Berlin und der Roten Hilfe wird durch die Rede Piecks auf der 4. Parteikonferenz in Brüssel bestätigt. Auf Grund dieses Abkommens hat die SPD eine größere Aktivität entwickelt. Am 9.–10. Januar mußten schätzungsweise 6000 Flugzettel mit der Aufschrift ,,Die Sozialdemokratie lebt" u. a. in Köpenick und Treptow aufgesammelt werden. In Charlottenburg wurden bei der Leerung der Briefkästen mehrere hundert derselben Zettel sowie die ,,Sozialistische Aktion" gefunden. Letztere erhielten auch mehrere Geschäftsleute in Charlottenburg durch die Post von Dresden aus zugesandt . . .

Bemerkenswert ist im Berichtsmonat vor allem die Auswirkung der unter strengster Geheimhaltung veranstalteten Fuldaer Bischofs-Konferenz und das gesteigerte Bemühen der katholischen Kirche um die Familie. – Die Bischofs-Konferenz hat verschiedene Hirtenbriefe beschlossen, die auch in Berlin von den Kanzeln verlesen wurden. In dem einen Hirtenbrief wird gesagt, daß der Heilige Bonifatius aus seinem Grabe heraus den Bischöfen den Befehl erteilt habe, gegen den Unglauben und das Neue Heidentum zu predigen und die Gläubigen zur Einheit und Treue zum Heiligen Vater in Rom aufzufordern. Ein 2. Hirtenbrief befaßt sich unter Berufung auf das päpstliche Hirtenschreiben casti connubii vom 31. Dezember 1930 mit dem Wesen der Kirche nach katholischem Kirchenrecht und betont nochmals die Ablehnung der Sterilisations-Gesetzgebung durch die Kurie . . .

Im Berichtsmonat mußte auch in einigen Fällen gegen evangelische Pfarrer wegen Angriffs auf die Reichsregierung von der Kanzel herab gemäß § 130a des StGB eingeschritten werden. Es handelt sich in diesen Fällen um Angehörige des radikalen Flügels der Bekenntnisfront, auch um Kreise des evangelischen Pfarrer-Nachwuchses, die sich in erkennbar gesteigertem Maße gegen die von dem Reichsminister für die kirchlichen Angelegenheiten bzw. von den Kirchenausschüssen getroffenen Maßnahmen zur Befriedung der Verhältnisse in der Deutschen Evangelischen Kirche richten.

Aus: Geschichte der deutschen Arbeiterbewegung, Bd. 5, S. 477–479

Nr. 274   Verhaftungen von Antifaschisten 1938/39, aufgegliedert nach politischen Richtungen

	ins-gesamt	KPD	SPD	SAP	andere Hitler-gegner
Januar 1938	562	496	42	3	21
Februar 1938	470	386	61	1	22
März 1938	555	303	90	–	162
September 1938	611	326	45	14	226
Oktober 1938	1630	683	83	19	845
November 1938	527	276	55	5	191
Dezember 1938	416	256	36	1	123
April 1939	357	223	35	2	97
Mai 1939	478	263	51	4	160

Aus: Mammach, S. 237

Nr. 275   Verhaftungen April bis Juni 1944, aufgegliedert nach politischen Richtungen

	April Insg.	April Ausl.	Mai Insg.	Mai Ausl.	Juni Insg.	Juni Ausl.
Kommun., Marxismus	1387	906	2188	1558	1478	865
Reaktion, Opposition	529	235	567	246	723	324
Kath. Kirchenbewegung	71	42	41	17	37	17
Ev. Kirchenbewegung	5	–	6	1	7	–
Sekten	147	49	63	9	78	27
Juden	453	137	331	92	533	148
Widerst.-Beweg. (Ausl.)	1781	1781	3166	3166	3593	3593
Heimtück. Angel.	1665	628	1913	709	2498	913
Wirtschafts-Angel.	618	489	1218	956	826	566

Aus: Weisenborn, S. 134

2. Die Arbeiterbewegung

Nr. 276   Manifest des sozialdemokratischen Emigrationsvorstandes in Prag „Kampf und Ziel des revolutionären Sozialismus. Die Politik der Sozialdemokratischen Partei Deutschlands" vom 28. Januar 1934 (Auszüge)

. . . Im schweren, opferreichen, leidenschaftlichen Ringen um den Sturz der Diktatur erfüllt sich die Arbeiterbewegung mit radikalem, kompromißlosem Geist. Der politische Umschwung von 1918 vollzog sich am Abschluß einer konterrevolutionären Entwicklung, die durch den Krieg und die nationalistische Aufpeitschung der Volksmassen bedingt war. Nicht durch den organisierten, vorbereiteten, gewollten revolutionären Kampf der Arbeiterklasse, sondern durch die Niederlage auf den Schlachtfeldern wurde das kaiserliche Regime beseitigt. Die Sozialdemokratie als einzig intakt gebliebene organisierte Macht übernahm ohne Widerstand die Staatsführung, in die sie sich von vornherein mit den bürgerlichen Parteien, mit der alten Bürokratie, ja mit dem reorganisierten militärischen Apparat teilte. Daß sie den alten Staatsapparat fast unverändert übernahm, war der schwere historische Fehler, den die während des Krieges desorientierte deutsche Arbeiterbewegung beging . . .

Die Niederwerfung des nationalsozialistischen Feindes durch die revolutionären Massen schafft eine starke revolutionäre Regierung, getragen von der revolutionären Massenpartei der Arbeiterschaft, die sie kontrolliert. Die erste und oberste Aufgabe dieser Regierung ist es, die Staatsmacht für die siegreiche Revolution zu sichern, die Wurzeln jeder Widerstandsmöglichkeit auszureißen, den Staatsapparat in ein Herrschaftsinstrument der Volksmassen zu verwandeln.

Der revolutionären Regierung obliegt deshalb die sofortige Durchführung einschneidender politischer und sozialer Maßnahmen zur dauernden völligen Entmachtung des besiegten Gegners. Das erfordert:

Einsetzung eines Revolutionstribunals.

Aburteilung der Staatsverbrecher, ihrer Mitschuldigen und Helfer in der Politik, der Bürokratie und Justiz wegen Verfassungsbruches, Mordes und Freiheitsberaubung unter Aberkennung der staatsbürgerlichen Rechte.

Aufhebung der Unabsetzbarkeit der Richter.

Besetzung aller entscheidenden Stellen der Justiz durch Vertrauensmänner der revolutionären Regierung.

Grundlegende Umgestaltung der Justiz durch Verstärkung des Laienelementes.

Reinigung der Bürokratie, sofortige Umbesetzung aller leitenden Stellen.

Organisierung einer zuverlässigen Militär- und Polizeimacht.

Völlige Erneuerung des Offizierskorps.

Aufhebung aller die Freiheit der Arbeiterschaft beschränkenden Gesetze und Verordnungen der nationalsozialistischen Despotie.

Volle staatsbürgerliche Gleichberechtigung ohne Unterschied der Rasse und Religion.

Trennung der Kirche vom Staat.

Unterbindung jeder konterrevolutionären Agitation.

Sofortiger Erlaß der notwendigen sozialen, wirtschaftlichen und finanziellen Gesetze durch die revolutionäre Regierung.

Die Zerschlagung des alten politischen Apparates muß gesichert werden gegen seine bisherigen gesellschaftlichen Träger.

Das erfordert:

Sofortige entschädigungslose Enteignung des Großgrundbesitzes, Überführung der Forsten in Reichseigentum und Reichsverwaltung, Verwendung des Ackerlandes zu Schaffung lebensfähiger Bauernsiedlungen und genossenschaftlicher Betriebe von Landarbeitern mit ausreichender Förderung durch Staatsmittel.

Sofortige entschädigungslose Enteignung der Schwerindustrie.

Übernahme der Reichsbank in den Besitz und die Verwaltung des Reiches.

Vergesellschaftung und Übernahme der Großbanken durch die vom Reich bestimmten Leitungen.

Erst nach der Sicherung der revolutionären Macht und nach restloser Zerstörung der kapitalistisch-feudalen und politischen Machtpositionen der Gegenrevolution beginnt der Aufbau des freien Staatswesens mit der Einberufung einer Volksvertretung, gewählt nach allgemeinem, gleichem, direktem und geheimem Wahlrecht in Einzelwahlkreisen . . .

Mit dem Sieg des totalen Staates ist die Frage seiner Überwindung mit grausamer Eindeutigkeit gestellt. Die Antwort lautet: totale Revolution, moralische, geistige, politische und soziale Revolution!

In diesem Kampfe wird die Sozialdemokratische Partei eine Front aller antifaschistischen Schichten anstreben. Sie wird die Bauern, die Kleingewerbetreibenden, die Kaufleute, die durch die Versprechungen der Nationalsozialisten betrogen sind, sie wird die Intellektuellen, die unter dem gegenwärtigen Regime ein bisher unvorstellbares Maß der Unterdrückung und Entwürdigung erleiden, zum gemeinsamen Kampf mit der Arbeiterklasse aufrufen.

Wir haben den Weg, wir haben das Ziel des Kampfes gezeigt. Die Differenzen in der Arbeiterbewegung werden vom Gegner selbst ausgelöscht. Die Gründe der Spaltung werden nichtig. Der Kampf zum Sturz der Diktatur kann nicht anders als revolutionär geführt werden. Ob Sozialdemokrat, ob Kommunist, ob Anhänger der zahllosen Splittergruppen, der Feind der Diktatur wird im Kampf durch die Bedingungen des Kampfes selbst der gleiche sozialistische Revolutionär. Die Einigung der Arbeiterklasse wird zum Zwang, den die Geschichte selbst auferlegt . . .

Gegen die faschistische Barbarei führen wir den Kampf für die großen und unvergänglichen Ideen der Menschheit. Wir sind die Träger der großen geschichtlichen Entwicklung seit der Überwindung der mittelalterlichen Gebundenheit, wir sind die Erben der unvergänglichen Überlieferungen der Renaissance und des Humanismus, der englischen und französischen Revolution. Wir wollen nicht leben ohne Freiheit, und wir werden sie erobern, Freiheit ohne Klassenherrschaft, Freiheit bis zur völligen Aufhebung aller Ausbeutung und aller Herrschaft von Menschen über Menschen!

Vollständiger Text in: Das Prager Manifest von 1934. Ein Beitrag zur Geschichte der SPD, W. Runge Verlag, Hamburg 1971

Nr. 277   Schema des Aufbaus des Bezirks Berlin der KPD 1934

Bezirksleitung: 8 Mitglieder

Sekretariat: Robert Stamm, Polit. Leiter
                  Richard Gladewitz, Org.
                  Anton Ackermann, Agit./Prop.

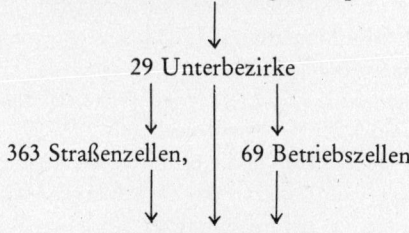

29 Unterbezirke

363 Straßenzellen,   69 Betriebszellen

Zusammenarbeit mit:
illegalen Arbeitersportorganisationen (4500 Mitglieder)
illegalen Organisationen des KJVD (800 Mitglieder)

Aus: Mammach, S. 64

Nr. 278   Antifaschistische Propaganda der KPD in Berlin Herbst 1934

78 Unterbezirks-, Stadtteil- und Betriebszeitungen erscheinen illegal, unter anderen:

Friedrichshainer Rote Fahne	(1500 Exemplare)
Der Kommunist, Lichtenberg	(1000 Exemplare)
Wahrheit, Prenzlauer Berg	(500 Exemplare)
Der Ausweg, Tempelhof	(200–300 Exemplare)
Spandauer Echo	(300 Exemplare)
Neuköllner Sturmfahne	(700–800 Exemplare)

Aus: Mammach, S. 64

Nr. 279   Gemeinsamer Aufruf der KPD-Bezirksleitung Hessen-Frankfurt und der SPD-Bezirksleitung Hessen-Nassau vom 5. September 1934 (Auszüge)

Werktätige in Stadt und Land! Sozialdemokratische und kommunistische Arbeiter! Gewerkschaftler!

Terror und Hunger wüten über Hitlerdeutschland. Eineinhalb Jahre faschistischer Diktatur brachten unerhörten Lohnraub, Raub der Erwerbslosenunterstützung, Versklavung der werktätigen Jugend durch Arbeitsdienst und Landhilfe, Preissteigerung und beginnende Inflation! Eineinhalb Jahre Hitlerregierung brachten den Ruin der werktätigen Bauern durch Ablieferungszwang ihrer Produkte und die Enterbung der Bauernsöhne durch das Erbhofgesetz. Die Not der kleinen Gewerbetreibenden ist trotz aller Versprechungen der Nazis noch größer geworden . . .

Hitler führt Deutschland in die Katastrophe, wenn nicht die geeinte Arbeiterklasse im Bündnis mit allen Werktätigen seinem verbrecherischen Treiben ein Ende bereitet.

Einheitliche antifaschistische Aktion ist deshalb das Gebot der Stunde!

Schon stehen überall sozialdemokratische und kommunistische Arbeiter Schulter an Schulter im Kampf. Schon bilden sich überall, besonders in den Betrieben, antifaschistische Einheitsorgane zur

410

Führung des Kampfes. Die sich immer stärker herausbildende und immer mutiger und siegesbewußter auftretende Einheitsfront der Arbeiterklasse beginnt bereits, auf die bisher irregeleiteten Werktätigen aller Bevölkerungsschichten tiefen Eindruck auszuüben.

In dem ehrlichen Bestreben, diesen Willen der Massen zur kämpfenden Einheitsfront über alles bisher uns Trennende hinweg zur unüberwindlichen Front des antifaschistischen Kampfes bis zum Sturz des Faschismus zu steigern, haben die illegalen Bezirksleitungen der Sozialdemokratischen und Kommunistischen Partei in gemeinsamer Beratung beschlossen, sich zu einer Aktionseinheit zusammenzuschließen mit dem Ziel, den tagtäglichen Kampf aller Ausgebeuteten um Lohn und Brot zu breiten Massenkämpfen gegen den Faschismus und die hinter ihm stehende profitgierige Ausbeuterklasse bis zu ihrer Vernichtung durch die proletarische Revolution zu steigern, um dann durch die Diktatur der Arbeiterklasse im Bündnis mit allen Werktätigen den wirklichen Sozialismus aufzubauen . . .

In der Erkenntnis, daß zur Führung dieses Kampfes breite Einheitsorganisationen erforderlich sind, erblicken wir Bezirksleitungen der Kommunistischen und Sozialdemokratischen Partei die erste und wichtigste Aufgabe unserer Aktionseinheit in dem Wiederaufbau der freien Gewerkschaften auf der Grundlage des proletarischen Klassenkampfes . . .

Längere Auszüge in: Geschichte der deutschen Arbeiterbewegung, Bd. 5, S. 465–467

Nr. 280   Resolution des ZK der KPD ,,Proletarische Einheitsfront und antifaschistische Volksfront zum Sturze der faschistischen Diktatur" vom 30. Januar 1935 (Auszüge)

. . . Der Sturz der faschistischen Diktatur kann nur durch die Gewinnung der breitesten Volksmassen für den Kampf unter proletarischer Führung gegen die faschistische Tyrannei, gegen die imperialistische Kriegspolitik und gegen die Kapitalsoffensive, durch die Organisierung der antifaschistischen Volksfront erreicht werden. Auf dem Wege des Zusammenschlusses der Kommunisten mit den sozialdemokratischen Arbeitern und Organisationen zur gemeinsa-

411

men Steigerung des Klassenkampfes wird die Arbeiterklasse alle Schichten der Werktätigen an sich ziehen und sie zum Kampf gegen den Faschismus führen.

Die Schaffung der Einheitsfront erleichtert es uns, in den faschistischen Massenorganisationen alle legalen und halblegalen Möglichkeiten auszunützen. Überall, wo Massen organisiert sind und zusammenkommen (Betriebsversammlungen, Stempelstellen, Arbeitsfront, Hitlerjugend, bei den Sportlern, in den Konsumvereinen usw.), müssen die Kommunisten und alle Antifaschisten zur Stelle sein, um die Opposition gegen den Hitlerfaschismus zu organisieren. In den faschistischen Massenorganisationen müssen die Kommunisten den Stoß gegen die Mißwirtschaft der Kommissare und der eingesetzten Leitungen, gegen die Bonzenwirtschaft und das Führerprinzip richten, müssen sie für das Recht zur Kritik, für die Wahl der Leitungen durch die Mitglieder, für Kontrollrecht über Beitragsgelder usw. kämpfen.

Diese Arbeit ist bisher von der Partei fast vollkommen vernachlässigt worden. Das betrifft besonders die Arbeit in der Hitlerjugend, was eine außerordentliche Schwäche der Arbeit der Partei unter der werktätigen Jugend gerade in der Zeit zum Ausdruck bringt, in der ihre Abkehr vom Faschismus einsetzt. Die Wendung der Partei in der revolutionären Massenpolitik muß ihren besonderen Ausdruck finden in einer wirklichen Orientierung der Partei auf die Jugend, in der vollen Verantwortlichkeit für die Vernichtung des faschistischen Einflusses in der werktätigen Jugend und in ihrer Gewinnung für den Klassenkampf. Von großer Bedeutung sind: der Kampf gegen die Militarisierung der Jugend; die Arbeit in den Arbeitsdienstlagern, in denen zielbewußte antifaschistische Aufklärung und Massenschulung geleistet werden muß; die Arbeit bei den Massentransporten aufs Land, bei denen sich zu größeren Demonstrationen der Angehörigen bei der Abfahrt Anlaß bietet; ferner die Ausnützung der Landhelfer als Agitatoren der Arbeiterklasse bei den Bauern und Landarbeitern in den Dörfern und auf den Gütern. Die antimilitaristische Arbeit muß gleichfalls in den Wehrorganisationen, der SA, SS usw., organisiert werden.

Die Lage der Frauen und Mädchen ist unter der Hitlerregierung durch die Entrechtung, Hinausdrängung aus dem Produktionsprozeß und durch die Teuerung außerordentlich verschlechtert. Die Frauen und Mädchen sind mit am stärksten von der Enttäuschung erfaßt. Die Wendung der Partei muß auch zu einer ernsten Entfaltung der Arbeit unter den werktätigen Frauen führen, um sie als aktive Kämpferinnen in die antifaschistische Kampffront einzureihen.

Die Organisierung des Kampfes für die Interessen der werktätigen Bauern, des städtischen Kleinbürgertums und der Intelligenz erfordert die besondere Aufmerksamkeit der Kommunisten für die Tagesforderungen dieser Schichten. Für die Klein- und Mittelbauern fordern wir: sofortige Beseitigung aller Zwangsbewirtschaftung, Niederschlagung sämtlicher Steuerrückstände, Senkung der Futtermittelpreise auf Kosten des Großhandels und der Monopolzuschläge, Herabsetzung der Pachten und Verlängerung der Pachtverträge, Zinssenkung für alle Grundbuchforderungen und für alle übrigen Kredite, langfristige, zinslose Kredite zum Ankauf von Saatgut, Düngemitteln und zur Ergänzung des Viehbestandes, Aufhebung des Verbots des Selbstschlachtens zum eigenen Verkauf, Erlaubnis zum Selbstmarkten mit allen Produkten, darüber hinaus entschädigungslose Enteignung des Großgrundbesitzes und Zuteilung an die Klein- und Mittelbauern und Siedler.

Für das städtische Kleinbürgertum stehen die folgenden Forderungen im Vordergrund: Steuerfreiheit bei Einkommen bis zu 3000 Reichsmark jährlich, bei Vermögen bis zu 20 000 Reichsmark, Aufhebung der Bier-, Schlacht-, Bürger-, Salzsteuer und ihre Ersetzung durch Sondersteuer auf große Banken, Konzerne, Syndikate, Kartelle, Trusts und Warenhäuser, keine Zwangsabgaben und „freiwilligen" Spenden, keinen Rentenraub an kleinen Rentnern und Invaliden, Mietsenkung für alle Ein- bis Dreizimmerwohnungen und für kleine Geschäfte, schließlich eine Millionär-, Aufsichtsrats- und Dividendensteuer.

Die Intelligenz rufen wir auf gegen faschistische Entwürdigung der Wissenschaft, gegen Maßregelung unabhängiger Künstler und Gelehrter, gegen Willkür und Dunkelmännerei der Goebbels und Rosenberg, für Unabhängigkeit der Wissenschaft und Kunst von der faschistischen Diktatur, gegen Gesinnungsschnüffelei, Dilettantismus und Protektionswirtschaft in Wissenschaft und Kunst, für Wissen und Leistung.

Für die Gesamtheit aller Werktätigen stellen wir Kommunisten in der proletarischen Einheitsfront und in der antifaschistischen Volksfront das Programm des Kampfes für alle demokratischen Rechte auf: Freiheit der Versammlung und Presse, Unantastbarkeit der Person und der Wohnung, Schutz vor Denunziationen und Verfolgung, Aufhebung von Konzentrationslagern und Schutzhaft, Befreiung aller Opfer des Hitlerregimes . . .

Nur indem wir mit unseren Losungen an alle Lebensfragen der breitesten werktätigen Massen in Stadt und Land anknüpfen und in unserer gesamten Agitation ihre einfache Sprache sprechen, werden wir imstande sein, eine wirkliche Millionenbewegung gegen die faschistische Diktatur ins Leben zu rufen und die antifaschistische Volksfront zu schmieden.

Längere Auszüge in: Geschichte der deutschen Arbeiterbewegung, S. 468–471

Nr. 281   Resolution des VII. Weltkongresses der Kommunistischen Internationale zum Bericht Georgi Dimitroffs vom 20. August 1935 (Auszug)

2. Die reaktionärste Abart des Faschismus – das ist der Faschismus deutschen Schlages, der sich dreist als Nationalsozialismus bezeichnet, der aber weder mit dem Sozialismus noch mit der Verteidigung der wirklichen nationalen Interessen des deutschen Volkes irgend etwas gemein hat, sondern lediglich die Rolle eines Lakeien der Großbourgeoisie spielt, und der kein bloßer bürgerlicher Nationalismus, sondern bestialischer Chauvinismus ist.

Vor den Augen der ganzen Welt zeigt das faschistische Deutschland anschaulich, was die Volksmassen bei einem Siege des Faschismus zu gewärtigen haben. Das rasende faschistische Regime rottet in den Gefängnissen und Konzentrationslagern die Blüte der Arbeiterklasse, ihre Führer und Organisatoren aus. Es hat die Gewerkschaften, die Genossenschaften und alle legalen Organisationen der Arbeiter, auch alle anderen nichtfaschistischen politischen und kulturellen Organisationen vernichtet. Es hat den Arbeitern die elementarsten Rechte der Verteidigung ihrer Interessen geraubt. Es hat ein kulturell hochstehendes Land in geistige Finsternis gestürzt und in einen Herd der Barbarei und des Krieges verwandelt. Der deutsche Faschismus ist der Hauptanstifter eines neuen imperialistischen Krieges und tritt als Stoßtrupp der internationalen Konterrevolution auf . . .

Vollständiger Text in: W. Pieck u. a., Die Offensive des Faschismus und die Aufgaben der Kommunisten im Kampf für die Volksfront gegen Krieg und Faschismus. Referate auf dem VII. Kongreß der Kommunistischen Internationale (1935), Berlin 1960, S. 271–273

Nr. 282 Aufruf des sozialdemokratischen Emigrationsvorstandes „Für Deutschland – gegen Hitler!" vom 30. Januar 1936 (Auszüge)

Am 1. Februar 1933 versprach Hitler dem deutschen Volke, er werde es nach vier Jahren zu einer freien Entscheidung aufrufen. Er hat dieses Versprechen gebrochen. Ein Volk, das frei entscheiden soll, muß alle Tatsachen kennen, alle Meinungen hören und sich aus ihnen sein Urteil bilden. Es gibt keine freie Entscheidung ohne Freiheit der Meinungsäußerung, Freiheit des Zusammenschlusses, der Presse, des Vereins- und Versammlungswesens. Hitler hat alle diese Voraussetzungen einer freien Entscheidung zerstört . . .

Nach Hitler das Chaos? Nein, Hitler ist das Chaos! Nach Hitler der Bolschewismus? – All das, was Hitler dem Bolschewismus vorwerfen kann, hat er selbst in der abstoßendsten Form verwirklicht. Nur eines hat er nicht getan, was der Bolschewismus getan hat. Er hat keine Diktatur gegen das Großkapital aufgerichtet, er schwingt die Peitsche für das Großkapital.

Aber der Kampf gegen die Hitlerdiktatur ist nicht die Aufgabe der Arbeiter allein. Alle Klassen und Schichten, abgesehen von einer Oberschicht, die aus den gegenwärtigen Zuständen Gewinn zieht, sind berufen, an dem Befreiungskampf des Volkes mit gleichen Rechten und Pflichten teilzunehmen. Sein Ziel ist nicht eine neue Diktatur an Stelle der alten, nicht die despotische Beherrschung eines Volksteils durch einen anderen Volksteil, sondern die Freiheit des ganzen Volkes.

Freiheit der Meinung in Wort und Schrift, Freiheit der Wissenschaft, der Kunst, des religiösen Lebens, Gleichberechtigung aller ohne Unterschied der Partei, der Religion und der Rasse! Freiheit und gleiches Recht für alle die, die Freiheit und gleiches Recht für alle wollen, unerbittlicher Kampf gegen alle Feinde der Freiheit und des gleichen Rechts!

Längere Auszüge in: Geschichte der deutschen Arbeiterbewegung, Bd. 5, S. 476 f.

Nr. 283   „Für Frieden, Freiheit und Brot!“ Ein Aufruf für die Deutsche Volksfront vom Dezember 1936 (Auszüge)

In kurzem werden vier Jahre seit Hitlers Machtergreifung vergangen sein. Bei seinem Amtsantritt versprach der „Führer und Reichskanzler“ dem Arbeiter, dem Bauer und dem gewerblichen Mittelstand Deutschlands Arbeit, Frieden und Wohlstand.

Hitler hat sein Versprechen nicht gehalten. Die Not der Werktätigen in Stadt und Land, in Fabriken, Schächten und Kontoren, in Handwerk, Handel und auf den Bauernhöfen hat sich ständig verschärft. Die Unterdrückung der Persönlichkeit wird immer brutaler.

Die Volksinteressen werden rücksichtslos der Vorbereitung eines Krieges geopfert, der furchtbarer sein wird als alle bisherigen Kriege. Auf dem letzten Nürnberger Parteitag hat Adolf Hitler die Steigerung dieser Politik angekündigt. Sie droht nicht nur Deutschland, sondern die ganze Welt in eine entsetzliche Katastrophe zu stürzen. Um ihretwillen wird das deutsche Volk gezwungen, dem Rüstungskapital immer größere Opfer zu bringen.

In Nürnberg haben die Führer der Nationalsozialisten den Kreuzzug gegen die Sowjetunion und gleichzeitig gegen die demokratischen Staaten gepredigt. Der Ausrottungskampf gegen alle freiheitlichen Bewegungen in der Welt wurde verkündet. Er hat in Spanien begonnen. Deutsche Bomben legen Madrid und andere spanische Städte in Trümmer, deutsche Divisionen, ausgerüstet mit allen Mitteln der Mordtechnik, stürzen sich auf das heroisch um seine Freiheit kämpfende spanische Volk.

Das deutsche Volk aber will den Frieden. Es will Deutschlands Existenz nicht aufs Spiel setzen, um die oberen Zehntausend in ihrem Besitz und ihren Vorrechten zu schützen. Der Friede der Welt und das Glück unserer Heimat sind nur durch den Sturz des Naziregimes zu sichern.

Erfüllt von der Überzeugung, daß die braune Tyrannei einzig und allein durch den Zusammenschluß aller zum Kampf für Freiheit und Recht bereiten Deutschen gebrochen werden kann, rufen wir unsere Volksgenossen im Reich und im Ausland auf, sich in einer deutschen Volksfront zu vereinigen.

Die Volksfront will keine neue Partei sein. Sie soll ein Bund aller derer werden, die entschlossen sind, ihre Kraft für Freiheit und Wohlstand des deutschen Volkes einzusetzen. Alle in ihr vereinigten Parteien und Gruppen bleiben ihren besonderen weiterreichenden Zielen treu. Alle eint der Wille, die braune Zwangsherrschaft zu vernichten . . .

Gegen Krieg und Autarkie, für Frieden und Zusammenarbeit!

Hitler braucht den Krieg um der Erhaltung seiner Herrschaft und um der Erreichung der imperialistischen Ziele seiner Auftraggeber willen. Das neue Deutschland braucht den Frieden zur Befestigung seiner jungen Freiheit und für seinen sozialen und wirtschaftlichen Aufbau . . .

Schlagen wir in einer Front den, der unser aller Feind ist.

Unser nächstes Ziel ist der Sturz Hitlers und aller Peiniger des deutschen Volkes!

Für Freiheit, Frieden und Brot!

Der Aufruf trägt folgende Unterschriften:

Rudolf Breitscheid
Max Braun
Professor Denicke
Toni Sender
Professor Siegfried Marck
Dr. E. Drucker
Professor Alfred Meusel
Alfred Braunthal
Professor Julius Lips
Emil Kirschmann

Dr. Hans Hirschfeld
Max Hoffmann
Bruno Süß
Siegfried Aufhäuser
Karl Böckel
Alexander Schifrin
Richard Kirn
Bernhard Menne
Dr. Otto Friedländer

(Sozialdemokraten)

Wilhelm Pieck   Franz Dahlem
Walter Ulbricht   Anton Ackermann
Wilhelm Florin   Philipp Daub
Philipp Dengel   Hugo Gräf
Wilhelm Koenen   und andere

(Kommunisten)

Lion Feuchtwanger   Rudolf Olden
Arnold Zweig   Balder Olden
Heinrich Mann   Egon Erwin Kisch
Professor Georg Bernhard   Rudolf Leonhard
Ernst Toller   Prof. Alfons Goldschmidt
Professor E. J. Gumbel   Kurt Rosenfeld
Professor Anna Siemsen   Professor Dr. J. Schaxel
Otto Lehmann-Rußbüldt   Professor Fritz Lieb
Dr. Wolfgang Hallgarten   Klaus Mann
Bodo Uhse   Dr. Budzislawski
Theodor Fanta   Kurt Kersten
Wolf Frank   Ernst Bloch
Dr. Felix Boenheim   Wieland Herzfelde
Johannes R. Becher   Max Seydewitz
Walter Schönstedt

(Als Vertreter der Intelligenz)

Vollständiger Text in: Laschitza/Vietzke, S. 361–364)

Nr. 284   Die Gestapo über illegale Aktivitäten 1937

Ein außerordentlich aufschlußreicher „Lagebericht 1937" des Geheimen Staatspolizeiamtes mit dem Stempel „Geheim!", der über „die kommunistischen, marxistischen und anarcho-syndikalistischen Umtriebe" Auskunft gibt, teilt folgende statistische Angaben mit, wobei zu berücksichtigen ist, daß die Gestapo unter Marxisten die Sozialdemokraten verstand:

A. Statistische Angaben:

Im Jahre 1937 wurden wegen illegaler *kommunistischer* Betätigung 8068 Personen gegenüber 11 687 Personen im Jahre 1936 festgenommen.

Davon ist über ca. 50 % im Jahre 1937 im Vergleich zu ca. 60 % im Jahre 1936 Haftbefehl verhängt worden. Hierbei handelt es sich nicht in allen Fällen um Personen, die bis zu ihrer Festnahme illegal tätig waren, sondern ein großer Teil von ihnen ist erst neuerdings einer staatsfeindlichen Tätigkeit in früheren Jahren überführt worden.

Aufgetauchte kommunistische und marxistische Hetzschriften: Es sind im Jahre 1937: 927 430 (1936: 1 643 200) Hetzschriften zur Verbreitung gelangt, wovon ca. 70 % kommunistische Erzeugnisse gewesen sind.

Die Gesamtzahl setzt sich zusammen aus:

84 000 (1936: 222 000) getarnten Broschüren,

788 000 (1936: 1 234 000) anderen Schriften,

die im Buchdruck, sowie aus

55 430 (1936: 187 200) Schriften,

die im Abzugsverfahren hergestellt waren.

Verstöße gegen das Heimtückegesetz: Es wurden im Jahre 1937 17 168 Verfahren wegen Vergehens gegen das Heimtückegesetz eingeleitet.

Aus: Weisenborn, S. 135

Nr. 285   Verhaftungen von Kommunisten und Sozialdemokraten 1936–1938

	Kommunisten	Sozialdemokraten
1936	11 687	1 374
1937	8 068	733
1938	3 864	721

Aus: Mammach, S. 180

Nr. 286   Eröffnungsrede Heinrich Manns auf der Konferenz des „Ausschusses zur Vorbereitung einer deutschen Volksfront" in Paris am 10. April 1937 (Auszug)

Hitler treibt Deutschland in die Kriegskatastrophe. Damit stellt er vor dem deutschen Volk die Frage des Schicksals unserer deutschen

Heimat. Die Hauptaufgabe der deutschen Volksfront kann daher nur sein, gegen Hitlers Kriegspolitik, gegen die unerträglichen Rüstungslasten und die Kriegs-Zwangsmaßnahmen, für die Erhaltung des Friedens zu kämpfen. Dieser Kampf für den Frieden, der auch unsere Jugend vor der Vernichtung auf dem Schlachtfeld rettet, entspricht den wahren nationalen Interessen des deutschen Volkes. Es ist möglich, den Frieden zu erhalten und Millionen Menschen das unermeßliche Leid des Krieges zu ersparen, wenn Hitler gestürzt wird, bevor er die Brandfackel entzünden kann!

Jede Hinauszögerung des Kriegsausbruches durch die Stärkung der internationalen Friedenskräfte, jeder militärische Erfolg des spanischen Volksheeres gegen die Interventionstruppen, jeder Widerstand der deutschen Volksmassen schafft günstigere Möglichkeiten für den Sieg über den Volksfeind Hitler.

Das große einigende Kampfziel aller Freunde des Friedens und der Freiheit in Deutschland ist die demokratische Volksrepublik. In dieser demokratischen Volksrepublik wird das deutsche Volk selbst frei über seine Geschicke entscheiden. Es wird den Faschismus mit der Wurzel ausrotten. Es wird nicht die folgenschweren Fehler und Schwächen von 1918 wiederholen, sondern eine starke Volksmacht gegen die Feinde der Volksfreiheit schaffen.

Aus: Geschichte der deutschen Arbeiterbewegung, Bd. 5, S. 494

Nr. 287   Aufruf des sozialdemokratischen Emigrationsvorstandes in Paris ,,An das deutsche Volk!" vom 14. September 1938

Der Krieg ist in nächster Nähe, in dieser entscheidenden Stunde erklären wir vor dem deutschen Volk und der ganzen Welt, daß der Sturz Hitlers das oberste Ziel unserer Politik ist.

Der Vorstand der Sozialdemokratischen Partei Deutschlands ist die letzte Körperschaft, die noch von der sozialdemokratischen Massenorganisation in Deutschland selbst gewählt worden ist. Er spricht für die Partei und darüber hinaus für jene Teile des deutschen Volkes, die den Krieg verabscheuen und deren Ziel es ist, in Frieden und Freiheit zu leben.

Die Zerstörung des Weltfriedens ist von Anfang an das Ziel der nationalsozialistischen Politik gewesen. Wenn der Krieg ausbricht, so fällt die ganze Wucht der Schuld auf Hitler und sein System.

Der Sturz Hitlers ist deshalb das Ziel, für das wir kämpfen werden, gemeinsam mit der Sozialistischen Arbeiter-Internationale und allen demokratischen Kräften in Europa.

Hitler und der neue deutsche Militarismus sind eins. Die Niederlage und die endgültige Überwindung dieses Militarismus sind die Voraussetzungen für den Frieden und die Neuorganisation Europas.

Als verbündete Kraft an der Seite aller Gegner Hitlers, die für die Freiheit und die Kultur Europas kämpfen, werden wir im Kriege in diesem Sinne wirken.

Wir führen diesen Kampf für das deutsche Volk und für das große Ziel der Sicherung der Freiheit, des Friedens und der Demokratie in Europa.

Wir rufen dem deutschen Volke zu: Erkämpfe deine Freiheit! Der Sturz des Systems verkürzt den Krieg, bewahrt Millionen vor dem Tode, rettet das Volk!

Aus: Geschichte der deutschen Arbeiterbewegung, Bd. 5, S. 504 f.

Nr. 288 Erklärung des ZK der KPD ,,Gegen die Schmach der Judenpogrome" von Mitte November 1938 (Auszüge)

Getreu den stolzen Traditionen der deutschen Arbeiterbewegung, im wahren Geiste der größten deutschen Dichter und Denker, erhebt die Kommunistische Partei Deutschlands ihre Stimme gegen die Judenpogrome Hitlers, die vor der gesamten Menschheit die Ehre Deutschlands mit tiefster Schmach bedeckt haben . . .

Es ist eine elende Lüge, daß die Pogrome ein ,,Ausbruch des Volkszornes" gewesen seien. Sie wurden von langer Hand vorbereitet, befohlen und organisiert allein von den nationalsozialistischen Führern. Sie sollten in Wirklichkeit dazu dienen, den wachsenden Volkszorn gegen die nationalsozialistische Diktatur, gegen die wahnwitzige Ausplünderung des ganzen deutschen Volkes zugunsten der Rüstungsmillionäre und der korrupten Nazibonzen abzulenken auf Unschuldige, mit dem Ruf: ,,Der Jud ist schuld!" . . .

Es sind nicht die Juden, die durch eine fortgesetzte Politik der Gewalt und der erpresserischen Drohungen gegenüber den andern Ländern den Frieden gefährden und Deutschland in einen neuen Weltkrieg treiben. Es sind die Krupp, Thyssen, Mannesmann, Flick usw., die alten imperialistischen Verderber Deutschlands, die Kriegsgewinnler vom letzten Weltkrieg, die Inflationsgewinnler in der Republik, die Rüstungsgewinnler von heute, in deren Auftrag Hitler bereit ist, das deutsche Volk wieder in einem Krieg hinzuopfern.

Immer in der Vergangenheit hat die Reaktion, wenn sie ein Volk aufs Schlimmste ausplünderte und die Erbitterung des Volkes fürchtete, sich der schmutzigen Mittel der Judenhetze und der Pogrome zum Zwecke der Ablenkung von den wahren Schuldigen am Volkselend bedient . . .

Die Kommunistische Partei wendet sich an alle Kommunisten, Sozialisten, Demokraten, Katholiken und Protestanten, an alle anständigen und ehrbewußten Deutschen mit dem Appell: Helft unseren gequälten jüdischen Mitbürgern mit allen Mitteln! Isoliert mit einem Wall der eisigen Verachtung das Pogromistengesindel von unserem Volke! . . .

Solidarität im Mitgefühl und in der Hilfe für die jüdischen Volksgenossen, Solidarität mit den gehetzten Kommunisten und Sozialisten, Solidarität mit den bedrohten Katholiken, Solidarität aller untereinander im täglichen Kampf zur Unterhöhlung und zum Sturz des verhaßten Naziregimes durch die Schaffung der breitesten deutschen Volksfrontbewegung – das ist es, was die Stunde von allen friedens- und freiheitsliebenden Deutschen verlangt!

Aus: Geschichte der deutschen Arbeiterbewegung, Bd. 5, S. 509 f.

Nr. 289   *Aufruf des Aktionsausschusses deutscher Kommunisten und Sozialdemokraten vom September 1939 (Auszüge)*

Deutsches Volk!
Der Krieg ist da – von Hitler herbeigeführt!

In der Absicht, der ganzen Welt das nazistische Joch aufzuzwingen, und im Interesse des Monopolkapitals, der Krupp, Thyssen,

Blohm, Hapag-Helfferich und Konsorten hat die Hitlerregierung von 1933 bis heute durch ihre wahnsinnigen, die ganze deutsche Volkswirtschaft zerrüttenden Rüstungen, durch ihr Bündnis mit Mussolini und dem Mikado und durch ihre bis zuletzt mit Provokationen gegen die Nachbarvölker gespickte Außenpolitik planmäßig auf diesen Krieg hingearbeitet! Der Hitlerregierung allein fällt dieser neue Weltkrieg – denn ein solcher wird es werden – zur Last!

Jetzt kann Deutschland nur noch durch das Volk selbst gerettet werden! Ein Sieg Deutschlands ist ausgeschlossen gegen die Übermacht der ganzen übrigen Welt. Die Niederlage und der Zusammenbruch sind unabwendbar. Doch die Katastrophe für das deutsche Volk wird um so furchtbarer sein, je länger das Massenmorden anhält. Daher muß gleich zu Beginn des Krieges das Denken und Handeln jedes verantwortungsvollen Deutschen beseelt sein von dem alles umfassenden Ziel:

Sofortigen und schnellsten Schluß mit dem verbrecherischen Hitlerkrieg, der unser Land und Volk zu vernichten droht! Kein ,,Durchhalten", kein ,,Aufopfern des Letzten" für dieses Verbrechen, sondern: Nieder mit Hitler, nieder mit der nazistischen Blutherrschaft, nieder mit der Herrschaft der oberen Zehntausend, die immer Deutschlands Unglück sind!

Deutsche Werktätige in Stadt und Land!

Man wird von jedem einzelnen von euch Unmenschliches verlangen. Ihr sollt nicht nur auf den Schlachtfeldern und bei den Bombardements der Städte verbluten. Ihr sollt als Sklaven in den Rüstungsbetrieben kaserniert und zu schwerster Fronarbeit, ohne Lohn bei Kohlrübenfraß gezwungen werden. Alles wird rationiert, jeder eigene Wille, jeder eigene Schritt wird verhindert . . .

All das könnt ihr verhindern oder schnell zum Abschluß bringen, wenn ihr *passiven und aktiven Widerstand* leistet.

Richtet euch nicht nach den Zwangsverordnungen!

Wo ihr der offenen Gewalt weichen müßt, umgeht die Zwangsgesetze durch Langsamarbeiten, durch Verheimlichen und Beiseiteschaffen aller euch persönlich notwendigen Nahrungsmittel und Produkte und vor allem: *Durch engste gegenseitige Solidarität unter euch Werktätigen selbst!* Das ganze Volk in Stadt und Land, Arbeiter und Bauern, Angestellte und Mittelständler, alle müßt ihr euch im

Kampf und Widerstand gegen die Kriegsverbrecher unterstützen und gegenseitig helfen. Jeder Denunziant muß von der ganzen Bevölkerung so verachtet werden, daß bald keiner mehr von dem Gesindel zu denunzieren wagt . . .

Deutsche Werktätige! Wir rufen euch zum Widerstand gegen diesen Krieg und die Führer und Verantwortlichen an diesem Verbrechen, nicht, wie euch die Nazis sagen, weil wir Vaterlandsverräter wären und den Ruin Deutschlands wollen.

Nein! *Wir wollen das drohende Unglück der völligen Vernichtung und Zerreißung Deutschlands verhindern! Wir wollen ein freies und einiges Deutschland!*

Das aber ist heute nur noch möglich, wenn das deutsche Volk durch die eigene Tat, durch den schärfsten Widerstand aller Welt beweist, daß es mit den Brandstiftern, die den Krieg begonnen haben und lügnerischerweise im Namen des deutschen Volkes führen, nichts zu tun hat, ihr Verbrechen nicht decken und verteidigen will.

Nur dann, wenn das deutsche Volk diese Stellung einnimmt, wird es möglich sein, die berechtigte Empörung und die militärischen Kräfte der heute gegen Deutschland stehenden Völker ausschließlich gegen die nazistisch-faschistische Führung zu konzentrieren und nach ihrer Niederschlagung zu einem schnellen und erträglichen Frieden mit dem deutschen Volk zu kommen.

Wer in diesem Sinne handelt, ist ein wahrer Freund und Vertreter Deutschlands und des deutschen Volkes; wirkliche Vaterlandsverräter sind die nazistischen Führer und Großkapitalisten, die diesen Krieg heraufbeschworen haben . . .

Deutsche Arbeiter und Angestellte! Soweit ihr die Arbeit für Kriegszwecke nicht direkt verweigern könnt, hemmt sie und macht passiven Widerstand. Ihr selbst kennt dazu tausend, meist nicht sichtbare Mittel. Laßt euch nicht antreiben. Fordert und erzwingt in unablässigem Ringen mit allen irgendwie anwendbaren Methoden höhere Löhne und Verbesserung der Arbeitsbedingungen. Auch das ist Kampf gegen den Krieg, der von euch bis zum schließlichen Entscheidungskampf weitergetrieben werden muß. Laßt euch bei Rationierung und Knappheit der Lebensmittel nicht gegen die kleinen Geschäftsleute und Bauern aufhetzen, sondern solidarisiert euch mit ihnen zu gemeinsamer Abwehr gegen die wirklichen Schuldigen, gegen die obere Kriegsclique.

Deutsche Bauern! Weigert euch, eure Felder und Produkte für den Hitlerkrieg herzugeben. Widersetzt euch dem Ablieferungszwang und gebt statt dessen den hungernden Werktätigen aus der Stadt, den als „Hamsterer" Beschimpften, eure Nahrungsmittelprodukte. Nieder mit der Zwangswirtschaft, weg mit den Nazikontrolleuren von euren Höfen!

Deutsche Mittelständler! Verweigert und umgeht die Kontroll- und Kriegsvorschriften für euren Handel und euer Gewerbe, soweit ihr nur könnt. Verhindert, daß den Reichen und Nazibonzen die Nahrungsmittel zugeschanzt werden. Tut statt dessen alles, um der armen, schwer arbeitenden Bevölkerung die notwendigen Konsumartikel zukommen zu lassen. *Vereinigt euch mit den Arbeitern und Bauern zur deutschen Volksfront gegen Hitlerkrieg und Naziregime!*

Deutsche Soldaten! Deutsche Jugend!

Laßt euch nicht durch verlogene Goebbels- und Greuelmeldungen in einen Kriegs- und Haßtaumel gegen fremde Völker hetzen . . .

Vollständiger Text in: Laschitza/Vietzke, S. 369–372

Nr. 290   Referat von W. Pieck auf der Berner Parteikonferenz der KPD am 30. 1. 1939 (Auszug)

. . . Mit der Schaffung der Volksfront steht es gegenwärtig eher noch schlechter als mit der Schaffung der Einheitsfront. Im Lande sind überhaupt noch keine ernsten Ansätze dazu vorhanden. Es gibt wohl Verbindungen zu Handwerkern, Händlern und Intellektuellen, aber von Verbindungen zu den Bauern wissen wir sehr wenig. Auch was in der Emigration von uns versucht wurde, um einen Anfang in der Volksfront zu schaffen, ist wenig befriedigend. Der Pariser Ausschuß zur Vorbereitung einer deutschen Volksfront ist durch die Machinationen einiger Sozialdemokraten wieder vollständig zerfallen. Dabei wird überall sehr viel von der Notwendigkeit der Volksfront geredet und geschrieben. Es haben sich die verschiedensten Gruppen gebildet, die von sich behaupten, daß sie die Volksfront zum Sturze des Hitlerfaschismus wollen, es herrscht aber überall die größte Verwirrung über das Wesen und die Aufgaben der Volksfront. Einige möchten die Kommunisten davon ausschalten, andere wieder verstehen darunter sogar ein Bündnis der Werktätigen mit Teilen der Bourgeoisie, was im Grunde genommen auf die Fortsetzung der Koalitionspolitik hinausläuft. Wir müssen demgegenüber ganz klar zum Ausdruck bringen, daß die Volksfront das Bündnis der Arbeiterklasse mit den Bauern, dem Mittelstande und den Intellektuellen, also ein Bündnis der Werktätigen gegen den Hitlerfaschismus ist. Selbstverständlich wird im Kampfe gegen den Faschismus auch ein vorübergehendes Zusammengehen mit Teilen der Bourgeoisie möglich sein, aber dieses Zusammengehen ist nicht auf eine Stufe mit dem Bündnis der Arbeiterklasse mit den Bauern und anderen Werktätigen zu stellen. Dieses Bündnis richtet sich nicht nur gegen den Hitlerfaschismus, sondern ist auch auf die Aufrichtung und Sicherung einer demokratischen Volksrepublik gerichtet, in der nicht mehr die Bourgeoisie, sondern die Volksfront die Führung haben wird. Es ist schon aus diesem Grunde sicher, daß die Bourgeoisie aus ihrem Klasseninteresse heraus gegen eine solche Republik auftreten wird . . .

Längere Auszüge in: Geschichte der Arbeiterbewegung, Bd. 5, S. 511–513

Nr. 291 Aufruf des Exekutivkomitees der Kommunistischen Internationale von Anfang November 1939 (Auszug)

Der Krieg tobt im Herzen Europas. Die herrschenden Klassen Englands, Frankreichs und Deutschlands führen Krieg um die Herrschaft über die Welt. Dieser Krieg ist die Fortsetzung des vieljährigen imperialistischen Streites im Lager des Kapitalismus. Drei der reichsten Staaten – England, Frankreich und die Vereinigten Staaten von Amerika – herrschen über die wichtigsten Weltstraßen und Absatzmärkte. Sie haben die entscheidenden Rohstoffquellen an sich gerissen, In ihren Händen befinden sich riesige wirtschaftliche Ressourcen. Sie haben sich mehr als die Hälfte der Menschheit unterworfen. Die Ausbeutung der Werktätigen, die Ausbeutung der unterdrückten Kolonialvölker verhüllen sie mit dem Trugbild einer falschen Demokratie, um die Massen um so leichter zu betrügen, Gegen ihre Weltherrschaft, für die eigene Vorherrschaft kämpfen andere kapitalistische Staaten, die die Arena der kolonialen Expansion später betreten haben. Sie wollen die Rohstoff- und Lebensmittelquellen, die Goldvorräte und die Menschenmassen der Kolonien zu ihren Gunsten neu aufteilen. Das ist der wahre Sinn dieses Krieges, der ein ungerechter, reaktionärer und imperialistischer Krieg ist. An diesem Kriege tragen alle kapitalistischen Regierungen und die herrschenden Klassen der kriegführenden Staaten in erster Linie Schuld.

Diesen Krieg kann die Arbeiterklasse nicht unterstützen. Gegen einen derartigen Krieg haben die Kommunisten stets gekämpft. Sie haben die Werktätigen wiederholt gewarnt, daß die herrschenden Klassen für Hunderte Millionen Menschen ein vernichtendes, blutiges Gemetzel vorbereiten. Die Bourgeoisie hat Jahre hindurch zu diesem Krieg gerüstet . . .

Aus: Geschichte der deutschen Arbeiterbewegung, Bd. 5, S. 531 f.

Nr. 292   Politische Plattform der KPD vom 30. Dezember 1939 (Auszüge)

Ausgehend von dieser taktischen Orientierung steht vor der Partei in der gegenwärtigen Situation als Hauptaufgabe: die Organisierung des Kampfes für die Beendigung des Krieges, die Befestigung und Vertiefung der Freundschaft des deutschen Volkes mit der Sowjetunion, die Verhinderung des Kriegsplanes der englischen und französischen Imperialisten, die Stärkung der politischen und organisatorischen Kraft der werktätigen Massen innerhalb Deutschlands . . .

Dem werktätigen Volke, dem im Kriege die schwersten Opfer und Entbehrungen auferlegt sind, werden von dem herrschenden Regime alle Rechte vorenthalten, über die Lebensfragen des Volkes seine Meinung zu sagen und in Versammlungen oder in der Presse seine berechtigten Forderungen zu vertreten . . .

Eng verbunden mit dem Kampfe der werktätigen Massen für ihre politischen Rechte in Deutschland muß der Kampf gegen die natio-

nale Unterdrückung des österreichischen, tschechischen, slowakischen und polnischen Volkes durch den deutschen Imperialismus
und der Kampf für ihr volles Selbstbestimmungsrecht geführt werden. Die Germanisierungs- und Ausplünderungsmaßnahmen in den
annektierten Ländern und die Propaganda des großdeutschen
Chauvinismus sind nur Wasser auf die Mühlen der kriegerischen
Aggression des englischen und französischen Imperialismus, erzeugen nur bittere Feindschaft in diesen Völkern gegen das deutsche
Volk und hindern den gemeinsamen Kampf der deutschen, österreichischen, tschechischen, slowakischen und polnischen Arbeiterklasse gegen Imperialismus und Kapitalismus. Unmittelbar ist der
Kampf zu führen für die Zurückziehung der Gestapo und der SS, für
die Freilassung der Gefangenen, Liquidierung der Konzentrationslager und für die volle Selbstverwaltung des Volkes und Entfaltung
seiner nationalen Kultur . . .

Die großkapitalistischen Kräfte wälzen die ganze Last des Krieges
auf die Schultern der werktätigen Massen. Die nationalsozialistische
Behauptung, daß in Deutschland fortschrittliche soziale Verhältnisse beständen, daß eine gleichmäßige Verteilung der Lasten erfolge, daß keine Kriegsgewinne zugelassen würden, daß es einen deutschen Sozialismus gäbe, entspricht nicht den Tatsachen. Es ist notwendig, den Massen den Widerspruch zwischen den nationalsozialistischen Behauptungen und den Tatsachen zum Bewußtsein zu
bringen, den Schwindel über die angebliche ,,Volksgemeinschaft"
zu enthüllen und den Kampf um die Verbesserung der Lebenshaltung der werktätigen Massen und um die Erhaltung der Volksgesundheit zu führen.

Längere Auszüge in: Geschichte der deutschen Arbeiterbewegung, Bd. 5, S. 532–534

*Nr. 293   Aufruf von Funktionären der KPD und der Gewerkschaf-
ten, von deutschen Schriftstellern und Künstlern in der Sowjetunion
im Januar 1942 (Auszüge)*

An das deutsche Volk!
. . . Zu unerhörten Schandtaten ist unser Volk mißbraucht worden.
Durch die Söhne unseres Volkes läßt Hitler fremde Länder mit
Feuer und Schwert verwüsten und über ganz Europa Mord, Plünde-

rung und Versklavung tragen. Wo immer auch die deutschen Truppen ihren Fuß hinsetzen mögen – da ziehen Armut und Elend bei den Völkern ein, da werden Racherufe und Verwünschungen gemarterter, gedemütigter Menschen laut, *da lodert grimmiger Haß der Völker auf . . .*

Der gerechte Haß der Völker gegen die Mörderhorden, die unter deutscher Flagge ein Land nach dem anderen überfallen, dieser gerechte Haß muß jedem ehrlichen Deutschen zu denken geben und ihn mit größter Unruhe und Besorgnis erfüllen.

In Polen wird das Volk systematisch durch Hunger, Hinrichtungen, Zwangs- und Strafarbeit ausgerottet.

In Jugoslawien: Galgen und Berge von Leichen.

In Frankreich, in der Tschechoslowakei: schändliche Geiselmorde.

In Belgien, in Holland, in Norwegen, in Griechenland: Plünderungen, Zuchthaus und Mordtaten.

Doch alle diese Verbrechen, die den deutschen Namen mit Schmach und Schande bedeckt haben und sehr bald unerbittliche Vergeltung fordern werden – *alle diese Verbrechen verblassen vor den planmäßig organisierten Bestialitäten der Nazihenker in den von ihnen vorübergehend besetzten Gebieten der Sowjetunion.*

Erfüllt von tiefster Liebe zum deutschen Volke, erfüllt von glühendstem Haß gegen die Henker, die unser Volk erniedrigen und es zu ihren Verbrechen mißbrauchen, wenden wir uns an Deutschlands Frauen und Männer, wenden wir uns an Deutschlands Jugend! . . .

Denkt an die Ströme von Blut, die Hitler nach der Machteroberung in Deutschland vergossen hat!

Denkt an die zu Tode Gemarterten in Dachau und Oranienburg, an alle die Greueltaten, die im Flüsterton von Mund zu Mund gingen! Damals waren es *Deutsche,* die von den Hitlerkreaturen gepeinigt, mißhandelt, zu Tode gequält wurden. Zügelloser noch rast ihr Terror in fremden Ländern. Nichts aber ist vergleichbar mit dem, was an Plünderung, Mordtaten und Bestialitäten an russischen Arbeitern und Bauern verübt wird.

Jeder von Euch muß wissen: die Augen vor diesen Tatsachen schließen, an ihnen stillschweigend vorübergehen heißt, sich an diesen Verbrechen mitschuldig machen.

Wir wissen, viele deutsche Soldaten sind nicht so tief gesunken, daß sie selber solche Bestialitäten begehen. Doch wer von den Millionen Deutschen an der Front und in der Heimat nicht den Mut aufbringt, diese Schmach und Schande bei ihrem Namen zu nennen, wer nicht mithilft, ihr ein Ende zu machen, wird selbst zum *Mitschuldigen* an diesen Verbrechen!

Wir können und wollen nicht zulassen, daß Hitler, dieser Volksverderber, seinen teuflischen Plan verwirklicht, das ganze Volk zu seinem Komplizen zu machen, um es mit sich in den Abgrund zu reißen.

Wir können nicht zulassen, daß am Tag des Gerichts der Völker, dem Tag, der unvermeidlich näher und näher rückt, Ankläger in allen Ländern aufstehen und sagen:

Die Deutschen haben mein Haus niedergebrannt!

Die Deutschen haben meine Frau vergewaltigt!

Die Deutschen haben mein Kind ermordet!

Die Deutschen haben mein Land verwüstet!

Die Deutschen haben mein Volk gemartert!

Nein, wir wollen, daß an diesem schicksalsschweren Tag unser deutsches Volk mit vollem Recht sagen kann: Wir Deutschen fanden in uns selbst die Kraft, uns gegen die Hitlerschurken zu erheben! Nicht durch Worte, sondern durch Taten haben wir selbst uns von diesen Verbrechern getrennt. Wir selbst halfen der Menschheit, mit Hitler und seiner Mörderbande abzurechnen! . . .

Rettet Deutschland, solange es noch nicht zu spät ist!

Soldaten der Wehrmacht! Macht Schluß mit dem verbrecherischen Eroberungskrieg! Hört nicht auf Eure Offiziere! Schießt nicht auf die russischen Arbeiter und Bauern!

Schafft in allen Truppenteilen Soldatenkomitees zum Kampf gegen den Krieg und gegen Hitler!

Kehrt Eure Waffen um gegen den Feind im eigenen Lande, gegen den Volksfeind Hitler und sein mörderisches Regime!

Geht mit der Waffe in der Hand auf die Seite der Roten Armee über!

Arbeiter und Arbeiterinnen Deutschlands! Erhebt Euch zum Kampf gegen die Hitlerbande, gegen das niederträchtige Regime des Krieges, des Hungers und der Konzentrationslager! Bringt die Werkbänke zum Stehen! Macht die Maschinen, die Mordinstrumente herstellen, unbrauchbar! Arbeitet langsamer! Protestiert gegen die Zwangsabzüge! Weigert Euch, noch weitere Opfer zu bringen, sie verlängern nur den Krieg!

Schafft illegale Betriebsvertrauensleute zur Führung des Kampfes gegen Krieg und Hitlerfaschismus, für ein neues freies Deutschland!

Bereitet Euch auf Massenstreiks und Massendemonstrationen zur Beendigung des Krieges und zum Sturze Hitlers vor!

Deutsche Bauern und Bäuerinnen! Protestiert gegen den verbrecherischen Krieg, der Eure Wirtschaft ruiniert! Versteckt die Produkte vor den Hitlerbanden! Verbergt Eure Söhne, Brüder und Männer, die in die Hitlerarmee einberufen werden sollen! Fordert das Recht des freien Marktes! Sabotiert die Kriegssteuern!

Deutsche Frauen! Fordert die sofortige Heimkehr Eurer Männer, Brüder und Söhne von der Front und aus den besetzten Ländern! Haltet die Militärzüge an, die an die Front abgehen!

Mütter und Frauen! Schreibt Euren Söhnen und Männern, sie sollen ihr Leben retten und sich der Roten Armee gefangengeben.

Deutsche Jugend! Hitler hat Euch das Schönste im Leben – die Jugendzeit – genommen und Euch in die Arbeitsdienstlager geworfen. Verweigert die Arbeitsdienstpflicht! Verlaßt die Arbeitsdienstlager und kehrt zu Euren Familien zurück!

Fort mit Hitler und mit seiner Mörderbande!

Nieder mit dem Naziregime!

Es lebe das neue, freie Deutschland!

Vollständiger Text in: Laschitza/Vietzke, S. 385–389

Nr. 294   Todesurteil des Volksgerichtshofes, 1. Senat, gegen Bernhard Bästlein, Franz Jacob und Anton Saefkow vom 5. September 1944 (Auszüge)

Anton Saefkow, Franz Jacob und Bernhard Bästlein haben als Spitzenfunktionäre einer im Jahre 1943 von den ersten beiden gegründeten Organisation den kommunistischen Hochverrat vorbereitet und zugleich den Feind des Reiches begünstigt.

Auch haben sie durch ihre Hetzparolen es unternommen, die Wehrkraft des deutschen Volkes zu zersetzen.

Sie sind für immer ehrlos und werden mit dem Tode bestraft . . . Sämtliche Angeklagten haben als Spitzenfunktionäre vornehmlich in Berlin sich maßgeblich am Aufbau der illegalen KPD, Jacob und Bästlein zudem auch schon in den Jahren 1941 und 1942 in Hamburg beteiligt. Gemäß der ihnen bekannten revolutionären Zielsetzung der KPD kam es, wie sie offen bekennen, allen Angeklagten darauf an, durch ihre organisatorische und propagandistische Arbeit den militärischen und inneren Zusammenbruch Deutschlands und damit die gewaltsame Beseitigung des ihnen verhaßten deutschen national-sozialistischen Staates herbeizuführen . . . Durch ihre Umsturz-vorbereitungen haben sich die Angeklagten der gemeinschaftlichen Vorbereitung des Hochverrats . . . schuldig gemacht, zugleich aber auch der landesverräterischen Feindbegünstigung . . . Denn es be-darf keiner besonderen Begründung, daß derjenige, der im Kriege durch Aufbau einer kommunistischen Organisation zur Niederlage des Großdeutschen Reiches beiträgt, bewußt unseren Kriegsfeinden überaus wertvolle Hilfe leistet. Durch die von ihnen betriebene Hetz- und Zersetzungspropaganda gegenüber der inneren und äu-ßeren Front und durch Unterstützung der Bestrebungen des im Dienst der Feindmächte stehenden ,,Nationalkomitee Freies Deutschland'' haben sie es schließlich zielstrebig unternommen, die Widerstandskraft des deutschen Volkes zum Durchstehen in diesem schweren Schicksalsringen zu zerstören und somit auch Wehrkraft-zersetzung . . . begangen . . .

Darin ist die Todesstrafe zwingend vorgeschrieben, es sei denn, daß ein leichter Fall angenommen werden kann. Davon kann in vor-liegendem Fall überhaupt keine Rede sein. Saefkow, Jacob und Bäst-lein sind alte kommunistische Funktionäre, die von einem abgründi-gen Haß gegen unseren Führer und unseren Staat erfüllt sind und daraus selbst in der Hauptverhandlung keinen Hehl gemacht haben. Sie sind unbelehrbar und unverbesserlich. Die wegen Vorbereitung zum Hochverrat von ihnen verbüßten Strafen haben ebensowenig Eindruck bei ihnen hinterlassen wie ihr nachfolgendes Verweilen im Konzentrationslager. Sie haben vornehmlich im fünften Kriegsjahr die KPD in einem derartigen Umfang wiederaufgezogen und die Wehrmacht zu zersetzen gesucht, daß hier für das Reich die aller-schwersten Gefahren heraufbeschworen wurden . . . Sie haben sich

durch ihre Verrattat für immer ehrlos gemacht, so daß auch formell
ein dahingehender Ausspruch zu erfolgen hatte . . .

Aus Geschichte der deutschen Arbeiterbewegung, Bd. 5, S. 605 f.

3. Der 20. Juli

*Nr. 295 Stellungnahme des Generalstabschefs Beck zu Hitlers Aus-
führungen am 5. November 1937 (Niederschrift vom 12. 11. 1937;
Auszüge)*

Die Größe der Gegnerschaft Frankreichs und Englands gegen einen
Raum- und Machtzuwachs Deutschlands sei nicht verkannt. Die
Gegnerschaft jedoch als unumstößlich bzw. unüberwindlich anzusehen, erscheint nach den bisherigen völlig unzureichenden Versuchen ihrer Beseitigung nicht am Platze. Die Politik ist die Kunst des
Möglichen. Alle drei Völker sind zugleich auf der Welt, noch dazu in
Europa. Da heißt es doch wohl zunächst, alle Möglichkeiten, sich zu
arrangieren, erschöpfen, zumal angesichts des gegenseitigen Stärke-
verhältnisses. Außerdem ist es auch für den Fall eines späteren Bru-
ches klüger . . .

Die chronologische Unterscheidung in drei Fälle ist anfechtbar,
da sie nur von einem Teil der in Frage kommenden Faktoren, den im
voraus bekannten, ausgehen kann.

Fall I: Die militärische Begründung ist nicht Sache des Staatsman-
nes und von Fachleuten nachzuprüfen bzw. zu geben. Die militärpolitischen, finanziellen, wirtschaftlichen und seelischen Grundlagen sind überhaupt nicht behandelt. Der Schluß: spätestens 1943/45
muß die deutsche Raumfrage daher gelöst werden, wirkt in seiner
mangelnden Fundierung niederschmetternd.

Fall II: wird nach wie vor für ganz unwahrscheinlich gehalten –
Wunschgedanke.

Fall III: Frankreich wird immer genügende Kräfte gegen Deutschland zur Hand haben . . .

Tschechei und Österreich als Überschußländer dürften überschätzt sein, auch im günstigsten Falle würde nur eine relativ geringe Besserung unseres Ernährungs- und Rohstoffpotentials eintreten.

Die militärpolitisch mögliche Lage nach einer Eingliederung der Tschechei und Österreichs bedarf gründlicher Untersuchung.

Die Zweckmäßigkeit, den Fall Tschechei (evtl. auch Österreich) bei sich bietender Gelegenheit zu bereinigen und dafür Überlegungen anzustellen und Vorbereitungen im Rahmen des Möglichen zu treffen, wird nicht bestritten. Die über die Voraussetzungen einer solchen Gelegenheit angestellten Betrachtungen bedürfen aber einer weit gründlicheren und umfassenderen Untersuchung, als sie aus der Niederschrift der Besprechung entnommen werden kann.

Vollständiger Text in: B. Scheurig (Hg.), Deutscher Widerstand 1938–1944. Dokumente, München 1969, S. 29–31

Nr. 296 Generalstabschef Becks Denkschrift vom 16. Juli 1938 (Auszüge)

Unter gewissenhafter Berücksichtigung und Prüfung aller mir seitdem bekanntgewordenen weiteren Unterlagen besteht für mich heute kein Zweifel mehr, daß ein gewaltsames militärisches Vorgehen Deutschlands gegen die Tschechoslowakei zu einem sofortigen militärischen Eingreifen Frankreichs und damit auch Englands gegen uns führen würde . . .

Wir stehen also der Tatsache gegenüber, daß ein militärisches Vorgehen Deutschlands gegen die Tschechoslowakei automatisch zu einem europäischen oder einem Weltkrieg führen wird. Daß ein solcher nach menschlicher Voraussicht mit einer nicht nur militärischen, sondern auch allgemeinen Katastrophe für Deutschland endigen wird, bedarf von meiner Seite aus wohl keiner weiteren Ausführung mehr.

1. Die Aussicht, in absehbarer Zeit die Tschechoslowakei durch eine militärische Aktion zu zerschlagen, ohne sofort Frankreich und England auf den Plan zu rufen, besteht nicht. Die Aussicht, die Tschechoslowakei militärisch zu überfallen oder sie auch nur in einem geringen Bereitschaftsgrade zu treffen, ist heute noch weniger

gegeben als vor anderthalb Monaten, und es ist mit Sicherheit damit zu rechnen, daß diese Sachlage sich vorerst nicht ändern wird . . .

4. Eine ausreichende Rückendeckung im Westen ist selbst bei Erfüllung des vorgenommenen Ausbauprogramms nicht zu erreichen, weil zur Führung einer „Abwehrschlacht" ein gewisses Mindestmaß an Kräften gehört, das nicht vorhanden ist . . .

Auf Grund meiner vorausgegangenen Darlegungen halte ich mich heute für verpflichtet – im Bewußtsein der Tragweite eines derartigen Schrittes, aber unter Berufung auf die mir nach meiner Dienstanweisung für die Vorbereitung und Ausführung eines Krieges erwachsende Verantwortung –, die dringende Bitte auszusprechen, den Obersten Befehlshaber der Wehrmacht zu veranlassen, die von ihm befohlenen Kriegsvorbereitungen einzustellen und die Absicht der gewaltsamen Lösung der tschechischen Frage solange zurückzustellen, bis sich die militärischen Voraussetzungen dafür grundlegend geändert haben. Zur Zeit halte ich sie für aussichtslos, und diese meine Auffassung wird von allen mir unterstellten Oberquartiermeistern und Abteilungschefs des Generalstabes, soweit sie mit der Frage der Vorbereitung und Ausführung des Krieges gegen die Tschechoslowakei dienstlich befaßt sind, geteilt . . .

Am 18. 8. 1938 reichte Beck wegen dieser Meinungsverschiedenheiten seinen Abschied ein; nach gelungenem Putsch 1944 sollte er das Amt des Staatspräsidenten übernehmen; vollständiger Text der Denkschrift in: Scheurig, S. 31–34

Nr. 297   Statement v. Hassells vom Feb. 1940 (Auszug)

I. Es ist äußerst wichtig, diesen unsinnigen Krieg so schnell als möglich zu beenden.

II. Diese Notwendigkeit besteht, weil die Gefahr immer größer wird, daß Europa vollkommen zerstört und vor allem bolschewisiert wird.

III. Für uns bedeutet Europa nicht ein Schlachtfeld oder eine Machtbasis, sondern hat „la valeur d'une patrie", in deren Rahmen ein gesundes, lebenskräftiges Deutschland gerade im Hinblick auf das bolschewistische Rußland ein unentbehrlicher Faktor ist.

IV. Das Ziel des Friedensschlusses muß eine dauernde Befriedung und Gesundung Europas auf fester Grundlage und eine Sicherheit

435

gegen baldiges Wiederaufflammen kriegerischer Auseinandersetzungen sein.

V. Hierfür ist Bedingung, daß die Vereinigung Österreichs (und des *Sudetenlandes*) *mit dem Reich außerhalb der Erörterung steht. Ebenso kommt ein Wiederaufrollen von Grenzfragen im Westen* Deutschlands nicht in Frage, *während die deutsch-polnische Grenze im wesentlichen mit der deutschen Reichsgrenze im Jahre 1914 übereinstimmen muß.*

Von Hassell war bis 1937 Botschafter in Italien, nach seiner Abberufung im Vorstand des „Mitteleuropäischen Wirtschaftstages" tätig; er hatte Beziehungen zu höchsten Industriekreisen und war 1944 als Anwärter für den Außenministerposten im Falle eines gelungenen Putsches vorgesehen; vollständiger Text des Statements in: Scheurig, S. 39 f.

Nr. 298 Warnung des Reichsaußenministers von Ribbentrop durch Staatssekretär von Weizsäcker vor einem Kriege gegen die Sowjetunion vom 28. April 1941 (Auszüge)

Ich kann meine Auffassung über einen deutsch-russischen Konflikt in einem Satz zusammenfassen: Wäre jede niedergebrannte russische Stadt für uns ebensoviel wert wie ein versenktes englisches Kriegsschiff, dann würde ich den deutsch-russischen Krieg in diesem Sommer befürworten; ich glaube aber, daß wir gegen Rußland nur militärisch gewinnen, dagegen wirtschaftlich verlieren würden . . .

Daß wir militärisch bis Moskau und darüber hinaus siegreich vordringen, halte ich für selbstverständlich. Ich bezweifle aber durchaus, daß wir das Gewonnene gegen die bekannte passive Resistenz der Slawen ausnutzen könnten. Ich sehe im Russischen Reich keine tragfähige Opposition, welche das kommunistische System ablösen und sich uns anschließen sowie sich uns dienstbar machen könnte. Wir hätten also wahrscheinlich mit dem Fortbestand des Stalin-Systems in Ostrußland und in Sibirien und mit dem Wiederaufleben von Feindseligkeiten im Frühjahr 1942 zu rechnen. Das Fenster nach dem Pazifischen Ozean bliebe zugeschlagen.

Ein deutscher Angriff auf Rußland würde den Engländern nur neuen moralischen Auftrieb geben. Er würde dort bewertet als deutscher Zweifel am Erfolg unseres Kampfes gegen England. Wir würden damit nicht nur zugeben, daß der Krieg noch lange dauern werde, sondern könnten ihn auf diesem Wege geradezu verlängern, statt ihn abzukürzen. Weizsäcker.

Vollständiger Text in: Hohlfeld, Bd. 5, S. 300 f.

Nr. 299   Denkschrift von Beck und Goerdeler „Das Ziel" von Anfang 1941 (Auszüge)

. . . II) Das außenpolitische Ziel

Unter Berücksichtigung aller Erkenntnisse unserer eigenen Geschichte, der Geschichte anderer Völker, der in der Welt wirkenden Kräfte und der gegenwärtigen Lage lassen sich folgende außenpolitische Bestandteile politischen Totalzieles herausstellen:

1. *Alle zusammenwohnenden Deutschen gehören in einen Nationalstaat:* dabei ist es keine Schwächung, sondern im Gegenteil eine Stärkung deutscher Geltung, wenn auch außerhalb der so zu bestimmenden Grenzen des Deutschen Reiches starke deutsche Teile wohnen. Diese Teile können aber nur Träger des Deutschtums bleiben, wenn sie sich in den fremden Nationalstaat einordnen. Nur dann haben sie und das Deutsche Reich die Möglichkeit, ihnen Erhaltung und Pflege des deutschen Wesens zu sichern.

2. Die Natur der Menschen und die zentrale Lage Deutschlands in einem Kreis anderer Nationalstaaten zwingt das Deutsche Reich zur Erhaltung einer ausreichenden starken Wehrmacht. Sie ist auch außenpolitisch durchzusetzen. Ob sie später der Kern europäischer militärischer Kräfte werden kann, muß der Entwicklung vorbehalten bleiben. Möglichkeit und Ziel sind ins Auge zu fassen. *Die Erhaltung der deutschen Wehrmacht ist so wichtig, daß dieser Gesichtspunkt für Zeit und Art der Beendigung dieses Krieges in den Vordergrund zu stellen ist.* Die Wehrmacht ist auch als innenpolitische Klammer und als Erziehungsschule des Volkes unerläßlich; sie bedarf aber hierzu der vollen Wiederherstellung und Achtung soldatischer Tugenden. Diese kann sie nur auf einer sittlich reinen Grundlage haben und erhalten.

3. Die Entwicklung der Technik verlangt *größere wirtschaftliche Räume,* als sie das 19. Jahrhundert geschaffen hat. Diese Erkenntnis

ist heute Gemeingut fast aller Menschen der weißen und gelben Rassen. Europa war vor diesem Krieg zu einer solchen Zusammenfassung bereit und hat bereits außerhalb Deutschlands die verschiedensten Ansätze in dieser Richtung gemacht (Oslogruppe, Balkanbund). Der für Deutschland in Betracht kommende Großwirtschaftsraum ist sicherlich *Europa*. Aber abgesehen davon, daß er zumindest für die beiden nächsten Jahrzehnte infolge der Rückständigkeit Rußlands nicht ausreicht, wäre es schwächlicher Verzicht, wenn wir nicht unsere Leistungsfähigkeit auch in den übrigen Teilen der Welt ausnutzen wollten. Setzen wir sie in diesem Sinne eroberungslustig um den Erdball herum in allen Richtungen ein; nur hüten wir uns vor der Annahme, daß diese Art der Eroberung irgend etwas mit militärischer Eroberung zu tun hätte!

Der *Wirtschaftsraum Europa* kann mit Aussicht auf lange dauernden Bestand nur durch organische Zusammen*fassung* selbständiger europäischer Nationalstaaten und nicht durch Zusammen*raffung* erreicht werden. Auch hierzu sind, wie vor einem Jahrhundert seitens Preußens in Deutschland geschehen, die geistigen, wirtschaftlichen und seelischen Kräfte in ersterLinie einzusetzen. Die zentrale Lage, die zahlenmäßige Stärke und die hochgespannte Leistungsfähigkeit verbürgen *dem deutschen Volk die Führung* des europäischen Blocks, *wenn* es sie sich nicht durch Unmäßigkeit oder durch Machtsuchtmanieren verdirbt. Es ist dumm und anmaßend, vom deutschen Herrenmenschen zu sprechen. Es ist töricht, für sich selbst Achtung vor der nationalen Ehre und Selbständigkeit zu verlangen und sie anderen zu versagen. In die Führung Europas wird diejenige Nation hineinwachsen, die gerade die kleinen Nationen achtet und ihre Geschicke mit weisem Rat und weiser Hand, nicht mit brutaler Gewalt zu leiten versucht . . .

Es ist nicht zu kühn gesagt, daß bei rechtzeitigem Handeln, *d. h. Abbruch des Krieges zugunsten eines sinnvollen politischen Systems,* der europäische Staatenbund unter deutscher Führung in 10 bis 20 Jahren Tatsache sein wird. *Wird der Zeitpunkt verpaßt, so ist an die deutsche Führung überhaupt auf lange Zeit gar nicht zu denken . . .*

Im Osten kann eine *fruchtbare* wirtschaftliche und politische Zusammenarbeit mit einem *bolschewistischen* Rußland sich *nicht* entfalten. Es kann jederzeit festgestellt werden, daß das bolschewistische System des Kollektivismus, der Seelenlosigkeit, des mechanischen Organisierens und der Gottlosigkeit die wirtschaftliche Leistungsfähigkeit des russischen Volkes *nicht so* entwickelt hat, wie es bei diesem an Naturschätzen reichen Lande möglich gewesen wäre. *Alle Erfahrungen der Geschichte warnen uns vor militärischen Zwangseingriffen. Er kann ungeahnte nationale Kräfte auf den Plan rufen.* Unter allen Umständen empfiehlt sich ständige Fühlung mit England, den USA, China und Japan. Das Ziel muß sein, Rußland allmählich in eine europäische Zusammenfassung einzubeziehen; denn in seinen weiten Räumen liegen die Rohstoffe und Nahrungsmittelmöglichkeiten, die die Lage eines zusammengefaßten Europa allen anderen Weltteilen gegenüber erheblich verbessern.

4. Es ist nützlich, daß das Deutsche Reich *Kolonien* hat. Die Annahme, daß dies notwendig sei, ist von rein materiellen Erwägungen aus irrig. Wir können alle kolonialen Produkte im freien Wettbewerb in allen Ländern der Welt ebenso billig und ebenso gut kaufen wie in eigenen Kolonien . . .

Das deutsche Volk wird sich, nachdem es einmal Kolonialbesitz hatte, immer gedemütigt fühlen, wenn es vom Kolonialbesitz ausgeschlossen bleibt. Auch ist nicht zu verkennen, daß die Betätigung in Kolonien dem Landwirt, dem Kaufmann, dem Industriellen, dem Beamten, dem Soldaten die Möglichkeit bietet, überschüssige Kräfte unter schweren Bedingungen einzusetzen, Erfahrungen zu sammeln, weiteren Blick zu gewinnen, und daß Kolonien der Pionierlust der Jugend ein Wirkungsfeld eröffnen.

Ein geschlossenes Kolonialgebiet in Afrika wird einem weit verzettelten im allgemeinen vorzuziehen sein.

5. Auf diesen Grundlagen ist ein möglichst *freier Gütertausch* mit allen Teilen der Welt zu pflegen. Der Popanz, daß der freie Handel eine jüdische Erfindung sei oder sonst irgend etwas Unerfreuliches an sich habe, ist barer Unsinn. Freier Handel bedeutet freien Wettbewerb; freier Wettbewerb bedeutet Kampf zur Erzielung höchster Leistungen. Der freie Handel ist also nicht unerfreulich, sondern eher heldisch zu nennen. Gegen ihn sperren sich auch nur unfähige Menschen und unfähige Völker.

Der freie Handel ist nur soweit zu beschränken, als es Wohlfahrt und Sicherung des eigenen Volkes unbedingt notwendig machen. Das deutsche Volk muß weniger aus Gründen der nationalen Sicherheit als aus Gründen der Gesunderhaltung einen lebensfähigen Bauernstand haben. Dauernder Aufenthalt in der Großstadt ruiniert die Familie . . .

In den vergangenen Jahren ist zweifellos ein Unrecht durch Enteignung, Zerstörung usw. jüdischen Besitzes und Lebens in Deutschland großgezogen, das wir vor unserem Gewissen und der Geschichte *nicht* verantworten können. Hier werden die Möglichkeiten einer Neuordnung erst dann geprüft und gelöst werden können, wenn der ganze Umfang des Geschehens feststeht. Es wird sich dann ergeben, daß wir im Hinblick auf unsere Stellung in der Welt und auf unser eigenes Gewissen aus eigenem Antrieb den Weg zur Heilung beschreiten müssen. Neben der Verfolgung dieses Zieles müssen diejenigen *Sofort*maßnahmen ergriffen werden, die aus außenpolitischen Gründen zur Entgiftung der öffentlichen Meinung notwendig, zur Wiederherstellung der deutschen Selbstachtung unerläßlich und aus klarem und uns vollkommen bewußtem Gerechtigkeitsgefühl geboten sind:

a) die Beschränkungen der Juden auf dem Gebiete des Ernährungs-, des Wohnungs- und des Fernsprechwesens, der kulturellen Betätigung, der Gesundheitspflege, der Namensgestaltung sind aufzuheben;

b) die Gettos in den besetzten Gebieten sind menschenwürdig zu gestalten; über ihr weiteres Schicksal bestimmen die zuständigen einheimischen Behörden mit Genehmigung der Militärgouverneure, da z. B. die Polen zu der Frage anders stehen als die Holländer . . .

III. Innenpolitik

2. Geistesfreiheit

a) Alle Beschränkungen der Freiheit des Geistes, des Gewissens und der Forschung werden *sofort* aufgehoben . . .

4. Wirtschafts-Organisation

a) Auf allen Gebieten der *Wirtschaft* bleiben die bisherigen Organisationen (Gruppen) einstweilen bestehen. Wir haben Reichsnährstand, Bauernführer, Wirtschaftsgruppen, Fachgruppen, Bezirksgruppen, Innungen usw. Ihre Vereinfachung wird der Wirtschaft selbst überlassen; die Wirtschaftslage nach diesem Kriege wird sie schon zu den erforderlichen Einschränkungen zwingen. Damit die Wirtschaft sich auch auf organisatorischem Gebiete verständig und verantwortungsbewußt regt, ist allen wirtschaftlichen Organisationen sofort die Selbstverwaltung zu übertragen. Die Führer werden wieder unter die unerläßliche Kontrolle von gewählten Organen gestellt. Die bisherigen Führer bleiben einstweilen in Verantwortung; ausnahmsweise kann der Reichswirtschaftsminister sie vorläufig versetzen. Im übrigen wählen die überall bestehenden Beiräte *innerhalb von zwei Wochen* neue Führer oder bestätigen die jetzigen . . .

Diese Gruppenorganisationen der Wirtschaft werden durch entsprechende *Gruppenorganisationen der Angestellten und Arbeiter* mit *Zwangsmitgliedschaft* ergänzt. Wahl des Vorstandes und der Vorsitzenden erfolgt wie bei jenen Gruppen. Auch hier bedarf der Vorsitzende und sein Stellvertreter der Bestätigung durch den Staat. Die Aufgaben dieser Angestellten- und Arbeitergruppen entsprechen den Aufgaben der Unternehmergruppen. Ihnen obliegt insbesondere die organische Vertretung und Gestaltung der Interessen der Arbeiter und Angestellten . . .

Diese Gruppen der Gefolgschaftsglieder und Unternehmer treten beruflich, örtlich, bezirklich usw. auf, um die Arbeitsverträge teils für den Betrieb, teils für den Ort, teils für den Bezirk, teils für das Reich festzulegen. Über die Gestaltung und den Inhalt dieser Verträge liegen so zahlreiche Erfahrungen der Vergangenheit und der Gegenwart vor, daß sich besondere staatliche Eingriffe erübrigen. Der Staat hat durch Gesetze nur festzulegen, daß die Löhne *Leistungslöhne* sein müssen und nicht reine Zeitlöhne sein dürfen. Denn nicht darauf kommt es an, daß der Mensch *eine bestimmte Zeit* hindurch arbeitet, sondern darauf, *was er leistet.* Wer in einer Stunde das Dreifache leistet wie ein anderer, muß selbstverständlich wesentlich besser *entschädigt* werden als dieser. An den Sozial-, Urlaubs- und sonstigen Arbeiterschutzbestimmungen ist nichts grundsätzlich zu ändern. Kommen diese Gruppen über die Arbeitsverträge nicht zur Verständigung, so vermitteln letztlich und hilfsweise die Reichsgruppen unter Aufsicht des Staates, der sich der Treuhänder der Arbeit bedient. Einschaltung der Kammern wird grundsätzlich in Aussicht genommen, bleibt aber der Entwicklung vorbehalten. Streiks und Aussperrungen bleiben verboten. Sie sind und bleiben ein Mißbrauch individueller Freiheit gegenüber dem Wohle des Ganzen. An ihre Stelle tritt letztlich die ausgleichende Entscheidung des Staates . . .

In jeder Kammer und jeder ihrer Abteilungen Gruppe Unternehmer, Gruppe Angestellte, Gruppe Arbeiter. *Angestellte und Arbeiter werden hiermit in die verantwortliche Mitarbeit an Wirtschaftsfragen einbezogen.* Sie sollen und müssen diese Verantwortung tragen. Nur Verantwortung und Wissen heilen sie von vernunftwidrigen und phantastischen wirtschaftlichen und politischen Ideen und Anforderungen . . .

5. Wirtschaftspolitik

. . . Die zweite von der Natur gesetzte Grundlage ist die Erkenntnis, daß höchste Leistung nur im Kampf erzielt werden kann. *In der Wirtschaft ist Kampf gleich Wettbewerb.* Also müssen auf allen Gebieten möglichst viele schöpferische und ausführende Kräfte in Wettbewerb miteinander treten. Dritte Grundlage ist die Erkenntnis, daß der Mensch um so mehr leistet, je klarer das Ergebnis seiner Leistung sein eigenes Schicksal bestimmt. Nur wenn der Faule den Mißerfolg, der Fleißige den Erfolg als Gestalter seines Lebens empfindet, durchzustehen und durchzusetzen hat, wird höchste Leistung geboren. Daraus folgert, daß *die* Wirtschaft am blühendsten wird, in der der Staat oder ein anderer Zusammenschluß dem einzelnen möglichst viel Risiken beläßt und möglichst wenig Risiken abnimmt. Also *keinerlei Kollektivwirtschaft,* die immer in Unfruchtbarkeit und Hunger enden muß, sondern möglichst viele Einzelwirtschaften. Daher muß die staatliche Wirtschaftspolitik bewußt und geradezu fanatisch darauf verzichten, die Wirtschaft zu gängeln . . .

Der Leistungskampf darf in einem geordneten Staats- und Volkskörper kein ungehemmter sein, sonst könnte er in den Krieg aller gegen alle ausarten. Er muß durch bestimmte Gebote und Verbote in Grenzen gehalten werden. Die bestehenden Gesetze reichen hierzu aus. Sie sind von einigem Rankenwerk, das in den letzten Jahren beigefügt wurde, zu befreien . . .

Diese *Wirtschaftsgesinnung,* die weiter nichts ist als ein Anerkenntnis harter Naturgesetze und die daher auch keine Theorien verträgt, ist wie das kleine Einmaleins *auf allen Schulen und in allen Berufen zu lehren*. Dies nicht rechtzeitig erkannt und getan zu haben, war der Fehler des 19. Jahrhunderts. Früher war ein solcher Unterricht nicht notwendig; er ist es erst geworden, *seitdem die aufgesplitterte Arbeitsteilung dem Menschen die natürlichen wirtschaftlichen Zusammenhänge verdeckt hat*. Dieser Erkenntnis ist auch durch entsprechende Besetzung der Lehrstühle an den Hochschulen Rechnung zu tragen. Für blutloses und fanatisches Theoretisieren ist kein Raum mehr . . .

10. Staatsjugend

Aus der *Hitlerjugend wird die Staatsjugend*. Die Spitzenorganisation der HJ wird sofort aufgelöst, ihr Vermögen sichergestellt. An ihre Stelle tritt ein in Erziehungsfragen bewährter General . . .

In der Großstadt muß dies Zusammenfinden organisiert werden. Es ist notwendig, um auch schon im jugendlichen Menschen *das klassengelöste Gefühl der Volksgemeinschaft* stark werden zu lassen. Nichtsdestoweniger bleibt die natürliche Grundlage der Jugendorganisation die Klasse und die Schule. *In der Klasse ist der Turn- und Sportlehrer der gegebene Jugendführer.* Für die Schule ist ein dazu besonders geeigneter Lehrer, *der Soldat gewesen ist*, mit dieser Aufgabe zu betrauen. Die Gleichaltrigen sind auch bezirklich zusammenzufassen. Zur Führung sind Offiziere berufen, die besondere pädagogische Begabung haben und für diesen Zweck besonders geschult werden. Solchen Kräften liegen auch die Gauzusammenschlüsse und der Reichszusammenschluß ob . . .

11. Wehrmacht

. . . Notwendig erscheint, daß die Achselstücke in der traditionellen Form und Farbe wieder *ausschließlich* dem Offizier vorbehalten werden. Für Polizei und Beamte sind andere Achselstücke einzuführen, die so prächtig und schön wie möglich sein mögen. Aber man wird einen Korpsgeist in der Armee im Sinne der Hochachtung bewährter Tradition nur erzielen, wenn man Portepee und Achselstück wirklich wieder zu einer selteneren Erscheinung macht, als sie es jetzt geworden sind. Die Waffen-SS-Formationen werden in die Wehrmacht eingegliedert und ihr *sofort* unterstellt.

12. Arbeitsdienst

Der *Arbeitsdienst* war eine aus der Not der Zeit geborene wohltätige Einrichtung . . .

Der Arbeitsdienst für junge *Mädchen* wird *sofort aufgehoben;* sie haben genügend Möglichkeiten der handfesten Beschäftigung im Hause . . .

An die Spitze des Arbeitsdienstes für Männer wird ein General gestellt. Er prüft alle Führer daraufhin, ob sie die geeigneten sittlichen und charakterlichen Voraussetzungen für eine so ernste Aufgabe erfüllen. Wenn nicht, sind sie zu entlassen. Gegen Arbeitslosigkeit werden sie durch entsprechende Staatsmaßnahmen geschützt. Ihre Stellen werden mit dazu geeigneten Offizieren besetzt . . .

17. Partei

Die waffentragenden Gliederungen werden *sofort* aufgelöst. Die Aufgaben der NSV werden den Gemeinden, Kreisen, Gauen übertragen. Alle Gesetze und Verordnungen werden *sofort* aufgehoben, die der Partei irgendeinen Einfluß auf öffentliche, wirtschaftliche oder kulturelle Aufgaben übertragen. Der Partei wird sofort die Eigenschaft als Hoheitsträger und Körperschaft des öffentlichen Rechts genommen. Im übrigen bleibt sie bestehen. Die Meinungen müssen und werden sich bald von selbst klären . . .

IV. Verfassung

. . . 1. Reichsaufbau von unten nach oben

Alle dezentralisierten Aufgaben sind bei den Gemeinden, Stadt- und Landkreisen und bei den Gauen zusammenzufassen. Diese Verwaltungen sind wieder voll als organische Selbstverwaltungen auszubauen . . .

9. Der Reichsführer

In Betracht kommen: Erbkaiser, Wahlkaiser, auf Zeit gewählter Führer. Eine ideale Lösung, d. h. eine solche, die für alle Fälle das Richtige vorausbestimmt, gibt es nicht. Es läßt sich vom Verstand her unendlich vieles zur Begründung der Kraft des monarchischen Gedankens in Deutschland sagen. Vieles liegt aber im Gefühlsmäßigen. Manche bitteren Erfahrungen der neueren Geschichte können auch gegen die monarchische Verfassung angeführt werden.

Das Entscheidende scheint zu sein, daß

1. Deutschland wie kein anderes europäisches Land aus Landesteilen zusammengesetzt ist, deren Entwicklung, wie z. B. die Ostpreußens und Württembergs, um fast 1000 Jahre zeitlich auseinanderliegt;

2. das deutsche Volk von allen Völkern, das französische nicht ausgenommen, vielleicht den stärksten Soldatentrieb und -geist in sich trägt und daher

3. eine Staatsspitze notwendig ist, die aus einer überlegenen Tradition heraus und aus einer nie abreißenden Verantwortung vor der Zukunft die Spannungen und Gefahren, die in den zu 1. und 2. erwähnten Tatsachen begründet sind, auszugleichen und zu vermeiden weiß. Sonst erscheint allzu leicht ein Mißbrauch der Spannungen und eine Mißleitung der Leidenschaften möglich.

Man muß sich also aus kalter Vernunft für die monarchische Staatsspitze entscheiden . . .

Goerdeler, 1934–1937 Reichspreiskommissar, war für den Fall eines gelungenen Putsches 1944 als Reichskanzler vorgesehen, Beck, wie schon erwähnt, als Staatspräsident; vollständiger Text der Denkschrift in: Scheurig, S. 53–129

Nr. 300   Friedensplan Goerdelers, zur Übermittlung an die britische Regierung bestimmt, vom 30. Mai 1941 (Auszug)

Folgende von der deutschen Gruppe verfolgten Friedensziele werden als Grundlage von Verhandlungen vorgeschlagen:

1. Wiederherstellung der vollen Souveränität der während des Krieges von den Kriegsparteien besetzten neutralen Länder.

2. Bestätigung der vor dem Kriege erfolgten Anschlüsse von Österreich, Sudentenland, Memelland an Deutschland.

3. Wiederherstellung der Grenzen Deutschlands von 1914 gegenüber Belgien, Frankreich, Polen.

4. Festsetzung der europäischen Ländergrenzen auf Grund des nationalen Selbstbestimmungsrechtes durch eine Friedenskonferenz sämtlicher Staaten.

5. Rückgabe der deutschen Kolonien oder gleichwertiger Kolonialgebiete unter gleichzeitiger Einrichtung eines internationalen Mandatsystems für alle Kolonien.

6. Keine Kriegsentschädigungen, gemeinsamer Wiederaufbau.
7. Abbau der Zollgrenzen.

Vollständiger Text in: Scheurig, S. 52 f.

*Nr. 301   Geheime Denkschrift Goerdelers, für die Generalität be-
stimmt, über die Notwendigkeit eines Staatsstreichs vom 26. März
1943 (Auszüge)*

. . . Als wichtig ist hier nur zu erwähnen, daß man einen Weltkrieg
nicht mit einer unfähigen militärischen Oberleitung und nicht mit
einer abenteuerlichen politischen Führung gewinnen kann. Entscheidend ist die Tatsache, daß *jetzt die deutschen Kräfte auf allen
Gebieten sich dem Zustande des Verbrauchtseins nähern,* daß wir
uns in der absteigenden Linie befinden, während der Kräfteeinsatz
der Gegner noch einer erheblichen Steigerung fähig ist.

Im Inneren sind die Grundlagen von Recht, Anstand, Sittlichkeit
und Ehrliebe, der Sinn für Menschlichkeit und Verantwortungsbe-
wußtsein zerstört . . .

So wird *durch sie* unser Vaterland nicht nur wirtschaftlich, sondern sittlich allmählich bolschewisiert. Der *russische* Bolschewismus, den ich schroff ablehne und der heute in seinen Leistungen weit
überschätzt wird, wird von ihr nur als Popanz zur Rechtfertigung
verlustreicher Kriegsführung und zur Aufpulverung des deutschen
Spießers benutzt nach der Devise: haltet den Dieb!

Den stärksten Ausdruck findet die Erschütterung der sittlichen
Grundlagen des Staatslebens in der immer weiter um sich greifenden
Korruption . . .

Das Volk fühlt von Woche zu Woche klarer, daß die höchste
Pflicht des Mannes, für das Vaterland das Leben einzusetzen, zu
selbstsüchtigen oder unsinnigen Zielen mißbraucht wird.

Hitler ist kein Feldherr; es wäre auch erstmalig in der Geschichte
der Völker, daß ein Mann die Führung einer Millionenmacht meistern könnte, ohne in harter Schule sich bestimmte Grundelemente
zu eigen gemacht zu haben, deren Erlernung selbst einem Moltke
notwendig war . . .

Die seelische Schwungkraft läßt immer mehr nach. Das ist schon deshalb nicht anders möglich, weil die Grundlage für die Entwicklung seelischer Kräfte ge- oder zerstört ist. (vgl. Ziffer 1) . . .

Mit den bisher angewandten Mitteln und in dem bisher geübten Verfahren kann überhaupt *kein* Krieg gewonnen werden. In diesem Krieg hat sich falsche oberste Führung bereits so tiefgehend ausgewirkt, daß es nicht mehr möglich ist, mit militärischen Mitteln den Kriegswillen der Gegner zu brechen und so zu einem guten Ende zu kommen. Aber durch Zusammenwirken anständiger und verständiger politischer und militärischer Führung ist die *Lage noch zu retten* . . .

Welche Ziele sind denn noch durch richtiges Handeln erreichbar?

Der Bestand des Reichs in den Grenzen von 1914, vermehrt um Österreich und Sudentenland. Vielleicht wird es notwendig sein, sich mit den Franzosen auf die Sprachgrenze zu verständigen, wie sie etwa 1918 oder 1938 feststellbar ist . . .

Auch die führende Stellung Deutschlands auf dem Kontinent kann noch erarbeitet werden.

Erreichbar ist sogar noch die *Wiedergewinnung Südtirols.* Wir wissen, daß die Entente 1919 nicht sehr freudig dieses Gebiet an Italien gegeben hat. Sie wird es heute mit Vergnügen an Deutschland zurückfallen lassen, wenn wir selbst fähig sind, es zu besetzen. Der Raub dieses Gebietes durch Italien war eine solche bevölkerungspolitische Infamie, daß wir uns nicht zu scheuen brauchen, diesen Raub wiedergutzumachen. Ich mache überdies darauf aufmerksam, daß die Wiedergewinnung Südtirols das beste Mittel wäre, um Österreich im deutschen Reichsverbande aus freien Stücken zu halten.

Dagegen ist der Zeitpunkt, Kolonien *jetzt* zu erwerben, verpaßt. Das wäre wohl vor einem Jahr noch möglich gewesen. Ich habe rechtzeitig darauf aufmerksam gemacht. Heute stehen wir vor der Frage, ob wir es noch verantworten können, an der Kolonialfrage einen im Augenblick noch möglichen, eben skizzierten Frieden scheitern zu lassen . . .

Dagegen ist noch zu erreichen, daß man sich darauf einigt, *nach einem gewissen Zeitraum* im Rahmen der ostasiatischen Bereinigung und eines größeren Weltabkommens auch über die Beteiligung

Deutschlands an Verwaltung und Besitz von Kolonien sich zu verständigen . . .

Die beiden angelsächsischen Weltreiche haben wie Deutschland ein Lebensinteresse daran, daß der Bolschewismus nicht weiter nach Westen vordringt. Nur Deutschland kann den Bolschewismus aufhalten. Wenn Deutschland durch Kriegsverlust und ungünstigen Frieden geschwächt wird, dann findet der Bolschewismus leichteren, vielleicht allzu leichten Weg nach dem Westen.

England hat ein Lebensinteresse daran, daß kein starkes Rußland aus diesem Kriege hervorgeht . . .

Deutschland bedarf einer monarchischen Spitze, die eine stetige Innen- und Außenpolitik gewährleistet. Eine wählbare Spitze vermag das nicht, jedenfalls nicht nach Charakter und Tradition der Deutschen. Es ist wichtig zu wissen, daß in Sonderheit die Arbeiter heute eine monarchische Spitze mittragen würden, die ihnen als Verkörperung des Befreiungswerkes erscheint . . .

Ich bin gefragt worden, ob es nicht richtiger sei, zunächst einmal erst, etwa im Winter oder Frühsommer 1944, Rußland durch einen entscheidenden Schlag so weit zu schwächen, daß es als ernsthafter Kriegsgegner ausscheidet. Ich unterstelle, daß dies möglich ist. Meine Antwort muß trotzdem ein klares Nein sein. Wir haben nicht mehr so viel Zeit, um einen solchen militärischen Erfolg, selbst wenn er möglich sein sollte, abzuwarten; denn in der Zwischenzeit vollziehen sich auf allen Gebieten alle jene Entwicklungen, die oben dargelegt sind . . .

Vollständiger Text in: Scheurig, S. 170–196

Nr. 302   Entwurf des Kreisauer Kreises vom 9. 8. 1943 für eine ,,Erste Weisung für die Landesverweser'' (Auszüge)

. . . Die anliegenden Grundsätze, die sich angesichts der Mannigfaltigkeit der Entwicklungsmöglichkeiten auf das Fundamentale beschränken, sollen sicherstellen, daß bei möglicherweise ungünstiger Kriegsentwicklung ein gleichgerichteter Wille des Deutschen den anderen Nationen gegenübertritt.

Die freiheitlich gesonnene deutsche Arbeiterschaft und mit ihr die christlichen Kirchen vertreten und führen diejenigen Volkskräfte, aus denen heraus der Aufbau in Angriff genommen werden kann. Sie allein garantieren in diesem Augenblick auf Grund ihrer fortwirkenden geistigen Überlieferung, daß die Substanz des deutschen Volkes als die einer Kulturnation gewahrt bleibt und sein Zusammenhalt als Staatsnation aus seiner gegenwärtigen Gefährdung gerettet werden kann . . .

Der Landesverweser ist dem Reich verantwortlich für die Gestaltung der politischen, kulturellen und wirtschaftlichen Kräfte des Landes:

Er soll für die Rechtssicherheit, persönliche Freiheit und echte Mitverantwortung der gesamten Landesbevölkerung Sorge tragen und so dem politischen Ausdruckswillen des Landes in seiner natürlichen Entfaltung und in der angestrebten Selbstverwaltung dem besonderen Charakter der Landschaften zur Geltung verhelfen.

Der Landesverweser soll in engem Einvernehmen mit den anerkannten Kulturträgern des Landes dem Neuaufbau einer christlichen Erziehung und damit einer echten Erneuerung des geistigen Lebens den Weg bahnen. Hierzu ist vor allem eine alsbaldige, auf beiderseitiges Vertrauen gegründete Zusammenarbeit von Land und Kirche erforderlich.

Zu diesem Zweck haben sie unverzüglich Verbindung mit Vertretern der Kirchen Ihres Landes aufzunehmen.

Insbesondere soll der Landesverweser die verantwortliche Mitwirkung der Werktätigen in Verwaltung und Wirtschaft herbeiführen. Zu diesem Zweck treten Sie unverzüglich mit den Beauftragten der deutschen Gewerkschaft in Verbindung, die als allein berechtigte Vertreterin der Werktätigen anzuerkennen ist . . .

Aus wichtigen Stellungen sind alle irgendwie führenden Nationalsozialisten grundsätzlich zu entfernen . . .

Alle Gesetze und Anordnungen, die einzelne wegen ihrer Zugehörigkeit zu einer bestimmten Nation, Rasse oder Religion benachteiligen, sind nicht anzuwenden; darauf beruhende diskriminierende Maßnahmen sind sofort aufzuheben. Darüber hinaus bleiben die bestehenden Gesetze und Verwaltungsanordnungen zunächst grundsätzlich in Kraft.

Alle Maßnahmen, die der Aufrechterhaltung der Kampfkraft der deutschen Wehrmacht oder in einem späteren Zeitpunkt der geordneten Demobilmachung dienen, sind als Reichsaufgaben mit Vorrang vor allen anderen sachlichen Aufgaben durchzuführen; die dafür notwendigen Leistungen sind ohne Rücksicht auf etwaigen Widerstand durchzusetzen.

Es muß unter allen Umständen vermieden werden, daß die geordnete Weiterführung des bestehenden wirtschaftlichen Aufbringungs- und Verteilungssystems gestört wird. Eingriffe in den Versorgungsstrom und Lockerungen des Kartensystems sind die größte Gefahr . . .

Vollständiger Text in: Hohlfeld, Bd. V, S. 436–439

Nr. 302a   Entwurf des Kreisauer Kreises „Grundsätze für die Neuordnung Deutschlands" vom 9. 8. 1943 (Auszüge)

Die Regierung des Deutschen Reiches sieht im Christentum die Grundlage für die sittliche und religiöse Erneuerung unseres Volkes, für die Überwindung von Haß und Lüge, für den Neuaufbau der europäischen Völkergemeinschaft.

Der Ausgangspunkt liegt in der verpflichtenden Besinnung der Menschen auf die göttliche Ordnung, die sein inneres und äußeres Dasein trägt . . .

Das Reich bleibt die oberste Führungsmacht des deutschen Volkes. Seine politische Verfassung soll von echter Autorität, Mitarbeit und Mitverantwortung des Volkes getragen sein. Sie beruht auf der natürlichen Gliederung des Volkes: Familie, Gemeinde und Land. Der Reichsaufbau folgt den Grundsätzen der Selbstverwaltung. In ihr vereinigen sich Freiheit und persönliche Verantwortung mit den Erfordernissen der Ordnung und Führung.

Dieser Aufbau soll die Einheit und die zusammenfassende Führung des Reiches sichern und seine Eingliederung in die Lebensgemeinschaft der europäischen Völker ermöglichen.

Die politische Willensbildung des Volkes vollzieht sich in einem Rahmen, der für den einzelnen überschaubar bleibt. Auf den natürlichen Gliederungen der Gemeinde und Kreise bauen sich landschaftlich, wirtschaftlich und kulturell zusammengehörige Länder auf. Um eine wirksame Selbstverwaltung zu ermöglichen, sollen die Länder etwa die Zahl von 3 bis 5 Millionen Einwohner umfassen . . .

Der Reichstag wird von den Landtagen gewählt. Wählbar ist jeder männliche Reichsbürger, der das 27. Lebensjahr vollendet hat . . .

Die Reichsregierung begrüßt die entschlossene Mitarbeit der beiden großen christlichen Kirchen an der öffentlichen Lebensgestaltung. Die öffentliche Ausübung der gottesdienstlichen, seelsorgerischen und erzieherischen Wirksamkeit der beiden christlichen Kirchen wird nicht behindert und steht unter dem Schutz der Reichsregierung. Die Entfaltung religiösen Schrifttums wird wieder ermöglicht. Im gesamten Bildungswesen sowie in Film und Rundfunk erhält das christliche Gedankengut wieder den ihm gebührenden Platz . . .

Die Staatliche Schule ist eine christliche Schule mit Religionsunterricht als Pflichtfach für die Angehörigen der beiden Konfessionen. Der Unterricht wird im Auftrage der Kirchen nach Möglichkeit durch Geistliche erteilt.

Alle in der Wirtschaft tätigen Menschen haben gleiche Mindestpflichten zu erfüllen. Zu diesen Mindestpflichten gehören Ehrlichkeit und Sauberkeit in der Wirtschaftsführung, Vertrags- und Arbeitstreue im Rahmen der abgeschlossenen Verträge.

Die Existenzsicherung der Werktätigen ist um ihrer Menschenwürde willen Aufgabe der Wirtschaftsführung . . .

Zugleich sind alle Anstrengungen zu machen, um das durch die schweren Wirtschaftsschäden des Krieges zunächst beeinträchtigte Existenzminimum möglichst bald und allgemein zu heben. Die dazu erforderlichen Leistungen sind von dem einzelnen, dem Betriebe, den Selbstverwaltungskörperschaften der Wirtschaft, der Deutschen Gewerkschaft und dem Staat aufzubringen unter Berücksichtigung der Sicherung auch der von dem Werktätigen abhängigen Familie.

Die Reichsregierung sieht die Grundlage des Wiederaufbaues der Wirtschaft in einem geordneten Leistungswettbewerb, der sich im Rahmen staatlicher Wirtschaftsführung vollzieht und hinsichtlich seiner Methoden unter ständiger staatlicher Aufsicht steht.

Wo die vorhandenen Bindungen und Verflechtungen der Wirtschaft (Monopole, Kartelle, Konzerne) diesen Leistungswettbewerb ausschließen, ist es Aufgabe der Wirtschaftsführung, die Grundsätze des geordneten Leistungswettbewerbs zur Geltung zu bringen und die Interessen der Gesamtheit zu wahren.

Das Gemeinschaftsinteresse der Wirtschaft an den Großindustrien erfordert in besonderem Maße bei diesen Industriezweigen eine straffe Wirtschaftsführung des Staates. Schlüsselunternehmen des Bergbaues, der eisen- und metallschaffenden Industrie, der Grundchemie und Energiewirtschaft werden in das Eigentum der öffentlichen Hand überführt werden. Die Betriebe der öffentlichen Hand sind nach den allgemeinen für die Wirtschaft geltenden Grundsätzen zu führen und zu beaufsichtigen.

Die wirtschaftliche Führung des Reiches wird über die Einflußnahme auf Märkte und Großindustrien die Wirtschaftspolitik der Länder fördern und für einen möglichst reibungslosen Ablauf des wirtschaftlichen Prozesses sorgen. Die Reichsregierung fördert die Entwicklung des Betriebes zu einer Wirtschaftsgemeinschaft der in ihm schaffenden Menschen. In einer solchen ,,Betriebsgewerkschaft" genannten Gemeinschaft wird die Beteiligung der Belegschaft an der Betriebsführung und an den Betriebsergebnissen, insbesondere dem Wertzuwachs des Betriebes, zwischen dem Eigentümer des Betriebes und der Vertretung der Belegschaft vereinbart. Diese Vereinbarung unterliegt der Genehmigung der wirtschaftlichen Selbstverwaltungskörperschaft des Landes . . .

Die Gewerbekammern und Landwirtschaftskammern werden paritätisch aus Betriebsführern und Belegschaftsvertretern zusammengestellt, die durch Wahl ermittelt werden. Die Landeswirtschaftskammer wird gebildet von den in sie entsandten Vertretern der Gewerbekammern und Landwirtschaftskammern . . .

Vollständiger Text in: Hohlfeld, Bd. V, S. 439–446

Nr. 303   Entwurf der vorgesehenen Regierungserklärung für den Fall des gelungenen Putsches (Auszüge)

. . . Erste Aufgabe ist die Wiederherstellung der vollkommenen Majestät des Rechts. Die Regierung selbst muß darauf bedacht sein, jede Willkür zu vermeiden, sie muß sich daher einer geordneten Kontrolle durch das Volk unterstellen. Während des Krieges kann diese Kontrolle nur vorläufig geordnet werden. Einstweilen werden lautere und sachkundige Männer aus allen Ständen und Gauen in einen Reichsrat berufen werden, diesem Reichsrat werden wir Rede und Antwort stehen, seinen Rat wollen wir einholen . . .

Gott hat uns in seiner Ordnung des Weltalls, in seiner Schöpfung und in seinen Geboten die Notwendigkeit des Rechts gegeben. Er hat uns Einsicht und Kraft verliehen, die irdischen Einrichtungen zu ihrer Sicherung im Recht zu gründen. Dazu ist es notwendig, Unabhängigkeit, Unversetzbarkeit und Unabsetzbarkeit der Richter wiederherzustellen. Wir wissen wohl, daß viele von ihnen nur unter dem Druck des äußersten Terrors gehandelt haben; aber es wird mit unbeugsamer Strenge nachgeprüft werden, ob darüber hinaus Richter das Verbrechen begangen haben, das Recht zu beugen. Die Schuldigen werden entfernt werden. Um das Vertrauen des Volkes in die Rechtspflege wiederherzustellen, werden grundsätzlich Laien bei der Urteilsfindung in Strafsachen mitwirken. Das gilt auch für die vorläufig eingesetzten Standgerichte . . .

Die Sicherheit der Person und des Eigentums werden wieder gegen Willkür geschützt sein. Nur der Richter darf nach dem Gesetz in diese persönlichen Rechte des einzelnen, die für den Bestand des Staates und für das Glück der Menschen unerläßlich sind, eingreifen.

Die Konzentrationslager werden sobald wie möglich aufgelöst, die Unschuldigen entlassen, Schuldige dem ordentlichen gerichtlichen Verfahren zugeführt werden.

Aber ebenso erwarten wir, daß niemand Lynchjustiz vollzieht. Wenn wir die Majestät des Rechts wiederherstellen wollen, müssen wir alle Energie gegen persönliche Vergeltung aufwenden, die aus dem Erleiden von Unrecht und aus der Verwundung der Seele menschlich nur zu begreiflich ist. Wer irgend etwas auf dem Herzen hat, erstatte Anzeige, an welcher öffentlichen Stelle er will. Seine Anzeige wird an die richtige Stelle weitergeleitet werden . . .

Die mit politischen Vorwänden erfolgten Uk-Stellungen sind aufgehoben. Jeder wehrfähige Mann kann an der Front beweisen, was er ist und wie es mit seinem Willen zum Durchhalten steht. Maulhelden wollen wir nicht mehr dulden.

Zur Sicherung des Rechts und des Anstandes gehört die anständige Behandlung aller Menschen. Die Judenverfolgung, die sich in den unmenschlichsten und unbarmherzigsten, tief beschämenden und gar nicht wiedergutzumachenden Formen vollzogen hat, ist sofort eingestellt. Wer geglaubt hat, sich am jüdischen Vermögen bereichern zu können, wird erfahren, daß es eine Schande für jeden Deutschen ist, nach solchem unredlichen Besitz zu streben. Mit Marodeuren und Hyänen unter den von Gott geschaffenen Geschöpfen will das deutsche Volk in Wahrheit auch gar nichts zu tun haben.

Wir empfinden es als eine tiefe Entehrung des deutschen Namens, daß in den besetzten Gebieten hinter dem Rücken der kämpfenden Truppe und ihren Schutz mißbrauchend, Verbrechen aller Art begangen worden sind. Die Ehre unserer Gefallenen ist damit besudelt. Auch hier werden wir für Sühne sorgen.

Wer die Kriegszeit dort draußen benutzt hat, um sich die Taschen zu füllen oder von der Linie der Ehre abgewichen ist, wird hart zur Rechenschaft gezogen werden.

Die Familie als die Urzelle völkischer Gemeinschaft wieder zu gestalten, ist eine unserer vornehmsten Aufgaben. Dazu brauchen wir den Einfluß des Elternhauses, die Kraft der Religion, die Mitarbeit aller Kirchen. Nur auf einer ernsten und verantwortungsbewußten Vorstellung von der Lebensgemeinschaft der Ehe kann sich ein sauberes und gesundes Familienleben aufbauen. Der Doppelmoral muß der Kampf angesagt werden, wenn nicht unsere Kinder verkommen sollen; denn wie können Eltern von den Kindern Sauberkeit verlangen, die nicht selbst sich in Zucht halten und den Kindern das beste Beispiel geben. Das Leben unseres Volkes wird nur gesunden, wenn die Familien wieder gesund werden.

Wir wollen keine Spaltung unseres Volkes. Wir wissen, daß viele aus Idealismus, in Verbitterung über das Diktat von Versailles und seine Auswirkungen und über manche nationale Unwürde in die Reihe der Partei eingetreten sind, andere unter dem äußersten Zwang wirtschaftlicher und sonstiger Druckmittel. Das Volk darf sich nicht hiernach scheiden. Alle Deutschen, die deutsch fühlen und handeln, gehören zusammen. Die einzige Scheidung, die zu vollziehen ist, liegt zwischen Verbrechen und Gewissenlosigkeit auf der einen und Anstand und Sauberkeit auf der anderen Seite. Auf dieser Grundlage wollen wir die innere Aussöhnung des Volkes mit allen Kräften betreiben. Denn nur wenn wir einig bleiben, auf der Grundlage von Recht und Anstand, können wir den Schicksalskampf bestehen, in den Gott unser Volk stellt . . .

Die zerbrochene Freiheit des Geistes, des Gewissens, des Glaubens und der Meinung wird wieder hergestellt.

Die Kirchen erhalten wieder das Recht, frei für ihr Bekenntnis zu wirken. Sie werden in Zukunft völlig vom Staate getrennt leben, weil sie nur in Selbständigkeit und unter Fernhaltung von aller aktiven politischen Betätigung ihrer Aufgabe gerecht werden können. Das Wirken des Staates wird von christlicher Gesinnung in Wort und Tat erfüllt sein; denn dem Christentum verdanken wir den Aufstieg der weißen Völker, verdanken wir die Fähigkeit, die schlechten Triebe in uns zu bekämpfen. Auf diese Bekämpfung kann keine völkische und staatliche Gemeinschaft verzichten. Aber echtes Christentum verlangt auch Duldung gegenüber den Andersgläubigen oder Freidenkern . . .

Die Erziehung muß wieder bewußt auf die christlich-religiöse Grundlage gestellt werden, ohne daß die christlichen Gesetze der äußersten Duldsamkeit gegenüber Andersgläubigen verletzt werden sollen. Auf dieser Grundlage muß das Erziehungs- und Bildungswesen wieder ruhig und stetig geleitet werden . . .

Um dem Beamten wieder dies einwandfreie Wirken zu ermöglichen und dem Volk eine Ausübung der öffentlichen Hoheitsgewalt durch Unwürdige zu ersparen, sind alle seit dem 1. Januar 1933 vollzogene Ernennungen und Beförderungen für vorläufig erklärt. Jeder einzelne Beamte wird in kürzester Frist daraufhin geprüft werden, ob er gegen Gesetz, gegen Disziplinarrecht oder gegen den von jedem Beamten geforderten Anstand verstoßen hat. Wird dies festgestellt, so werden die entsprechenden Folgerungen durch Bestrafung, Entlassung, Versetzung usw. vollzogen. Dabei werden Ehrengerichte der Beamten mitwirken . . .

Wir werden auch alle Maßnahmen aufheben, die zu tief in die Freiheiten des einzelnen eingegriffen haben und die ohne Überlegung und zwingende Notwendigkeit Existenzen im Handel, Handwerk, Gewerbe, Industrie und Landwirtschaft vernichtet haben.

Auch darf die Wirtschaft nicht durch staatliche Eingriffe unnötig gestört und die Schaffensfreude und Schöpfungsmöglichkeiten erstickt werden (sondern die wirtschaftliche Freiheit soll nur gebändigt werden durch das Recht, durch die Sicherung der Lauterkeit des Wettbewerbs und durch anständige Gesinnung). Autarkie ist angesichts der Rohstoffarmut unseres Vaterlandes und der Tatsache, daß wir uns aus unserem Boden allein nicht ernähren können, feiger Verzicht auf die Möglichkeit, an den Gütern und Leistungen der ganzen Welt durch Leistungsaustausch teilzunehmen.

Es ist das Ziel unserer Wirtschaftsordnung, daß jedem Arbeiter, Angestellten und Unternehmer der Anteil an unseren Wirtschaftsgütern zuteil wird. Es handelt sich nicht nur darum, die freie Initiative des Unternehmers herzustellen und ihn zum Leistungskampf im Wettbewerb zu zwingen. Nein, auch der deutsche Arbeiter muß und wird Gelegenheit erhalten, an der Verantwortung der Wirtschaft schöpferisch teilzunehmen; nur können auch wir ihn nicht von der Wirkung der die Wirtschaft beherrschenden natürlichen Gesetze freistellen.

Das Eigentum ist Grundlage jeden wirtschaftlichen und kulturellen Fortschritts; sonst sinkt der Mensch allmählich zum Tier herab. Es wird daher geschützt, nicht nur in der Hand des großen, sondern auch in der Hand des kleinsten Eigentümers, der nur Hausrat sein eigen nennt. Der Mißbrauch des Eigentums wird ebenso bekämpft werden wie die ungesunde, die Unselbständigkeit der Menschen vermehrende Zusammenballung des Kapitals . . .

Aber noch ist Krieg. In ihm gebührt unser aller Arbeit, Opfer und Liebe den Männern, die das Vaterland an der Front verteidigen. Ihnen haben wir alles an seelischen und materiellen Werten zuzuführen, was wir irgend schaffen können. Mit ihnen stehen wir in Reih und Glied, aber nunmehr alle wissend, daß nur die zur Verteidigung des Vaterlandes und zum Wohle des Volkes notwendigen, nicht aber die der Eroberungssucht und dem Prestigebedürfnis eines Wahnsinnigen dienenden Opfer verlangt werden und daß wir diesen Krieg bis zum Erlangen eines gerechten Friedens fernerhin mit reinen Händen, in Anstand, mit der Ehrenhaftigkeit, die jeden braven Soldaten auszeichnet, führen werden. Den bisherigen Opfern dieses Krieges gehört unsere volle Fürsorge . . .

Vollständiger Text in: Hohlfeld, Bd. V, S. 483–492

4. Andere Aktivitäten

Nr. 304   Botschaft der Bekenntnissynode der Evangelischen Kirche der altpreußischen Union, 4. bis 5. März 1935 (Auszüge)

Wir sehen unser Volk von einer tödlichen Gefahr bedroht. Die Gefahr besteht in einer neuen Religion . . .

Die neue Religion ist Auflehnung gegen das erste Gebot.

In ihr wird die rassisch-völkische Weltanschauung zum Mythus. In ihr werden Blut und Rasse, Volkstum, Ehre und Freiheit zum Abgott.

Der in dieser neuen Religion geforderte Glaube an das ,,ewige Deutschland" setzt sich an die Stelle des Glaubens an das ewige Reich unseres Herrn und Heilandes Jesus Christus.

Dieser Wahnglaube macht sich seinen Gott nach des Menschen Bild und Wesen. In ihm ehrt, rechtfertigt und erlöst der Mensch sich selbst. Solche Abgötterei hat mit positivem Christentum nichts zu tun. Sie ist Antichristentum.

Angesichts der Versuchung und Gefahr dieser Religion haben wir, gehorsam unserem kirchlichen Auftrag, vor Staat und Volk zu bezeugen:

Der Staat hat seine Hoheit und Gewalt durch das Gebot und die gnädige Anordnung Gottes, der allein alle menschliche Autorität begründet und begrenzt. Wer Blut, Rasse und Volkstum an Stelle Gottes zum Schöpfer und Herrn der staatlichen Autorität macht, untergräbt den Staat.

Das irdische Recht verkennt seinen himmlischen Richter und Hüter, und der Staat selbst verliert seine Vollmacht, wenn er sich mit der Würde eines ewigen Reiches bekleiden läßt und seine Autorität zu der obersten und letzten auf allen Gebieten des Lebens macht.

Gehorsam und dankbar erkennt die Kirche die durch Gottes Wort begründete und begrenzte Autorität des Staates an. Darum darf sie sich nicht dem die Gewissen bindenden Totalitätsanspruch beugen, den die neue Religion dem Staate zuschreibt. Gebunden an Gottes Wort ist sie verpflichtet, vor Staat und Volk die Alleinherrschaft Jesu Christi zu bezeugen, der allein Macht hat, die Gewissen zu binden und zu lösen: Ihm ist gegeben alle Gewalt im Himmel und auf Erden.

Die Kirche hat nach dem Befehl ihres Herrn allem Volk das Evangelium von der Gnade und Herrlichkeit Jesu Christi zu predigen.

Darum darf sie sich nicht aus der Öffentlichkeit der Welt in einen Winkel privater Frömmigkeit abdrängen lassen, wo sie in Selbstgenügsamkeit ihrem Auftrag ungehorsam würde. Auch der Gewalt gegenüber darf sie nicht aufhören, das ihr aufgetragene Wort zu verkündigen . . .

An Gottes Wort gebunden ruft die Kirche ihre Glieder auf zu willigem Gehorsam, Einsatz und Opfer für Staat und Volk. Sie warnt davor, sich einer Abgötterei zu überantworten, durch die wir uns Gottes Zorn und Gericht zuziehen. „Wir sollen Gott über alle Dinge fürchten, lieben und vertrauen."

Vollständiger Text in: Die Evangelische Kirche in Deutschland und die Judenfrage, S. 142–144

Nr. 305 *Schreiben des evangelischen Bischofs Wurm an die Mitglieder der Reichsregierung vom 16. 7. 1943 (Auszug)*

Im Namen Gottes und um des deutschen Volkes willen sprechen wir die dringende Bitte aus, die verantwortliche Führung des Reiches wolle der Verfolgung und Vernichtung wehren, der viele Männer und Frauen im deutschen Machtbereich ohne gerichtliches Urteil unterworfen werden. Nachdem die dem deutschen Zugriff unterliegenden Nichtarier in größtem Umfang beseitigt worden sind, muß auf Grund von Einzelvorgängen befürchtet werden, daß nunmehr auch die bisher noch verschont gebliebenen sogenannten privilegierten Nichtarier erneut in Gefahr sind, in gleicher Weise behandelt zu werden. Insbesondere erheben wir eindringlichen Widerspruch gegen solche Maßnahmen, die die eheliche Gemeinschaft in rechtlich unantastbaren Familien und die aus diesen Ehen hervorgegangenen Kinder bedrohen. Diese Absichten stehen ebenso wie die gegen die anderen Nichtarier ergriffenen Vernichtungsmaßnahmen in schärfstem Widerspruch zu dem Gebot Gottes und verletzen das Fundament alles abendländischen Denkens und Lebens: das gottgegebene Urrecht menschlichen Daseins und menschlicher Würde überhaupt.

In der Berufung auf dieses göttliche Urrecht des Menschen schlechthin erheben wir feierlich die Stimme auch gegen zahlreiche Maßnahmen in den besetzten Gebieten. Vorgänge, die in der Heimat bekannt geworden sind und viel besprochen werden, belasten das Gewissen und die Kraft unzähliger Männer und Frauen im deutschen Volk auf das schwerste; sie leiden unter manchen Maßnahmen mehr als unter den Opfern, die sie jeden Tag bringen. Die deutsche evangelische Christenheit muß das dringende Verlangen stellen, daß den der Macht des Reiches unterworfenen Nationen und Konfessionen die volle Freiheit der Religionsausübung und eine den Grundsätzen des Rechts und der Gerechtigkeit entsprechende Behandlung ohne Ansehen der Nation oder der Konfession gewährleistet werde. Die evangelische Christenheit Deutschlands weiß sich dabei in christlicher Solidarität mit all denen, die durch unverständliche Anordnungen selbst im tiefsten Elend noch darin gehindert werden, in der Gemeinschaft ihres Glaubens Trost zu suchen. Wir verkennen nicht die harten Notwendigkeiten des Krieges. Wir sind aber der Überzeugung, daß Willkürmaßnahmen gegen Leben, Eigentum und Glaubensfreiheit, die von Parteiinstanzen und staatlichen Stellen unter Berufung auf solche Notwendigkeiten durchgeführt worden sind, unendlich mehr geschadet haben als etwaiger Mißbrauch von Gerechtigkeit und Milde.

Die deutsche Christenheit hat bis heute den Angriffen auf den christlichen Glauben und die Freiheit seiner Betätigung widerstanden. Sie beklagt aber auf das tiefste die vielfache Unterdrückung der Glaubens- und Gewissensfreiheit, die fortgehende Zurückdrängung des elterlichen und christlichen Einflusses in der Jugenderziehung, die Festhaltung von durchaus ehrenhaften Persönlichkeiten in Konzentrationslagern, die Erschütterung der Rechtspflege und die sich daraus entwickelnde Rechtsunsicherheit überhaupt.

Indem wir dies im Namen unzähliger evangelischer Christen aussprechen, begehren wir nichts für uns selbst. Die deutsche evangelische Christenheit trägt alle Opfer mit. Sie will keine Sonderrechte und keine Bevorzugung. Sie strebt nicht nach Macht und begehrt keine Gewalt. Aber nichts und niemand in der Welt soll uns hindern, Christen zu sein und als Christen einzutreten für das, was recht ist vor Gott. Darum bitten wir in ganzem Ernst, daß die Führung des

Reiches diesem Begehren Gehör schenken möge eingedenk ihrer hohen Verantwortung für das Leben und die Zukunft des deutschen Volkes.

Aus: Die Evangelische Kirche in Deutschland und die Judenfrage, S. 190–192

Nr. 305 a   Schreiben des evangelischen Bischofs Wurm an die Reichsregierung von Ende Dezember 1943 (Auszüge)

Auf Grund der Mitteilungen, die mir von glaubwürdiger Seite zugegangen sind, muß ich annehmen, daß neuerdings die Mischlinge ersten Grades besonders bedroht sind, und daß die Absicht besteht, sie den Nichtariern gleichzustellen. Da die große Mehrheit von ihnen der christlichen Kirche angehört, besteht für die Kirchen Anlaß und Verpflichtung, Fürsprache für sie einzulegen . . .

Niemand, der die Entwicklung der Rassenpolitik in den letzten Jahren aufmerksam verfolgt hat, kann darüber im Unklaren sein, daß diesen Mischlingen dasselbe Schicksal droht, das die Volljuden getroffen hat, die Ausmerzung.

Aus religiösem und ethischem Empfinden heraus muß ich in Übereinstimmung mit dem Urteil aller positiv christlichen Volkskreise in Deutschland erklären, daß wir als Christen diese Vernichtungspolitik gegen das Judentum als ein schweres und für das deutsche Volk verhängnisvolles Unrecht empfinden. Das Töten ohne Kriegsnotwendigkeit und ohne Urteilsspruch widerspricht auch dann dem Gebote Gottes, wenn es von der Obrigkeit angeordnet wird, und wie jedes bewußte Übertreten von Gottes Geboten rächt sich auch dies früher oder später . . .

Es liegt ja auch hier klar am Tage, daß all die früheren Maßnahmen gegen die Nichtarier auf die Kriegspolitik der Feinde einen außerordentlich starken Einfluß ausgeübt haben und noch ausüben. Wer in dem deutschen Volke Gott dient, kann nur dringend bitten, daß an den Mischlingen und den mit Jüdinnen verheirateten Ariern nicht noch weiteres Unrecht verübt wird . . .

Vollständiger Text in: Die Evangelische Kirche in Deutschland und die Judenfrage, S. 192–195

Nr. 306 Schreiben der Bekenntnissynode der Evangelischen Kirche der altpreußischen Union vom Herbst 1943 an die Pfarrer und Ältesten (Auszug)

Begriffe wie „Ausmerzen", „Liquidieren" und „unwertes Leben" kennt die göttliche Ordnung nicht. Vernichtung von Menschen, weil sie Angehörige eines Verbrechers, alt oder geisteskrank sind oder einer fremden Rasse angehören, ist keine Führung des Schwertes, das der Obrigkeit von Gott gegeben ist. Sein (des Christen) Nächster ist allemal der, der hilflos ist und seiner besonders bedarf, und zwar ohne Unterschied der Rassen, Völker und Religionen.

Längere Auszüge in: Die Evangelische Kirche in Deutschland und die Judenfrage, S. 195 f.

Nr. 307 Denkschrift der katholischen Bischöfe an Hitler vom 20. 8. 1935 (Auszüge)

Die in Fulda zur herkömmlichen Jahreskonferenz versammelten Bischöfe senden dem Führer und Reichskanzler des Deutschen Reiches den Gruß treuer Gesinnung mit der Ehrfurcht, die wir nach göttlichem Gebot dem Inhaber der höchsten staatlichen Macht und Würde schuldig sind, und mit dem Freimut, den wir unserem Amt als Nachfolger der Apostel schulden. Es sei uns gestattet, vertrauensvoll und offenherzig Euerer Exzellenz die schweren Sorgen vorzutragen, die uns bewegen angesichts der kulturellen Entwicklung in Deutschland, angesichts der immer lauter gegen Christentum und Kirche gerichteten Angriffe, angesichts der jüngsten Vorkommnisse und Verordnungen, die das friedliche Verhältnis zwischen Staat und Kirche zu stören drohen.

Angriffe gegen Christentum und Kirche.
Die Deutsche Glaubensbewegung unter Führung von Hauer und Genossen, die Nordische Glaubensbewegung, der Ludendorff-Kreis und andere Systeme heidnischer Prägung haben dem Christentum wegen seiner angeblich deutschfremden und deutschfeindlichen Art den Kampf angesagt . . .

Neben diesen ausgesprochen heidnischen Bewegungen gibt es eine Reihe von Reformern, darunter Artur Dinter mit seiner Deut-

461

schen Volkskirche, die das Christentum nicht abschaffen, aber bis in die Fundamente hinab umbauen und germanisieren, die Reformation des 16. Jahrhunderts zu Ende führen und auf den Trümmern der beiden christlichen Bekenntnisse eine neue, wie sie sagen, reine Jesusreligion aufrichten wollen, die aber von dem Christentum Christi kaum noch den Namen hat. Andere Vorwürfe der neuen Glaubensstifter und Religionsnihilisten sind Euerer Exzellenz bekannt. Wir bitten Sie, Herr Reichskanzler, bei Ihrer Liebe zum deutschen Volk, diesen planmäßigen Versuchen, das deutsche Volk zu entchristlichen, mit der in Deutschland einzigartigen Autorität Ihrer Person ein Ende zu machen. Ihre Regierung hat mit fester Hand die Gottlosenverbände der früheren Zeit aufgelöst, kann also nicht dulden, daß die alten Freidenker und Gottlosen in diesen neuen heidnischen und halbheidnischen Bewegungen neu auftauchen . . .

Wir berufen uns, Herr Reichskanzler, auf ihre eigenen Worte: „Dem politischen Führer haben religiöse Lehren und Einrichtungen seines Volkes immer unantastbar zu sein, sonst darf er nicht Politiker sein, sondern soll Reformator werden, wenn er das Zeug hierzu besitzt! Eine andere Haltung würde vor allem in Deutschland zu einer Katastrophe führen" (Mein Kampf, S. 127) . . .

Es kann Ihrem scharfen Auge nicht entgehen, Herr Reichskanzler, daß diese heidnischen und liberalen Kämpfe gegen Christus und seine Kirche im Inland weite Volkskreise, die treu am Glauben ihrer Väter hängen, kopfscheu und mißtrauisch machen und nur allzusehr geeignet sind, in der seelischen Auswirkung auch das Vertrauen zu den volkswirtschaftlichen und politischen Zielen der Regierung zu zerstören. Ebensowenig kann es Ihnen entgangen sein, daß solche Angriffe auf die Grundlage des Christentums, dessen 1900jährige Mission das Angesicht der Erde erneuert hat, auch im Ausland das Ansehen des deutschen Volkes aufs schwerste schädigen und in christlichen Ländern, besonders in England und Amerika, ein Mißtrauen erwecken, das sich für Ihre aufrichtigen Bemühungen um Frieden und Verständigung der Völker verhängnisvoll auswirkt . . .

Wir halten es für unsere Pflicht, Herr Führer und Reichskanzler, mit Freimut und Vertrauen auf die Gewissensnöte jener katholischen Eltern hinzuweisen, die einerseits durch Kirchengesetz (can

1374) und noch feierlicher durch das Weltrundschreiben von Papst Pius XI. über die christliche Erziehung der Jugend vom 31. 1. 1929 im Gewissen verpflichtet sind, ihre Kinder in die Bekenntnisschule zu schicken, andererseits durch den neuen Schulkampf um die Gemeinschaftsschule im Gegensatz zur Bekenntnisschule in ihrem Gewissen sich bedrängt fühlen . . .

Die Deutsche Schulgemeinde hat unter Führung von Oberstadtschuldirektor Josef Bauer in offener Kampfgemeinschaft mit den Parteistellen für die Schuleinschreibung in München 13. 2. 35 einen Kampf gegen die Bekenntnisschule geführt, der in seinem leidenschaftlichen und brutalen Ton die Anhänger der Bekenntnisschule öffentlich als Verräter an der Volksgemeinschaft beschimpft und einen Gewissensterror ohnegleichen auf die Eltern ausübte, ohne sich zurückhalten zu lassen durch die Erwägung, daß die Simultanschule von jeher das Schulideal des freisinnigen Liberalismus war und in den letzten 15 Jahren vom Marxismus als Übergang zur weltlichen Schule gefordert wurde. Das Staatssekretariat Seiner Heiligkeit hat in einer diplomatischen Note vom 20. 3. 35 gegen diese Verletzungen des RK und diese Bedrückungen der Elterngewissen Einspruch erhoben. Der bis zum Überdruß wiederholte Vorwurf, nur die Gemeinschaftsschule erziehe zur Volksgemeinschaft, wurde am schlagendsten widerlegt von den Saarländern, die niemals eine andere als die Bekenntnisschule besucht hatten und doch am 13. 1. 1935 das überwältigende Bekenntnis zum deutschen Mutterland ablegten . . .

Die deutschen Staatsbeamten müssen und können ruhigen Gewissens den Eid schwören: „Ich werde dem Führer des Deutschen Reiches und Volkes Adolf Hitler treu und gehorsam sein, die Gesetze beachten und meine Amtspflicht gewissenhaft erfüllen.“ Nach Erlaß des Herrn Reichsministers für Wissenschaft, Erziehung und Volksbildung vom 12. 7. 35 ist dieser Eid ohne Vorbehalte und ohne Einschränkungen zu leisten. Für den katholischen Christen bedarf es nach dem oben Besagten keiner Vorbehalte und keiner Einschränkungen. Für sein Gewissen ist der Treueid eine heilig ernste Bindung vor Gott, wobei selbstverständlich nur solche Verpflichtungen übernommen werden, die mit Gottesgesetz im Einklang stehen. Die Treue, mit der auch die katholischen Soldaten des Weltkrieges ihren

Fahneneid gehalten haben, gibt wahrhaftig keinen Anlaß, heute gegen den Eid der katholischen Staatsbeamten mißtrauisch zu sein.

Im Namen der Gewissensfreiheit dürfen wir das Verständnis Euerer Exzellenz auch dafür annehmen, daß viele katholische Beamte und Ärzte in die schwersten Gewissenskonflikte gestoßen werden, wenn sie das Sterilisierungsgesetz durchführen müssen, weil sie im Weigerungsfall Gefahr laufen, ihre Stelle zu verlieren und samt ihren Familien in die bitterste Armut zu geraten . . .

Im Zusammenhang mit den Fragen der sittlichen Freiheit erheben die Bischöfe einmütig Einspruch gegen die Diktatur der Geheimen Staatspolizei, die fortwährend Bistumsblätter und religiöse Drucke in Buchform beschlagnahmt, Seelsorgerbriefe unter die verbotenen Flugblätter rechnet und die persönliche Freiheit der religiösen Schriftsteller in einer Weise einschränkt, die eines Kulturvolkes nicht würdig ist . . .

Ihnen hat Papst Pius XI. am 13. 3. 1933 im Konsistorium vor aufhorchenden Vertretern anderer Nationen das hohe Lob ausgesprochen, daß Sie als erster Staatsmann mit Ihm vom Bolschewismus abrückten. Millionen im Ausland, Katholiken wie Nichtkatholiken, haben auf diese Vertrauenskundgebung des Papstes hin das anfängliche Mißtrauen überwunden und Vertrauen zu Ihrer Regierung gefaßt.

Unter diesen Verhältnissen ist es schwer verständlich, wie gegen das Konkordat von deutscher Seite Schmähschriften geschrieben werden konnten . . .

Ist es politischer Katholizismus, wenn ein Katholik der Auffassung ist, die Bekenntnisschule stehe auf dem Rechtsboden des Konkordates, also auf reichsgesetzlichem Boden, könne also von jedem Staatsbeamten als Recht erklärt werden? Ist es politischer Katholizismus, wenn man die katholische Jugend, auch die Staatsjugend, an das Gebot der Kirche erinnert, an jedem Sonn- und Feiertag die hl. Messe zu besuchen? Ist es politischer Katholizismus, wenn man sagt, der Staat habe nach göttlichen Geboten kein Recht, altersschwaches Leben einzuschläfern oder Kirchengut zu enteignen? . . .

Es kann unmöglich die Absicht der Staatsregierung sein, mit dem neuen Stichwort vom politischen Katholizismus die Katholiken von dem äußeren Mitwirken in der Staatsgemeinschaft auszuschließen.

Erst recht nicht die Bischöfe, die den Bischofseid des RK Art. 16 schwören, ,,pflichtmäßig um das Wohl und Interesse des deutschen Staatswesens besorgt zu sein" . . .

Der gegenwärtig gegen die katholischen Vereine tobende Vernichtungskampf steht im Widerspruch mit dem Reichskonkordat und im schreienden Widerspruch mit Ihrem Brief, Herr Reichskanzler, an Herrn Kardinal Bertram vom 28. 4. 33: ,,Ich darf Ihnen, Herr Kardinal, versichern, daß, insoweit solche Verbände keine parteipolitischen, dem jetzigen Regiment feindlichen Tendenzen pflegen, auch keine Absicht besteht, sie aufzulösen." Wir Bischöfe, auf deren Gewissen die Aufsicht über die katholischen Vereine liegt, verbürgen uns, daß diese katholischen Verbände keine politischen, oder gar, was Wahnsinn wäre, dem jetzigen Regiment feindlichen Tendenzen pflegen. Nur ein Voreingenommener kann in diesen Vereinen Überreste vergangener Parteien und getarnte Zentrumspolitik erblicken. Die Vorstände der kirchlichen Verbände geben uns nach genauer Umschau und Umfrage nochmals die Erklärung ab: ,,Die katholischen kirchlichen Verbände werden dem deutschen Volk und Vaterland im nationalsozialistischen deutschen Staat stets in Opfermut und Treue dienen. Wir lehnen jede staatsfeindliche Haltung oder Handlung von Mitgliedern strengstens ab. Wir enthalten uns auch strengstens jeder politischen Tätigkeit." . . .

In der Zeit der Parteienherrschaft war es notwendig, in den Vereinen parteipolitische Fragen zu behandeln und die Mitglieder gegen die marxistische Agitation ihrer Arbeitskollegen zu schützen. In dieser Beziehung haben die berufsständischen Organisationen einen vaterländischen Dienst geleistet. Heute, da eine autoritäre Regierung die Parteien abgelöst hat, fällt die Notwendigkeit einer besonderen parteipolitischen Schulung fort, besteht also für unsere Vereine kein Bedürfnis mehr und kein Verlangen nach parteipolitischer Schulung. Wer heute in das Vereinsleben parteipolitische, regierungsfeindliche Strömungen leiten wollte, müßte unnachsichtig aus dem Verein entfernt werden . . .

Die katholischen Arbeiter- und Arbeiterinnenvereine, deren Mitglieder bis 95 vom Hundert der Deutschen Arbeitsfront angehören, hatte sich schon vor dem Erlaß des 22. 7. 35 durch neue Statuten und neue Namen unter Ausschluß aller gewerkschaftlichen und berufsständischen Ziele auf rein religiöse, kulturelle und caritative Aufgaben umgestellt. Trotzdem wurde und wird in vielen Betrieben das Verbot der Doppelmitgliedschaft, teilweise mit Androhung der Entlassung, durchgeführt und werden die Arbeiter gezwungen, entweder aus der Arbeitsfront oder aus ihrem religiösen Verband auszutreten. Auch hier bitten wir den Führer, ein autoritatives Wort zu sprechen, daß diese Arbeiter und Arbeiterinnen nach wie vor bei der Deutschen Arbeitsfront bleiben dürfen, ohne von ihrem auf rein religiös-kulturelle Aufgaben beschränkten Verband sich abwenden zu müssen . . .

In Konzentrationslagern und Untersuchungsgefängnissen wird seit etwa dreiviertel Jahren den Gefangenen der Empfang des Bußsakramentes verweigert. Nicht einmal in der österlichen Zeit, in der das Kirchengebot zum Empfang der hl. Sakramente streng verpflichtet, wurde es ihnen zugestanden. Die Verwaltung der hl. Sakramente aber, also auch die Zulassung zur Beichte, ist eine rein kirchliche Angelegenheit und dem Befinden des weltlichen Richters entzogen. Die für die Gefangenen bestellten Geistlichen werden selbstverständlich nicht in das Gebiet des Untersuchungsrichters eingreifen, vielmehr den Sträfling zur absoluten Wahrhaftigkeit und Anerkennung der staatlichen Obrigkeit verpflichten und so zur inneren Umstellung und Besserung der Gefangenen mithelfen. Wir Bischöfe bitten Sie, Herr Reichskanzler, das grausame, eines Kulturstaates unwürdige Beichtverbot aufzuheben und jene, die freiwillig nach den Sakramenten verlangen, in den Lagern und Gefängnissen zu den hl. Sakramenten einschließlich der Beichte zuzulassen. Ebenso bitten wir, auch den zum Tode Verurteilten auf deren Wunsch den priesterlichen Beistand vor dem Vollzug des Urteils zu gewähren . . .

„Ein Angriff gegen die Dogmen (der Kirche) gleicht sehr stark dem Kampf gegen die allgemein gesetzlichen Grundlagen des Staates" (Mein Kampf, S. 293). Wir sind nach wie vor gewillt und entschlossen in bejahender Einstellung zum Staat mit den unvergleichlichen moralischen Kräften der katholischen Religion dem deutschen Volk zu dienen und Ihr Erneuerungswerk zu unterstützen. Wir hoffen nur, als Bischöfe und als treudeutsche Männer, daß diese Mitarbeit nicht durch staatliche Gesetze und Forderungen gehemmt werde, die einem göttlichen Gebot und damit unserem Gewissen widersprechen. Wir bitten den allmächtigen Gott, daß Er das Leben unseres Führers und Reichskanzlers in Seinen Schutz nehme und zu Ihren großen staatsmännischen Zielen, im besonderen zur Beschaffung von Arbeit, zur Erhaltung des europäischen Friedens, zur Festigung der inneren Einheit unserer Volksgemeinschaft, Seinen allmächtigen Segen gebe.

Mit dem Gruß der Ehrfurcht

Vollständiger Text in: Müller, S. 364–389

Nr. 308 Fastenhirtenbrief des katholischen Bischofs Sproll vom Januar 1937 (Auszug)

Man redet viel vom Kampfe gegen den Bolschewismus. Könnten diese Bilder und Zeitschriften (die über unser Heiligstes nur den gemeinsten Spott haben) nicht ebensogut in Moskau gedruckt sein? . . .

Was ist es Furchtbares, was wir aus Rußland und Spanien hören: die Gotteshäuser geschlossen, entweiht, zerstört . . . Habet acht, daß nicht auch aus unseren Kirchen Christus weichen muß! Ihr wißt, wieweit der Christushaß in Deutschland verbreitet ist und das Antichristentum voranschreitet. Schon werden Stimmen laut, aus unseren Kirchen Versammlungssäle oder Reithallen oder naturkundliche Museen zu machen, oder wenn es hoch angeht, einen Heldensaal . . .

Aus: F. Strobel, Christliche Bewährung. Dokumente des Widerstandes der katholischen Kirche in Deutschland 1933–1945, Olten 1946, S. 184 f.

Nr. 309 Predigt des katholischen Bischofs Galen vom 3. 8. 1941 in Münster (Auszüge)

. . . Seit einigen Monaten hören wir Berichte, daß aus Heil- und Pflegeanstalten für Geisteskranke auf Anordnung von Berlin, Pfleglinge, die schon länger krank sind und vielleicht unheilbar erscheinen, zwangsweise abgeführt werden. Regelmäßig erhalten dann die Angehörigen nach kurzer Zeit die Mitteilung, der Kranke sei verstorben, die Leiche sei verbrannt, die Asche könne abgeliefert werden. Allgemein herrscht der an Sicherheit grenzende Verdacht, daß die zahlreichen Todesfälle von Geisteskranken nicht von selbst eintreten, sondern absichtlich herbeigeführt werden, daß man dabei jener Lehre folgt, die behauptet, man dürfe sogar ,lebensunwertes Leben' vernichten, also unschuldige Menschen töten, wenn man meint, ihr Leben sei für Volk und Staat nichts mehr wert. Eine furchtbare Lehre, die die Ermordung Unschuldiger rechtfertigen will, die die gewaltsame Tötung der nicht mehr arbeitsfähigen Invaliden, Krüppel, unheilbaren Kranken, Altersschwachen grundsätzlich freigibt . . .

Deutsche Männer und Frauen! Noch hat Gesetzeskraft der § 211 des RStGB, der bestimmt: ,Wer vorsätzlich einen Menschen tötet, wird, wenn er die Tat mit Überlegung ausgeführt hat, wegen Mordes mit dem Tode bestraft' . . .

Aus: Weisenborn, S. 39

Nr. 310   Hirtenbrief des Bischofs von Berlin, Dr. Konrad Graf von Preysing, vom 13. Dezember 1942 (Auszüge)

. . . Aus dieser Verwerfung der Herrscherrechte Gottes ergibt sich Rechtsunsicherheit und Rechtsverwirrung, ja Rechtlosigkeit. Es wird an die Stelle der Gerechtigkeit die Macht gesetzt, an die Stelle des Rechtes der Nutzen. Wenn man sich einmal auf diesen Standpunkt gestellt hat, so ist das Wort Recht seines Inhaltes beraubt. Wenn die Menschen, ob es sich um den einzelnen, um größere Gemeinschaften, um Völker handelt, sich nicht an ein unverrückbares, ewiges Gesetz gebunden fühlen, so kann nur Kampf und Streit, Haß und Zwietracht, Unordnung und Chaos entstehen. Wenn tatsächlich Macht Recht schafft und Recht ist, dann kann es kein friedliches Zusammenleben der einzelnen, der kleineren Gemeinschaften, der Völker geben. Dann muß notwendig der Kampf aller gegen alle einsetzen. Der Mächtige siegt, bis einer zu noch größerer Macht erstarkt und ihn wieder stürzt; es entsteht ein Leben, das nicht menschenwürdig ist, sondern an den Daseinskampf der vernunftlosen Geschöpfe erinnert . . .

. . . Wie die letzten Grundsätze des Rechtes nicht zeitbedingt sind, nicht Ausfluß völkischer Eigenart sein können, so kann das Recht und die Inanspruchnahme von Rechten und die Ausübung solcher Rechte auch nicht das Vorrecht eines einzelnen Volkes sein. Wer immer Menschenantlitz trägt, hat Rechte, die ihm keine irdische Gewalt nehmen darf. Es ist ein Ruhmesblatt in der Geschichte der Menschheit, daß das Recht der Fremden sich immer mehr entwickelt hat, daß das Völkerrecht diese Rechte näher umgrenzt und festlegt. All die Urrechte, die der Mensch hat, das Recht auf Leben, auf Unversehrtheit, auf Freiheit, auf Eigentum, auf eine Ehe, deren Bestand nicht von staatlicher Willkür abhängt, können und dürfen auch dem nicht abgesprochen werden, der nicht unseres Blutes ist oder nicht unsere Sprache spricht . . .

Aus: W. Kinkel (Hg.), Kirche und Nationalsozialismus, Düsseldorf 1960, S. 151 f.

Nr. 311   Protest des Erzbischofs von Köln 1944 (Auszug)

. . . Wir benutzen die Gelegenheit, um im Sinne des Heiligen Vaters zu fordern, daß

1. die Freiheit keinem Staatsbürger entzogen werde, ohne daß er die Möglichkeit der Verteidigung habe und einem ordentlichen oder außerordentlichen Gericht zugeführt werde,

2. niemand seiner Güter oder gar seines Lebens beraubt werde, der unschuldig ist, etwa deshalb, weil er einer fremden Rasse angehört. Das kann nur als ein himmelschreiendes Unrecht bezeichnet werden,

3. die Rechte der christlichen Familie gewahrt bleiben. Die Ehen zwischen Volksangehörigen und Fremdstämmigen, wenn sie mit kirchlicher Gutheißung geschlossen sind und zumal wenn beide Teile getaufte katholische Christen sind, sind unauflöslich, und es ist ein Verbrechen gegen Gottes Recht über die Ehe, durch irgendwelche Machenschaften solche Ehen auseinanderzutreiben . . .

Aus: Kinkel, S. 156

Kommilitonen! Kommilitoninnen!

Erschüttert steht unser Volk vor dem Untergang der Männer von Stalingrad. Dreihundertdreißigtausend deutsche Männer hat die geniale Strategie des Weltkriegsgefreiten sinn- und verantwortungslos in Tod und Verderben gehetzt. Führer, wir danken Dir!

Es gärt im deutschen Volk: Wollen wir weiter einem Dilettanten das Schicksal unserer Armeen anvertrauen? Wollen wir den niederen Machtinstinkten einer Parteiclique den Rest der deutschen Jugend opfern? Nimmermehr! Der Tag der Abrechnung ist gekommen, der Abrechnung der deutschen Jugend mit der verabscheuungswürdigsten Tyrannei, die unser Volk je erduldet hat. Im Namen der deutschen Jugend fordern wir vom Staat Adolf Hitlers die persönliche Freiheit, das kostbarste Gut der Deutschen, zurück, um das er uns in der erbärmlichsten Weise betrogen.

In einem Staat rücksichtsloser Knebelung jeder freien Meinungsäußerung sind wir aufgewachsen. HJ, SA, SS haben uns in den fruchtbarsten Bildungsjahren unseres Lebens zu uniformieren, zu revolutionieren, zu narkotisieren versucht. ,,Weltanschauliche Schulung'' hieß die verächtliche Methode, das aufkeimende Selbstdenken in einem Nebel leerer Phrasen zu ersticken. Eine Führerauslese, wie sie teuflischer und bornierter zugleich nicht gedacht werden kann, zieht ihre künftigen Parteibonzen auf Ordensburgen zu gottlosen, schamlosen und gewissenlosen Ausbeutern und Mordbuben heran, zur blinden, stupiden Führergefolgschaft. Wir ,,Arbeiter des Geistes'' wären gerade recht, dieser neuen Herrenschicht den Knüppel zu machen. Frontkämpfer werden von Studentenführern und Gauleiteraspiranten wie Schuljungen gemaßregelt, Gauleiter greifen mit geilen Späßen den Studentinnen an die Ehre . . .

Es gibt für uns nur eine Parole: Kampf gegen die Partei! Heraus aus den Parteigliederungen, in denen man uns weiter politisch mundtot halten will! Heraus aus den Hörsälen der SS-Unter- und -Oberführer und Parteikriecher! . . .

Freiheit und Ehre! Zehn Jahre lang haben Hitler und seine Genossen die beiden herrlichen deutschen Worte bis zum Ekel ausgequetscht, abgedroschen, verdreht, wie es nur Dilettanten vermögen, die die höchsten Werte einer Nation vor die Säue werfen. Was ihnen Freiheit und Ehre gilt, haben sie in zehn Jahren der Zerstörung aller materiellen und geistigen Freiheit, aller sittlichen Substanzen im deutschen Volk genügsam gezeigt. Auch dem dümmsten Deutschen hat das furchtbare Blutbad die Augen geöffnet, das sie im Namen von Freiheit und Ehre der deutschen Nation in ganz Europa angerichtet haben und täglich neu anrichten. Der deutsche Name bleibt für immer geschändet, wenn nicht die deutsche Jugend endlich aufsteht, rächt und sühnt zugleich, ihre Peiniger zerschmettert und ein neues geistiges Europa aufrichtet. Studentinnen! Studenten! Auf uns sieht das deutsche Volk! Von uns erwartet es, wie 1813 die Brechung des napoleonischen, so 1943 die Brechung des nationalsozialistischen Terrors aus der Macht des Geistes, Beresina und Stalingrad flammen im Osten auf, die Toten von Stalingrad beschwören uns! „Frisch auf, mein Volk, die Flammenzeichen rauchen!"

Unser Volk steht im Aufbruch gegen die Verknechtung Europas durch den Nationalsozialismus, im neuen gläubigen Durchbruch von Freiheit und Ehre!

Aus: Hohlfeld, Bd. V, S. 401 f.

Nr. 313   Manifest des Nationalkomitees Freies Deutschland an die Wehrmacht und an das deutsche Volk vom 13. 7. 1943 (Auszüge)

Die Ereignisse fordern von uns Deutschen unverzügliche Entscheidung. In dieser Stunde höchster Gefahr für Deutschlands Bestand und Zukunft hat sich das Nationalkomitee „Freies Deutschland" gebildet. Dem Nationalkomitee gehören an: Arbeiter und Schriftsteller, Soldaten und Offiziere, Gewerkschaftler und Politiker, Menschen aller politischen und weltanschaulichen Richtungen, die noch vor einem Jahr einen solchen Zusammenschluß nicht für möglich gehalten hätten. Das Nationalkomitee bringt die Gedanken und den Willen von Millionen Deutschen an der Front und in der Heimat zum Ausdruck, denen das Schicksal ihres Vaterlandes am Herzen liegt.

Das Nationalkomitee erachtet sich als berechtigt und verpflichtet, in dieser Schicksalsstunde im Namen des deutschen Volkes zu sprechen, klar und schonungslos, wie die Lage es erfordert.

Hitler führt Deutschland in den Untergang . . .

Deutschland selbst ist heute zum Kriegsschauplatz geworden, Städte, Industriezentren und Werften in steigendem Maße zerstört. Unsere Mütter, Frauen und Kinder verlieren Heim und Habe. Das freie Bauerntum ist entrechtet. Die totale Mobilisierung ruiniert den Handwerker und den Gewerbetreibenden und bringt das arbeitende Volk um seine letzten gesunden Kräfte.

Seit Jahren hat Hitler, ohne Willensbefragung des Volkes, diesen Eroberungskrieg vorbereitet. Hitler hat Deutschland politisch isoliert. Er hat die drei größten Mächte der Welt gewissenlos herausgefordert und zum unerbittlichen Kampf gegen die Hitlerherrschaft zusammengeschlossen. Er hat ganz Europa zum Feind des deutschen Volkes gemacht und dessen Ehre besudelt. So ist er verantwortlich für den Haß, der Deutschland heute umgibt . . .

Wenn das deutsche Volk sich weiter willenlos und widerstandslos ins Verderben führen läßt, dann wird es mit jedem Tag des Krieges nicht nur schwächer, ohnmächtiger, sondern auch schuldiger. Dann wird Hitler nur durch die Waffen der Koalition gestürzt. Das wäre das Ende unserer nationalen Freiheit und unseres Staates, das wäre die Zerstückelung unseres Vaterlandes. Und gegen niemanden könnten wir dann Anklage erheben als gegen uns selbst.

Wenn das deutsche Volk sich jedoch rechtzeitig ermannt und durch seine Taten beweist, daß es ein freies Volk sein will und entschlossen ist, Deutschland von Hitler zu befreien, erobert es sich das Recht, über sein künftiges Geschick selbst zu bestimmen und in der Welt gehört zu werden. Das ist der einzige Weg zur Rettung des Bestandes der Freiheit und der Ehre der deutschen Nation.

Das deutsche Volk braucht und will unverzüglich den Frieden. Aber mit Hitler schließt niemand Frieden. Niemand wird auch nur mit ihm verhandeln. Daher ist die Bildung einer wahrhaft deutschen Regierung die dringendste Aufgabe unseres Volkes. Nur sie wird das Vertrauen des Volkes und seiner ehemaligen Gegner genießen. Nur sie kann den Frieden bringen.

Eine solche Regierung muß stark sein und über die nötigen Machtmittel verfügen, um die Feinde des Volkes, Hitler und seine

Gönner und Günstlinge, unschädlich zu machen, mit Terror und Korruption rücksichtslos aufzuräumen, eine feste Ordnung zu schaffen und Deutschland nach außen hin würdig zu vertreten. Sie kann nur aus dem Freiheitskampf aller Volksschichten hervorgehen, gestützt auf Kampfgruppen, die sich zum Sturz Hitlers zusammenschließen. Die volks- und vaterlandstreuen Kräfte in der Armee müssen dabei eine entscheidende Rolle spielen.

Eine solche Regierung muß den Krieg sofort abbrechen, die deutschen Truppen an die Reichsgrenzen zurückführen und Friedensverhandlungen einleiten, unter Verzicht auf alle eroberten Gebiete. So wird sie den Frieden erzielen und Deutschland in die Gemeinschaft gleichberechtigter Völker zurückführen. Erst sie schafft dem deutschen Volke die Möglichkeit, in Frieden seinen nationalen Willen frei zu bekunden und seine Staatsordnung frei zu gestalten.

Das Ziel heißt: Freies Deutschland,
Das bedeutet:

Eine starke demokratische Staatsmacht, die nichts gemein hat mit der Ohnmacht des Weimarer Regimes, eine Demokratie, die jeden Versuch des Wiederauflebens von Verschwörungen gegen die Freiheitsrechte des Volkes oder gegen den Frieden Europas rücksichtslos schon im Keime erstickt.

Restlose Beseitigung aller auf Völker- und Rassenhaß beruhenden Gesetze, aller unser Volk entehrenden Einrichtungen des Hitlerregimes, Aufhebung aller gegen die Freiheit und Menschenwürde gerichteten Zwangsgesetze der Hitlerzeit.

Wiederherstellung und Erweiterung der politischen Rechte und sozialen Errungenschaften der Schaffenden, Freiheit des Wortes, der Presse, der Organisation, des Gewissens und der Religion.

Freiheit der Wirtschaft, des Handels und des Gewerbes. Sicherung des Rechtes auf Arbeit und des rechtmäßig erworbenen Eigentums, Rückgabe des durch die nationalsozialistischen Machthaber geraubten Hab und Gutes an die Eigentümer, Beschlagnahme des Vermögens der Kriegsschuldigen und der Kriegsgewinnler, Güteraustausch mit anderen Ländern als gesunde Grundlage eines gesicherten nationalen Wohlstandes. Sofortige Befreiung und Entschädigung aller Opfer des Hitlerregimes. Gerechtes, schonungsloses

Gericht über die Kriegsverbrecher, über die Anführer, ihre Hinter-
männer und Helfer, die Deutschland ins Verderben, in Schuld und
Schande stürzten, Amnestie jedoch für alle Hitleranhänger, die sich
rechtzeitig durch ihre Taten von Hitler lossagten und der Bewegung
für ein freies Deutschland anschließen . . .

Wir haben in unserer Geschichte ein großes Vorbild. Vor hun-
dertdreißig Jahren wandten sich, als noch deutsche Truppen als
Feinde auf russischem Boden standen, die besten Deutschen, von
Stein, Arndt, Clausewitz, Yorck und andere, von Rußland aus über
die Köpfe verräterischer Machthaber hinweg an das Gewissen des
deutschen Volkes und riefen es auf zum Freiheitskampf. Gleich ihnen werden wir all unsere Kraft und auch unser Leben einsetzen, alles zu unternehmen, was den Freiheitskampf unseres Volkes entfaltet und den Sturz Hitlers beschleunigt . . .

Für Volk und Vaterland! Gegen Hitler und seinen Krieg!

Für sofortigen Frieden! Für die Rettung des deutschen Volkes!

Für ein freies, unabhängiges Deutschland!

Vollständiger Text in: Hohlfeld, Bd. V, S. 430–433

Schluß

Die in diesem Band vorgelegten Quellen und Dokumente, die nur einen kleinen Teil dessen ausmachen, was uns bekannt ist, und also fast beliebig vermehrt werden könnten, sprechen eine deutliche Sprache. Alle Legenden und Rechtfertigungen, die nach 1945 ersonnen und verbreitet wurden, brechen vor der Klarheit und Aussagekraft dieser Dokumente zusammen: z. B. daß es allein oder hauptsächlich der Persönlichkeit Hitlers zuzuschreiben sei, daß er Reichskanzler wurde, daß er allein oder hauptsächlich für die Politik, den Terror, den Krieg und die Ausplünderung Europas verantwortlich sei, daß der Faschismus eine Diktatur gewesen sei, die alle Klassen und Schichten gleichermaßen unterdrückt habe, oder daß er hauptsächlich eine Diktatur der faschistischen Partei und ihrer Anhänger aus dem Kleinbürgertum gewesen sei – und wie diese Irreführungen sonst noch lauten mögen.

Tatsächlich ist es beweisbar, daß die NSDAP-Führung nur durch die Unterstützung der maßgebenden Kräfte aus Wirtschaft, Militär und hoher Beamtenschaft die politische Macht übernehmen konnte, daß diesem Bündnis exakt angebbare gemeinsame Interessen und Ziele zugrunde lagen und daß die Politik des faschistischen Systems von hier aus bestimmt wurde. Die Bundesgenossen der faschistischen Führung haben dabei von dieser Politik außerordentlich profitiert. Aber sie waren keineswegs nur die Nutznießer, sondern – und auch dies ist beweisbar – sie haben die Politik des Systems aktiv mitgestaltet und vorangetrieben. Das Alliierte Militärtribunal hat also nach 1945 mit guten Gründen und gestützt auf eine Fülle von Beweismaterial nicht nur die Führer der faschistischen Partei als Kriegsverbrecher verurteilt, sondern auch die führenden Vertreter der Wirtschaft, des Militärs und des Staatsapparats. Bereits 1946/47 lagen dafür hinreichend Beweise vor. Sie sind von der etablierten Geschichtswissenschaft der Bundesrepublik viele Jahre lang systematisch ignoriert worden. Neuere Forschungen aber haben die Diagnose des Alliierten Militärtribunals weiter erhärtet. Noch immer freilich ist es sehr schwer, der historischen Wahrheit zum Durchbruch zu verhelfen, denn mächtige Interessen stehen dem entgegen. Versucht werden muß es dennoch. Die genaue Kenntnis von Grundlagen, Ursachen, Wesen und Konsequenzen des Faschismus ist unerläßlich, um ähnliche Tendenzen in der Gegenwart rechtzeitig erkennen und wirksam abwehren zu können. Daß es solche Tendenzen in der Bundesrepublik und anderswo gibt, ist offensichtlich. Doch es ist möglich und dringend notwendig, aus der Geschichte zu lernen. Das vorliegende Buch will dazu einen Beitrag leisten.

Nr. 314 zeigt in nackten Zahlen, was der Faschismus mit seinem Krieg angerichtet hat. Nr. 315–317 enthalten Urteile über das Verhältnis zwischen Wirtschaft und politischer Führung, das den zentralen Streitpunkt der verschiedenen Faschismusinterpretationen bildet, nämlich die Zeugenaussage des Bankiers Schroeder und die Resultate eines US-Senatsausschusses. In diesen Dokumenten ist zur Herrschaftsstruktur und zum sozialen Inhalt des Faschismus alles Wichtige zusammenfassend gesagt, was gesagt werden muß.

Nr. 314   Die Menschenverluste, Kriegsausgaben und Kriegsschäden des Zweiten Weltkrieges

Menschenverluste insgesamt	54 800 000
davon Tote an den Fronten	27 000 000
d. h. 24 Prozent aller zum Kriegsdienst einberufenen Soldaten wurden getötet	
getötete Zivilpersonen	24 500 000
Verwundete	90 000 000
In den einzelnen Ländern sind an Toten zu beklagen:	
Sowjetunion	20 300 000
Asiatische Staaten (insbesondere Japan)	13 600 000
Polen und Balkanländer	9 010 000
Deutschland	6 600 000
Westliche Länder	1 300 000
Italien und Österreich	750 000
USA	229 000
Vermißte	3 000 000
	———————
Menschenverluste insgesamt	54 789 000

Kriegsausgaben und Kriegsschäden rund 1350 Milliarden Dollar
21 000 000 Menschen verloren durch Bombardements ihr Heim und ihr Gut
45 000 000 Menschen wurden evakuiert, eingesperrt, deportiert und aus ihrem Geburtsort entfernt
2 429 475 t Bomben wurden auf Europa abgeworfen

Aus: Laschitza/Vietzke, S. 232

Nr. 315   Vernehmung des Bankiers von Schroeder durch Vertreter der Anklagebehörde des US-Militärgerichtshofs in Nürnberg (1945) über den Einfluß der Großbanken auf die Hitlerregierung (Auszüge)

Frage: Übten nach Ihrer Meinung die großen Berliner Banken einen sehr starken Einfluß und eine sehr starke Kontrolle auf das Wirtschaftsleben Deutschlands und auf die deutsche Regierung aus?
    Antwort: Zu stark! . . . Der Einfluß der Großbanken war, mei-

ner Ansicht nach, viel zu stark! Besonders während der letzten Jahre erreichte der Einfluß der Großbanken auf die deutsche Industrie ein solches Ausmaß, daß es kaum noch einen Teil der deutschen Industrie gab, der nicht unter ihrer Kontrolle stand . . .

Frage: Mußten die Großbanken während dieser Zeit, in der sie eine so kolossale Macht im Wirtschaftsleben Deutschlands errangen und behaupteten, nicht einen gewaltigen Einfluß auf die Partei gehabt haben, da doch die Partei in Deutschland die herrschende Rolle spielte und die Regierung entscheidend kontrollierte?

Antwort: Sie hatten einen ganz gewaltigen Einfluß auf die Partei und auf die Regierung. De facto waren die Großbanken fast eine zweite Regierung. Die Partei und die von der Partei beherrschte Regierung konsultierten die Großbanken bei jeder wirtschaftlichen und finanziellen Frage, die auftauchte. Die Vertreter der Großbanken wurden von der Reichsbank und anderen Regierungsstellen praktisch bei allen Entscheidungen konsultiert, und sehr oft wurde das, was sie sagten, als letztes Wort in der Angelegenheit gewertet. Männer wie (Hermann J.) Abs, (Owald) Rösler, (Karl) Kimmich und (Franz) Urbig von der Deutschen Bank und Disconto-Gesellschaft wurden von Regierung und Parteiführern ständig zu Rate gezogen; dasselbe gilt für (Friedrich) Reinhart von der Commerzbank und (Carl) Goetz, (Karl) Rasche und (Emil) Meyer von der Dresdner Bank. In den letzten paar Jahren wurden die Beziehungen zwischen den Großbanken und der Partei durch die Berufung einflußreicher Parteileute in die Vorstände dieser Banken noch mehr gefestigt. Zum Beispiel berief die Deutsche Bank Hunke in ihren Vorstand, der eine führende Figur in der Partei war.

Frage: Können Sie mir sagen, bei welchen Organisationen, Dienststellen oder Parteiführern Abs diesen ungeheuren Einfluß besaß, von dem Sie gesprochen haben?

Antwort: Er hatte hauptsächlich Einfluß in der Reichsbank und im Wirtschaftsministerium. Abs hatte sich als recht wertvoll für die Partei und für die Regierung erwiesen, indem er mit seiner Bank der Regierung half, Geschäfte in den besetzten Ländern und in anderen ausländischen Staaten zu machen. Abs erfreute sich ausgezeichneter Verbindungen zu Funk, der in den letzten Jahren sowohl Reichsbankpräsident als auch Leiter des Wirtschaftsministeriums war.

Goetz, der Aufsichtsratsvorsitzende der Dresdner Bank, hatte sehr engen Kontakt zu Fritz Sauckel, dem Gauleiter von Thüringen, der während des Krieges mit der Beschaffung von Arbeitskräften für das Nazireich beauftragt war. Hans Deuss, der zunächst Filialleiter der Dresdner Bank war und später in den Vorstand der Commerzbank nach Berlin ging, hatte auch recht gute Beziehungen zu wichtigen Personen in der Partei und in der Regierung.

Aus: Anatomie des Krieges, S. 99–101

Nr. 316   Schwarze Liste mit 42 deutschen Konzernführern, die von einem Ausschuß des amerikanischen Senats unter Leitung von Senator Kilgore (Kilgore-Ausschuß) im Oktober 1945 veröffentlicht wurde (Auszug)

Die führenden Namen der Schwerindustrie und der deutschen Hochfinanz sind hier auf einer Art Schwarzen Liste als Mitschuldige an den Kriegsvorbereitungen des Nationalsozialismus von einem Ausschuß des amerikanischen Senats gebrandmarkt worden. Der unter Leitung von Senator Kilgore arbeitende Ausschuß hat folgende Hauptfeststellungen getroffen:

1. Es ist nicht wahr, daß die deutschen Großindustriellen sich erst im letzten Augenblick und halb gezwungen dem Nationalsozialismus angeschlossen haben. Sie waren von Anfang an seine begeisterten Förderer.

2. Die Unterstützung seitens der deutschen Schwerindustrie und Hochfinanz ermöglichte den Nationalsozialisten die Machtergreifung.

3. Die Umstellung der deutschen Wirtschaft auf die Kriegswirtschaft und auf die fieberhafte Rüstung zum Angriffskrieg erfolgte unter der unmittelbaren Leitung der deutschen Industriellen.

In einer ergänzenden Erklärung von Senator Kilgore heißt es: „Die Tatsachen machen diese Industriellen einwandfrei mitschuldig an den von den Nationalsozialisten in ihrer Sucht nach Weltherrschaft gegen die Völker der Erde verübten Verbrechen."

Nachstehend die Liste der 42 Großindustriellen . . .

Veröffentlicht in: Allgemeine Zeitung, Berlin, 12. 10. 1945; abgedruckt in: Laschitza/Vietzke, S. 277–279

Kapitel I: Empfehlungen

Es wird empfohlen, daß:

1. die Deutsche Bank liquidiert wird,

2. die verantwortlichen Beamten der Deutschen Bank angeklagt und als Kriegsverbrecher abgeurteilt werden,

3. die leitenden Beamten der Deutschen Bank keine wichtigen oder verantwortlichen Positionen im deutschen wirtschaftlichen oder politischen Leben übernehmen dürfen.

Kapitel II: Zusammenfassung

. . . Die Deutsche Bank trug von allen deutschen Geschäftsbanken am meisten zum Wiederaufrüstungsprogramm bei. Sie versorgte das Reich mit riesigen Fonds für Wiederaufrüstungszwecke. So investierte sie in dem Vorkriegsjahr 1938 bereits ungefähr 35 % ihres Gesamtvermögens in Reichspapieren. Sie fungierte als Führerin oder Mitführerin von praktisch allen größeren Kreditkonsortien, deren Operationen die Finanzierung des gesamten Wiederaufrüstungsprogramms möglich machten. Sie führte die Industriezweige, die sie direkt kontrollierte, in die Produktionsrichtungen, die von der Regierung und der Partei gewünscht wurden.

Die Deutsche Bank spielte unter den Geschäftsbanken bei der Ausbeutung der wirtschaftlichen Reserven der Länder des annektierten, okkupierten und des zu Satellitenländern gemachten Europas eine führende Rolle. Seit dem Anschluß im Jahre 1938 ging sie weiterhin mit großer Aggressivität daran, ihr Bankherrschaftssystem über die alten Grenzen Deutschlands hinaus auszudehnen. Sie übernahm die Kontrolle über den Creditanstalt-Bankverein Wien, die größte Geschäftsbank in Österreich, die mehr als 40 Zweigstellen in diesem Lande hatte. Sie übernahm die Kontrolle über die Böhmische Unionsbank der Tschechoslowakei und bezog etwa 23 Zweigstellen dieser Bank in ihr eigenes Zweigstellennetz ein. Sie erhielt nach dem Fall von Frankreich und Belgien den größten Teil des Aktienbesitzes der Société Générale de Belgique im Bank- und Industriewesen des Balkans, d. h. einer der größten Holdinggesellschaften in Europa, und gewann dadurch für sich eine beherrschende Position in der Bankenstruktur der Balkanländer. Die Auslandserwerbungen der Deutschen Bank wurden so umfangreich, daß sich die Zahl ihrer Zweigstellen und Filialen außerhalb Deutschlands von 1938 bis 1941 versechsfachte.

Die Deutsche Bank fungierte mehrmals auch als führende Institution der deutschen Regierung bei der Durchdringung der annektierten, okkupierten und völlig abhängig gemachten Länder Europas. Die Kontinentale Öl AG, die im März 1941 von Göring gegründet wurde, um ein deutsches Ölmonopol in Europa zu schaffen, erwarb den Kern ihres ersten Aktienbesitzes – die Mehrheitskontrolle der beiden größten rumänischen Ölgesellschaften – von der Deutschen Bank, die nach dem deutschen Sieg im Westen diese Anteile vorher von den ehemaligen französischen und belgischen Inhabern übernommen hatte.

Die Deutsche Bank nahm an zahlreichen Arisierungstransaktionen in Deutschland sowie in den Ländern des annektierten, okkupierten und völlig abhängig gemachten Europas teil und profitierte von ihnen erheblich. Sie übernahm im Jahre 1938 ohne Gegenleistung die gesamte Praxis und Kundschaft des sehr prominenten, nichtarischen Bankhauses Mendelssohn & Co. Berlin und gründete im gleichen Jahr ein neues Bankhaus, um das Geschäft der großen privaten, nichtarischen Essener Simon-Hirschland-Bank zu übernehmen. Sie gewährte ihren Kunden ein großes Ausmaß an Krediten, um sie bei dem Erwerb und der Finanzierung nichtarischen Geschäftseigentums zu unterstützen. Sie beschaffte auch neue „Käufer" für Besitztümer dieser Art und wurde Konkurrentin der Dresdner Bank, deren Aggressivität auf diesem Gebiet im Wettrennen um Aufträge und Profite aus den mit der Arisierung verbundenen Transaktionen sprichwörtlich wurde.

Das große Expansionsprogramm der Deutschen Bank wurde während der zwölf Jahre des Naziregimes in erheblichem Umfang durch die enge Gestaltung ihrer Beziehungen zu den Ministerien der Regierung und zur Partei sowie den angeschlossenen Organisationen verwirklicht.

Die Deutsche Bank benutzte ihre überaus große Macht in der

deutschen Wirtschaft, um bei der Durchführung der verbrecherischen Politik des nazistischen Regimes auf wirtschaftlichem Gebiet
mitzuwirken . . .

Der Bericht erschien in deutsch in: Institut für Marxistische Studien und Forschungen
(IMSF), Frankfurt 1971

Verzeichnis der Quellen und Dokumente

501

Literaturverzeichnis

I. Schriften und Quellensammlungen, denen Materialien entnommen wurden

Anatomie des Krieges. Neue Dokumente über die Rolle des deutschen Monopolkapitals bei der Vorbereitung und Durchführung des zweiten Weltkrieges, hg. und eingel. von D. Eichholtz und W. Schumann, VEB Deutscher Verlag der Wissenschaften, Berlin 1969

Anatomie der Aggression. Neue Dokumente zu den Kriegszielen des faschistischen deutschen Imperialismus im zweiten Weltkrieg, hg. und eingel. von G. Hass und W. Schumann, VEB Deutscher Verlag der Wissenschaften, Berlin 1972

Anatomie des SS-Staates, 2 Bde., Gutachten des Instituts für Zeitgeschichte, Deutscher Taschenbuch Verlag, München 1967

H. Bennecke, Wirtschaftliche Depression und politischer Radikalismus. Die Lehre von Weimar, Günter Olzog Verlag, München–Wien 1968

Ch. Bettelheim, Die deutsche Wirtschaft unter dem Nationalsozialismus, Trikont Verlag, München 1974

Ch. Bloch, Die SA und die Krise des NS-Regimes 1934, Suhrkamp Verlag, Frankfurt 1970

A. Boyens, Kirchenkampf und Ökumene 1933–1939. Darstellung und Dokumentation, Kaiser Verlag, München 1969

H. Brüning, Memoiren 1918–1934, Deutsche Verlags-Anstalt, Stuttgart 1970

Buchenwald. Mahnung und Verpflichtung. Dokumente und Berichte, Röderberg-Verlag, Frankfurt/M. 1960

E. Calic, Ohne Maske. Hitler–Breiting Geheimgespräche 1931, Societäts-Verlag, Frankfurt/M. 1968

E. Czichon, Wer verhalf Hitler zur Macht? Zum Anteil der deutschen Industrie an der Zerstörung der Weimarer Republik, Pahl-Rugenstein Verlag, Köln, 3. Aufl. 1972

K. Deschner, Mit Gott und den Faschisten. Der Vatikan im Bunde mit Mussolini, Franco, Hitler und Pavelić, Hans E. Günther Verlag, Stuttgart 1965

Deutsche Parteiprogramme, hg. von W. Mommsen, Günter Olzog Verlag, München 1960

L. Döhn, Politik und Interessen. Die Interessenstruktur der Deutschen Volkspartei, Verlag Anton Hain, Meisenheim am Glan 1970

M. Domarus (Hg.), Hitler. Reden und Proklamationen 1932–1945, 2 Bde., Domarus Verlag, Würzburg 1962–1963

Die Evangelische Kirche in Deutschland und die Judenfrage. Ausgewählte Dokumente aus den Jahren des Kirchenkampfes 1933 bis 1943, bearb. und hg. auf Veranlassung des Flüchtlingsdienstes des Ökumenischen Rats der Kirchen, Verlag Oikumene, Genf 1945

Faschismus – Getto – Massenmord. Dokumentation über Ausrottung und Widerstand der Juden in Polen während des zweiten Weltkrieges, hg. vom Jüdischen Historischen Institut Warschau, Röderberg-Verlag, Frankfurt/M. o. J.

G. Feder, Das Programm der NSDAP und seine weltanschaulichen Grundgedanken, München 1934

G. Förster u. a., Der preußisch-deutsche Generalstab 1640–1965. Zu seiner politischen Rolle in der Geschichte, Dietz Verlag, Berlin 1966

S. Friedländer, Pius XII. und das Dritte Reich. Eine Dokumentation, Rowohlt Verlag, Reinbek bei Hamburg 1965

Geschichte der deutschen Arbeiterbewegung, hg. vom Institut für Marxismus-Leninismus beim Zentralkomitee der SED, Bd. 2–5, Dietz Verlag, Berlin 1966

E. J. Gumbel, Vom Fememord zur Reichskanzlei, Verlag Lambert Schneider, Heidelberg 1962

G. W. F. Hallgarten, Hitler, Reichswehr und Industrie. Zur Geschichte der Jahre 1918–1933, Europäische Verlagsanstalt, Frankfurt/M., 3. Aufl. 1962

G. Hardach, Der Erste Weltkrieg. Geschichte der Weltwirtschaft im 20. Jahrhundert, Bd. 2, Deutscher Taschenbuch Verlag, München 1973

E. Hennig, Thesen zur deutschen Sozial- und Wirtschaftsgeschichte 1933 bis 1938, Suhrkamp Verlag, Frankfurt/M. 1973

K. Hildebrand, Vom Reich zum Weltreich. Hitler, NSDAP und koloniale Frage 1919–1945, Wilhelm Fink Verlag, München 1969

A. Hitler, Mein Kampf, Zentralverlag der NSDAP, Franz Eher Nachf. GmbH, 1944

J. Hohlfeld, Dokumente der deutschen Politik und Geschichte von 1848 bis zur Gegenwart, Bd. IV u. V, Dokumenten Verlag, Berlin 1951

E. R. Huber (Hg.), Dokumente zur deutschen Verfassungsgeschichte, Bd. 3, Dokumente der Novemberrevolution und der Weimarer Republik 1918–1933, W. Kohlhammer Verlag, Stuttgart – Berlin – Köln – Mainz 1966

Institut für Marxistische Studien und Forschungen (Hg.), Büro der Militärregierung für Deutschland (OMGUS), Archivgruppe 260: Bericht über die Ermittlungen in bezug auf die Deutsche Bank, Frankfurt/M., o. J. (1973)

W. Kinkel (Hg.), Kirche und Nationalsozialismus. Ihre Auseinandersetzungen zwischen 1925 und 1945 in Dokumenten dargestellt, Patmos-Verlag, Düsseldorf 1960

O. *Kraus* und *E. Kulka*, Massenmord und Profit. Die faschistische Ausrottungspolitik und ihre ökonomischen Hintergründe, Dietz-Verlag, Berlin 1963

F. A. Krummacher u. *H. Lange*, Krieg und Frieden. Geschichte der deutsch-sowjetischen Beziehungen. Von Brest-Litowsk zum Unternehmen Barbarossa, Bechtle Verlag, München und Eßlingen 1970

J. Kuczynski, Die Geschichte der Lage der Arbeiter unter dem Kapitalismus, Bd. 16, Akademie-Verlag, Berlin 1965

R. Kühnl, Die nationalsozialistische Linke 1925–1930, Verlag Anton Hain, Meisenheim am Glan 1966

D. S. Landes, Der entfesselte Prometheus. Technologischer Wandel und industrielle Entwicklung in Westeuropa von 1750 bis zur Gegenwart, Kiepenheuer & Witsch Verlag, Köln 1973

H. Laschitza u. *S. Vietzke*, Deutschland und die deutsche Arbeiterbewegung 1933–1945, Dietz Verlag, Berlin 1964

K. Mammach, Die deutsche antifaschistische Widerstandsbewegung 1933–1939, Dietz Verlag, Berlin 1974

W. Maser, Die Frühgeschichte der NSDAP. Hitlers Weg bis 1924, Frankfurt/M. 1965

E. Matthias u. *R. Morsey* (Hg.), Das Ende der Parteien 1933, Droste Verlag, Düsseldorf 1966

M. Messerschmidt, Zur Militärseelsorgepolitik im Zweiten Weltkrieg, in: Militärgeschichtliche Mitteilungen, hg. vom Militärgeschichtlichen Forschungsamt Freiburg i. Br., H. 1/1969

H. Müller, Katholische Kirche und Nationalsozialismus. Dokumente 1930–1935, Nymphenburger Verlagsbuchhandlung, München 1963

Der Nationalsozialismus. Dokumente 1933–1945, hg., eingel. u. dargest. von W. Hofer, Fischer Bücherei, Frankfurt/M. 1957

H. Picker, Hitlers Tischgespräche im Führerhauptquartier 1941–1942, eingel., komment. und hg. von A. Hillgruber, Deutscher Taschenbuch Verlag, München 1968

Das Prager Manifest von 1934. Ein Beitrag zur Geschichte der SPD, W. Runge Verlag, Hamburg 1971

Der Prozeß gegen die Hauptkriegsverbrecher vor dem Internationalen Militärgerichtshof, 52 Bde., Nürnberg 1947–1949

Sachwörterbuch der Geschichte Deutschlands und der deutschen Arbeiterbewegung, 2 Bde., Dietz Verlag, Berlin 1970

B. Scheurig (Hg.), Deutscher Widerstand 1938–1944. Fortschritt oder Reaktion? Deutscher Taschenbuch Verlag, München 1969

W. W. Schmokel, Der Traum vom Reich. Der deutsche Kolonialismus zwischen 1919 und 1945, Sigbert Mohn Verlag, Gütersloh 1967

O. E. Schüddekopf, Das Heer und die Republik. Quellen zur Politik der Reichswehrführung 1918 bis 1933, Hannover und Frankfurt/M. 1955

A. Schweitzer, Die Nazifizierung des Mittelstandes, Ferdinand Enke Verlag, Stuttgart 1970

H. A. Turner, jr., Faschismus und Kapitalismus in Deutschland. Studien zum Verhältnis zwischen Nationalsozialismus und Wirtschaft, Vandenhoeck & Ruprecht, Göttingen 1972
A. Tyrell (Hg.), Führer befiehl . . . Selbstzeugnisse aus der „Kampfzeit" der NSDAP. Dokumentation und Analyse, Droste Verlag, Düsseldorf 1969

Von Versailles zum Zweiten Weltkrieg. Verträge zur Zeitgeschichte 1918–1939, hg. von Erhard Klöss, Deutscher Taschenbuch Verlag, München 1965
Vierteljahrshefte für Zeitgeschichte, Deutsche Verlags-Anstalt, Stuttgart, 2. Jahrgang (1954)
S. Vietzke u. *H. Wohlgemuth,* Deutschland und die deutsche Arbeiterbewegung in der Zeit der Weimarer Republik 1919–1933, Dietz Verlag, Berlin 1966
B. Vogel, D. Nohlen, R.-O. Schultze, Wahlen in Deutschland, Theorie – Geschichte – Dokumente 1848–1970, Walter de Gruyter Verlag, Berlin – New York 1971
Th. Vogelsang, Reichswehr, Staat und NSDAP. Beiträge zur deutschen Geschichte 1930–1932, Deutsche Verlags-Anstalt, Stuttgart 1962

A. Weber, Soziale Merkmale der NSDAP-Wähler. Eine Zusammenfassung bisheriger empirischer Untersuchungen und eine Analyse in den Gemeinden der Länder Baden und Hessen, Diss. Freiburg 1969
G. Weisenborn, Der lautlose Aufstand. Bericht über die Widerstandsbewegung des deutschen Volkes 1933–1945, Rowohlt Verlag, Hamburg 1962, Neuausgabe im Röderberg-Verlag, Frankfurt/M. 1974
Weltgeschichte in zehn Bänden, hg. von der Akademie der Wissenschaften der UdSSR, VEB Deutscher Verlag der Wissenschaften, Bd. 9, Berlin 1967
Die Weimarer Republik, hg. von W. Tormin, Verlag für Literatur und Zeitgeschehen, Hannover 1962
Der Zweite Weltkrieg. Dokumente, ausgew. und eingel. von G. Förster u. O. Groehler, Militärverlag der Deutschen Demokratischen Republik, 2. Aufl., Berlin 1974
H. A. Winkler, Mittelstand, Demokratie und Nationalsozialismus. Die politische Entwicklung von Handwerk und Kleinhandel in der Weimarer Republik, Verlag Kiepenheuer & Witsch, Köln 1972

G. C. Zahn, Die deutschen Katholiken und Hitlers Kriege, Verlag Styria, Graz – Wien – Köln 1965

II. Weitere wichtige Literatur über den deutschen Faschismus

W. Alff, Der Begriff Faschismus und andere Aufsätze zur Zeitgeschichte, Suhrkamp Verlag, Frankfurt/M. 1971

Das Argument, Faschismus I–VI, 1964–1974 (Nr. 30, 32, 33, 41, 47, 58, 87)

Autorenkollektiv unter Ltg. von W. Schumann und G. Hass, Deutschland im zweiten Weltkrieg, Band 1, Pahl-Rugenstein Verlag, Köln 1974

O. Bauer, H. Marcuse, A. Rosenberg u. a., Faschismus und Kapitalismus. Hg. von W. Abendroth, Europäische Verlagsanstalt, Frankfurt/M. 1967

A. Billstein, Der eine fällt, die andern rücken nach . . . Dokumente des Widerstandes und der Verfolgung in Krefeld 1933–1945, Röderberg-Verlag, Frankfurt/M. 1973

H. P. Bleuel, Deutschlands Bekenner. Professoren zwischen Kaiserreich und Diktatur, Scherz Verlag, Bern – München – Wien 1968

H. P. Bleuel u. E. Klinnert, Deutsche Studenten auf dem Weg ins Dritte Reich. Ideologien – Programme – Aktionen 1918–1935, Sigbert Mohn Verlag, Gütersloh 1967

W. Bleyer u. a., Deutschland 1939–1945, VEB Deutscher Verlag der Wissenschaften, Berlin 1970.

W. A. Boelcke, ,,Wollt Ihr den totalen Krieg?" Die geheimen Goebbels-Konferenzen 1939–1943, Deutscher Taschenbuch Verlag, München 1969

K. D. Bracher, Die Auflösung der Weimarer Republik. Eine Studie zum Problem des Machtverfalls in der Demokratie, 4. Aufl., Ring-Verlag, Villingen 1964

K. D. Bracher, W. Sauer, G. Schulz, Die nationalsozialistische Machtergreifung. Studien zur Errichtung des totalitären Herrschaftssystems in Deutschland 1933/34, Westdeutscher Verlag, Köln und Opladen 1962

K. D. Bracher, Die deutsche Diktatur. Entstehung, Struktur, Folgen des Nationalsozialismus, Verlag Kiepenheuer & Witsch, Köln 1969

H. Brenner, Die Kunstpolitik des Nationalsozialismus, Rowohlt Taschenbuch Verlag, Reinbek 1963

M. Broszat, Nationalsozialistische Polenpolitik 1939–1945, Fischer Bücherei, Frankfurt/M. 1965

ders., Der Staat Hitlers. Grundlegung und Entwicklung seiner inneren Verfassung, Deutscher Taschenbuch Verlag, München 1969

F. L. Carsten, Reichswehr und Politik 1918–1933, 2. Aufl., Verlag Kiepenheuer & Witsch, Köln 1965

M. Clemenz, Gesellschaftliche Ursprünge des Faschismus, Suhrkamp Verlag, Frankfurt/M. 1972

O. Dankelmann, Franco zwischen Hitler und den Westmächten, VEB Deutscher Verlag der Wissenschaften, Berlin 1960

J. Delarue, Geschichte der Gestapo, Droste Verlag, Düsseldorf 1964

D. Eichholtz, Geschichte der deutschen Kriegswirtschaft 1939–1945, Bd. 1, Akademie Verlag, Berlin 1971

Der Faschismus in Deutschland. Analysen der KPD-Opposition aus den Jahren 1928–1933, eingel. und hg. von der Gruppe Arbeiterpolitik, Europäische Verlagsanstalt, Frankfurt/M. 1973

J. C. Fest, Hitler, Propyläen Verlag, Berlin 1973

W. Fischer, Deutsche Wirtschaftspolitik 1918–1945, 3., verb. Auflage, C. W. Leske Verlag, Opladen 1968

E. Fromm, Die Furcht vor der Freiheit, Europäische Verlagsanstalt, Frankfurt/M. 1966

Th. Geiger, Die Mittelstände im Zeichen des Nationalsozialismus, in: ders., Arbeiten zur Soziologie, Luchterhand Verlag, Neuwied 1962, S. 335 ff.

H. Genschel, Die Verdrängung der Juden aus der Wirtschaft im Dritten Reich, Musterschmidt Verlag, Göttingen – Berlin – Frankfurt/M. – Zürich 1966

K. Gossweiler, Großbanken, Industriemonopole, Staat, Berlin 1971

K. Gossweiler, R. Kühnl, R. Opitz, Faschismus: Entstehung und Verhinderung. Material zur Faschismus-Diskussion, Röderberg-Verlag, Frankfurt/M. 1972

M. Greiffenhagen, R. Kühnl, J. B. Müller, Totalitarismus. Zur Problematik eines politischen Begriffs, Paul List Verlag, München 1972

Griff nach Südosteuropa. Neue Dokumente über die Politik des deutschen Imperialismus und Militarismus gegenüber Südosteuropa im Zweiten Weltkrieg, hg. und eingel. von W. Schumann, VEB Deutscher Verlag der Wissenschaften, Berlin 1973

D. Halfmann, Der Anteil der Industrie und Banken an der faschistischen Innenpolitik, Pahl-Rugenstein Verlag, Köln 1974

H. u. E. Hannover, Politische Justiz 1918–1933, Fischer Bücherei, Frankfurt/M. 1966

F. Heer, Der Glaube des Adolf Hitler. Anatomie einer politischen Religiosität, Bechtle Verlag, München und Eßlingen 1968

K. Hildebrand, Deutsche Außenpolitik 1933–1945. Kalkül oder Dogma, Kohlhammer Verlag, Stuttgart – Berlin – Köln – Mainz 1971

A. Hillgruber, Probleme des Zweiten Weltkrieges, Kiepenheuer & Witsch Verlag, Köln – Berlin 1967

P. Hoffmann, Widerstand, Staatsstreich, Attentat. Der Kampf der Opposition gegen Hitler, R. Piper & Co. Verlag, München 1969

D. Horster, M. Nikolinakos (Hg.), Ist die Epoche des Faschismus beendet? Joseph Melzer Verlag, Frankfurt/M. 1971

G. Jasper (Hg.), Von Weimar zu Hitler. 1930–1933, Kiepenheuer & Witsch Verlag, Köln – Berlin 1968

A. S. Jerussalimski, Der Deutsche Imperialismus. Geschichte und Gegenwart, Dietz Verlag, Berlin 1968

Juden unterm Hakenkreuz. Verfolgung und Ausrottung der deutschen Juden 1933–1945, Röderberg-Verlag, Frankfurt/M. 1973

E. *Klöss*, Reden des Führers. Politik und Propaganda Adolf Hitlers 1922–1945, Deutscher Taschenbuch Verlag, München 1967

E. *Kogon*, Der SS-Staat. Das System der deutschen Konzentrationslager, Europäische Verlagsanstalt, Frankfurt/M. 1965

Auf Antisowjetischem Kriegskurs. Studien zur militärischen Vorbereitung des deutschen Imperialismus auf die Aggression gegen die UdSSR (1933–1941), Deutscher Militärverlag, Berlin 1970

R. *Kühnl*, Deutschland zwischen Demokratie und Faschismus. Zur Problematik der bürgerlichen Gesellschaft seit 1918, 4. Aufl., Carl Hanser Verlag, München 1972

ders., Formen bürgerlicher Herrschaft. Liberalismus – Faschismus, Rowohlt Taschenbuch Verlag, Reinbek 1971

ders. (Hg.), Texte zur Faschismusdiskussion I. Positionen und Kontroversen, Rowohlt Taschenbuch Verlag, Reinbek 1974

A. *Kuhn*, Das faschistische Herrschaftssystem und die moderne Gesellschaft, Hoffmann und Campe Verlag, Hamburg 1973

Kunst im 3. Reich. Dokumente der Unterwerfung, Katalog zur gleichnamigen Ausstellung, Frankfurter Kunstverein, Frankfurt/M. 1974

H. *Langbein* (Hg.), Der Auschwitz-Prozeß. Eine Dokumentation, 2. Bde., Europäische Verlagsanstalt, Frankfurt/M. 1965

G. *Lewy*, Die katholische Kirche und das Dritte Reich, Piper Verlag, München 1965

S. M. *Lipset*, ,,Faschismus" – rechts, links und in der Mitte, in: ders., Soziologie der Demokratie, Luchterhand Verlag, Neuwied 1962

R. M. *Loewenstein*, Psychoanalyse und Antisemitismus, Suhrkamp Verlag, Frankfurt/M. 1967

E. *Loewy*, Literatur unterm Hakenkreuz. Das Dritte Reich und seine Dichtung. Eine Dokumentation, Europäische Verlagsanstalt, Frankfurt/M. 1966

G. *Lukács*, Die Zerstörung der Vernunft, Luchterhand Verlag, Neuwied und Berlin 1961

H. C. F. *Mansilla*, Faschismus und eindimensionale Gesellschaft, Luchterhand Verlag, Neuwied und Berlin 1971

D. *Melnikow*, Der 20. Juli 1944. Legende und Wirklichkeit, VEB Deutscher Verlag der Wissenschaften, Berlin 1964

M. *Messerschmidt*, Die Wehrmacht im NS-Staat. Zeit der Indoktrination, R. v. Decher's Verlag – G. Schenck, Hamburg 1969

A. *Milatz*, Wähler und Wahlen in der Weimarer Republik, hg. von der Bundeszentrale für politische Bildung, Bonn 1965

A. S. *Milward*, Die deutsche Kriegswirtschaft 1939–1945, Deutsche Verlags-Anstalt, Stuttgart 1966

W. *Mohrmann*, Antisemitismus. Ideologie und Geschichte im Kaiserreich, VEB Deutscher Verlag der Wissenschaften, Berlin 1972

H. *Mommsen*, Beamtentum im Dritten Reich. Mit ausgewählten Quellen zur nationalsozialistischen Beamtenpolitik, Deutsche Verlags-Anstalt, Stuttgart 1966

Monopole und Staat in Deutschland 1917–1945, Akademie-Verlag, Berlin 1966

B. *Moore*, Soziale Ursprünge von Diktatur und Demokratie. Die Rolle der Grundbesitzer und der Bauern bei der Entstehung der modernen Welt, Suhrkamp Verlag, Frankfurt/M. 1969

K. J. *Müller*, Herr und Hitler, Deutsche Verlags-Anstalt, Stuttgart 1969

E. *Nolte*, Der Faschismus in seiner Epoche. Die Action francaise – Der italienische Faschismus – der Nationalsozialismus, R. Piper & Co. Verlag, München 1963

ders. (Hg.), Theorien über den Faschismus, Kiepenheuer & Witsch Verlag, Köln – Berlin 1967

ders., Die Krise des liberalen Systems und die faschistischen Bewegungen, R. Piper & Co. Verlag, München 1968

R. *Opitz*, Der deutsche Sozialliberalismus 1917–1933, Pahl-Rugenstein Verlag, Köln 1973

E. *Paterna* u. a., Deutschland von 1933–1939, VEB Deutscher Verlag der Wissenschaften, Berlin 1969

D. *Petzina*, Autarkiepolitik im Dritten Reich. Der nationalsozialistische Vierjahresplan, Deutsche Verlags-Anstalt, Stuttgart 1968

Th. *Pirker* (Hg.), Komintern und Faschismus. Dokumente zur Geschichte und Theorie des Faschismus, Deutsche Verlags-Anstalt, Stuttgart 1965

N. *Poulantzas*, Faschismus und Diktatur. Die Kommunistische Internationale und der Faschismus, Trikont Verlag, München 1973

W. *Reich*, Die Massenpsychologie des Faschismus, Kiepenheuer & Witsch Verlag, Köln 1972

E. G. *Reichmann*, Flucht in den Haß, Europäische Verlagsanstalt, Frankfurt/M. 1968

G. *Rossmann*, Der Kampf der KPD um die Einheit aller Hitlergegner, Dietz Verlag, Berlin 1963

H. *Rothfels*, Die deutsche Opposition gegen Hitler, neue, erw. Ausg., Fischer Bücherei, Frankfurt/M. 1969

W. *Ruge*, Weimar – Republik auf Zeit, VEB Deutscher Verlag der Wissenschaften, Berlin 1969

ders., Hindenburg. Porträt eines Militaristen, VEB Deutscher Verlag der Wissenschaften, Berlin 1974

F. *Salm*, Im Schatten des Henkers. Vom Arbeiterwiderstand in Mannheim gegen faschistische Diktatur und Krieg, Röderberg-Verlag, Frankfurt/M. 1973

B. Scheurig (Hg.), Verrat hinter Stacheldraht? Das Nationalkomitee „Freies Deutschland" und der Bund Deutscher Offiziere in der Sowjetunion 1943–1945, Deutscher Taschenbuch Verlag, München 1965

W. Schmitthenner u. *H. Buchheim* (Hg.), Der deutsche Widerstand gegen Hitler. Vier historisch-kritische Studien, Kiepenheuer & Witsch Verlag, Köln – Berlin 1966

D. Schoenbaum, Die braune Revolution. Eine Sozialgeschichte des Dritten Reiches, Kiepenheuer & Witsch Verlag, Köln – Berlin 1968

W. Schumann, Ihr seid den dunklen Weg für uns gegangen . . . Skizzen aus dem Widerstand in Hann. Münden 1933–1939, Röderberg-Verlag, Frankfurt/M. 1973

B. Seidel u. *S. Jenker* (Hg.), Wege der Totalitarismusforschung, Wissenschaftliche Buchgesellschaft, Darmstadt 1968

W. S. Shirer, Aufstieg und Fall des Dritten Reiches, 2 Bde., Droemersche Verlagsanstalt Th. Knaur Nachf., München – Zürich 1964

A. Sohn-Rethel, Ökonomie und Klassenstruktur des deutschen Faschismus, Suhrkamp Verlag, Frankfurt/M. 1973

K. Sontheimer, Antidemokratisches Denken in der Weimarer Republik. Die politischen Ideen des deutschen Nationalismus zwischen 1918 und 1933, Nymphenburger Verlagshandlung, München 1962

I. Staff (Hg.), Justiz im Dritten Reich. Eine Dokumentation, Fischer Bücherei, Frankfurt/M. 1964

G. Thomas, Geschichte der deutschen Wehr- und Rüstungswirtschaft (1918–1943/45), Harald Boldt Verlag, Boppard am Rhein 1966

P. Togliatti, Lektionen über den Faschismus, Verlag Marxistische Blätter, Frankfurt/M. 1973

L. Trotzki, Wie wird der Nationalsozialismus geschlagen? Auswahl aus „Schriften über Deutschland", Europäische Verlagsanstalt, Frankfurt/M. 1971

J. W. Wheeler-Bennet, Die Nemesis der Macht. Die deutsche Armee in der Politik von 1918–1945, Droste Verlag, Düsseldorf 1954

Th. Weingartner, Stalin und der Aufstieg Hitlers. Die Deutschlandpolitik der Sowjetunion und der Kommunistischen Internationale 1929–1934, Walter de Gruyter & Co. Verlag, Berlin 1970

M. Weißbecker, Nationalsozialistische Deutsche Arbeiterpartei (NSDAP) 1919–1945, in: Die bürgerlichen Parteien in Deutschland. Handbuch der Geschichte der bürgerlichen Parteien und anderer bürgerlicher Interessenorganisationen vom Vormärz bis zum Jahre 1945, Bd. II, VEB Bibliographisches Institut, Leipzig 1970, S. 384 ff.

Nachweis der Abbildungen